Uni-Taschenbücher 1879

Eine Arbeitsgemeinschaft der Verlage

Wilhelm Fink Verlag München
Gustav Fischer Verlag Jena und Stuttgart
A. Francke Verlag Tübingen und Basel
Paul Haupt Verlag Bern · Stuttgart · Wien
Hüthig Fachverlage Heidelberg
Leske Verlag + Budrich GmbH Opladen
Lucius & Lucius Verlagsgesellschaft Stuttgart
Mohr Siebeck Tübingen
Quelle & Meyer Verlag · Wiesbaden
Ernst Reinhardt Verlag München und Basel
Schäffer-Poeschel Verlag · Stuttgart
Ferdinand Schöningh Verlag Paderborn · München · Wien · Zürich
Eugen Ulmer Verlag Stuttgart
Vandenhoeck & Ruprecht in Göttingen und Zürich

Johannes Volmert (Hrsg.)

# Grundkurs Sprachwissenschaft

Eine Einführung
in die Sprachwissenschaft
für Lehramtsstudiengänge

2., korrigierte und ergänzte Auflage

Wilhelm Fink Verlag · München

Die Deutsche Bibliothek – CIP-Einheitsaufnahme

**Grundkurs Sprachwissenschaft:** eine Einführung in die
Sprachwissenschaft für Lehramtsstudiengänge /
Johannes Volmert (Hrsg.) 2., korr. und erg. Aufl. – München: Fink, 1997
  (UTB für Wissenschaft: Uni-Taschenbücher; 1879)
  ISBN 3-8252-1879-1 (UTB)
  ISBN 3-7705-3064-0 (Fink)
NE: Volmert, Johannes [Hrsg.]: UTB für Wissenschaft / Uni-
  Taschenbücher


2., korrigierte und ergänzte Auflage


© 1995 Wilhelm Fink Verlag GmbH & Co. KG
Ohmstraße 5, 80802 München
ISBN 3-7705-3064-0

Das Werk, einschließlich aller seiner Teile, ist urheberrechtlich geschützt.
Jede Verwertung außerhalb der engen Grenzen des Urheberrechtsgesetzes
ist ohne Zustimmung des Verlages unzulässig und strafbar. Das gilt insbesondere für Vervielfältigungen, Übersetzungen, Mikroverfilmungen und die
Einspeicherung und Verarbeitung in elektronischen Systemen.

Printed in Germany.
Einbandgestaltung: Alfred Krugmann, Freiberg am Neckar
Herstellung: Ferdinand Schöningh GmbH, Paderborn


**UTB-Bestellnummer: ISBN 3–8252–1879–1**

# Inhalt

| | | |
|---|---|---|
| | Vorwort | 7 |
| 1 | Sprache und Sprechen: Grundbegriffe und sprachwissenschaftliche Konzepte (J. Volmert) | 9 |
| 2 | Geschichte der deutschen Sprache (J. Volmert) | 29 |
| 3 | Phonetik und Phonologie: Die Lehre von den Lauten der Sprache (P. Ritter) | 56 |
| 4 | Morphologie: Die Lehre von den Bausteinen der Wörter (R. Karatas) | 87 |
| 5 | Wortbildung: Elemente und Strukturen komplexer Wörter (W. Schöneck) | 99 |
| 6 | Syntax: Strukturen in Sätzen (U. Pospiech) | 115 |
| 7 | Semantik: Bedeutungsstrukturen der Wörter (U. Pospiech) | 151 |
| 8 | Orthographie: Die Systematik der deutschen Rechtschreibung (P. Ritter) | 173 |
| 9 | Primärer Spracherwerb: Wie der Mensch zur Sprache kommt (J. Volmert) | 207 |
| 10 | Erwerb der schriftsprachlichen Kompetenz: Schreibenlernen (J. Volmert) | 233 |
| | Abkürzungsverzeichnis | 261 |
| | Register | 263 |

# Vorwort

Der „Grundkurs Sprachwissenschaft" versteht sich als ein neues Konzept, um Lehramtsstudenten in das Studium der Sprachwissenschaft einzuführen. Die Materialien und Abhandlungen beruhen weitgehend auf Studieninhalten, die in verschiedenen Einführungsveranstaltungen bereits erprobt wurden.

Für Studiengänge mit dem Fach Deutsch bereitet es einige Schwierigkeiten, eine sprachwissenschaftliche Ausbildung so im Curriculum zu verankern, daß sie einerseits den Erfordernissen eines wissenschaftlichen Studiums, andererseits den Qualifikationen einer berufsbezogenen Ausbildung gerecht wird.

Die Konzeption dieses Buches orientiert sich an diesen unterschiedlichen Ansprüchen. In einer kleinen Auswahl von Studieneinheiten soll ein Basiswissen zur Sprachwissenschaft bereitgestellt werden, das sowohl für das Studium als auch für die spätere Berufspraxis konkreten „Gebrauchswert" hat.

Die 10 Kapitel bieten einen Überblick über die wichtigsten Arbeitsgebiete der germanistischen und der allgemeinen Sprachwissenschaft. Der Aufbau des Buches ist zu verstehen als ein Curriculum, das mit einem allgemeinen Überblick beginnt, terminologische Grundlagen entwickelt und dann – in fortschreitender Differenzierung – ausgewählte Gegenstände und Subdisziplinen der Linguistik in kompakter Darstellung umreißt. Gleichwohl können einzelne Kapitel auch getrennt bearbeitet werden; die „Service-Einheiten" am Schluß des Buches (Abkürzungsverzeichnis; Stichwortregister) sollten auch Erstsemestern einen problemlosen Einstieg in einzelne Arbeitsgebiete ermöglichen.

Die 5 beteiligten Autorinnen und Autoren haben sich bemüht, in der Auswahl der Sachgebiete, in der sprachlich-stilistischen Darstellung und der Illustration durch Beispiele und Graphiken vor allem die Bedürfnisse der Leser, d.h. der Studienanfänger, im Auge zu haben. Es handelt sich hier also keineswegs um einen „Sammelband" im üblichen Sinne, bei dem getrennt entstandene Beiträge unter einem Dachthema zusammengefaßt werden. Aufbau und Inhalte des Bandes wurden als ein „integrierter Grundkurs Sprachwissenschaft" geplant und ausgiebig diskutiert; jeder Beitrag stand allen Autoren für Kritik und Überarbeitungsvorschläge zur Verfügung.

# 8 Vorwort

Aus einer solchen Konzeption ergibt sich, daß es in diesem Buch nicht um eine theoretische (oder metatheoretische) Diskussion von wissenschaftlichen Positionen gehen kann; auch sollen hier keine eigenen, neuen Theorieentwürfe vorgestellt werden. Neue(ste) Ansätze und Trends der linguistischen Forschung konnten höchstens am Rande berücksichtigt werden.

Zielsetzung ist vielmehr eine lesbare, übersichtliche und dennoch sachlich angemessene Darstellung von anerkannten bzw. bereits weithin verwendeten linguistischen Modellen und Erklärungsansätzen, Ansätzen, die sich vielfach in Gebrauchsgrammatiken, z.t. auch in neueren Sprachbüchern finden. Die übersichtliche und notwendigerweise oft verkürzte Präsentation von Wissensbeständen hatte also Vorrang vor einer Problematisierung und Ausdifferenzierung von Einzelaspekten.

Das besondere Problem eines linguistischen Einführungsbuches ist die kaum noch zu übersehende Vielfalt der terminologischen Benennungen in der Sprachwissenschaft. Wir haben versucht, die – im Rahmen der verwendeten Ansätze – gebräuchlichsten Termini jeweils bei der ersten Erwähnung zu definieren bzw. anschaulich zu erläutern; konkurrierende und (annähernd) synonym gebrauchte Bezeichnungen wurden bei der Einführung dieser Bezeichnungen miterwähnt. Darüber hinaus waren wir bemüht, die eingeführten Termini möglichst in allen Kapiteln des Buches zu verwenden – oder aber zu begründen, warum in einem anderen Beschreibungszusammenhang eine Ersatzbenennung benötigt wird. Wichtige Fachtermini sind fett gedruckt, wenn sie erläutert oder ausführlicher thematisiert werden; auf diese Stellen verweisen die Angaben im Stichwortregister am Schluß des Buches.

Zur wissenschaftlichen Literatur: Im Sinne einer guten Lesbarkeit und Verständlichkeit haben wir innerhalb der Texte so sparsam wie möglich zitiert; die Literaturhinweise selbst wurden bewußt auf wenige einschlägige Titel beschränkt. Im Text sind die Autorennamen stets in Kapitälchen gesetzt; bei jeder Quellenangabe verweist die Jahreszahl auf die verwendete Ausgabe bzw. Auflage. Am Schluß der einzelnen Kapitel wird die zitierte Literatur mit vollständigem Titel aufgeführt, ergänzt durch eine Auswahl weiterer Standardtitel für die Vertiefung des Themas.

Für die **2. Auflage** wurden alle Kapitel durchgesehen; Satzfehler wurden korrigiert, die Literatur z.T. ergänzt bzw. aktualisiert. Das Kapitel 8 („Orthographie") wurde neu verfaßt und – zu Demonstrationszwecken – rechtschriftlich den neuen Regeln angepaßt

Essen, im April 1997 Die Autoren

# 1 Sprache und Sprechen:
## Grundbegriffe und sprachwissenschaftliche Konzepte

| | |
|---|---|
| 1.1 | Was ist Sprache? Das menschliche Interesse an der Sprache – Wissenschaft(en) von der Sprache |
| 1.2 | Sprachwissenschaft und Sprachunterricht |
| 1.3 | „Grammatik" – drei grundlegende Unterscheidungen |
| 1.4 | Sprache – Kollektiver Besitz und individuelle Fähigkeit; abstraktes System und konkrete Realisierung |
| 1.5 | Sprachwissenschaftliche Grundbegriffe |
| 1.5.1 | Langue und parole in der Konzeption Ferdinand de Saussures |
| 1.5.2 | Kompetenz und Performanz in der Konzeption Noam Chomskys |
| 1.6 | Das sprachliche Symbol als bilaterales Zeichen |
| 1.7 | Die Gliederung sprachlicher Einheiten |
| 1.7.1 | Phon (parole) und Phonem (langue) |
| 1.7.2 | Morph (parole) und Morphem (langue) |
| 1.7.3 | Wort, Wortform, Lexem |
| 1.7.4 | Satzteil, Satzglied, Syntagma |
| 1.7.5 | Satz |
| 1.7.6 | Text |
| 1.8 | Syntagmatische und paradigmatische Dimension der Sprache |
| 1.9 | Synchronie und Diachronie in der Sprachwissenschaft |

## 1.1 Was ist Sprache? Das menschliche Interesse an Sprache – Wissenschaft(en) von der Sprache

Die Frage, was Sprache eigentlich sei, haben sich die Menschen seit Jahrtausenden gestellt. Es gab viele „natürliche" Anlässe, über Wesen und Ursprung der Sprache nachzudenken; z.B. dann, wenn die Menschen die Mittel ihrer Verständigung mit den Lauten und Signalen der Tiere verglichen; oder dann, wenn sie beobachteten, wie Kleinkinder in wenigen Jahren vom hilflosen Schreien zum Erwerb der Erwachsenensprache gelangten.

Schon sehr früh hat man sich auch dafür interessiert, wie „die Dinge der Welt" in die Sprache „hineinkommen", inwieweit sie also durch Wörter „abgebildet", gedanklich „konserviert" und als Erfahrungen „weitergegeben" werden können.

Daß Sprache darüber hinaus ein Verständigungsmittel ist, das nur im Kommunikationsbereich eines Stammes, eines Volkes oder einer Gesellschaft gilt, wurde den Menschen spätestens dann bewußt, als ihre Stämme

10 Kapitel 1: Sprache und Sprechen

oder Ethnien auf andere trafen und das, was allzu selbstverständlich als Instrument des alltäglichen Verkehrs benutzt wurde, plötzlich als Mittel der Verständigung versagte. Die Sprecher archaischer Gesellschaften haben so reagiert, wie es heute noch naive Sprachbenutzer tun: Die Fremden reden unverständlich, sind „Stammler" (griech.: barbaroi = Stammler) oder haben „überhaupt keine Sprache".

Die Frage, ob man die Mittel des sprachlichen Ausdrucks und der sprachlichen Verständigung auch beschreiben und untersuchen müsse, wurde spätestens dann akut, als Menschengruppen innerhalb einer bestimmten Gesellschaft feststellten, daß es trotz der gleichen Sprache oft nicht möglich war, sich mit anderen Gruppen zu verständigen. In allen komplexen, arbeitsteiligen Gesellschaften haben Menschen(gruppen) die Erfahrung gemacht, daß es oft nicht gelang, ihre Willensbekundungen, ihre Erfahrungen und ihre Werturteile so zu artikulieren, daß man zu übereinstimmenden Meinungen und gemeinsamen Handlungen kommen konnte.

Das Nachdenken und Reden über Sprache beginnt also – sowohl in der Menschheitsgeschichte als auch in der Lebensgeschichte des Einzelnen – immer dort, wo die Mittel der Verständigung als unzulänglich oder in irgendeinem Sinne als frag-würdig erfahren werden. Das Kopfschütteln und Schweigen, d.h. der Abbruch der verbalen Kommunikation, ist dabei nur eine, und im allgemeinen hilflose, Reaktion; eine andere ist, sich über die Richtigkeit und Angemessenheit der sprachlichen Mittel streitig auseinanderzusetzen. Im alltäglichen Disput um die treffende Aussage, das richtige Wort oder gar die richtige Aussprache werden metasprachliche Mittel verwendet bzw. entwickelt, die das Kommunikationsproblem durch Untersuchung des sprachlichen Instruments selbst zu lösen versuchen. Wissenschaftliche wie alltägliche **Metasprache** ist der Versuch, mit Sprache über Sprache zu reden (Metasprache = Sprache 2. Ordnung). Mit der Metasprache beschreiben wir Elemente und Strukturen der **Objektsprache**, also der, mit der „die Dinge selbst" benannt und beschrieben werden.

Philosophie, Rhetorik und schließlich Theologie können als Vorläufer heutiger Sprachwissenschaft gelten; denn diese selbst ist eine sehr junge Disziplin, die sich – mit eigenen wissenschaftlichen Interessen und Methoden – erst im 19. Jh. etabliert hat. Das Interesse der Philosophie an der Sprache galt seit der Antike der Wahrheit, der Zutreffendheit, der Richtigkeit sprachlicher Aussagen und der Eignung sprachlicher Mittel; das Interesse der Rhetorik richtete sich seit dem 5. Jh. v.u.Z. – zunächst in

Griechenland, dann in der römischen Welt – auf die schmuckvolle und zugleich wirkungsvolle Ausgestaltung der Rede, wo immer diese im Dienst politischer oder gesellschaftlicher Interessen öffentlich auftrat. Die Theologie schließlich konzentrierte sich auf die Verkündigung und Auslegung der Bibel als der Sprache göttlicher Offenbarung.

Zu Beginn der „eigentlichen" Sprachwissenschaft (etwa seit der 1. Hälfte des 19. Jhs) ging es um die Erforschung der Sprachgeschichte, der Sprachverwandtschaften und Sprachursprünge; bei diesen Bemühungen benötigte man eine Fülle verschiedener, wissenschaftlich genauer Beschreibungsmittel, um z.B. die Zugehörigkeit verschiedener Sprachen zu Sprachfamilien von ihrer Struktur her bestimmen zu können (s. Kap. 2.2). Inzwischen hat sich die Sprachwissenschaft in eine Vielzahl von Einzeldisziplinen aufgespalten, deren zentrales Erkenntnisinteresse allerdings meist auf die Struktur einer bestimmten Jetztzeit-Sprache gerichtet ist.

## 1.2 Sprachwissenschaft und Sprachunterricht

Was hat Sprachwissenschaft nun mit Studium und Schule zu tun? Was die Formen didaktischer Beschäftigung mit Sprache angeht, so gibt es eine sehr lange Tradition, die kontinuierlicher verläuft als die Geschichte und Vorgeschichte der Sprachwissenschaft. Sprachbeschreibung in der Form der „ars grammatica" (griech.: techne grammatike) wird seit der Antike geübt; sie ist seit dem frühen Mittelalter eng verknüpft mit der schulischen Vermittlung einer kanonisierten Fremdsprache, des Griechischen oder Lateinischen. Und die prinzipielle Begründung (und Rechtfertigung) für Grammatikunterricht, daß er unabdingbar sei für die didaktisierte Vermittlung anderer Sprachen (eben den „Fremdsprachenunterricht"), hat sich bis heute erhalten.

Seit den 70er Jahren hat sich allerdings die Bedeutung des Sprachunterrichts für die Schule grundsätzlich gewandelt. Im Kontext einer Umorientierung der Sprachlehrforschung soll er nun vielfältige neue Aufgaben übernehmen, u.a. sprachkompensatorische Funktionen, d.h. allen Kindern möglichst effektiv die Beherrschung der deutschen Standardsprache beibringen. Des weiteren soll er dazu dienen, Schriftsprache besser erwerben und stilistisch beherrschen zu lernen. Schließlich soll er dazu beitragen, die eigene Sprachverwendung – vor allem im Streitgespräch – analysieren, strukturieren und besser planen zu können, zugleich die sprachlichen Äußerungen anderer besser verstehen, beschreiben und mit ihnen kommunikativ umgehen zu können.

12          Kapitel 1: Sprache und Sprechen

Die Begründungen dafür, daß grammatisches Wissen ein unverzicht-
barer Bestandteil für den Sprachunterricht der Schule sei, sind vielfältig;
die meisten der traditionellen Begründungen sind heute jedoch fragwür-
dig geworden. Die Diskussion um den Sinn von Grammatikunterricht
kann hier nicht ausgebreitet werden; eines der neueren (und eigentlich
sehr alten) Argumente sollte jedoch noch erwähnt werden: Grammatikunterricht kann Mittel zur Emanzipation sein, zur Befreiung aus kommunikativen Zwängen, zur Gegenwehr gegen Techniken sprachlicher
Herrschaft oder kommunikativer Überrumpelung. Sie soll (u.a.) erklären
helfen, wann und warum Ausdrücke und Ausdrucksweisen unverständlich sind, was sie außer der – wirklichen oder angeblichen – Information
sonst noch transportieren, zu welchen Zwecken und in welchen Situationen sie angemessen und wirksam sind oder nicht u.a.m.

## 1.3 „Grammatik" – drei grundlegende Unterscheidungen

Ehe man jedoch über den Sinn von Grammatikunterricht diskutiert, sollte man die Begriffe klären: Was versteht der alltägliche Sprachbenutzer,
was versteht die Wissenschaft unter Grammatik? Im groben lassen sich
heute drei Begriffe unterscheiden, die man sorgfältig auseinanderhalten
sollte:
1. Grammatik als eine Sammlung von Regeln im Sinne von Vorschriften
(**präskriptive** oder **normative Grammatik**). Grammatiken in diesem
Sinne sind vor allem Lehrwerke, d.h. sie enthalten Regeln und Anwei-
sungen über die „richtige" Sprache, und sie dienen der Vermittlung und
Durchsetzung von sprachlichen Normen, z.B. einer Hochsprache oder
Standardsprache. Verwendet werden sie in erster Linie im Unterricht von
Fremdsprachen – oder als Regelsammlung der Hochsprache/Standard-
sprache für Sprecher einer bestimmten Varietät (etwa eines Dialekts), die
die Standardsprache „fehlerfrei" erlernen möchten.
2. Grammatik als eine – möglichst umfassende – Beschreibung aller feststellbaren bzw. erschließbaren Regeln einer Sprache (**deskriptive Grammatik**). So verstehen sich heute die meisten wissenschaftlichen Grammatiken. Hier geht es also um die Beschreibung eines Ist-Zustandes der
Sprache, nicht um die Propagierung eines Sollzustandes. Allerdings muß
eingeräumt werden, daß häufig deskriptive als präskriptive Grammatiken
verwendet werden, daß also das, was als regelhafte Erscheinung erforscht
worden ist, im didaktischen Zusammenhang bzw. vom unbefangenen Be-
nutzer als (einzig) gültige Norm akzeptiert bzw. weitervermittelt wird.

Sprache – Kollektiver Besitz und individuelle Fähigkeit 13

Ein Beispiel für eine von der Konzeption her deskriptive, in der alltäglichen Nutzung aber als präskriptiv verstandene Grammatik ist die DUDEN-Grammatik [DUDEN Bd. 4]; im Vorwort der 4. Aufl. von 1984 heißt es:

> Auch der sprachlich interessierte Laie, der sich über den Aufbau unserer Sprache unterrichten will oder Rat sucht bei grammatischen Zweifelsfällen, soll diese Grammatik benutzen können. Nicht zuletzt soll die Duden-Grammatik auch ein praktisches Handbuch für den Unterricht der deutschen Sprache als Fremdsprache sein. (DUDEN Grammatik 1984, S. 5; ausführlichere Stellungnahme zu diesem Problem auf S. 8f.)

Sowohl Grammatiken des präskriptiven als auch des deskriptiven Typs stellen **kodifizierte Grammatiken** dar; d.h. sie formulieren Regeln über ein komplexes System, das in der sprachlichen Kommunikation einer Gesellschaft seine autonome Gültigkeit hat. Keine kodifizierte Grammatik kann die beobachtbaren Regularitäten einer Sprache vollständig abbilden. Alle bieten nur Ausschnitte, und dabei werden verschiedene Modelle und Erklärungsansätze verwendet.

3. Grammatik als das Regelsystem, das von allen Sprechern einer Sprache (in der Kindheit) erworben wird, und das als kollektiver Besitz der Sprachgemeinschaft von Generation zu Generation weitergegeben wird.

Diese **innere Grammatik** ist das natürlich gewachsene und das für eine Sprachgemeinschaft gültige Regelsystem, und sie ist letztlich das eigentliche Untersuchungsobjekt der Sprachwissenschaft.

## 1.4 Sprache – Kollektiver Besitz und individuelle Fähigkeit; abstraktes System und konkrete Realisierung

Das System der Sprache – von der Ordnung der kleinsten Elemente, der Laute, bis hin zu den großen Strukturen des Satzes und schließlich des Textes – gehört zu jenen wissenschaftlichen Objekten, die nicht direkt beobachtbar sind. Beobachtbar ist nur der Schallstrom mündlicher Äußerungen und die Zeichenfolgen schriftlicher (oder anderer) Kommunikation. Wie im dritten Grammatikbegriff schon angesprochen, hat dieses Phänomen Sprache eine doppelte Natur: Einmal ist es sozialer Besitz einer Gesellschaft, zum zweiten ist es ein mentales Phänomen, d.h. es ist ein Teil der geistigen Fähigkeiten jedes Individuums. Die Gruppe, die über dieselbe Sprache verfügt, nennt man (in einem wertneutralen Sinne) **Sprachgemeinschaft**; für das Individuum, das dieses Regelsystem beherrscht, hat sich der engl. Ausdruck **native speaker** durchgesetzt – „native" deshalb, weil Menschen sich in der Regel nur im **primären**, d.h. **frühkindheitlichen Spracherwerb** das höchst komplexe Regelsystem

14 Kapitel 1: Sprache und Sprechen

sicher und vollständig aneignen.

Wir können also festhalten, daß Sprache, verstanden als umfassendes Regelsystem, eine zweifache Natur hat: eine soziale, als der kollektive Besitz einer Sprachgemeinschaft, und eine individuelle, als das vom Individuum erworbene System der Einzelsprache. Weder als soziales Phänomen noch als mentale Fähigkeit ist dieses Regelsystem direkt beobachtbar. Beobachtbar und kontrollierbar ist es nur als <u>regelgeleitetes Verhalten</u>, d.h. in mündlichen oder schriftlichen Äußerungsformen. Das läßt sich in folgender Graphik verdeutlichen:

|  | soziales Phänomen | individuelle Fähigkeit |
|---|---|---|
| virtuell | soz. Objektivgebilde | mentale Fähigkeit |
| realisiert | alle sprachlichen Äußerungen e. Gesellschaft zu e. best. Zeit | individuelles Sprechen/Schreiben |

Entsprechend der zweifachen Natur des Phänomens Sprache (virtuell oder realisiert) hat die Sprachwissenschaft auch zwei verschiedene Wege beschritten, um das System zu beschreiben: den empirischen, der die Reichweite und Gültigkeit der Regeln am konkreten Sprachmaterial aufwies, und den mentalistisch-,,spekulativen", der die Introspektion des Forschers, den Appell an die eigene Sprachfähigkeit, als Methode bevorzugte. Letztere gilt heute keineswegs als unwissenschaftlich, sofern sie die intuitiv gewonnenen Einsichten über das System kontrolliert durch die sprachliche Intuition anderer native speaker, also die Übereinstimmung der Intuitionen verschiedener native speaker sucht.

## 1.5 Sprachwissenschaftliche Grundbegriffe

### 1.5.1 Langue und parole in der Konzeption Ferdinand de Saussures

Im Hinblick auf die beiden Möglichkeiten, Sprache als gesellschaftliches oder als individuelles Untersuchungsobjekt aufzufassen, wurden in der Sprachwissenschaft unterschiedliche Konzepte entwickelt, von denen sich einige bis heute – in verschiedenen Varianten und Modifikationen – als tragfähig erwiesen haben. FERDINAND DE SAUSSURE führte zu Beginn des 20. Jhs drei Grundbegriffe in die wissenschaftliche Betrachtung ein, um Sprache einerseits als gesellschaftliches Phänomen, andererseits als

## Sprachwissenschaftliche Grundbegriffe          15

konkrete, physikalisch und physiologisch beschreibbare Erscheinung und drittens als allgemeine menschliche Fähigkeit zu erfassen: **Langue, parole** und **(faculté de) langage.**

Die Begriffe sollen hier knapp erläutert werden; zunächst zum Terminus langue: **Langue** bezeichnet (bei SAUSSURE) das sprachliche System als gesellschaftliche Erscheinung, als den kollektiven Besitz der sprachlichen Zeichen; jede Sprachgemeinschaft hat sich eine langue geschaffen und hat sie als System von Konventionen für alle Sprachteilhaber verbindlich gemacht. „Was aber ist die Sprache?", fragt Saussure in der Einleitung seines „Cours de linguistique générale" bei der Sichtung vieler unterschiedlicher Begriffe von „Sprache" (SAUSSURE 1967, 11). Seine erste Antwort:

> Sie ist zu gleicher Zeit ein soziales Produkt der Fähigkeit menschlicher Rede und ein Ineinandergreifen notwendiger Konventionen, welche die soziale Körperschaft getroffen hat, um die Ausübung dieser Fähigkeit durch die Individuen zu ermöglichen.

[Über die langue, verstanden als sprachliche Struktur, handeln die meisten Kapitel unseres Buches.]

Zum Begriff der parole: **Parole** ist nach SAUSSURE die Realisierung menschlicher Sprache, zugleich die beobachtbaren Produkte dieser Realisierung, sei es als Gesprochenes (der Schallstrom, der durch die Sprechorgane erzeugt wird) oder Geschriebenes (Buchstabenketten auf Papier oder einem anderen Medium). Parole läßt sich im Deutschen am besten durch „Sprechen" oder „die Rede" (i.S. von ‚die menschliche Rede') wiedergeben. SAUSSURE hat bei parole vor allem an die physiologischen Phänomene (Funktionen der Sprechorgane und Artikulationsakt) und die physikalischen Eigenschaften (Schallwellen und ihre Übertragung) gedacht. Heute wird der Begriff meist in einem weiteren Sinne verwendet: für die komplizierten psychologischen Prozesse menschlicher Kommunikation oder das Sprechereignis unter bestimmten situativen Bedingungen (Sprechakt).

Langue und parole bilden ein Begriffspaar, das für zwei komplementäre Phänomene verwendet wird: Langue kann es nicht geben ohne parole, und parole kann nicht existieren ohne bzw. außerhalb einer langue. Die Frage nach dem, was denn nun entwicklungsgeschichtlich „eher" vorhanden war, gleicht der Frage nach der Henne und dem Ei. Eine sinnvolle Antwort kann hier nur sein, daß langue und parole sich in der Menschheitsgeschichte gleichzeitig entwickelt haben, so daß Sprechen schließlich die Grundlage von Sprache wurde und umgekehrt.

16 Kapitel 1: Sprache und Sprechen

Schließlich einige Erläuterungen zum Begriff der faculté de langage: Mit **faculté de langage** (meist in der Kurzform: **langage**) bezeichnet SAUSSURE die angeborene menschliche Sprachfähigkeit; das meint einmal die besondere Eigenschaft der menschlichen Art, sich durch komplexe Lautzeichen zu verständigen, zum anderen das individuelle Vermögen jedes Neugeborenen, sich dieses Verständigungssystem in wenigen Jahren anzueignen. Langage bildet demnach die entwicklungs- und lebensgeschichtliche Grundlage sowohl für die langue als auch für die parole einer Sprachgemeinschaft. Die entwickelte, entfaltete langage umfaßt somit beides: Sowohl den mentalen Besitz des Zeichensystems mit all seinen Elementen und Regeln als auch die Fähigkeit, diese Regeln in der parole konkret anzuwenden, d.h. die sinnvermittelnden Lautäußerungen nach den Regeln dieses Systems zu strukturieren.

### 1.5.2 Kompetenz und Performanz in der Konzeption Noam Chomskys

Seit 1957 (Veröffentlichung von „Syntactic Structures") hat N. CHOMSKY ein neues Konzept in die sprachwissenschaftliche Forschung eingeführt. Ausgangspunkt seiner Betrachtung war nicht mehr das einzelne sprachliche Symbol (oder die Gesamtheit der sprachlichen Symbole), sondern die Produktion des Satzes und der dazugehörige Regelapparat. CHOMSKYS Ziel war der Entwurf einer Grammatik, die quasi ein kybernetisches Modell dieser Sprachproduktion darstellte: Mit einer bestimmten Menge präzis formulierter Regeltypen, Regeln und ihrer Verwendungsbedingungen sollte es möglich sein, alle grammatisch richtigen („wohlgeformten") Sätze einer Sprache zu erzeugen bzw. in ihrer Struktur zu beschreiben. Dieses Erzeugungsmodell (die **generative Grammatik**) sollte in gewisser Weise die Fähigkeit eines native speakers abbilden (bzw. ihr äquivalent sein), mit den begrenzten Mitteln der Grammatik unendlich viele (gramm. richtige) sprachliche Äußerungen zu produzieren.

Für den grammatischen Regelapparat im Kopf eines native speakers führte CHOMSKY den Begriff der sprachlichen **Kompetenz** ein; diese bezeichnet den individuellen Besitz der Spracherzeugungsregeln, die sich der Mensch im primären Spracherwerbsprozeß angeeignet hat. Die generative Grammatik (später: **generative Transformationsgrammatik**; im folg. **TG**) sollte also prinzipiell der sprachlichen Kompetenz des native speakers gleichwertig sein, und zwar in dem Sinne, daß die erzeugten Sprachäußerungen („Sätze") durch einen kompetenten Sprecher als „grammatisch richtig" beurteilt wurden. Die TG beansprucht nicht, den

## Sprachwissenschaftliche Grundbegriffe 17

neurologischen und physiologischen Produktionsprozeß selbst abzubilden; sie strebt nur die Gleichwertigkeit der erzeugten Sprachprodukte, d.h. die grammatische Richtigkeit der Sätze, an.

Als Komplementärbegriff zu **Kompetenz (competence)** führte NOAM CHOMSKY den Begriff der **Performanz (performance)** in die Sprachwissenschaft ein und definierte ihn neu: Performanz umfaßt nach CHOMSKY die Anwendung des inneren Regelapparats, d.h. die Erzeugung von Sätzen, und zwar unter bestimmten individuellen und situativen Bedingungen. Diese Bedingungen werden vor allem als Störfaktoren bei der Sprachproduktion aufgefaßt: beim Sprecher begrenztes Gedächtnis, Zerstreutheit, Änderung seiner sprachlichen Strategien oder Intentionen; bezogen auf die Situation störende Einflüsse wie Lärmquellen, Dazwischenreden u.ä. Die Sprachproduktion eines native speakers unterliegt also (im allg.) Performanzbedingungen, die die Anwendung des generativen Regelsystems beeinflussen, stören, verändern.

Daraus ergeben sich methodische Konsequenzen für den Entwurf einer Grammatik. Für CHOMSKY ist eine Sammlung von Sprachdaten bzw. Sprachprodukten ganz allgemein eine unsichere Basis für die Erschließung und Beschreibung des zugrundeliegenden Regelsystems. Die TG beruft sich vielmehr auf die eigene sprachliche Intuition (= Kompetenz) und die Entscheidung anderer native speaker über die grammatische Richtigkeit erzeugter Sätze.

Die TG hat also einen ganz anderen Ausgangspunkt als der strukturalistische Ansatz von F. DE SAUSSURE: Beschreibungsobjekt des Strukturalismus ist das sprachliche Symbol (das Wortzeichen) und die Strukturen der Gesamtheit sprachlicher Symbole (als „sprachliches Objektivgebilde"); Beschreibungsobjekt der TG ist die „innere Grammatik" des native speakers, insbes. der Regelapparat zur Erzeugung grammatisch richtiger Sätze. **Kompetenz** bezieht sich also auf Sprache als mentalen Besitz und virtuelle Fähigkeit, **Performanz** auf Sprechen, d.h. auf die Sprachverwendung unter dem Einfluß von individuellen und situativen Bedingungen und (Stör-)Faktoren.

## 1.6 Das sprachliche Symbol als bilaterales Zeichen

Nach SAUSSURE ist der gemeinsame Sprach-Zeichenbesitz einer Gesellschaft ein geordnetes System, in dem jedes Zeichen – SAUSSURE hat vor allem an die Wort-Zeichen gedacht – seine Funktion und seinen Ort hat; der Ort wird bestimmt durch die Merkmale, die das Zeichen in seiner Ausdrucks- und Inhaltsseite von benachbarten Zeichen des Systems unterscheiden. Um den Charakter des Sprach-Zeichens genauer zu bestimmen, hat Saussure ein **bilaterales Zeichenmodell** entwickelt, das – z.B. bei dem Wortzeichen /arbre/ = /Baum/ – folgende Form hat:

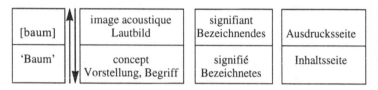

Die Ausdrucksseite („image acoustique") und Inhaltsseite („concept") eines Zeichens gehen eine unlösbare Verbindung ein; sie erscheinen – nach SAUSSURE – wie die zwei Seiten eines Blatts Papier. SAUSSURE spricht davon, daß beim Artikulieren oder beim Vernehmen einer Lautkette wie [baum] Sprecher und Hörer unmittelbar auch eine Vorstellung bzw. einen Begriff 'Baum' assoziieren; daß sie andererseits, wenn sie die Vorstellung 'Baum' im Kopf haben, immer damit auch das Lautbild [baum] verbinden.

Dieses sehr einfache, fast trivial erscheinende Zeichenmodell hat jedoch weitreichende theoretische Konsequenzen. Zunächst einmal läßt SAUSSURE bewußt das Problem außer acht, wie „die Dinge der Welt" durch Zeichen abgebildet werden, d.h. welche Gegenstände durch welche Lautbilder und die damit zusammenhängenden Begriffe repräsentiert werden. Einige wesentliche Eigenschaften sprachlicher Zeichen lassen sich jedoch direkt aus diesem Modell ableiten.

a) **Bilateralität**
Sprach-Zeichen bestehen immer aus einer festen Verbindung von Ausdrucks- und Inhaltsseite (wie oben bereits beschrieben).

b) **Arbitrarität**
Arbitrarität meint die „Willkürlichkeit" der Zuordnung von Ausdrucks- und Inhaltsseite des Zeichens. Willkürlichkeit bedeutet, daß es keinen

## Das sprachliche Symbol als bilaterales Zeichen 19

logischen oder anderen Grund gibt, daß ein bestimmtes „concept" mit einem bestimmten „image acoustique" verknüpft wird; daß z.B. ein Begriff in der einen Sprache mit /Baum/, in einer anderen mit /tree/, in einer dritten mit /albore/ usw. verbunden wird Die Eigenschaften eines Lautbildes haben (im allg.) nichts mit den Merkmalen eines Begriffs/einer Vorstellung vom Gegenstand zu tun.

c) **Konventionalität**
Konventionalität ist eine zu Arbitrarität komplementäre Eigenschaft von Sprach-Zeichen. Es steht einem Sprachbenutzer keineswegs „frei", einem Begriff eine beliebige Lautkette zuzuordnen. Jede Verbindung von Lautbild und Begriff beruht auf gesellschaftlicher Vereinbarung („Konvention" im weitesten Sinne); d.h., die Verbindung taugt nur für den Zeichengebrauch und erlangt nur allgemeine Gültigkeit, wenn sie von der Sprachgemeinschaft akzeptiert und anerkannt ist.

d) **Repräsentativität**
Sprachliche Zeichen stehen nicht für sich selbst, sondern, wenn sie gebraucht werden, immer für etwas anderes. Die „Stellvertreterfunktion" enthält eine doppelte Form der Repräsentation: Die Lautkette steht für die Vorstellung/den Begriff; beide zusammen „repräsentieren" sozusagen Dinge/Gegebenheiten in der Welt, über die die Zeichenbenutzer Mitteilungen machen.

e) **Linearität**
Sprach-Zeichen, ob Morpheme, Wörter oder auch Wortgruppen, bestehen aus kleineren Elementen, die in einer linearen Struktur angeordnet sind; „Linearität" bedeutet ein zeitliches Nacheinander (bei Lautketten) oder räumliches Hintereinander (etwa bei Buchstaben), eine Anordnung, bei der keines der Elemente ausgelassen oder vertauscht werden darf.

f) **Materialität**
Die Ausdrucksseite von Sprachzeichen hat, wenn diese realisiert werden, immer „materielle" Eigenschaften. „Materialität" bedeutet hier, daß sie von den menschlichen Sinnen wahrgenommen werden können: Longitudinalwellen der Luft bei der Lautsprache; figürliche Elemente auf Papier (oder anderen Medien), die als optische Merkmale wahrgenommen werden können; plastische Strukturen, die durch den Tastsinn erfaßt werden werden können (z.B. bei der Blindenschrift) usw.

Das Konzept SAUSSURES gilt in der Sprachwissenschaft sozusagen als der Prototyp eines bilateralen Zeichenmodells. Schon vor SAUSSURE (z.B. bei CH.S. PEIRCE) und nach ihm wurden zahlreiche Modelle zur Darstellung des Sprachzeichens entwickelt, die weitere, für die Linguistik wichtige

20 Kapitel 1: Sprache und Sprechen

Merkmale und Relationen der Struktur und des gesellschaftlichen Gebrauchs von Zeichen herausgearbeitet haben. Einen der interessantesten Entwürfe haben OGDEN/RICHARDS Anfang der 20er Jahre vorgestellt; sie entwickelten ein **trilaterales Zeichenmodell**, das das bezeichnete Objekt (den Referenten) als weiteren Faktor in die Darstellung einbezieht.

[Darauf kann an dieser Stelle nicht weiter eingegangen werden. Für eine erste Orientierung in semiotischer Theorie empfiehlt sich z.B. das Buch von U. ECO: Zeichen. Einführung in einen Begriff.]

## 1.7 Die Gliederung sprachlicher Einheiten

In folgenden soll in groben Zügen dargestellt werden, daß die sprachlichen Einheiten des Systems als eine Hierarchie betrachtet werden können, als eine Rangordnung, bei der sich die kleineren Einheiten jeweils als Bestandteile von größeren erklären lassen. Wie oben schon beschrieben, haben sprachliche Einheiten als Zeichen eine doppelte Natur:

1. Sie bestehen aus der festen Verbindung einer Ausdrucks- und Inhaltsseite;
2. sie sind virtuelle Einheiten, die zu einem Gesamtsystem gehören (der langue), und sie erscheinen als konkrete Schallgebilde, wenn sie realisiert werden (in der parole).

Diese Einheiten sind allerdings auf jeder Gliederungsebene von ihrer Ausdrucks- und Inhaltsseite her völlig verschieden, und die Regeln, nach denen kleinere zu größeren Einheiten zusammengefügt werden, sind jeweils andere.

### 1.7.1 Phon (parole) und Phonem (langue)

Versucht man die Ausdrucksseite von sprachlichen Zeichen (das Schallgebilde) in kleinste Bestandteile zu zerlegen, so gelangt man zu einzelnen **Lauten** oder **Phonen**; sie stellen sozusagen die Atome sprachlicher Äußerungen dar, können also nicht systematisch weiter in Elemente aufgetrennt werden. Die wahrgenommenen Schallsegmente müssen von Sprecher und Hörer identifiziert werden als Vertreter einer bestimmten Klasse von Phonen, die für das Lautsystem einer Sprache von Bedeutung ist. Eine solche Klasse von Phonen, welche bestimmte gemeinsame Merkmale und die gleiche Funktion aufweisen, wird **Phonem** genannt.

Das entscheidende Merkmal eines Phonems ist, daß es in Wörtern eine **bedeutungsunterscheidende Funktion** hat, etwa /g/ in *gaben* – in Opposition zu *haben* oder *laben*. Jedes Phonem ist durch (phonetische)

Die Gliederung sprachlicher Einheiten          21

Eigenschaften eindeutig von anderen Phonemen unterschieden, und alle Phoneme bilden ein (relativ) geschlossenes System, z.B. das Phonemsystem des Deutschen.

Phoneme selbst tragen keine Bedeutung in dem Sinne, wie Wörter oder Sätze eine Bedeutung haben. Deshalb kann man für sie auch nicht dieselben Verfahren der Segmentierung und Klassifizierung anwenden wie für bedeutungstragende Einheiten.

Um ein Phon als Vertreter eines Phonems zu identifizieren, benötigt man ein sogenanntes **Minimalpaar**; d.h. es muß mindestens zwei Wörter einer Sprache geben, bei denen die lautlichen Varianten an derselben Position bedeutungsunterscheidende Funktion haben, etwa

*reisen — reißen.*

In dieser Wort-Opposition demonstriert der Austausch der beiden s-Laute („stimmhaftes" und „stimmloses s") an derselben Stelle, daß sie Vertreter von zwei verschiedenen Lautklassen (= Phonemen) sind: Nur sie sind für die unterschiedliche Bedeutung der beiden Wörter verantwortlich.

Die Zahl der Phoneme wird durch das phonologische System vorgegeben. Natürliche Sprachen haben i.allg. nicht weniger als 25 und selten mehr als 40 Phoneme.

[Ausführlicher dazu in Kap. 3 „Phonetik und Phonologie".]

## 1.7.2  Morph (parole) und Morphem (langue)

Wie erhält man die kleinsten bedeutungstragenden (zeichenhaften) Einheiten einer Sprache? Zeichenhafte Einheiten sind zu verstehen als integrierte Lautsegmente mit fest umschriebener Bedeutung. Betrachtet man die Wörter einer Äußerung, so läßt sich feststellen, daß sie in vielen Fällen noch in kleinere bedeutungstragende Segmente zerlegt werden können. Man erkennt eigenständige Lautgebilde, die sozusagen als Bausteine der Wörter fungieren; diese werden in der Sprachwissenschaft **Morphe** genannt (aus griech. *morphe* = Form). So läßt sich ein Wort wie *Übersetzung* auftrennen in *Über + setz + ung.*

Unter Morphen versteht man – ebenso wie unter Phonen – Einheiten der realisierten Sprache, d.h. der parole; Morphe definiert man als die konkreten Vertreter abstrakter Klassen, der **Morpheme**, welche bestimmt sind durch konstante Lautmerkmale und eine stabile Bedeutung. So lassen sich die Vorkommen von 'haus' in *Be-haus-ung, haus-en, haus-eigen* usw. als Vertreter desselben Morphems identifizieren.

22  Kapitel 1: Sprache und Sprechen

Schon hier sei angemerkt, daß eine bestimmte Klasse von Morphemen auch **wortfähig** ist, d.h. ihre Vertreter können als selbständige Wörter auftreten.

[Im Kap. 4 „Morphologie" werden die verschiedenen Klassen der Morpheme genauer vorgestellt.]

### 1.7.3 Wort, Wortform, Lexem

Die nächstgrößeren bedeutungtragenden Einheiten der Sprache bilden die Wörter. Oben wurde schon gesagt, daß Wörter aus einzelnen Morphemen oder aus der Kombination mehrerer Morpheme bestehen können. Obwohl Wörter für den sprachwissenschaftlichen Laien Einheiten darstellen, die anscheinend am klarsten abzugrenzen und am einfachsten zu beschreiben sind, macht eine allgemeinverbindliche Definition für die Sprachwissenschaft doch große Schwierigkeiten.

Zunächst erscheint es für eine Sprachtheorie problematisch, daß die Bezeichnung **Wort** sowohl für Erscheinungsformen der parole als auch für Einheiten der langue (des Systems) verwendet wird. Da in der Theorie eine terminologische Trennung erforderlich ist, wurden z.B. von der **Lexikologie** (der Wissenschaft vom Bestand bzw. dem System der Wörter und ihren Bedeutungen) die beiden Bezeichnungen **Lex** und **Lexem** eingeführt: Lex steht für das konkret vorkommende Element in der parole und Lexem für die abstrakte Einheit im System (der langue). Gebräuchlicher als /Lex/ ist der in der Satzlehre weithin verwendete Ausdruck **Wortform** (für die Elemente in der parole) und **Wort** für die Einheit in der langue. Das Wort als lexikalische (langue-)Einheit wird definiert als eine feste Verbindung von Ausdrucks- und Inhaltsseite; in der konkreten Verwendung in Äußerungen erscheint es, je nach Position bzw. Funktion im Satz, in verschiedenen Wortformen: Die Wörter /Haus/, /Hauses/, /Hause/, /Häuser/, /Häusern/ werden definiert als Wortformen, die alle zu einer abstrakten lexikalischen Einheit /Haus/ mit einer bestimmten Bedeutung 'Gebäude [e. bestimmten Art]' gehören.

Betrachtet man Wörter unter **orthographischem** Aspekt, d.h. als Ketten von Buchstaben, so erscheint es ganz einfach, sie zu isolieren und zu identifizieren: Anfang und Ende werden durch Leerzeichen oder Sonderzeichen (Satzzeichen, Anführungsstriche o.ä.) markiert. Die Definition: „Wörter sind Buchstabenketten, die zwischen zwei Leer- oder Sonderzeichen stehen" ist indessen **tautologisch**, denn in die Schreibkonventionen ist das Vorverständnis dessen, was ein Wort ist und wo seine Grenzen sind, schon eingegangen. Um dieses **Vorverständnis** geht es aber gerade der Sprachwissenschaft.

Will man Wort und Wortgrenzen unter phonetischen Gesichtspunkten definieren, so treten noch größere Schwierigkeiten auf. Wer eine ganz fremde Sprache hört, kann nur (schlecht zu begründende) Vermutungen darüber anstellen, wo die einzelnen Wörter beginnen oder aufhören; kleine Pausen markieren wahrscheinlich die Grenzen von Satzgliedern oder Sätzen, und dort endet im allg. auch ein Wort. Eine Segmentierung dieser Lauteinheiten in Einzelwörter (oder gar in Morphe oder in Phone) ist ohne weitere Kenntnis des fremden Sprachsystems ausgeschlossen. Bei manchen Sprachen, z.B. dem Deutschen, sollen ein schwacher Knacklaut am Beginn des Wortes, ein bestimmter dominanter Wortakzent und (evtl.) eine Minimalpause am Wortende als Identifikationsmerkmale gelten. Aber alle drei Kriterien sind relative Größen und vom Nicht-native-speaker schwer zu erkennen.

Unter **morphologischen** Gesichtspunkten müßte man andere Definitionskriterien verwenden. Wörter bestehen aus einzelnen Morphemen oder Morphemkonstruktionen. Morpheme und Morphemkonstruktionen gelten dann als „Wörter", wenn sie als „freie", selbständige Elemente in Äußerungen auftreten, ausgetauscht oder verschoben werden können. [Näheres dazu in den Kapiteln 4 „Morphologie" und 5 „Wortbildung".]

Betrachtet man Wörter unter syntaktischen Gesichtspunkten, dann lassen sich zwei Eigenschaften festhalten, die die Identifizierung der Wörter (hier besser: der Wortformen) erleichtern:

1. Wörter können – anders als Morphe oder Laute – als ganze im Satz ausgetauscht oder verschoben werden;
2. sie können – allein oder in Gruppen – Satzglieder vertreten.

Hier konnten wir nur exemplarisch auf einige Möglichkeiten der **Wort-Definition** eingehen; es sollte gezeigt werden, daß **Wort** in der Linguistik eine recht problematische Kategorie darstellt, die von verschiedenen Teildisziplinen und theoretischen Ansätzen jeweils unterschiedlich definiert wird. Dennoch scheint es einige Merkmale zu geben, die ein intuitives Vorverständnis über die Einheit **Wort** begründen. Ein sprachliches Element kann im allg. als „Wort" identifiziert werden

a) durch gleichbleibende Merkmale auf der Ausdrucks- und Inhaltsseite (akustische und semantische Identität);
b) durch die feste Struktur seiner Bausteine (morphologische Stabilität);

24 Kapitel 1: Sprache und Sprechen

c) durch die Fähigkeit, im Satz verschoben und ausgetauscht werden zu können (syntaktische Mobilität).

[Im Kap. 7 „Semantik" werden weitere Definitionen vorgestellt, die das Wort als Einheit im Wörterbuch und als Träger einer selbständigen Bedeutung beschreiben.]

### 1.7.4 Satzteil, Satzglied, Syntagma

Geht man zum nächstgrößeren sprachlichen Gebilde, das sich als bedeutungstragende sprachliche Einheit einer Äußerung isolieren läßt, dann gelangt man zum selbständigen Teil eines Satzes, dem **Satzglied** oder **Syntagma**.

[Zu Verfahren der Segmentierung und Kategorisierung von Satzgliedern s. Kap. 6 „Syntax", Abschn. 6.4 und 6.5.]

Auch hier sind Fälle möglich, bei denen das Syntagma nur durch ein Wort vertreten wird, etwa in dem Satz *Hans schläft*, wo beide Syntagmen („Subjekt" und „Prädikat") jeweils nur durch ein Wort repräsentiert werden.

[Näheres s. im Kap. 6 „Syntax".]

Ob einem Satzglied, d.h. einer Einheit in der realisierten Sprache (parole), auch jeweils eine Einheit im System (etwa als **Syntagmem**), entspricht, ist in der Sprachwissenschaft umstritten; es dürfte hier schwierig werden, in demselben Sinne von einer festen „Bedeutung" zu sprechen wie etwa beim Wort oder beim Morphem, sie also als Zeichen mit fester Ausdrucks- und Inhaltsseite zu betrachten. In einigen Fällen allerdings könnte es sinnvoll sein, auch bestimmte Klassen von Syntagmen als Einheiten mit fester Ausdrucks- und Inhaltsseite zu definieren. Einen solchen Typus vertreten z.B. die sogen. Funktionsverbfügungen wie *zum Ausdruck kommen, zum Einsatz bringen, zu Hilfe kommen*. Ein anderer Fall findet sich in redensartlichen Verbindungen (**Phraseologismen** oder **Phraseologeme**) wie *aus den Augen verlieren, von Kopf bis Fuß, die Nase voll haben* usw. Diese Syntagmen sind nicht-auflösbare Einheiten mit fest umschriebener Bedeutung. Ein weiterer Fall findet sich in festen Wortgruppen, die adverbiale Bestimmungen darstellen: *zugrunde (gehen); im allgemeinen, meiner Meinung nach* usw.

### 1.7.5 Satz

Auf der nächsthöheren Ebene der Segmentierung sprachlicher Äußerungen gelangt man zum Satz.

[An dieser Stelle möchten wir davon absehen, daß von verschiedenen Sprachwissenschaftlern zwischen Satzglied/Syntagma und Satz noch mindestens eine weitere Ebene von Einheiten angesetzt wird, z.B. der Gliedsatz oder Teilsatz (engl. **clause**). Genaueres dazu s. im Kap. 6 „Syntax".]

Auch die Definition der Einheit Satz stellt eines der großen Probleme sprachwissenschaftlicher Theorien dar. Die Fragen

1. Was genau macht einen Satz aus, welche Bestandteile muß er notwendigerweise enthalten? und
2. Wo liegen die Satzgrenzen, lassen sich diese mit linguistischen Kriterien genau definieren?

müssen von verschiedenen theoretischen Ansätzen und Erkenntnisinteressen oft unterschiedlich beantwortet werden.

Hier soll ein – sehr weit tragendes – Kriterium aus der Sprachlogik zur Definition herangezogen werden. Danach muß ein Satz – im Sinne einer Aussage – mindestens zwei zentrale sprachlogische Operationen enthalten:

a) die Benennung eines Objekts (Subjekt);
b) die Verbindung des benannten Objekts mit einer Eigenschaft (Prädikat) – wobei diese „Eigenschaft" eine Qualität, eine Relation, einen Zustand, ein Vorgang, ein Handlung oder etwas anderes sein kann.

Der Ausdruck „Operationen" sagt bereits, daß es sich bei **Satz** in diesem Sinne um eine Größe der realisierten Sprache (der parole) handelt; es erscheint jedoch nicht sinnvoll, auch auf der Ebene der langue (im Sinne Saussures) nach einer zeichenhaften Einheit „Satz" zu suchen, die – wie Wort und Morphem – aus einer festen Ausdrucks- und Inhaltsseite besteht.

## 1.7.6 Text

Bei der Segmentierung von sprachlichen Äußerungen läßt sich noch mindestens eine weitere Ebene feststellen, auf der sich Einheiten erkennen lassen: Der **Text**. Text ist linguistisch zu definieren als eine Abfolge von mindestens zwei aufeinanderfolgenden Äußerungen (die nicht unbedingt „Sätze" nach den oben gegebenen Definitionskriterien sein müssen). Bei Text ist noch deutlicher als bei Satz: „Text" ist eine Einheit der parole, d.h. jeder Text ist ein – nach syntaktischen und textuellen Regeln geformtes – konkretes, individuelles sprachliches Gebilde; danach hat Text – als zeichenhaftes Gebilde – keine Entsprechung in der langue. Gleichwohl haben Texte einen Anfang und ein Ende und können so – im Kosmos der sprachlichen Kommunikationen – als selbständige und isolierbare Einheiten beschrieben werden.

26 Kapitel 1: Sprache und Sprechen

Schließlich sei noch nachgetragen, daß es Fälle gibt, in denen ein einziger Laut alle sprachlichen Einheiten vertreten kann, die hier als Glieder einer Kette bzw. als Einheiten einer Hierarchie beschrieben wurden. Als Beispiel mag das lateinische /i/ dienen [/i/ ist die Befehlsform des Verbs /ire/ = 'gehen'; dt. also „geh"]. /I/ als einzelner Laut vertritt nicht nur ein Phonem; es ist hier auch Repräsentant eines Morphems und eines Wortes; darüber hinaus ist durchaus eine Situation denkbar, in der es auch ein Syntagma und sogar einen ganzen Satz vertritt, etwa in dem kurzen Befehl: „I" = „Geh!".

## 1.8 Syntagmatische und paradigmatische Dimension der Sprache

Sprachliche Zeichen sind durch zweifache Beziehungen in das System eingebunden: durch **syntagmatische** und **paradigmatische Beziehungen**. **Syntagmatisch** (aus griech.: syntagma = das Zusammengefügte) bedeutet, daß das Zeichen in <u>horizontaler</u> Richtung, im <u>Nacheinander</u> mit anderen sprachlichen Zeichen, Bindungen eingeht (bzw. die Fähigkeiten zum Eingehen dieser Beziehungen mitbringt). Dies wird z.B. für Wortzeichen sichtbar bei der Einbindung in ein Satzglied, einen Satz oder einen Text. Ein Verb wie *bellen* ist nicht nur durch seine Bedeutung ('typische Lautäußerungen eines Hundes') zu beschreiben, sondern auch durch das syntagmatische Merkmal, daß *bellen* als Verb die Funktion eines Prädikats übernehmen kann; daß es als Prädikat außerdem stets mit einem Subjekt der Klasse 'Hund' zu verbinden ist. Ebenso weist ein Verb wie *krähen* bereits auf die syntagmatische Beziehung zu *Hahn* hin.

Auf der zweiten „Achse" der Systembeziehungen jedes Zeichens finden wir die **paradigmatischen Beziehungen** (aus griech.: paradigma = das Beispiel, wörtl.: das anstelle von etwas Gezeigte). Die paradigmatischen oder vertikalen Beziehungen der Zeichen kann man auch als ein <u>Statteinander</u> auffassen: die Zeichen, die an einer bestimmten Position oder in einer bestimmten Funktion von Äußerungen auftreten, verweisen in ihrer paradigmatischen Beziehung auf alle Zeichen, die in derselben Funktion an dieser Textstelle stehen können. In diesem Sinne ist jedes Zeichen auch zu beschreiben als Vertreter einer **Paradigmenklasse**. Dazu zwei Beispiele, eins für die Paradigmenklasse „intransitive Verben", ein weiteres für die Paradigmenklasse „Substantive der Klasse 'belebt'; 'menschlich'":

| Carla | musiziert |
|-------|-----------|
|       | arbeitet  |
|       | schläft   |
|       | schwitzt  |
|       | errötet   |
|       | ...       |

| Viele | Menschen | haben ein Hobby |
|-------|----------|-----------------|
|       | Deutsche |                 |
|       | Schüler  |                 |
|       | Mädchen  |                 |
|       | Rentner  |                 |
|       | ...      |                 |

In diesen beiden Fällen haben wir es mit **semantischen Paradigmen** zu tun; d.h., daß die Paradigmenklassen solche Elemente enthalten, die aufgrund semantischer Eigenschaften dieselbe Position und Funktion in einem Syntagma übernehmen können.

Auf der anderen Seite kann eine Paradigmenklasse auch durch grammatische Merkmale definiert sein. So gehören die Ausdrücke /gebe/, /gab/, /habe gegeben/ insofern zur selben Paradigmenklasse, als sie die gemeinsamen grammatischen Merkmale '1. Person' und 'Singular des Verbs' enthalten. Auf diese Weise können die Elemente des Systems und ihre Eigenschaften verschiedenen semantischen und grammatischen Paradigmenklassen zugeordnet werden.

## 1.9 Synchronie und Diachronie in der Sprachwissenschaft

Der Sprachtheorie von SAUSSURE verdanken wir eine weitere grundlegende Unterscheidung, die für linguistische Theorien von großer Bedeutung geworden ist: die Opposition von **Synchronie** und **Diachronie**.

Bei der Beschreibung sprachlicher Phänomene gibt es prinzipiell zwei Betrachtungsweisen, die auf verschiedenen Zeitachsen ansetzen: **Synchronische Sprachwissenschaft** legt sozusagen einen Schnitt durch die Sprachwirklichkeit einer bestimmten Zeitstufe, betrachtet die Verhältnisse in einem historischen Augenblick (z.B.: die deutsche Gegenwartssprache oder: die französische Sprache um 1850). **Diachronische Sprachwissenschaft** dagegen betrachtet sprachliche Phänomene vor allem als Resultate von Prozessen; sie beschreibt die Entstehung, die Entwicklung usw. von sprachlichen Merkmalen oder Einheiten.

Synchronische Sprachwissenschaft hat es mit Systemen zu tun, diachronische in erster Linie mit einzelnen Phänomenen, deren Entwicklung/Veränderung beobachtet, beschrieben und erklärt wird. Strenggenommen kann diachronische Sprachwissenschaft nicht betrieben werden ohne synchronische; denn wenn man Funktion und Stellenwert eines

28 Kapitel 1: Sprache und Sprechen

Phänomens nicht in einem ganzen Sprachsystem erkennt, kann man auch keine Aussagen über seine historischen Veränderungen machen. Andererseits können viele Phänomene eines Systems (zu einem best. Zeitpunkt) nicht erklärt werden, wenn man ihre historische Herkunft und Entwicklung nicht kennt (z.b. bei Wort-Entlehnungen aus anderen Sprachen oder bei der Klassifizierung der deutschen Verben in starke und schwache Konjugationsklassen).

Synchronische und diachronische Sprachwissenschaft erfordern je eigene theoretische Ansätze und unterschiedliche Methoden. Dies hat zu weitreichenden Konsequenzen für die Sprachwissenschaft des 20. Jahrhunderts geführt.

Literaturhinweise

ABRAHAM, WERNER 1988: Terminologie zur neueren Linguistik. 2., völlig neu bearb. u. erw. Aufl. Tübingen

BÜNTING, KARL-DIETER 1993: Einführung in die Linguistik. 14. Aufl. Frankfurt/M.

BUßMANN, HADUMOD 1990: Lexikon der Sprachwissenschaft. 2. völlig neu bearb. Aufl. Stuttgart

CHOMSKY, NOAM 1969: Aspekte der Syntax-Theorie. Frankfurt/M.

CHOMSKY, NOAM 1957: Syntactic Structures. The Hague

CONRAD, RUDI (Hg.) 1985: Lexikon sprachwissenschaftlicher Termini. Leipzig

CRYSTAL, DAVID 1993: Die Cambridge Enzyklopädie der Sprache. Frankfurt/New York

ECO, UMBERTO 1977: Zeichen. Einführung in einen Begriff und seine Geschichte. Frankfurt/M.

Kleine Enzyklopädie Deutsche Sprache. Hg. von W. FLEISCHER u. W. HARTUNG, J. SCHILDT u. P. SUCHSLAND. Leipzig 1983

Lehrgang Sprache. Einführung in die moderne Linguistik. Bearb. Neuausgabe der Studienbegleithefte zum Funkkolleg Sprache. Wiss. Gesamtleitung K. BAUMGÄRTNER u. H. STEGER. Weinheim/Basel 1974

Lexikon der Germanistischen Linguistik. Hg. v. H.P. ALTHAUS, H. HENNE u. H.E. WIEGAND. Studienausgabe in 4 Bdn. 2., vollst. neu bearb. u. erweit. Aufl. Tübingen 1980

LEWANDOWSKI, THEODOR 1984: Linguistisches Wörterbuch, Bd. 1-3. 4., neu bearb. Aufl. Heidelberg

LINKE, A., NUSSBAUMER, M./PORTMANN, P.R. 1991: Studienbuch Linguistik. Tübingen

SAUSSURE, FERDINAND DE 1967: Grundfragen der Allgemeinen Sprachwissenschaft. 2. Aufl. Berlin

# 2 Geschichte der deutschen Sprache

2.1 Sprachgeschichte – ein Thema für ein Einführungsbuch?
2.2 Vorgeschichte des Deutschen: Indoeuropäisch und Urgermanisch
2.3 Zur Geschichte des Hochdeutschen
2.3.1 Althochdeutsch
2.3.2 Mittelhochdeutsch
2.3.3 Frühneuhochdeutsch
2.3.4 Neuhochdeutsch
2.3.5 Das heutige Deutsch

## 2.1 Sprachgeschichte – ein Thema für ein Einführungsbuch?

In Kap. 1 sind wir bereits auf die seit SAUSSURE gängige Unterscheidung von Synchronie und Diachronie eingegangen; daraus ergab sich eine grundsätzliche Unterteilung in synchrone und diachrone Sprachwissenschaft. Aber wahrscheinlich werden sich viele heutige Sprachbenutzer fragen: Was gehen uns die Sprachzustände des Deutschen vor 500 oder 1000 Jahren an? Ist nicht das System des heutigen Deutsch schon unübersichtlich und kompliziert genug?

Die zweite Frage enthält eigentlich schon die wichtigste Begründung für eine wissenschaftliche Beschäftigung mit historischen Sprachstufen. Vieles, was uns am heutigen Deutsch – auch an seiner Schreibung – unnötig kompliziert, vielleicht sogar überflüssig erscheint, läßt sich nur erklären, wenn man Einblick gewinnt in die historische Entwicklung des ganzen Systems. Auch dem heutigen Sprachbenutzer, vor allem aber dem Lerner des Deutschen als Fremdsprache, stellen sich Fragen, die nur eine historische Sprachwissenschaft beantworten kann, z.B.:
– Warum heißt es einerseits *Pforte*, andererseits *Portal*, da beide Wörter doch eng verwandt sind und, wie viele wissen, aus dem Lateinischen entlehnt wurden?
[Sie wurden zu unterschiedlichen Zeiten entlehnt, und ersteres, *Pforte*, hat nach der Übernahme ins Deutsche die zweite (hochdeutsche) Lautverschiebung mitgemacht.]
– Warum heißt es im nieder- und mitteldeutschen Sprachgebiet *Apfelsine*, im oberdeutschen und österreichischen Sprachraum *Orange*?
[Mittel- und Norddeutschland haben die (urspr. aus Fernost importierten) Früchte durch den Seehandel der Holländer kennengelernt und das Wort *sinas appel*, niederdeutsch *Appelsina*) übernommen und eingedeutscht; in den oberdeutschen/österreichischen Sprachraum wurden sie durch den Fernhandel der Mittelmeerländer eingeführt;

30 Kapitel 2: Geschichte der deutschen Sprache

dort übernahm man die romanische Form ital. *arancia*, frz. *orange* (aus dem Arabischen und Persischen.).]

– Warum werden im Deutschen die Vergangenheitsformen der Verben auf so unterschiedliche Art gebildet, etwa

*sagen – sagte – gesagt; machen – machte – gemacht;* aber
*brechen – brach – gebrochen; laufen – lief – gelaufen* usw.?

[Im Deutschen begegnet ein Nebeneinander von zwei verschiedenen Konjugationstypen, der (älteren) starken und der (jüngeren) schwachen Konjugation; außerdem gibt es Mischformen zwischen beiden.]

Auch in vielen Alltagsdiskursen kommt zum Bewußtsein: Es ist nicht nur eine Sache von Spezialisten, sondern ein legitimes Bedürfnis jedes Sprachbenutzers, Einblicke in die Geschichte seiner Sprache zu bekommen; denn seine kulturelle und sprachliche Identität ist auch begründet in einem historischen Bewußtsein: woher wir kommen und wohin wir gehen. Über Sprache zu reflektieren ist ein Teil unseres sprachlichen Alltags, und die **metasprachliche Kompetenz**, d.h. die Fähigkeit, über die Mittel unserer sprachlichen Kommunikation nachzudenken und zu sprechen, bezieht sich auch auf die Möglichkeit, diese sprachlichen Mittel historisch zu begründen und zu rechtfertigen. Besonders sensibel zeigen sich die meisten Sprachbenutzer in bezug auf Wortbedeutung und Wortgeschichte. Wenn man sich streitig über den Sinn eines Ausdrucks auseinandersetzt, geht es häufig um die „eigentliche", die „ursprüngliche" oder „Kernbedeutung" des Wortes. Dies wird in einem Disput über Bedeutungen oft als Maßstab genommen, mit dem sich „Varianten" und „Abweichungen" anderer Sprachbenutzer einstufen lassen.

Ein Teil dieser sprachhistorischen Intuition läßt sich als „etymologisierender Instinkt" bezeichnen; jeder kann ihn bei sich beobachten, und auch das sprachlernende Kind verwendet ihn häufig bei seiner Suche nach Bedeutungszusammenhängen. Dieser „Instinkt" arbeitet natürlich weitgehend spekulativ: häufig konstruiert er historische Zusammenhänge, die einer wissenschaftlichen Nachprüfung nicht standhalten. Die Sprachwissenschaft spricht hier (etwas abwertend) von **Volksetymologie**; gleichwohl wird dieser Mechanismus im Sprachgebrauch (auch in der Schreibung der Wörter) wirksam und liefert gelegentlich allgemein akzeptierte Erklärungen:

*Maulwurf* hieß im Ahd. *mû-werf*. Der heute verschwundene Teil *mû* bedeutete 'Haufen' […] und der Tiername also 'Haufenwerfer'. Im Spätahd. war *mû* verschwunden und wurde volksetymologisch nach ahd. *molta* 'Erde' […] umgedeutet. Mhd. *moltwerf* bedeutet folglich 'Erdwerfer'. Als nun auch dieses Wort außer Gebrauch kam, trat abermals eine volksetymologische Umdeutung ein, und zwar nach mhd. *mûl(e)* > nhd. *Maul*. Nhd. *Maulwurf* bekam somit den neuen Sinn 'Tier, das die Erde mit dem Maul wirft'. (STEDJE 1989, 20f.)

Die Geschichte von Wörtern und Wortbedeutungen ist jedoch nur ein Zweig der diachronischen Sprachbeschreibung. Von größerer Bedeutung für die Einsicht in historische Zusammenhänge ist die Erklärung des ganzen Systems und seiner Entwicklung: des phonologischen, morphologischen und syntaktischen Systems. Dies soll am Beispiel des Deutschen im folgenden in groben Zügen skizziert werden.

## 2.2 Vorgeschichte des Deutschen: Indoeuropäisch und Urgermanisch

Zu Beginn des 19. Jahrhunderts wurden nach und nach die historischen Beziehungen vieler Sprachen aufgedeckt; sie zeigten, daß das Deutsche und die meisten europäischen Sprachen Mitglieder einer großen Sprachenfamilie, des **Indoeuropäischen** (Ieur., Adj. ieur.), waren. Die heute übliche Bezeichnung Ieur. hat den Ausdruck **Indogermanisch** (Idg.) ersetzt, der 1823 von dem Sprachwissenschaftler J. KLAPROTH eingeführt wurde. Idg. ist eigentlich eine Klammerform für die vollständige Bezeichnung Indo-[irano-armeno-graeco-latino-slavo-balto-romano-celto-] germanisch. Zur ieur. Sprachfamilie zählt man etwa 140 Sprachen mit heute ca. 2 Mrd. Sprechern; damit ist sie gegenwärtig die verbreitetste Sprachenfamilie der Welt. Die Verwandtschaftsbeziehungen – auf der Lautebene, in der Morphologie und der Lexik – sind heute für die meisten Sprachen gut erforscht. Ob und in welcher Form es jedoch eine gemeinsame ieur. Ursprache gegeben hat, ist schwer nachzuweisen; es gibt keine schriftlichen Quellen irgendwelcher Art. Ebenso bleibt es weitgehend der Spekulation überlassen, wo die Stammheimat der ieur. Völker gewesen ist: Eine Theorie siedelt sie im Iran (südl. des Kaukasus) an, eine andere im Süden Rußlands bzw. der Ukraine, wieder eine andere im nördlichen Balkan.

Ein eigenständiger Zweig des Ieur. ist die Familie der germanischen Sprachen, die sich mit einiger Sicherheit auf einen gemeinsamen Ahnen, das **Gemein-** oder **Urgermanische** (Urgerm.), zurückführen läßt. Auch das Siedlungsgebiet dieser Volksgruppe ist schwer nachzuweisen; vieles (vor allem die neuen Wortschätze des Germ. und archäologische Befunde) spricht jedoch für die Gebiete um die westliche Ostsee: die Küsten Südskandinaviens, das heutige Dänemark und die norddeutsche Küsten-

32 Kapitel 2: Geschichte der deutschen Sprache

landschaft zwischen Weser- und Odermündung. Anlaß für die Ausgliederung des Urgerm. aus dem Ieur. war vermutlich die Wanderung von Stammesverbänden und die Neubesiedlung dieser Gebiete, die etwa um das Ende des 3. Jahrtausends v.u.Z. stattgefunden haben muß. Die Herausbildung des Urgerm. muß man sich vorstellen als einen längeren Prozeß, der wahrscheinlich mitbedingt war durch den Sprachkontakt mit dort ansässigen Stämmen. Spätestens um 500 bzw. 400 v.u.Z. war dieser Prozeß der Ausgliederung des Urgerm. aus dem Ieur. abgeschlossen.

Auch für das Urgerm. gibt es keine schriftlichen Zeugnisse; man hat diese Sprachstufe aber – zumindest in Umrissen – aus den gemeinsamen Merkmalen der frühen germanischen Sprachen rekonstruieren können; durch historisch-vergleichende Sprachforschung hat man die lautlichen und lexikalischen Veränderungen gegenüber dem Ieur. erschlossen. Die wichtigsten sprachlichen Neuerungen waren (nach STEDJE 1989, 41):

– Lautverschiebung
– der Akzentwandel
– die damit zusammenhängende Vereinfachung des ieur. Endungssystems und die hierdurch beginnende Entwicklung vom synthetischen zum analytischen Sprachbau
– die Systematisierung des Ablauts bei starken Verben
– die Herausbildung der schwachen Verben und der schwachen Adjektivflexion.

Die **Lautverschiebung**, auch die **erste** oder **germanische Lautverschiebung** genannt, führte zu einigen Änderungen im Konsonantensystem.

Die ieur. **stimmlosen Verschlußlaute** /p/, /t/ und /k/ wurden zu germ. /f/, /θ/ [wie das stimmlose engl. /th/ in *thing*] und /x/ [der hd. ach-Laut] verschoben; dieser ach-Laut verblaßte später zu /h/.

[Da sich die Veränderungen auf lautlicher Ebene vollzogen haben, werden die entsprechenden Einheiten durch Schrägstriche markiert; vgl. dazu Kap. 3 „Phonetik und Phonologie". Aus Gründen der Lesbarkeit wird allerdings für die Beispiele nicht die phonetische, sondern die schriftalphabetische Darstellung gewählt. Dabei wird deutlich, daß die Schreibung der Wörter nicht immer die Lautung direkt wiedergibt; so kann z.B. der /f/-Laut im Deutschen durch die Buchstaben <f>, <v> oder sogar durch die Buchstabenfolge <ff> repräsentiert werden; vgl. Kap. 8 „Orthographie".]

Einige Beispiele (mit ieur. Erbwörtern):

|  |  |  |  |
|---|---|---|---|
| lat. | *pellis* | dt. | *Fell* |
| lat. | *nepos* 'Enkel' | dt. | *Neffe*. |

Die Verschiebung von /p/, /t/ und /k/ fand nicht statt in bestimmten Lautverbindungen wie /st/, /sp/ und /sk/.

Die zweite Konsonantengruppe, die (fast) durchgängig von der germ. Lautverschiebung erfaßt wurde, besteht aus den ieur. **stimmhaften Verschlußlauten** /b/, /d/ und /g/, die zu urgerm. /p/, /t/ und /k/ verschoben wurden:

## Vorgeschichte des Deutschen                                    33

| lat.    | *labium* | dt.  | *Lippe* |
|---------|----------|------|---------|
| griech. | *kardia* | eng. | *heart* |
| lat.    | *genu*   | dt.  | *Knie.* |

Soviel an dieser Stelle zum Konsonantismus. Eine der wichtigsten Veränderungen im Urgerm., die sehr nachhaltige Wirkungen auf das ganze System gehabt hat, ist der **Akzentwandel**: Im Germ. wurde der **freie ieur. Akzent** (der in vielen Fällen wahrscheinlich ein Hochton war), auf die Stammsilbe, d.h. im allg. die erste Silbe des Wortes, verlegt. Ausnahmen bilden nur bestimmte dreisilbige Wörter (*Forélle*) und Wörter mit Präfixbildungen (*vergéssen*). Im Zusammenhang mit dieser Akzentverlegung bzw. Akzentfixierung steht die Schwächung der unbetonten Silben, vor allem der Flexionsendungen von Substantiven und Verben. Die Vokale unbetonter Silben verlieren ihren Klangwert; sie verblassen – im Verlauf einer 2000jährigen Sprachgeschichte – zu [e] und schließlich zu [ə] [sogen. Schwa-Laut], werden innerhalb von Silben getilgt (**Synkope**) oder verschwinden am Silben- bzw. Wortende (**Apokope**); vgl. ahd. *zala*, mhd. *zal*, nhd *Zahl*. Dazu kommen Prozesse der Lautangleichung (**Assimilation**), die den Klang- und Formenreichtum des Germ. (bis heute!) immer weiter reduzieren; vgl. Synkope + Assimilation bei ahd. *habeta* > nhd. *hatte*.

Laut- und Formveränderungen bilden die wichtigsten formalen Veränderungen bei der Herausbildung des germ. Systems; dazu kommen lexikalische Neuerungen, bei denen viele ieur. **Erbwörter** abgestoßen, viele neue Wörter in den Wortschatz aufgenommen werden:

> An dem erweiterten Wortbestand können wir die Fortschritte gegenüber der älteren Zeit erkennen. Die „Urgermanen" lebten in einer Bronzezeitkultur, also bequemer als ihre Vorfahren. Sie wohnten und aßen besser (*Bett, Stuhl, Wiege, Brot, Kuchen, Brei, Mus*), hatten mehr Werkzeuge (*Spaten* /urspr. aus Holz/, *Säge, Sense*), kleideten sich besser (*Hemd, Rock, Hose* [...] *Kleid, Haube*) und wuschen sich mit *Seife*.
> Die neuen Wörter für Küstenlandschaft, Seefahrt und Fischfang (*Schiff, Segel, Dorsch* u.a.) und für nördliches Klima (*Reif, Frost*), sagen etwas über die Heimat der Germanen aus [...]; und Wörter wie *König, Volk, Erbe, Ding* ('Gericht' [...]), *Sache* ('Rechtssache'), *schwören, Buße, Bann* zeugen von ihrem Staats- und Rechtswesen.
> Auffallend ist, daß viele neue Wörter in die Sachgebiete Kampf, Waffen u. dgl. gehören, was auch an den germanischen Personennamen deutlich wird. (STEDJE 1989, 42f.)

Die germ. Lautverschiebung war abgeschlossen, bevor die Germanen den ersten Kontakt mit den Römern hatten (spätestens Ende des 2. Jh.v.u.Z.). Das Wort *caesar* (gespr. [kæsaːr]), das älteste bekannte Lehnwort aus dem Lateinischen, zeigt in der dt. Form *Kaiser* keinen Einfluß der ersten Lautverschiebung. Die germanische Sprachenfamilie, die sich etwa zur Zeitenwende aus dem Urgerm. entwickelt hatte, hat sich in der Folgezeit zu den folgenden Sprachgruppen und Einzelsprachen entfaltet:

## Kapitel 2: Geschichte der deutschen Sprache

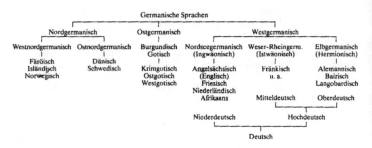

Schaubild nach BUßMANN 1990, 277

Zu Beginn der Wanderungsbewegungen (ca. Ende 2. Jh.) lassen sich unter den germanisch sprechenden Völkern fünf größere Stammesgruppen erkennen (bzw. rekonstruieren), die vor der Migration in etwa die in der Karte (s. folg. Seite) angegebenen Gebiete besiedelten.
Folgende Gruppen lassen sich unterscheiden*:

1. Die **Nordgermanen**, deren Dialekte als Basis der späteren skandinavischen Sprachen (Norwegisch, Isländisch, Färöisch, Dänisch, Schwedisch) angesehen werden.

2. Die **Ostgermanen**, eine Sammelbezeichnung für die Stammesverbände der Goten, der Burgunder und Wandalen. Während die Goten (als West- und Ostgoten) auf ihren langen Wanderungen und Eroberungszügen durch ganz Europa geschichtliche Spuren hinterlassen haben, sind die Stämme der Rugier, Lemonier und Gepiden bereits in historischer Zeit verschwunden.

3. Die **Herminonen** (auch „Elbgermanen"); zu ihnen rechnet man die Stammesverbände der Langobarden und Semnonen (später Sweben). Auch sie setzten sich (ab dem 4. Jh.) in Bewegung und stießen bei ihren Eroberungszügen bis Mittelitalien (Langobarden) und Nordwestspanien (Reich der Sweben) vor. Zu den Herminonen zählen weiter die Hermunduren (Vorfahren der Thüringer), die Rhein-Main-Germanen (Stammesverbände der Alemannen, die ebenfalls ab Ende des 3. Jhs in Wanderungs- und Eroberungszügen nach Süden vorstießen) und schließlich die Markomannen, die sich als bairische Stammesgruppe über die Donau und später nach Osten ausbreiteten.

---

* Die Bezeichnungen der Stammesverbände weichen in verschiedenen Darstellungen voneinander ab (z.B. Hermi/n/onen, Istv/wäonen, Ingv/wäonen).

4. Die **Istväonen** (auch „Weser-Rhein-Germanen"); der Sammelbegriff dient zur Bezeichnung der fränkischen Stammesverbände, die seit dem 4. Jh. in die römischen Rheinprovinzen vordrangen und Mitte des 5. Jhs ganz Gallien eroberten.
5. Die **Ingväonen** (auch „Nordseegermanen"); zu ihnen rechnet man die Angeln, Sachsen und Friesen. Stammesverbände der Angeln und Sachsen haben Ende des 5. Jhs große Teile Britanniens erobert.

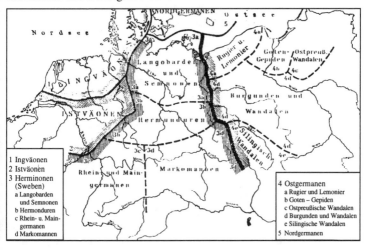

Die Stämme der Germanen im 1. Jh. (nach Geschichte der deutschen Sprache 1969, 50)

Die sprachliche Abgrenzung der hier relativ übersichtlich gegliederten Stammesverbände macht aber bis heute Schwierigkeiten. Beispielsweise ist die Zusammenfassung der Herminonen, Istväonen und Ingväonen zur Gruppe der Westgermanen immer problematischer geworden. Die Ingväonen (Nordseegermanen) sind hinsichtlich vieler Merkmale zu deutlich abgetrennt, sprachliche Übereinstimmungen sind eher auf späteren Sprachkontakt zurückzuführen. Hingegen zeigen die Istväonen und die Herminonen zahlreiche einheitliche Systemmerkmale, die auf gemeinsame Verwandtschaftsbeziehungen hinweisen. Jedoch könnten sie auch hier teilweise bedingt sein durch die Bildung größerer Kultverbände und Kriegsbündnisse; die religiös-kulturelle, die ökonomische und die politisch-militärische Kooperation hat offensichtlich die Sprachkontakte intensiviert und zu großräumigen Ausgleichsprozessen geführt.

## 2.3 Zur Geschichte des Hochdeutschen

### 2.3.1 Althochdeutsch

Für die Geschichte des Neuhochdeutschen [Nhd.] ist die nächste Entwicklungsstufe von Interesse: Die Ausgliederung des **Althochdeutschen** [Ahd.] aus der Gruppe der elb- und rheingermanischen Dialekte. Der Begriff Ahd. steht nicht für eine einheitliche Sprache, sondern für mehrere (großräumige) od. Dialekte, zu denen vor allem das Alemannische und Bairische gehören. Von dieser Entwicklung wurden wahrscheinlich auch das **Westfränkische** (Sprache der Franken, die Gallien eroberten) und das **Langobardische** erfaßt; diese verschwanden allerdings im 9. bzw. 10. Jahrhundert. Die aus dem 19. Jh. stammende Bezeichnung Ahd. erklärt sich folgendermaßen:

**ALT** – hier finden wir die ältesten schriftlichen Zeugnisse des Deutschen;
**HOCH** – nur die oberdeutschen Dialekte wurden erfaßt – im Gegensatz zu den niederdeutschen;
**DEUTSCH** – aus ahd. *thiudiska* od. *diudiska* 'zum Volke gehörig', 'volkhaft': die Sprache des gemeinen Volkes – im Gegensatz zur Sprache der Kleriker und Gelehrten (Latein).

Das Ahd. zeigt noch die vollen Endsilbenvokale des Germanischen und einen großen Formenreichtum. Die Veränderungen zum Ahd., die man als die **zweite** oder **althochdeutsche Lautverschiebung** bezeichnet, begannen wahrscheinlich schon im 6. Jh. (sichtbar werden sie in den ersten schriftl. Zeugnissen um die Mitte des 8. Jhs) und waren etwa um 1050 im od. Raum weitgehend abgeschlossen.

Im Lautbestand lassen sich verschiedene Entwicklungen feststellen; die auffälligste lautl. Erscheinung des Ahd. ist der **Umlaut**, das bedeutet: die Vokale /a/, /o/ und /u/ betonten Silben werden zu /ä/, /ö/ und /ü/ umgelautet, wenn in der Folgesilbe ein /i/ oder /j/ enthalten war; vgl. z.B.

> gotisch [got.] *full-jan*, ahd. *ful-jan*, mhd. u. nhd. *füllen*
> got. *laus-jan*, mhd. u. nhd. *lösen*; got. *haus-jan*, nhd. *hören*

Sowohl bei den Verben als auch bei Substantiven wird der Umlaut nach und nach morphologisiert, d.h. er markiert grammatische Funktionen, etwa den Plural bestimmter Substantive (*Vater – Väter; Bruder – Brüder*) und den Konjunktiv bei Verben (*boten – böten; wurden – würden*).

Auch im Konsonantensystem brachte die hd. Lautverschiebung gravierende Veränderungen; hier sollen nur die wichtigsten erwähnt werden:

Die stimmlosen Verschlußlaute /p/, /t/ und /k/ werden im Ahd., wenn sie am Ende der

# Althochdeutsch                                                    37

Silbe stehen, zu den stimmlosen Reibelauten /f/, /s/ und /x/ [ach-Laut] verschoben; vgl.
engl. *ship, book, foot* – nhd. *Schiff, Buch, Fuß.*
Die Laute /p/, /t/ und /k/ werden zu den **Affrikaten** [„angeriebenen" Lauten] /pf/, /ts/
und /kx/ verschoben, wenn sie am Wort- bzw. Silbenanfang stehen: vgl. z.B. das frühe
Lehnwort *persicum* [Frucht des *malus persicus*]; nhd. *Pfirsich.* Die Verschiebung nach
/pf/, /ts/ [geschrieben /z/] und /kx/ [etwa in schweizerdt. *kchind*] tritt auf im Anlaut, bei
Lautverdoppelung (pp, tt) und nach Konsonant (*stampfen*); /p/ wird jedoch nach Liqui-
den [/l/ und /r/] zu /f/: wgerm. *helpan* —> ahd. *helfan*; wgerm. *werpan* —> ahd. *wer-
fan.*
Andererseits werden die wgerm. sth. Verschlußlaute /b/, /d/, /g/ zu /p/, /t/, /k/ verschoben, wenn die Lautumgebung gewisse Bedingungen erfüllt (vgl. WELLS 1990, 84ff.).

Zur Übersicht noch einmal eine Liste von Beispielen, die die Veränderungen der hd. Lautverschiebung im Konsonantismus illustrieren soll:

| Beispiele verschob. Laute | keine 2. Lautverschiebung | | | | 2. Lautversch. |
| --- | --- | --- | --- | --- | --- |
| | westgerm. Sprachen | | nordgerm. Sprachen | | |
| | **Niedl.** | **Engl.** | **Schw.** | **Dän.** | **Deutsch** |
| p —> pf | pond | pound | pund | pund | Pfund |
| | appel | apple | äpple | aeble | Apfel |
| | helpen | help | hjälpa | hjaelpe | helfen |
| t —> ts | tien | ten | tio | ti | zehn |
| | tellen | tell [erzählen] | tala | tale [sprechen] | zählen |
| | hart | heart | hjärta | hjerte | Herz |
| | zitten | sit | sitta | sidde | sitzen |
| p —> f | hopen | hope | hoppas | habe | hoffen |
| | lopen | leap [springen] | löpa | lobe | laufen |
| t —> s | uit | out | ut | ud | aus |
| | beter | better | bättre | bedre | besser |
| k —> x | boek | book | bok | bog | Buch |
| | ook | eke (aeng.) | ock | og | auch |
| | ik | I | ik | ik | ich |
| d —> t | deel | deal [Teil] | deel | deel | Teil |
| | dag | day | dag | dag | Tag |

nach WENDT 1987, 103f.

38          Kapitel 2: Geschichte der deutschen Sprache

Auch der Wortschatz, der ja die kulturelle und politisch-soziale Entwicklung einer Gesellschaft in besonderer Weise spiegelt, erlebt in der
Epoche des Ahd. eine Reihe von Veränderungen. Die überlieferten Do-
kumente zeigen, daß die Schriftkultur noch weitgehend von Klerikern beherrscht wird. Da die Sprache der Wissenschaft (Theologie; Philosophie)
und der Glaubenslehre Latein ist, werden in dieser Zeit zahlreiche Ausdrücke aus dem Lateinischen (und einige aus dem Griechischen) ins Ahd.
übernommen. Schon zur Zeit der römischen Herrschaft im westlichen
und südlichen Germanien (1. bis 4. Jh.) gibt es eine große Zahl von lateinischen Lehnwörtern; über 500 Elemente sind dokumentiert, von denen
sich die meisten bis ins Nhd. erhalten haben. Die Entlehnungen dieser **1.
lateinischen Welle** sind daran zu erkennen, daß sie die zweite Lautverschiebung mitgemacht haben:

> lat. *planta* —> hd. *Pflanze, campus* —> *Kampf, pilum* —> *Pfeil,*
> *discus* —> *Tisch, tegula* —> *Ziegel, strata* —> *Straße,*
> *persicum* —> *Pfirsich* usw.

Die Zeit der Christianisierung (vom Beginn des 6. bis Mitte des 9. Jhs)
bringt eine **2. lateinische Welle** von Lehnwörtern, in der vor allem Wortschätze der Glaubenslehre, der Liturgie und des Sakralbaus ins frühe
Ahd. (und ins Altsächsische) übernommen werden:

> lat. *papa* —> hd. *Papst*, mlat. *clostrum* —> *Kloster,*
> *capellanus* —> *Kaplan, cella* —> *Zelle, predicare* —> *predigen* usw.

Daneben gibt es viele lat. Entlehnungen aus der klösterlichen Verwaltung
und Kultur; das betrifft den Wortschatz für die Abfassung von Chroniken
und Urkunden, die Organisation des klösterlichen Lebens, Küche, Land-
und Gartenbau.

Weitere lexikalische Veränderungen ergeben sich durch Neubedeu-
tungen germanischer Wörter unter dem Einfluß des Lateins; in vielen
Fällen wurden Begriffe des heidnischen Götterglaubens durch die christ-
liche Lehre umgedeutet.

Die Dialekträume in ahd. Zeit (um 950), hier unter bes. Berücksichtigung der Bayern und Sachsen, umfassen (nach STEDJE 1989, 65) ungefähr
folgende Gebiete:

## 2.3.2 Mittelhochdeutsch

Nach einer Übergangszeit zwischen 1050 und etwa 1150 beginnt sich eine neue überregionale Sprache in den oberdeutschen (od.) und mitteldeutschen (md.) Dialektgebieten herauszubilden: Das **Mittelhochdeutsch** (Mhd.). Während die ahd. Sprachzeugnisse sich in vielen Fällen an die jeweiligen regionalen Dialekte anlehnen, handelt es sich beim (klassischen) Mhd. erstmals um eine dialektübergreifende Verkehrssprache, die in weiten Gebieten der md. und od. Feudalherrschaften verbreitet war. Die Zeugnisse des klassischen Mhd. (von 1150 bis 1250) entstammen allerdings fast ausnahmslos einer bestimmten Domäne der Sprachverwendung: der epischen und lyrischen Literatur.

Die von Adeligen und Ministerialen geschriebenen epischen Erzählungen, Minnelieder und Spruchdichtungen lehnten sich thematisch, stilistisch und poetisch an die Vorbilder der provenzalischen und französischen Höfe an; es war eine auf mündlichen Vortrag bzw. Gesang angelegte, in Versform verfaßte Literatur, die aber wahrscheinlich schon in dieser Zeit auch gelesen wurde. Die neue feudal-aristokratische Schicht, der Ritterstand, wurde für gut 100 Jahre zum Träger einer „hochhöfischen" literarischen Kultur. Diese erlebte zwar nur eine kurze Blütezeit; sie erwies sich jedoch in vieler Hinsicht als richtungsweisend für die

40    Kapitel 2: Geschichte der deutschen Sprache

kommenden Jahrhunderte, sprachlich-kulturell und politisch-sozial. Die wichtigsten sprachlichen Entwicklungen und Veränderungen, die sich in dieser Literatursprache finden, sind folgende:

- Ausgleich zwischen den od. und md. Dialekten, bei dem allerdings das Bairische und Alemannische dominieren;
- rascher Endsilbenverfall;
- dadurch bedingt eine starke Reduzierung des Laut- und Formenreichtums (des Ahd.) in den unbetonten Silben;
- die Ableitungssuffixe (*-sam, -lîch, -heit/-keit* u.a.) bewahren die Vollvokale [vermutl. tragen sie einen Nebenakzent];
- Vereinheitlichung der Schreibung auf der Basis der überregionalen Sprache;
- der Umlaut wird auch in die Schriftsprache übernommen.

Außerdem: Neben der Weiterführung von Synkope und Apokope finden sich Kontraktionen von unbetonten mit betonten Wörtern: frühmhd. *ze wâre* —> mhd. *zewâre* —> hd. *zwar*; *in deme* —> *indeme* —> *indem*; *ûf daz* —> *ûfz* —> *aufs* (nach STEDJE 1989, 87).

Eine weitere Besonderheit im Lautstand: Im Mhd. wird ein neues Phonem eingeführt; aus ahd. /sk/ [geschr. <sk> oder <sc>] entsteht mhd. <sch> [phonet. ʃ]; vgl. ahd. *scôno* —> mhd. *schône* —> nhd. *schon*.

Die konsequente Durchführung der Auslautverhärtung ist die auffälligste Lauterscheinung in der höfischen Literatursprache: *stoup*, *stoubes* [nhd. *Staub*], *tac*, *tages* [nhd. *Tag*] usw.

Die Entwicklung vom synthetischen zum analytischen Sprachbau geht weiter, z.B.: Im Ahd. steht *giloubiu* noch ohne das Personalpronomen; im Mhd. steht *ich geloube* bzw. *ich gelaube* regelmäßig, auch bei unbetonter Stellung des Personalpronomens. Kasusfunktionen werden nun konsequent durch den Artikel ausgedrückt: ahd. *heiligemo geiste* [= Dativ] entspricht mhd. *dem heiligen geiste*.

Der Wortschatz der mhd. Literatur zeigt wiederum eine Reihe von Veränderungen und Erweiterungen. Auffallend ist die große Zahl von Entlehnungen aus dem Altfranzösischen (Afrz.) und Provenzalischen (Prov.); sie betreffen vor allem die Sach- bzw. Lebensbereiche Kampfspiel (*Turnier*; *Lanze*), Kleidung (*Schapel*, *Samt*), Unterhaltung und Kunst (*Melodie*, *Tanz*) und Kleinodien (*Rubin*).

Die Ausbildung eines eigenen Wertesystems mit ritterlichem Ehrenkodex führte teils zu Entlehnungen, teils zu neuen **Lehnbedeutungen** oder auch zu Umdeutungen von Erbwörtern, die jetzt zu Schlüsselwörtern für die ritterliche Lebenswelt wurden: *arebeit* 'Mühsal, Qual der

Mittelhochdeutsch 41

ritterl. Bewährung', *aventiure* 'Fahrt in die Fremde als ritterl. Bewährung', *hôchgezît* 'Zeit der Feste', *klein* 'zierlich, kostbar', *maget* 'Mädchen'; 'Jungfrau', *snel* 'kühn, tapfer', *tump* 'unerfahren'; 'unreif'; *saelde* 'Gottes Segen, der auf jd. ruht', *minne* 'Liebesdienst gegenüber einer adligen Dame' usw.

Die Zeit des **Spätmhd.**, das man etwa von 1250 bis 1450 datiert, ist geprägt durch den Niedergang des Rittertums; mit dem Verlust der politischen und sozialen Stellung dieser Schicht gingen auch die Bedeutung und der Einfluß der höfischen Kultur zurück. Parallel dazu etablierte sich ein neuer Stand, der für die politische und kulturelle Entwicklung immer größere Bedeutung gewann: das städtische Bürgertum.

Die Literatur, die sich stilistisch und formal an der Hochhöfik zu orientieren versucht, ist nun auch mit alltäglichen (trivialen) Themen befaßt; sprachlich ist sie wieder stärker mundartlich geprägt. Die schriftsprachliche Kommunikation (in deutscher Sprache) wird bald für viele gesellschaftliche Bereiche genutzt: Neben literarischen Formen wie Glossen, Schwänken und Epigonen-Literatur entstehen Rezeptbücher, Streitschriften und andere Gebrauchstexte in Deutsch. Immer ausgiebiger wird das Deutsche auch in Kanzleien und Handelskontoren verwendet: Urkunden, Chroniken, Protokolle, politische Verträge und kommerzielle Kontrakte werden mehr und mehr in der Landessprache verfaßt. Dabei spielen die schriftbeherrschenden Bürger der Städte (Patrizier, Kaufleute, Handwerksmeister) eine Vorreiterrolle. In Konkurrenz zu Klosterschulen und Kanzleien entstehen nach 1200 erste städtische Schulen, in denen (auch) das Lesen und Schreiben in deutscher Sprache gelehrt wird.

Die Zeit der Hanse

In der Zeit der **Hanse**, von Mitte des 13. bis Ende des 16. Jhs, entstand eine neue überregionale Verkehrssprache, die sich nach und nach im ganzen Ostseeraum, in Nieder- und Mitteldeutschland verbreitete und (in der Schrift) z.T. bis nach Oberdeutschland Verwendung fand. Diese niederdeutsche (nd.) Verkehrssprache orientierte sich ganz wesentlich an dem nd. Dialekt, der in Lübeck und den Nachbarstädten gesprochen wurde. Dabei handelte es sich um einen kolonialen Ausgleichsdialekt, der sich seit der Gründung Lübecks auf wendischem Gebiet im Jahr 1143 allmählich herausgebildet hatte.

Allerdings war die Ausbreitung dieser überregionalen Sprache von ganz anderen Motiven getragen als das hochhöfische Mhd.: Beim **Hansedeutsch** spielten wirtschaftliche Interessen die dominierende Rolle. Die

42 Kapitel 2: Geschichte der deutschen Sprache

Sprache der Hanse war zunächst eine Schriftsprache der Kanzleien und
Kontore; in ihr waren Kooperations- und Schutzverträge zwischen den
Städten verfaßt, sie regelte die ausgiebigen Wirtschaftsbeziehungen und
die Nutzung der Verkehrswege zwischen den Hansestädten, die einen
umfangreichen Warenaustausch von Oberdeutschland bis nach England
und Skandinavien, z.T. bis nach Rußland hinein organisierten. Obwohl
die Sprache der Hanse zunächst nur Geltung für den Schriftverkehr hatte,
dürfte sie, zumindest im nd. Sprachraum, auch Auswirkungen auf die gesprochene Sprache des städtischen Bürgertums gehabt haben. Großen
Einfluß hat sie auf das Dänische und Schwedische ausgeübt; ein be-
trächtlicher Anteil ihrer Wortschätze besteht aus nd. Entlehnungen.

Ausweitung des deutschen Sprachraums nach Osten
Ein weiterer wichtiger Faktor für die spätere Entwicklung zum Nhd. ist
die **Ostkolonisation**. Sie begann schon um die Jahrtausendwende, als
sich Siedler, unter dem Schutz alter und neuer Feudalherren, in den von
Slawen bewohnten Gebieten östlich von Elbe und Saale niederließen.
Zwischen 1150 und 1350 erreichte die Kolonisation (und Eroberung) ihre größte Intensität. Die Siedler, freie und unfreie Bauern, Handwerker
und Kaufleute, kamen aus verschiedenen Dialektgebieten, und so entstanden sprachliche Mischungs- und Ausgleichsprozesse, bei denen sich
die neuen, großräumigen Dialekte des **Ostmitteldeutschen** (Omd.) und
**Ostniederdeutschen** (Ond.) herausbildeten. Die schriftsprachlichen Formen des Omd. sollten bei der Entwicklung des Nhd. eine wichtige Rolle
spielen, insbesondere für die Kanzleisprache der Markgrafschaft Meißen,
die für die überregionale Rechts- und schließlich die gesamte Schriftsprache Vorbildcharakter bekam.

2.3.3 Frühneuhochdeutsch

Die Zeit von 1450 bis 1650 wird – nach neuerer Periodisierung – als die
Phase des **Frühneuhochdeutschen** (Frühnhd.) bezeichnet. Verschiedene
Faktoren waren an der Ausbreitung neuer Verkehrssprachen – die
zunächst aus einer größeren Zahl von lokalen, regionalen und überregionalen **Schreibsprachen** bestanden – beteiligt:
– technische Voraussetzungen wie der Übergang vom Pergament zum
  billigeren Papier (erste Papiermühle 1389);
– die Erfindung des Buchdrucks um 1450; der Druck mit beweglichen
  Lettern revolutionierte die Publikationsmöglichkeiten, erforderte andererseits eine Harmonisierung der Schriftarten und die Orientierung

an überregional verständlichen Sprachformen;
- kulturelle bzw. soziokulturelle Voraussetzungen: die Literarisierung der oberen Schichten des städtischen Bürgertums und des niederen Adels, was zu einer erheblichen Ausweitung des Lese- und Vorlesepublikums führte;
- der Übergang von der lateinischen zur deutschen Sprache im Kanzleiwesen; normgebendes Vorbild war im süddeutschen und österreichischen Raum zunächst die kaiserliche Kanzlei (von 1346 bis 1438 in Prag, dann in Wien); nachhaltigere Wirkung hatte jedoch die Meißener Kanzlei, die auf die meisten md. und od. Schrift- und Druckersprachen ausstrahlte;
- die Ausweitung der Handelsbeziehungen, Bankwesen und Geldverkehr;
- die Glaubenskämpfe (Bauernkriege 1525-1527) und die Reformation; die Verbreitung der neuen Glaubenslehren durch Predigten und Schriften über ganz Deutschland erforderte neue Möglichkeiten der sprachlichen Verständigung.

Der Prozeß der Ausbildung einer **überregionalen Verkehrsprache** verlief zunächst sehr langsam und von den Zeitgenossen weitgehend unbemerkt. Während sich in England und Frankreich bereits einheitliche Nationalsprachen konsolidierten, blieb es in Deutschland wegen der politischen und kulturellen Zersplitterung noch lange bei einer größeren Zahl konkurrierender Schreibsprachen mit sozial, funktional und regional unterschiedlich großem Geltungsbereich – von einer gesprochenen Einheitssprache nicht zu reden. Unter den Schreibsprachen dominierten (und konkurrierten) seit dem 14./15. Jh. die vier verbreitetsten Varietäten:
- Das **Lübecker Niederdeutsch** als Verkehrssprache der Hanse (s.o.);
- das **Mittelniederdeutsch** (Mnd.) oder **Dietsch** als Geschäfts- und Verkehrssprache der flandrischen und Brabanter Städte (Basis der heutigen niederländischen Standardsprache);
-  das **Gemeine Deutsch** nach dem Vorbild und auf der Basis der Wiener Kanzleisprache, das sich im od. Raum noch bis ins 17. Jh. gegen das Vordringen des meißnerischen Hd. behauptete;
- schließlich das **Ostmitteldeutsch** auf der Basis der Meißnerischen Schriftsprache, das sich – mit Modifikationen – im Verlauf von 2 Jahrhunderten als deutsche Hochsprache durchsetzte. (Zur Kölner und zur südwestl. [alemannischen] Schreibsprache s. STEDJE 1989, 122f.)

44     Kapitel 2: Geschichte der deutschen Sprache

Zu den Veränderungen im Laut- und Formenbestand, die das Frühnhd. vom Mhd. abgrenzen, kann hier nur auf die auffälligsten Erscheinungen verwiesen werden:

a) **Diphtongierung**: Die alten Langvokale /î/, /îu/ und /û/ werden zu Diphtongen: /ei/, /eu/ bzw. /äu/ und /au/;

mhd. *mîn nîuwez hûs* —> nhd. *mein neues Haus*.

b) **Monophtongierung**: Die alten Diphtonge /ie/, /uo/ und /üe/ werden zu Monophtongen: /i:/ [geschr. <ie>], /u:/ und /ü:/:

mhd. *diu lieben guoten brüeder* —> nhd. *die lieben guten Brüder*.

c) Eine wesentliche Veränderung im Lautstand bringen die **Quantitätsverschiebungen** bei bestimmten Vokalen, und zwar in gegenläufiger Richtung: Einerseits werden die alten kurzen Vokale in offener Tonsilbe gelängt:

mhd. *sagen, leben, vride* und *vogel* —> nhd. *sagen, leben, Friede, Vogel*; andererseits werden die alten langen Vokale in geschlossener Silben, meistens vor doppelten Konsonanten, gekürzt:

d) mhd. *brâhte, hôchgezît, lêrche, slôz* —> nhd. *brachte, Hochzeit, Lerche, schloß*.

Der Prozeß der **Synkopierung** (Tilgung von Vokalen, bes. /e/, im Wortinnern) setzt sich fort: mhd. *klagete, arebeit, gelîch* —> nhd. *klagte, Arbeit, gleich*; dasselbe gilt für die fortschreitende **Apokopierung** („Abschlagen" von Lauten, im allg. /e/, am Wortende): mhd. *gelücke, gartenaere, swane* –> nhd. *Glück, Gärtner, Schwan*.

e) Der Formenbestand wird weiter vereinfacht, vor allem bei den Personalformen der schwachen Verben; außerdem werden immer mehr Verben der starken Konjugationsklassen (*bellen, falten, hinken, keimen, niesen, salzen* usw.) schwach flektiert.

f) Bei den Substantiven schreitet die Harmonisierung der Deklinationsklassen und die analoge Vereinfachung der Formen fort: der *-er*-Plural wird auf andere Neutra und Maskulina ausgedehnt (nhd. *Kinder, Wörter, Geister, Leiber, Wälder, Würmer*; die Markierung des Plurals durch Umlautung des Stammvokals wird auf weitere Substantivklassen übertragen (nhd. *Häfen, Höfe, Nägel, Öfen, Stäbe, Vögel*).

(Beispiele nach Geschichte der deutschen Sprache 1969, 90f)

Auch in der Lexik läßt der Übergang zum Nhd. viele Veränderungen erkennen. Die Wortschätze der Kaufmannssprachen, des Fernhandels und Kreditwesens, der Gilden und Zünfte, des Handwerks und der vielen technischen Neuerungen spiegeln das veränderte „Weltbild" des Menschen zu Beginn der Neuzeit wider. Im 16. und zu Beginn des 17. Jhs bringt die kulturelle „Bewegung" des **Humanismus** eine weitere Welle von lateinischen und griechischen Entlehnungen, bes. in den Bereichen Rechtssprache, Medizin, Mathematik, Grammatik und in der Terminologie von Schulen und Akademien. Andererseits zeugen zahlreiche (zwei-, drei- und mehrsprachige) Wörterbücher von dem Bemühen humanistischer Gelehrter, eine Bestandsaufnahme deutscher Wortschätze, vor allem zur Übersetzung der lateinischen und griechischen Schriften, vorzunehmen.

Mit den **Glaubenskämpfen** ab 1520 beginnt eine neue Phase bei der Herausbildung einer deutschen Nationalsprache. Das **Gemeine Deutsch** der süddt. und österr. Kanzleien, das von führenden Druckereien (in Augsburg, Nürnberg, Basel, Frankfurt usw.) zunehmend verwendet wurde, war ja zunächst eine g e s c h r i e b e n e Sprache, eine Art Norm für juristische, gelehrte und – in geringem Umfang – auch die unterhaltende Literatur. Die Prediger einer reformierten Glaubenslehre waren jedoch darum bemüht, sich immer mehr einer überregionalen g e s p r o c h e n e n Gemeinsprache anzunähern – oder diese erst zu schaffen. Normsetzende Autorität war hier **Luther**, der ausführlich darüber reflektiert und diskutiert hat, wie die Ausdrucksformen der Predigten und Schriften am besten die Sprache des gemeinen Volkes wiedergeben könnten; wie man andererseits eine Sprachform finden könnte, die in möglichst vielen deutschen Regionen verstanden wurde. Mit seiner Entscheidung für die omd. Ausgleichsdialekte von Thüringen und Meißen hat er – historisch gesehen – die Weichen gestellt für die spätere nhd. Standardsprache.

Vor allem die schnelle Ausbreitung der Reformation bewirkte also die Durchsetzung der omd. Verkehrssprache gegen die gemeinsprachlichen Konkurrenten im größten Teil des deutschen Sprachgebiets; Luthers Bibelübersetzung, die „Vollbibel" von 1534, und sein „Deudsch Katechismus" wurden jeweils mehr als 100.000mal gedruckt (vgl. v. POLENZ 1991, 138; WELLS 1990, 205); in den Glaubenskämpfen waren gedruckte Flugschriften das verbreitetste Kommunikations- und Agitationsmedium.

Man darf sich die Entstehung und Durchsetzung der hd. Verkehrssprache jedoch nicht als eine linear voranschreitende, flächendeckende Ausbreitung vorstellen, sondern als einen teils stagnierenden, teils sprunghaft verlaufenden Prozeß, der erst Ende des 18. Jh. (nach Ausgliederung der Niederlande) den gesamten deutschen Sprachraum erfaßt hat. Die Entstehung des heutigen Deutsch ist vielmehr ein Vorgang, der von bestimmten (städtischen) Zentren ausstrahlte und durch bestimmte Gruppen von Multiplikatoren vorangetrieben wurde. Die Bevölkerung der mittleren und größeren Städte, vor allem die oberen Schichten (Patrizier, Kaufleute, Kleriker, Professoren, Lehrer, Zunftmeister und Schreiber), hatte Mitte des 18. Jhs bereits weitgehend das überregionale „Hoch-

46  Kapitel 2: Geschichte der deutschen Sprache

deutsch" angenommen, während der größte Teil der Landbevölkerung, vor allem arme und nicht-alphabetisierte Schichten, an den lokalen und regionalen Dialekten festhielt. Daß die Landbevölkerung nach und nach die hd. Sprache zumindest passiv beherrschte, dafür sorgten die Vertreter der Kirche, der Grundbesitzer und Landesherren, schließlich und am wirksamsten die Einführung der **allgemeinen Schulpflicht** (in Preußen 1717, durchgesetzt aber erst im 19. Jh.).

### 2.3.4 Neuhochdeutsch

Den Beginn der Entwicklung zum heutigen Nhd. datiert man erst auf die Zeit nach dem 30jährigen Krieg. Der westfälische Friede (1648) markiert einen tiefen Einschnitt in der Entwicklung zum deutschen Nationalstaat. Deutschland hatte fast die Hälfte seiner Bevölkerung verloren, die meisten Städte und ganze Landstriche waren verwüstet, und die territoriale Zersplitterung bewirkte eine langdauernde Lähmung des politischen und kulturellen Lebens. Gleichwohl kommt die Entwicklung einer überregionalen Gemeinsprache nicht zum Stillstand.

Zunächst ist festzustellen, daß das Nd. als Schriftsprache immer mehr zurückgedrängt wird (bzw. sich als Niederländische Verkehrssprache ganz ausgrenzt). Ab 1600 gehen fast alle Kanzleien, auch im Bereich der ehemaligen Hanse, zum Hd. über. Gleichzeitig verzichtet die Reformation auf die Verwendung des Nd. im Schrifttum (die letzte nd. Lutherbibel erscheint 1621 in Goslar).

Immer mehr Gelehrte bemühen sich um die Kodifizierung und Normierung einer hd. Schriftsprache; bereits im 16. Jh. arbeiten Grammatiker (gewissermaßen „Vorfahren" der heutigen Sprachwissenschaftler) an der Standardisierung der Orthographie und der Vereinheitlichung der Laut- und Formenlehre. Während Luther (und viele sprachinteressierte Gelehrte) eine stärkere Berücksichtigung der deutschen Syntax auch in der Schriftsprache fordern, bemühen sich die Humanisten, nach lateinischen Vorbildern differenziertere Möglichkeiten im deutschen Satzbau zu schaffen, u.a.: erweiterte Partizipial- und Attributsphrasen, Infinitivkonstruktionen, Nominalisierungen für abstrakte Sachverhalte, komplexe Hypotaxe und klarere logische Gliederung durch Konjunktionen.

Im 17. Jh. spielt **J.G. Schottel(ius)** eine wichtige Rolle bei der Normierung der nhd. Gemeinsprache. Sein bekanntestes und folgenreichstes Werk, die „Ausführliche Arbeit von der Teutschen HaubtSprache" (1663), dokumentiert den Formenbestand und bereinigt bzw. harmonisiert ihn, es erhebt Forderungen für einen gemeindeutschen Wortschatz (Abgrenzung gegenüber fremden Einflüssen) und schafft die Grundlagen für eine orthographische Normierung. Schottel war Mitglied der ersten und bedeutendsten Sprachgesellschaft des 17. Jhs, der „Fruchtbringenden Gesellschaft", die 1617 in Weimar gegründet wurde. Ihr erklärtes Ziel war es, eine einheitliche deutsche Literatursprache zu schaffen, die sich neben dem Latein (bis dahin fast ausschließlich die Sprache der Wissenschaft und der universitären Lehre) und dem Französischen behaupten konnte. Seit Anfang des 17. Jhs wurde der Einfluß des Französischen immer dominierender; die adelige Gesellschaft las fast nur französische Literatur und schrieb selbst in Französisch; Anfang des 18. Jahrhunderts war Französisch auch die beherrschende (mündl.) Konversationssprache an den Höfen.

Frz. Sprache und Kultur erlangten in kurzer Zeit eine beherrschende Stellung in den oberen Schichten der Gesellschaft, v. a. im Bürgertum. Die zweite Hälfte des 17. Jhs wird kulturhistorisch als die **Alamode-Zeit** (frz. *à la mode*) bezeichnet; in der gesamten Alltagskultur orientierte man sich am frz. Adel, ja imitierte ihn bis hin zur Kleidung und Haartracht.

Die Einflüsse auf den dt. Wortschatz sind stärker als die anderer Sprachen und früherer Epochen; für zwei Jahrhunderte war Frz. die führende Gebersprache nicht nur für das Deutsche, sondern für die meisten eur. Sprachen. Daneben wurden in bestimmten Bereichen Wortschätze aus dem Italienischen und Spanischen übernommen: Ital. Lehnwörter für Bank- und Rechnungswesen, Musikkultur und Militärwesen, Span. im Bereich der kriegerischen und kommerziellen Seefahrt.

Gegen die sprachliche „Überfremdung", vor allem durch französisches Lehngut, wendeten sich die Sprachgesellschaften und ihre führenden Vertreter – obwohl sie selbst meist in lat. oder frz. Sprache schrieben. Ihre Versuche zur „Umdeutschung" frz. Wörter und Redensarten waren allerdings nur z.T. erfolgreich.

Im 18. Jh. setzen zahlreiche Gelehrte die Bemühungen um eine Harmonisierung und Ausbreitung der hd. Sprache fort. Das ehemals „meißnerische" Deutsch der Kanzleien und der Schriften Luthers hat sich vor allem beim städtischen Bürgertum durchgesetzt; es hat nun immer weniger den Charakter eines landschaftlichen Dialekts, sondern übernimmt allmählich die Funktion einer einheitlichen, das gesamte dt. Sprachgebiet erfassenden Verkehrssprache. Im 17./18. Jh. wird auch die Lautung stärker standardisiert, und zwar unter dem Einfluß der nd. Aussprache von /p/, /t/, /k/ und der vom Obersächsischen unterschiedenen Vokalqualitä-

48          Kapitel 2: Geschichte der deutschen Sprache

ten; in der mündlichen Artikulation genießt nun das in Brandenburg und
Preußen gesprochene Hd. das größere Prestige.

Zwei bedeutende Vertreter für die Normierung einer deutschen
Schriftsprache im 18. Jh. sollen noch kurz erwähnt werden: **Johann
Christoph Gottsched** und **Johann Christoph Adelung**. Gottsched ging
es vor allem um die Schaffung eines hd. Standards für eine deutsche Na-
tionalliteratur. In Abkehr von der latinisierten Syntax und der über-
frachteten Rhetorik der Barockzeit plädierte er für einen klaren, einfachen Stil. Sein Hauptwerk „Grundlegung einer deutschen Sprachkunst"
(1748) stand im Dienste der Aufklärung und der bürgerlichen Emanzipation. Die z.T. bis ins Einzelne gehenden sprachlichen Vorschriften wurden allerdings bald als zu pedantisch kritisiert, und viele Schriftsteller sahen ihren persönlichen Stil und ihre literarische Kreativität durch Gottsched allzusehr eingeengt.

Adelungs Verdienste liegen vor allem in seiner umfangreichen lexiko-
graphischen Arbeit. Sein fünfbändiges Wörterbuch (ersch. 1774-1781)
enthält die bis dahin gründlichste wissenschaftliche Bestandsaufnahme
des hd. Wortschatzes. Sein Wörterbuch, seine Sprachlehre für die Schule
(1781) und die „Vollständige Anweisung zur Deutschen Orthographie"
(1788) werden für ein Jahrhundert zu Standardwerken für die Vermittlung des Dt. in Schule und Universität, ja, zur Norm für die gesamte
Schriftsprache. Adelung hat die phonetischen und morphologischen
„Vorschriften" Gottscheds konsequent umgesetzt; die Prinzipien der
Klarheit, Einfachheit (Beseitigung der „barocken" Konsonantenhäufung)
und logischen Strenge haben der hd. Sprache ihre bleibende, bis heute
gültige Form gegeben.


## 2.3.5  Das heutige Deutsch

Die sprachgeschichtliche Periode seit Ende des 18. Jhs bezeichnet man
als Phase des **heutigen Deutsch**. Zwar ist der Sprachbau seit dieser Zeit
gefestigt, alle wichtigen grammatischen Regeln werden im gesamten dt.
Sprachraum als Normen des Hd. akzeptiert. Hinsichtlich der Wortbildung, der Syntax und des Lexikons erfährt das Hd. im 19. Jh. jedoch noch
erhebliche strukturelle Veränderungen. Von 1815 bis 1871 vollzieht sich
in Deutschland die – verspätete und konfliktreiche – Herausbildung des
Nationalstaats; neue Wissenschaften, bahnbrechende Erfindungen und
die Entstehung neuer Produktionsformen (industrielle Revolution) haben
auch auf das wichtigste Kommunikationsmittel, die Sprache, entschei-

Das heutige Deutsch 49

dende Auswirkungen gehabt. Zu den wichtigsten historischen Faktoren für sprachliche Neuerungen im 19. Jh. gehören die folgenden:

- Zeit der Befreiungskriege; Turnerbewegung; erwachendes Nationalbewußtsein
- Industrialisierung; wissenschaftlich-technische Revolution
- Entstehung eines neuen Industrieproletariats; Arbeiterbewegung
- neue Verkehrswege; technische Neuerungen in der Produktion und Kommunikation
- Rückgang der Mundarten – bes. durch die einsetzende horizontale und vertikale Mobilität
- Migration, Sprachmischungen; Umgangssprachen als überregionale Ausgleichsbewegungen zwischen den Dialektgebieten
- fortschreitende Alphabetisierung; Massenmedien, Schriftkultur.

Die Übernahme fast aller Funktionen der öffentlichen Kommunikation durch die deutsche Schriftsprache spiegelt sich in der Publikationstätigkeit: Zu Beginn des 16. Jhs wurden nur wenige Schriften in deutscher Sprache gedruckt (fast alle anderen in Latein); zu Beginn des 19. Jhs waren nur noch 4 % der gedruckten Schriften lateinisch. Eine wichtige Rolle für die Konsolidierung und Verbreitung des Nhd. im 19. Jh. spielt die Literatur des 18. Jhs, des Pietismus, der Aufklärung, des Sturm und Drang und schließlich der deutschen Klassik. Bis heute gelten der Stil, die Ausdrucksmittel, der Wortschatz dieser Epoche als normsetzende Vorbilder für „gutes Hochdeutsch". Im 19. Jh. wird die Alphabetisierung auch bei den unteren Bevölkerungsschichten durchgesetzt. Die Vervielfachung des Lesepublikums schafft neue Möglichkeiten für schriftsprachliche Kommunikation, von der schließlich u.a. die Massenpresse gegen Ende des 19. Jhs profitiert. Im übrigen muß erwähnt werden, daß die neue „Nationalsprache" ein wesentlicher Faktor ist bei der Herausbildung des „Nationalbewußtseins", der politischen und kulturellen Identität der „Nation".

Die Ausbildung und Verbreitung der nun in ganz Deutschland anerkannten Hochsprache wird durch die gehobenen bürgerlichen Schichten und ihre Multiplikatoren forciert; die

Gemein- oder Standardsprache mit hohem sozialen Ansehen [...] verdankt sich zum einen dem Streben des gebildeten Bürgertums nach Sprachschönheit und Sprachrichtigkeit, zum anderen der Orientierung auch der 'Conversation' [...] an schriftlichen Sprachmustern (in der Nachfolge Goethes und Schillers). Besiegelt wurde diese Entwicklung durch die Festlegung einheitlicher Normen und Regeln: in der Recht-

50          Kapitel 2: Geschichte der deutschen Sprache

schreibung (Orthographie) und im Wortgebrauch endgültig durch
Konrad Dudens 'Orthographisches Wörterbuch' (1880) sowie die Or-
thographische Konferenz von 1901 [...]. (WOLFF 1994, 185; runde
Klammern origin.)

„Unterhalb" der in den Städten bereits dominierenden Hochsprache entstehen neue großräumige **Umgangssprachen**; die Dialekte verändern
sich bzw. verlieren Zug um Zug ihre Funktionen in öffentlicher und fachlicher Kommunikation.

Das Bedürfnis nach einer allseitig verwendbaren hochdeutschen Verkehrssprache schuf mannigfache neue Kommunikationsformen und Textsorten: Tagebuch und Briefkorrespondenz werden auch von neuen Mit-
telschichten gepflegt, die journalistischen Darstellungsformen differenzieren sich; appellative Textsorten (Wahl- und Werbeplakate, amtl. Ver-
lautbarungen, Flugschriften) finden immer breitere Verwendung.

Die Schriftsprache zeigt insgesamt wieder eine stärkere Tendenz zur
Parataxe und zu Einfachsätzen, also eine deutliche Konvergenz in Richtung auf eine gesprochene (hd.) Sprache. In der Morphologie bemüht
man sich um weitere Vereinfachungen und Harmonisierungen; in der
Pluralbildung jedoch finden sich Differenzierungen und neue Formen, so
z.B. das aus dem Frz. und Engl. entlehnte -s als Pluralmorphem. Die
Wortbildung wird durch indigene und entlehnte Wortbildungsmorpheme
bereichert (vgl. z.B. die aus dem Frz. entlehnten -eur, -age,-teur,-ade).

Die einschneidendsten Veränderungen finden jedoch im Wortschatz
statt. Die Kompositabildungen (v.a. in der Verwaltungs- und Organisati-
onssprache und in den Fachsprachen) nehmen rapide zu – bis hin zu vier-
und fünfgliedrigen Lexemen; Adjektivableitungen (z.B. auf -abel und
-ibel nach frz. Vorbild) und neue Verbbildungen (v.a. durch ausgiebige
Nutzung der Präfixe er-, ent- und be-) erscheinen in großer Zahl.

Die enorme Ausweitung des Wortschatzes wird aus drei verschiedenen Quellen gespeist: der Übernahme aus Fachwortschätzen [in die
Gemeinsprache], der Entlehnung aus anderen Sprachen, der Verdeut-
schung fremdsprachiger Wörter nach der Reichsgründung [...].
(WOLFF 1994, 189)

Entwicklung des Nhd. im 20. Jahrhundert
Zu den vielschichtigen Entwicklungen des Nhd. im 20. Jh. können hier
nur einige Stichworte genannt werden. Die beiden Weltkriege bilden
zwei große Einschnitte in der deutschen Geschichte dieses Jhs; 1918 und
1945 markieren politische und gesellschaftliche Brüche, die sich auch in
der sprachlichen Entwicklung niedergeschlagen haben.

Das heutige Deutsch 51

Das 19. Jh. erstreckt sich in sprachlicher und kultureller Hinsicht bis in die Zeit nach dem 1. Weltkrieg – trotz geistiger Krisen, kultureller und politischer Bewegungen um die Jahrhundertwende. Aber erst nach 1918 kommt es zu einer tiefgreifenden Umorientierung in sozialer, kultureller und auch sprachlicher Hinsicht. Die Stichworte, die einige Schlaglichter auch auf die Sprachgeschichte werfen sollen, sind: Urbanisierung; Massengesellschaft; vertikale und horizontale Mobilität; neue (audiovisuelle) Massenmedien; Migrationsbewegungen; Standarddeutsch – Umgangssprachen – Dialekte.

**Urbanisierung**: Die Konzentration der Bevölkerung in den Städten, die durch die industrielle Revolution im 19. Jh. eingesetzt hat, setzt sich beschleunigt fort: 1871 gab es im dt. Reich 8 Großstädte, 1910 bereits 48; die Bevölkerung stieg von ca. 41 Mio. im J. 1870 auf 67 Mio. im Jahre 1913 (vgl. WOLFF 1994, 183).

**Massengesellschaft**: Durch neue Produktions- und Organisationsformen lösen sich ältere soziale Strukturen auf; das betrifft v.a. Großfamilien, Dorfgemeinschaften, „familiale" Betriebseinheiten wie Bauerhöfe und Handwerksbetriebe. Der soziale Abstieg breiter Schichten bis zur Verelendung (vor allem im Kleinbürgertum) führt zu Orientierungsverlust und allgemeinem Krisenbewußtsein: Leitbilder gehen verloren, Wertsysteme verlieren ihre Gültigkeit, traditionelle Rollen und Funktionen werden obsolet. Das im 19. Jh. kulturell führende Besitz- und Bildungsbürgertum büßt viele Positionen und Funktionen ein; Ursachen sind u.a. der Aufstieg neuer wissenschaftlich-technischer Eliten und wirtschaftlich mächtiger Gruppen.

**Vertikale und horizontale Mobilität**: Soziale Auf- und Abwärtsbewegungen sowie große Binnenwanderungen (vor allem vom Land in die Stadt) sind Folgen politischer Krisen und wirtschaftlichen Strukturwandels. Dazu kommt nach 1945 die Ost-West-Migration als Folge des 2. Weltkriegs (ca. 10 Mio. Menschen werden vertrieben bzw. ausgesiedelt). Im Zuge wirtschaftlicher Expansion werden seit Ende der 50er Jahre Millionen von Arbeitsmigranten, vor allem aus südeuropäischen Ländern, nach Deutschland geholt; die soziale und sprachlich-kulturelle Integration macht bis heute Probleme.

Die neuen **audiovisuellen Medien** (Rundfunk ab 1923; 1950 Fernsehsendungen des NWDR, 1953 der ARD) spielen neben der (fast) vollständigen Alphabetisierung der Bevölkerung die wichtigste Rolle bei der Verbreitung des Standarddeutschen bis in den letzten Winkel des Landes. Hörfunk und Fernsehen wirken vor allem bezüglich der stdt. Lautung normgebend; sie dürften aber auch hinsichtlich Morphologie, Syntax und Wortschatz Vorbildcharakter für das bekommen haben, was der Durchschnittssprecher unter **gesprochener Standardsprache** versteht.

Vertikale und horizontale Bewegungen lassen **Sprachmischungen** entstehen, die zu neuen, großräumigen Umgangssprachen führen. Diese Umgangssprachen enthalten mehr oder minder starke „Färbungen" durch die bodenständigen Dialekte; sie bekommen so viele Funktionen, daß die meisten Sprecher des Deutschen sie sozusagen als eine „zweite Muttersprache" verwenden. **Diglossie**, d.h. die Beherrschung von mindestens zwei Varietäten des Deutschen, wird zum Normalfall für die Sprachteilhaber; **code switching** (das spontane Hin- und Herspringen zwischen zwei Varietäten) verwenden die meisten Sprachteilhaber, ohne daß ihnen das selbst bewußt wird.

Die auffälligste Erscheinung unter den sprachlichen Veränderungen ist die geradezu explosionsartige **Expansion des Wortschatzes** im 20. Jh., besonders nach 1945. Den größten Anteil daran hat die Entstehung neuen wissenschaftlich-technischen Vokabulars, von dem ein wachsender Anteil in die Gemeinsprache übernommen wird.

In engem Zusammenhang damit steht die **Internationalisierung** fachlicher und wissenschaftlicher, aber auch politischer und kultureller Wortschätze. Vor allem die Massenpresse und die audiovisuellen Medien fungieren heute als Distributoren für internationale Fachtermini, Trendwörter und Slogans; die Wortschätze der Politik, der Ökonomie, nicht zuletzt der kommerziellen Warenwerbung sind angereichert durch international verständliche Neuwörter und Wortkombinationen (vgl. bes. den Bereich der Produktnamen und werblichen Produktbeschreibungen). Eine wichtige Rolle bei der Internationalisierung spielen die Sprache und Metaphorik des Sports; bei den durch Massenmedien weltweit übertragenen Ereignissen dominieren sportliche Wettkämpfe.

Während bis Ende des 19. Jhs Französisch die beherrschende Gebersprache für Entlehnungen ins Deutsche gewesen ist, übernimmt diese Rolle im 20. Jh. immer mehr das Englische, seit 1945 das Angloamerikanische.

Schließlich noch eine Bemerkung zu den **Dialekten im 20. Jh.** Die Dialekträume, die Mitte des 19. Jhs noch relativ geschlossene Areale darstellten, verschwinden (bes. in Norddeutschland) immer mehr, sind in den meisten städtischen Ballungsräumen nur noch in Resten vorhanden. Die „Renaissance der Dialekte", von der seit den 80er Jahren die Rede ist, führt meist nicht mehr zur Revitalisierung der alten Mundarten, sondern schafft Substrate in Verbindung mit Gruppensprachen (Jugendsprachen, Szenejargon) oder wird, meist als Ausgleichsdialekt, in privaten und geselligen Kommunikationsnischen konserviert.

Nur im süddeutschen Raum haben sich mundartlich fundierte bzw. geprägte Ausgleichsdialekte, jedenfalls in ländlichen Gebieten, bis heute behauptet.

## Literaturhinweise

BRAUN, PETER 1993: Tendenzen in der deutschen Gegenwartssprache. 3. Aufl. Stuttgart usw.

Geschichte der deutschen Sprache. Verfaßt von einem Autorenkollektiv unter Leitung v. WILHELM SCHMIDT. Berlin 1969, 7. Aufl. Stuttgart/Leipzig 1996

GLÜCK, HELMUT/SAUER, WOLFGANG W. 1990: Gegenwartsdeutsch. Stuttgart

POLENZ, PETER VON 1991: Deutsche Sprachgeschichte vom Spätmittelalter bis zur Gegenwart. Bd. I: Einführung. Grundbegriffe. Deutsch in frühbürgerlicher Zeit. Berlin/New York

STEDJE, ASTRID 1989: Deutsche Sprache gestern und heute. Einführung in Sprachgeschichte und Sprachkunde. München

WELLS, CHISTOPHER J. 1990: Deutsch: eine Sprachgeschichte bis 1945. Tübingen

WENDT, HEINZ F. 1987: Fischer Lexikon Sprachen. Korr. Neuausgabe Frankfurt/M.

WOLFF, GERHART 1994: Deutsche Sprachgeschichte. Ein Studienbuch. 3. Aufl. Tübingen/Basel

# 3 Phonetik und Phonologie: Die Lehre von den Lauten der Sprache

3.1 Laute, Schriftzeichen und phonetisches Alphabet
3.2 Der Laut – phonetische und phonologische Betrachtungsweise
3.3 Phonetische Grundlagen – die Erzeugung der Laute
3.3.1 Erzeugung des Luftstroms
3.3.2 Lautbildung im Kehlkopf
3.3.3 Artikulation der Konsonanten
3.3.3.1 Artikulationsorgane
3.3.3.2 Artikulationsstelle und Artikulationsart
3.3.4 Artikulation der Vokale
3.4 Laute im Kontext des Sprechens – Koartikulation
3.5 Die phonologische Abstraktion
3.5.1 Segmentierung
3.5.2 Minimalpaarbildung
3.5.3 Kombinatorische und freie Varianten
3.5.4 Phoneme als Bündel distinktiver Merkmale
3.5.5 Phonotaktik
3.5.6 Zum Status phonologischer Analysen

## 3.1 Laute, Schriftzeichen und phonetisches Alphabet

Natürliche Sprachen sind Kommunikationsinstrumente; sie dienen – grob gesprochen – der Übermittlung sprachlich gefaßter Inhalte von einem Kommunikationspartner zum anderen. Um diese Inhalte transportieren zu können, bedarf es eines materiellen Trägers, denn das, was wir mitteilen wollen, muß ja irgendwie aus unseren Köpfen herauskommen. Wenn wir uns schriftlich äußern, verwenden wir dazu die Schriftzeichen unserer Buchstabenschrift; bei der mündlichen Kommunikation produzieren wir dagegen Laute.

In diesem Kapitel geht es um die Laute, die man als das gebräuchlichste und natürlichste Medium der Sprache ansehen kann, und zwar aus den folgenden Gründen: Zum einen ist längst nicht jede Sprache schriftlich fixiert; ja bezogen auf die Gesamtheit der Sprachen stellt die Verschriftung sogar eher den Ausnahmefall dar und ist keineswegs so selbstverständlich, wie es uns als Angehörige einer traditionsreichen Schriftgemeinschaft erscheinen mag. Zum zweiten erwirbt jedes gesunde Kind zunächst die Lautsprache, während der schriftliche Modus erst wesentlich später durch gezielte Unterweisung erlernt wird. In diesem Sinne ist die

56          Kapitel 3: Phonetik und Phonologie

Schrift gegenüber der Lautung sekundär. Selbstverständlich heißt das nicht, daß die Schrift weniger wichtig ist, denn sie eröffnet sogar zusätzliche Kommunikationsmöglichkeiten: Während nämlich eine lautsprachliche Äußerung aufgrund ihrer materiellen Eigenschaften bereits im Zuge ihrer Verfertigung kontinuierlich verschwindet, kann eine „schwarz auf weiß" fixierte Mitteilung räumliche und zeitliche Entfernungen überwinden. Man kann sie an einem beliebigen Ort und zu einer beliebigen Zeit lesen, völlig unabhängig davon, wo und wann sie produziert wurde. Salopp formuliert: „Der Witz der Schrift ist die Ausdehnung des Kommunikationsradius" (COULMAS 1985, 107).

Streng von der Schrift zu unterscheiden sind **phonetische Umschriften** (auch **phonetische Transkriptionen** genannt), wie man sie aus Sprachlehrwerken und zweisprachigen Wörterbüchern kennt. Der Unterschied liegt in der Funktion: Man verwendet eine phonetische Umschrift nicht für die schriftliche Kommunikation über außersprachliche Sachverhalte, sondern als reines Beschreibungsinstrument, mit dessen Hilfe lautliche Phänomene erfaßt und verschriftet werden – z.B. um sich über sie verständigen zu können, wie das in diesem Kapitel geschieht.

Warum man zu diesem Zweck nicht die wesentlich geläufigeren Notierungskonventionen der Buchstabenschrift benutzt, hat einen einfachen Grund: Zwar handelt es sich bei Buchstabenschriften um Schriftsysteme, die systematisch auf Laute bezogen sind (vgl. Kap. 8.1), aber sie sind keineswegs so konzipiert, daß sie die Lautfolge eines gesprochenen Wortes exakt abbilden. So werden in bestimmten Fällen einfache Laute durch Buchstabenfolgen wiedergegeben (etwa der erste Laut in *schwarz* durch die Buchstabenfolge <sch>), oder ein einzelner Buchstabe steht für eine Folge aus mehreren Lauten (etwa der Buchstabe <x> für die Lautfolge [ks] in *Hexe*). Und noch viel hinderlicher für die Zwecke der reinen Lautabbildung ist der Umstand, daß ein und derselbe Laut nicht immer mit ein und demselben Schriftzeichen korrespondiert. So schreiben wir den Buchstaben <g> sowohl in *grau* als auch in *Tag*, obwohl damit – wie jeder leicht nachvollziehen kann – unterschiedliche Laute bezeichnet werden.

Umgekehrt müssen wir ein und denselben Laut bisweilen unterschiedlich ausbuchstabieren, etwa den jeweiligen Anfangslaut in den Wörtern *Vater* und *Fisch.* Kurz: Die Beziehungen zwischen Lauten und Buchstaben sind keineswegs eindeutig. Die Gründe dafür sollen uns an dieser Stelle nicht weiter interessieren (vgl. aber Kap. 8.4.1 – 8.4.4). Wichtig ist nur, daß man für die exakte Wiedergabe des Lautlichen ein Zeicheninventar braucht, das für je einen Laut auch jeweils ein graphisches Symbol bereithält. Ein solches Inventar wird als **phonetisches Alphabet** bezeichnet. Am verbreitetsten und gebräuchlichsten ist das der **International Phonetic Association** (kurz **IPA**), dessen erste Fassung bereits Ende des 19. Jahrhunderts erarbeitet worden ist; seitdem hat man es beständig weiterentwickelt und in revidierten Versionen neu publiziert.

Bei der Durchsicht des IPA-Alphabets darf man sich nicht dadurch verwirren lassen, daß die graphischen Symbole z.T. mit den Schriftzeichen des lateinischen Alphabets übereinstimmen. Aus Gründen der leichteren Handhabbarkeit hat man nämlich darauf verzichtet, ein völlig neues Zeicheninventar zu entwickeln, und statt dessen zunächst die Buchstaben des lateinischen Alphabets verwendet. Aber Vorsicht: Zumindest in einigen Fällen ist der Lautwert der IPA-Symbole völlig anders, als wir das aus unserer Buchstabenschrift gewohnt sind. So steht etwa das IPA-Symbol [z] für den stimmhaften Anfangslaut in Wörtern wie *sehen, Sahne, Sonne* etc., der in der Buchstabenschrift mit <s> bzw. <S> wiedergegeben wird. Um die beiden Ebenen nicht zu verwechseln, verwendet man unterschiedliche Notierungskonventionen: Zeichen der Lautschrift stehen in eckigen Klammern, Buchstaben in spitzen.

Da das lateinische Alphabet nur eine begrenzte Anzahl von Schriftzeichen zur Verfügung stellt, die für die exakte Kennzeichnung nicht ausreicht, ist die IPA-Schrift gegenüber dem Ausgangsalphabet von Beginn an systematisch erweitert worden. Zum einen durch Zeichen, die aus den Buchstaben des lateinischen und griechischen Alphabets abgeleitet sind, z.B. [ŋ] (wie *Wange*) oder [ʃ] (wie in *schwarz*); zum anderen durch sog. **diakritische Zeichen,** „die an ein alphabetisches Schriftzeichen angehängt oder mit ihm kombiniert werden können, um bestimmte lautliche Unterschiede auszudrücken" (HEN-GARTNER/NIEDERHAUSER 1993, 64). So dient im IPA beispielsweise ein Doppelpunkt als Zeichen für einen lang ausgesprochenen Vokal (z.B. [iː]) oder ein hochgestelltes kleines ʰ als Zeichen für eine behauchte Aussprache von Konsonanten (vgl. 3.3.2).

Das komplette IPA-Inventar mitsamt diakritischen Zeichen findet man u.a. im DUDEN-Aussprachewörterbuch (vgl. Literaturliste). Noch ein Hinweis: Wenn im folgenden zu Illustrationszwecken IPA-Zeichen verwendet werden, die von den bekannten Buchstaben des lateinischen Alphabets abweichen oder deren Lautwert nicht mit dem der Buchstaben übereinstimmt, wird durch ein in Klammern gesetztes Beispielwort gezeigt, welcher Laut gemeint ist. Entspricht der Lautwert des IPA-Zeichens dagegen im großen und ganzen dem des Buchstabens, verzichten wir auf die Erläuterung.

58        Kapitel 3: Phonetik und Phonologie

## 3.2   Der Laut – phonetische und phonologische Betrachtungsweise

Laute können unter verschiedenen Gesichtspunkten betrachtet werden, wobei zwei Betrachtungsweisen grundlegend sind: die **phonetische** und die **phonologische**. Die Kluft zwischen den beiden Perspektiven ist allerdings nicht so tief, wie man das in der sprachwissenschaftlichen Forschung lange Zeit gesehen hat. Ganz sicher handelt es sich nicht um zwei Welten, sondern um zwei auf vielfältige Weise miteinander verbundene und aufeinander angewiesene Forschungszweige, die in ständiger Wechselbeziehung stehen. Die beiden Disziplinen sollen im folgenden kurz vorgestellt werden.

**Die Phonetik**

Die Phonetik nähert sich den Lauten aus einer eher naturwissenschaftlichen Perspektive. Ihr „zentrale[s] Anliegen [...] ist die Frage nach der Rolle der *lautlichen Substanz* im sprachlichen Kommunikationsprozeß" (PÉTURSSON/NEPPERT 1991, 15), wobei unter lautlicher Substanz alle physiologischen und physikalisch meßbaren Aspekte der Lautereignisse verstanden werden. Entsprechend den drei „Eckpfeilern" einer Kommunikationskette – Sprecher, Lautprodukt und Hörer – geht es dabei konkret um die folgenden Fragestellungen:

(a)  Wie werden die Laute vom Sprecher produziert, d.h. welche Organe sind in welcher Weise an der Bildung von Lauten beteiligt?

Wenn Sprecher Laute produzieren, ist das im Grunde nichts weiter als ein biomechanischer Vorgang, den man auch als solchen beschreiben kann. So wird beispielsweise ein [p] dadurch gebildet, daß ein von der Lunge ausgestoßener Luftstrom sich nach oben durch die Luftröhre fortpflanzt, dabei ungehindert den Kehlkopf passiert, im Mundraum vor den Lippen gestaut wird, bis er durch das plötzliche Lösen des Lippenverschlusses aus dem Mund entweichen kann. Eine solche Beschreibung der Lautproduktion, die man in vergleichbarer Weise auch für alle übrigen Laute liefern kann, wird im Rahmen der **artikulatorischen Phonetik** geleistet.

(b)  Welche akustischen Eigenschaften hat das vom Sprecher produzierte Schallereignis?

Bei den vom Sprecher produzierten Lauten handelt es sich physikalisch betrachtet um Schallwellen. Schallwellen wiederum sind mechanische Schwingungen, an denen eine Reihe charakteristischer Größen gemessen

Der Laut – phonetische und phonologische Betrachtungsweise 59

werden kann: z.B. die Anzahl der Schwingungen pro Sekunde (**Frequenz**), die in Hertz (Hz) angegeben wird und die u.a. als Tonhöhe wahrgenommen wird; oder die Schwingungsweite, d.h die vertikale Ausdehnnung eine Welle von der Ruhestellung aus gesehen (**Amplitude**), die man in Dezibel (dB) mißt und die für das Lautstärkeempfinden verantwortlich ist. Mit dem Sprachschall als akustischem Phänomen ist die **akustische Phonetik** befaßt.

(c) Wie verarbeitet der Hörer die vom Sprecher produzierte akustische Reizquelle?

Das letzte Glied in der Kommunikationskette ist der Hörer, der die vom Sprecher produzierte sprachliche Äußerung mit seinem Ohr aufnimmt. Dabei müssen die am Trommelfell ankommenden Schallwellen zunächst über die Gehörknöchelchen ins Innenohr übertragen werden, bevor die akustische Information dort in Nervenimpulse umgewandelt und über den Hörnerv ins Gehirn weitergeleitet wird. Erst dort, im sog. **Wernicke-Areal**, einer ziemlich ausgedehnten Gehirnregion in der Nähe des linken Ohrs, findet die eigentliche **Lauterkennung** statt. Mit den eher physiologischen Aspekten dieses Prozesses beschäftigt sich die **auditive Phonetik**; die mehr psychologischen Momente werden von der Sprachperzeptionsforschung bzw. der Wahrnehmungspsychologie bearbeitet, wobei die Grenzen zur auditiven Phonetik natürlich fließend sind.

**Die Phonologie**

Mit dem Stichwort Lauterkennung haben wir im Grunde schon den Übergang zur phonologischen Betrachtungsweise geschaffen, denn die menschliche Sprachwahrnehmung funktioniert nicht wie ein Automat, der passiv alle physikalisch meßbaren Lauteigenschaften registriert; die Laute gehen bei der Sprachwahrnehmung vielmehr durch einen phonematischen Filter.

Damit ist folgendes gemeint: Laute werden in einer unendlichen Bandbreite von Variationen produziert. Das fängt bei scheinbaren Trivialitäten an: Beispielsweise unterscheidet sich eine „hohe" Frauenstimme rein physikalisch-akustisch betrachtet erheblich von einer „tiefen" Männerstimme; das gleiche gilt für die Stimme eines alten und eines jungen Menschen, und selbst eine banale Erkältung wirkt sich in erkennbarer Weise auf das „akustische Gesicht" der produzierten Laute aus. Strenggenommen sind sogar die Lautäußerungen ein und derselben Person nie identisch, denn wir sprechen immer unterschiedlich, je nachdem, ob wir freudig, traurig, müde, nervös oder sonstwie gestimmt sind.

60   Kapitel 3: Phonetik und Phonologie

Deswegen kann selbst der Phonetiker, dem es ja gerade darum geht, die Laute in ihren substantiellen Eigenschaften zu beschreiben, unmöglich alle potentiell registrierbaren lautlichen Nuancen erfassen. Wenn er beispielsweise ein Lautereignis als ein mit der Zungenspitze gebildetes [r] klassifiziert, dann sind für ihn Geschlecht, Alter oder Befindlichkeit des Sprechers ohne Bedeutung. Ebenso unwichtig ist es für ihn, ob der Laut langsam oder schnell, mit Emphase oder eher gedämpft artikuliert wird, ob er laut oder leise gesprochen wird etc. Mit anderen Worten: Der Phonetiker erbringt bei seiner Arbeit eine gehörige Abstraktionsleistung, denn er läßt bestimmte, physikalisch durchaus meßbare Eigenschaften der Laute unberücksichtigt und faßt unterschiedliche Lautereignisse zu einer Kategorie zusammen.

Eine prinzipiell vergleichbare Abstraktionsleistung erbringt auch der Hörer im normalen Kommunikationsprozeß. Während aber der Phonetiker von der lautlichen Variation nur insoweit absieht, als sie auf individuelle Dispositionen im eben skizzierten Sinne zurückzuführen ist, reicht die Abstraktionsleistung des Hörers wesentlich weiter. So wird der Phonetiker darauf achten, in welcher der drei folgenden Varianten der Anfangslaut des Wortes *Ratte* gebildet wird:

a)   durch die bereits erwähnte schlagende Bewegung der Zungenspitze an den Zahndamm (Zungenspitzen-r),

b)   durch eine ähnliche Bewegung des Gaumenzäpfchens gegen den hinteren Zungenrücken (Zäpfchen-r) oder

c)   durch eine von Zäpfchen und hinterem Zungenrücken gebildete Engestelle, die der ausströmenden Atemluft ein charakteristisches Reibegeräusch verleiht.

In jedem einzelnen Fall wird der Phonetiker das Ergebnis der Lautproduktion anders werten und entsprechend mit einem eigenen Symbol des phonetischen Alphabets festhalten: das Zugenspitzen-r mit dem Symbol [r], das Zäpfchen-r mit [ʀ] und das Reibe-r mit [ʁ]. Aus seiner Perspektive ist das auch notwendig, denn es handelt sich ja ganz offenkundig um unterschiedliche Lautereignisse, wobei die lautliche Varianz auf keinen der oben angeführten Faktoren (Geschlecht, Alter, Befindlichkeit etc.) zurückzuführen ist.

Für den Hörer ist der Unterschied, soweit er am Inhalt der Äußerung interessiert ist, ebenso belanglos wie die Frage, ob er mit einem alten oder jungen, einem weiblichen oder männlichen, einem erkälteten oder gesunden Menschen spricht. Er nimmt gewissermaßen ein „r-an-sich" wahr,

# Der Laut – phonetische und phonologische Betrachtungsweise    61

ganz gleich, welcher von den drei r-Lauten produziert wird. Der Grund liegt darin, daß für den Hörer lautliche Unterschiede unwichtig sind, solange damit keine Unterschiede in der übermittelten Bedeutung verbunden sind. Bei den verschiedenen Realisierungsweisen des r-Lautes ist das ganz offenkundig nicht der Fall, denn ganz gleich, mit welchem r-Laut *Ratte* ausgesprochen wird – für den Hörer bleibt es ein und dasselbe Wort mit ein und derselben Bedeutung.

Das klingt für sich genommen ziemlich trivial. Wie wenig selbstverständlich dieser Befund ist, erkennt man erst, wenn man einmal über den engen Tellerrand der eigenen Sprache blickt. Im Portugiesischen beispielsweise sind die Verhältnisse grundsätzlich anders. Hier kann man zwei der genannten r-Varianten, nämlich Zungenspitzen- und Zäpfchen-r, nicht bedenkenlos gegeneinander austauschen, ohne daß damit eine Bedeutungsveränderung einhergeht. So entnimmt der portugiesische Hörer der mit Zungenspitzen-r gesprochenen Lautfolge [karu] die Bedeutung 'teuer', 'lieb' . Die mit Zäpfchen-r gesprochene, ansonsten aber identische Lautfolge [kaʀu] verbindet er dagegen mit der Bedeutung 'Karren', d.h. er erkennt darin die lautliche Seite eines völlig anderen Wortes. Anders gesagt: Für ihn ist der Unterschied zwischen Zungenspitzen-r und Zäpfchen-r bedeutungsunterscheidend.

Ein deutscher Hörer ohne entsprechende Portugiesischkenntnisse würde den lautlichen Unterschied dagegen entweder gar nicht bemerken oder ihn in Analogie zum Deutschen unter der Rubrik „lautliche Variante" buchen.

Daraus wird ersichtlich, daß die Sprecher/Hörer unterschiedlicher Sprachen Laute in ganz unterschiedlicher Weise Kategorien zuordnen. Laute, die für den deutschen Sprecher lediglich Varianten ein und derselben Kategorie sind, behandelt der portugiesische Sprecher/Hörer als Vertreter zweier unterschiedlicher Kategorien – und das unbeschadet der Tatsache, daß sich die vergleichbaren Laute der beiden Sprachen in ihrer Bildungsweise nicht unterscheiden.

Ein ganz ähnlicher Abstraktionsprozeß liegt der Arbeit eines Sprachwissenschaftlers zugrunde, der die Laute einer Sprache aus der phonologischen Perspektive betrachtet. Denn in der **Phonologie** geht es letztlich darum, die prinzipiell unendliche Zahl lautlicher Varianten auf eine endliche Zahl lautlicher Kategorien zu reduzieren. Und das sind genau diejenigen, die vom Standpunkt der jeweiligen Sprache bedeutungsunterscheidend sind. Diese Lautkategorien nennt man **Phoneme**. Wie man sieht, ist Phonologie also „nicht einfach ein linguistisches Schreibtischkonstrukt", sondern „im Prinzip nichts weiter als der Versuch, […] Regularitäten der Sprachwahrnehmung […] bewusst zu machen, zu systematisieren und mittels sprachwissenschaftlicher Methoden zu beschreiben" (HENGARTNER/NIEDERHAUSER 1993, 44). Welche Methoden das sind, werden wir in Abschnitt 3.5.2 noch sehen. Zunächst wollen wir uns aber der phonetischen Ausgangsbasis zuwenden, auf deren Grundlage der phonologische Abstraktionsprozeß vollzogen wird.

## 3.3 Phonetische Grundlagen – die Erzeugung der Laute

Die phonetische Beschreibung der Laute kann – wie oben angesprochen – auf drei unterschiedliche Weisen geschehen, artikulatorisch, akustisch und auditiv. Für unsere Zwecke reicht die artikulatorische Beschreibung völlig aus, denn auch die Phoneme, auf die wir letztlich hinauswollen, werden in der Regel durch artikulatorische Merkmale definiert. Wir müssen also zunächst die Frage klären, wie Laute überhaupt erzeugt werden. Dabei sind drei zeitlich aufeinanderfolgende Prozesse zu unterscheiden:

a) die Erzeugung des Luftstroms in der Lunge,

b) die Lautbildung bzw. Bildung von Lautmerkmalen im Kehlkopf und

c) die Artikulation der Laute im Rachen-, Mund- oder Nasenraum.

### 3.3.1 Erzeugung des Luftstroms

Laute sind – wie oben bereits erwähnt – Schallwellen, die sich in elastischen Medien wie Gasen oder Flüssigkeiten ausbreiten. Das für die Lautproduktion relevante Trägermedium ist die Atemluft, die entweder ausgestoßen oder eingesogen werden kann. Im Deutschen und in den allermeisten anderen Sprachen werden die Laute fast ausschließlich beim Ausatmen erzeugt; man spricht von **exspiratorischer Lautbildung**. Das Pendant, die **inspiratorische Lautbildung**, bei der die Laute beim Einatmen produziert werden, kommt in diesen Sprachen dagegen nur in Ausnahmefällen vor. Meistens hat diese Art der Lautbildung dann eine über die reine Sachverhaltsvermittlung hinausgehende kommunikative Funktion. So soll ein mit eingesogener Luft ausgesprochenes *ja* oder *nein* dem Gesprächspartner gewöhnlich signalisieren, daß seine Frage wenig Sinn macht oder die Antwort ohnehin selbstverständlich ist.

Verschiedene Sprachen machen im übrigen von der Möglichkeit Gebrauch, „ohne Nutzung des Luftstroms Laute zu erzeugen" (CRYSTAL 1993, 126); so z.B. eine Reihe südafrikanischer Sprachen, in denen sog. **Schnalzlaute** vorkommen, die als scharfe, unter Beteiligung der Zunge und des Gaumens gebildete Sauggeräusche wahrgenommen werden.

### 3.3.2 Lautbildung im Kehlkopf

Bei der exspiratorischen Lautbildung pflanzt sich der von der Lunge ausgestoßene Luftstrom durch die Luftröhre (**Trachea**) nach oben fort und trifft dabei auf den Kehlkopf, der sich am oberen Ende der Luftröhre befindet. Der Kehlkopf ist ein Knorpelgerüst, in dem sich zwei nach hinten

## Lautbildung im Kehlkopf                                63

gezogene Schleimhautausstülpungen befinden, die **Stimmlippen**, deren
Innenränder man **Stimmbänder** nennt. Die Stimmlippen sind variabel;
sie können weit auseinanderliegen, zu einem Spalt verengt sein oder sich
ganz schließen. Diesen variablen Raum zwischen den Stimmlippen bezeichnet man als **Stimmritze** bzw. **Glottis**. Je nach Stellung der Glottis
werden im Kehlkopf die folgenden Laute bzw. Lautmerkmale erzeugt:

(1) Bei leicht geöffneter Glottis reibt die ausströmende Luft an den Stimmbän-
dern, und es bildet sich ein Hauchgeräusch, das dem Laut [h] entspricht, wie
er am Anfang der Wörter *Hund, Hemd, Hirte* etc. gesprochen wird.

(2) Ist die Glottis vollkommen geschlossen und wird dann durch den unterhalb der
Glottis entstehenden Luftdruck plötzlich gesprengt, entweicht die gestaute
Luft explosionsartig. Dadurch entsteht ein **Knacklaut** (auch: **glottaler Verschlußlaut** oder **Glottisschlag**), der im Deutschen einen **gepreßten Vokaleinsatz** bewirkt. Man nimmt diesen Laut gewöhnlich nicht wahr; man kann
sich seine Existenz aber bewußt machen, wenn man sich das Wort *Spiegelei*
und den zweiten Bestandteil von *(Eulen)spiegelei* langsam vorspricht: Der Unterschied besteht bei ansonsten gleicher Lautkette nur darin, daß das *-ei* in
*Spiegelei* „hart" einsetzt, die nämliche Lautfolge in *(Eulen)spiegelei* aber
„weich" an das vorangehende [l] gebunden ist (das Symbol für den Knacklaut
im IPA-Kode ist [ʔ]).
Eine weitere „gute Selbstkontrolle zur Ermittlung des Knacklautes liefert das
Befühlen des Kehlkopfs mit Daumen und Zeigefinger: Der Knacklaut ist bei
hartem Stimmeinsatz vor Vokalen am Silbenanfang deutlich als kleine Schlag-
bewegung spürbar" (HENGARTNER/NIEDERHAUSER 1993, 30).

(3) Ist die Glottis zunächst ganz geöffnet, schließt sich dann aber langsam, entsteht ein leichter Hauchlaut. Dieser Hauchlaut „steht aber nicht für sich", sondern begleitet im Deutschen in bestimmten Stellungen die Artikulation der
Konsonanten [p], [t] und [k], z.B. am Wortanfang vor Vokal (*Piste, Taste,
Küste* etc.). Man nennt sie folgerichtig **behauchte** bzw. **aspirierte Konsonanten** und markiert sie bei der Transkription mit dem entsprechenden diakritischen Zeichen als [pʰ], [tʰ] und [kʰ]. In anderen Stellungen, z.B. vor [s], sind
die nämlichen Konsonanten dagegen in der Regel unbehaucht (*Raps, mopsen,
Erbse* etc.).
Die **Aspirierung** wird von deutschen Sprechern/Hörern ähnlich wie der Knacklaut gewöhnlich nicht bewußt wahrgenommen. Das deutet darauf hin, daß sie
zu den phonetischen Eigenschaften deutscher Laute zählt, die man bei der
Sprachwahrnehmung getrost „überhören" kann, weil sie bei der Lauterkennung durch das phonologische Sieb fallen. Wir werden in 3.5.2 darauf zurückkommen.

(4) Der wichtigste Effekt, der mit den Stimmlippen und der Glottis erzielt werden
kann, ist aber zweifellos die **Stimmbildung** oder **Phonation**. Sie entsteht dadurch, daß die Stimmlippen an der zu einem winzigen Spalt geöffnete Glottis
durch ausströmende Luft in Schwingungen versetzt werden. Genau genommen

64    Kapitel 3: Phonetik und Phonologie

sind die Schwingungen nichts weiter als periodisch auftretende Verschlußlö-
sungen, die „in einer eine gewisse Mindestzeit andauernden Folge als Stimm-
klang wahrgenommen werden" (PÉTURSSON/NEPPERT 1991, 72).
Man kann die Stimmlippenschwingungen leicht spürbar bzw. hörbar machen,
und zwar auf zweierlei Weise. Zum einen, indem man Zeigefinger und Daumen an den Kehlkopf legt und nacheinander Wortpaare wie *leasen* und *ließen*
ausspricht. In *leasen* fühlt man beim s-Laut in der Wortmitte ein deutliches Vi-
brieren der Stimmlippen, bei *ließen* dagegen nicht. Zum anderen, indem man
die Ohren mit den Fingern schließt und dabei die genannten Wörter artikuliert.
Auch hier sind die Schwingungen beim entsprechenden Laut in *leasen* deutlich
spürbar (Symbol im IPA-Kode: [z]).
Bei der Erzeugung des stimmlosen Gegenstücks (Symbol im IPA-Kode: [s])
bildet die Glottis dagegen wie beim normalen Ausatmen eine dreieckige Öffnung, so daß die Luft ohne Widerstand entweichen kann. Der Unterschied
stimmhaft/stimmlos zieht sich durch eine ganze Reihe von Konsonantenpaaren, z.B. [d] und [t], [b] und [p], [g] und [k]. Jeweils ein Glied des Paares
wird stimmhaft gesprochen, das andere stimmlos bei ansonsten gleicher Bildungsweise.
Bei anderen Lauten gibt es diese systematische Unterscheidung dagegen nicht.
So haben die stimmlos ausgesprochenen Laute [ç] (wie in *Dichte*), [χ] (wie in
*Nacht*), [h] (wie in *Haut*), [ts] (wie in *Zahn*) kein stimmhaftes Gegenstück,
und umgekehrt gibt es zu den stimmhaft artikulierten Lauten [m], [n], [ŋ] (wie
in *Wange*), [l], [r], [ʀ] und [ʁ] kein stimmloses Pendant. Das gleiche gilt für
die Vokale; sie werden in aller Regel stimmhaft ausgesprochen.

### 3.3.3 Artikulation der Konsonanten

Wenn die Luft die Glottis passiert hat, ist die Lautbildung (abgesehen
vom [h]-Laut und vom glottalen Knacklaut) noch längst nicht abgeschlossen. Der wichtigste Teil vollzieht sich erst jetzt im sog. **Vokaltrakt**, der in Anlehnung an einen Terminus aus der Instrumentenkunde
auch **Ansatzrohr** genannt wird. Der Vokaltrakt umfaßt Rachen, Mund
und Nase, die zusammen ein System von Hohlräumen bilden, in denen
der Luftstrom durch das Zusammenspiel der **Artikulationsorgane** zu
Lauten geformt wird. Diesen Teilprozeß der Lautproduktion nennt man
**Artikulation**.

Bei der Beschreibung der Artikulation wollen wir zunächst eine grundsätzliche Unterscheidung zwischen zwei Lautklassen vornehmen, die wir
oben schon en passant eingeführt, aber noch nicht erklärt haben: zwischen den **Vokalen** und den **Konsonanten**.

**Vokale** werden auch als **Öffnungslaute** bezeichnet, womit im Grunde
schon ihre charakteristischen artikulatorischen Eigenschaften genannt
sind. Vokale werden nämlich erzeugt, indem der durch die Stimmlippen

Artikulation der Konsonanten 65

in periodische Schwingungen versetzte Luftstrom weitgehend ungehindert durch den Mund oder die Nase ausströmt. Weitgehend ungehindert meint, daß der Luftstrom ohne wahrnehmbares Reibegeräusch den Vokaltrakt verläßt.

**Konsonanten** sind dagegen als Laute definiert, bei denen der Luftstrom Hindernisse überwinden muß, bevor er aus Mund oder Nase austritt. Ein solches Hindernis kann ein kompletter Verschluß sein, der die Luft staut, bevor sie entweichen kann, oder eine starke Verengung, die beim Austritt der Luft ein hörbares Reibegeräusch verursacht. Bei dieser Unterscheidung gibt es natürlich eine Reihe von Grenzfällen, auf die wir hier nicht näher eingehen können (vgl. PÉTURSSON/NEPPERT 1991, 89). Beginnen wir mit den Konsonanten.

### 3.3.3.1 Artikulationsorgane

Die wichtigsten **Artikulationsorgane**, die natürlich primär anderen körperlichen Funktionen dienen als der Lauterzeugung, befinden sich im Mundraum. Dabei muß man zwischen den **unbeweglichen** und **beweglichen** (passiven und aktiven) **Artikulationsorganen** unterscheiden.

[In der folgenden Auflistung stehen in den Klammern zunächst die lateinischen Bezeichnungen für die Artikulationsorgane; danach werden die daraus abgeleiteten Adjektive genannt, die man – wie wir unten noch sehen werden – für die Angabe der Artikulationsstelle eines Lautes verwendet.]

- Die Lippen (**Labies**; **labial**), die mit Hilfe des Mundmuskelringes bewegt werden können. Sie lassen sich öffnen oder schließen, runden oder spreizen. Die beiden letztgenannten Bewegungsmöglichkeiten sind allerdings für die Bildung der Konsonanten irrelevant; sie spielen aber – wie noch zu zeigen sein wird – eine große Rolle bei der Vokalerzeugung.

- Die Zähne (**Dentes**; **dental**), bei denen in erster Linie die obere unbewegliche Zahnreihe für die Artikulation der Konsonanten wichtig ist. Dagegen sind die Zähne des Unterkiefers, die durch entsprechende Bewegungen des Unterkiefers gehoben oder gesenkt werden können, für die Lautbildung ohne große Bedeutung.

- Der unmittelbar hinter den oberen Zahnreihe gelegene wulstartige Zahndamm (**Alveolen**; **alveolar**), den man mit der Zunge ertasten kann. Der Zahndamm ist unbeweglich.

- Der Gaumen, der sich an den Zahndamm anschließt und den Mundraum gegen den Nasenraum abgrenzt. Er besteht aus dem unbeweglichen harten Gaumen (**Palatum**; **palatal**) und einer sich daran anschließenden segelartigen Membran, dem weichen Gaumen (**Gaumensegel** oder **Velum; velar**). Das Velum ist beweglich und arbeitet wie ein Klappventil: Wenn es gehoben wird, schließt es den Zugang zum Nasenraum ab, so daß Luft nur durch den Mund entweichen kann. Wird es dagegen abgesenkt, kann die Luft nur aus der Nase ausströmen, und es entstehen die sog. **Nasallaute** wie z.B. [m] oder [n]. An seinem hinteren Ende geht das Velum in das ebenfalls bewegliche Gaumenzäpfchen (**Uvulum; uvular**) über.

- Die Zunge (**Lingua**) als das Artikulationsorgan schlechthin. Sie ist an der Bildung der meisten Laute beteiligt und zeichnet sich durch höchste Beweglichkeit aus: Sie kann nach vorne oder nach hinten bzw. nach unten oder nach oben gezogen werden. Anatomisch ist die Zunge nicht in deutlich voneinander abgrenzbare Abschnitte unterteilt; im Hinblick auf die Bildung der Konsonanten unterscheidet man aber zwischen den folgenden Teilen: a) Zungenspitze (**Apex; apikal**), b) Zungenkranz (**Korona; koronal**) und c) Zungenrücken (**Dorsum; dorsal**). Die prominente Rolle der Zunge bei der Lautproduktion spiegelt sich im übrigen schon darin wieder, daß in vielen Sprachen ein und dasselbe Wort für 'Zunge' und 'Sprache' verwendet wird (z.B. ital. *lingua*, franz. *langue* oder engl. in der Wendung *mother tongue*).
- Neben den im Mundraum befindlichen Artikulationsorganen muß schließlich der Vollständigkeit halber noch die Rachenwand (**Pharynx; pharyngal**) genannt werden, die allerdings bei der Lautproduktion im Deutschen nur eine untergeordnete Rolle spielt. Dazu kommt die **Glottis** (**glottal**), auf deren Funktion wir oben bereits eingegangen sind.

Abb. 1

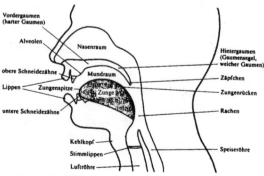

aus DUDEN-Grammatik 1984, 26: Querschnitt durch die Sprechwerkzeuge

### 3.3.3.2 Artikulationsstelle und Artikulationsart

Durch die Angabe der an der Lautproduktion beteiligten Artikulationsorgane kann man denjenigen Ort exakt bestimmen, an dem aus dem lautlichen Rohmaterial ein bestimmter Konsonant gebildet wird. Man spricht in diesem Zusammenhang auch von der **Artikulationsstelle** oder dem **Artikulationsort**. Die Artikulationsstelle ist als derjenige Punkt definiert, an dem der Abstand zwischen zwei Artikulationsorganen am geringsten ist. Dabei reicht die Palette von einer mehr oder minder starken Annäherung bis hin zum vollständigen Kontakt.

So wird z.B. das [t] dort gebildet, wo der Zungenkranz (Korona) an den Zahndamm (Alveolen) stößt. Bei einer exakten Angabe der Artikulationsstelle müßte man natürlich beide Artikulationsorgane berücksichtigen und das [t] als **koronal-alveolaren Laut** kennzeichnen. In den meisten Fällen verzichtet man aber auf die exakte Bezeichnung und begnügt sich mit der Nennung des unbeweglichen Artikulators (für [t] z.B. **alveolar**), weil die Artikulationsstelle dadurch im Vergleich zur Artikulationsstelle anderer Laute hinreichend charakterisiert ist.

Neben der Angabe des Artikulationsortes muß für die phonetische Beschreibung eines Konsonanten noch ein zweites Merkmal bestimmt werden: die **Artikulationsart** bzw. der **Artikulationsmodus**. Darunter versteht man „die Art und Weise, wie der Luftstrom im Ansatzrohr oder in der Glottis gehemmt bzw. modifiziert wird" (PÉTURSSON/NEPPERT 1991, 90). Zwei Artikulationsarten sind bereits in der oben angeführten Definition der Konsonanten genannt worden: Verschluß- und Engebildung. Dazu kommen: nasale Öffnung, seitliche Engebildung, Vibration und Verschlußbildung mit anschließender leichter Öffnung.

Was sich dahinter im einzelnen verbirgt, werden wir in der folgenden Aufstellung sehen, bei der die Artikulationsarten das oberste Klassifizierungskriterium für die artikulatorische Beschreibung der Konsonanten bilden. Im Verbund mit der Artikulationsstelle und dem Merkmal Stimmbildung haben wir dann das Instrumentarium zusammen, das für die artikulatorische Charakterisierung der Konsonanten ausreicht. (Vom Merkmal der Aspirierung, das ohnehin nur für die stimmlosen Verschlußlaute von Belang ist, werden wir hier absehen.)

**Verschlußlaute**:

Ein Verschluß entsteht, wenn zwei Artikulationsorgane so eng zusammengebracht werden, daß der Luftstrom hinter der Kontaktstelle gestaut wird. Dort wird er für einen kurzen Moment angehalten, bis er durch die

68          Kapitel 3: Phonetik und Phonologie

plötzliche Öffnung des Verschlusses entweichen kann, was ein charakteristisches Sprenggeräusch hervorruft. Die in dieser Artikulationsart gebildeten Laute werden deswegen auch **Sprenglaute** oder **Plosive** genannt.

Artikulationsstelle
Je nach Ort, an dem der Verschluß gebildet wird, unterscheidet man zwischen den folgenden Lauten:
a) dem **glottalen Plosiv** [ʔ], der – wie oben bereits beschrieben – durch den
Verschluß der Stimmlippen gebildet wird;
b) den **bilabialen Plosiven** [p] und [b], die durch einen von Ober- und Unterlippe gebildeten Verschluß zustande kommen;
c) den **alveolaren Plosiven** [t] und [d], gebildet durch einen Verschluß
zwischen Zungenkranz und Zahndamm;
d) den **velaren Plosiven** [k] und [g], bei denen der Verschluß zwischen
Zungenrücken und weichem Gaumen liegt.

Stimmbeteiligung
Je nach Beteiligung der Stimmlippen unterscheidet man zwischen:
a) den **stimmlosen Plosiven** [p], [t] und [k] und
b) den **stimmhaften Plosiven** [b], [d], [g].
Der glottale Plosiv ist stimmlos.

## Engelaute

Im Unterschied zur Verschlußbildung bleibt bei dieser Art der Artikulation ein enger Spalt zwischen den beteiligten Artikulatoren bestehen.
Durch diese Engestelle kann die Luft entweichen; dabei entsteht ein Reibegeräusch. Die dadurch produzierten Laute werden folgerichtig auch als
**Reibelaute** bzw. **Frikative** oder **Spiranten** bezeichnet.

Artikulationsstelle
Man unterscheidet zwischen den folgenden Lauten:
a) den **labio-dentalen Frikativen** [f] und [v] (wie in *wohnen*), bei deren
Artikulation die Unterlippe leicht die Schneidezähne der oberen Zahnreihe
berührt;
b) den **alveolaren Frikativen** [s] und [z], die gebildet werden, indem der
Zungenkranz und der Zahndamm eine Engestelle bilden;
c) den **palato-alveolaren Frikativen** [ʃ] (wie in *Schal*) und [ʒ] (wie in *Ga-
rage*), die durch die Bildung einer Engestelle zwischen Zungenkranz und
der Übergangsstelle von Zahndamm und hartem Gaumen produziert werden. Die Artikulationsstelle ist also gegenüber den alveolaren Frikativen
leicht nach hinten in Richtung Palatum verschoben;
d) den **palatalen Frikativen** [ç] (wie in *nicht*) und [j], die durch eine Engebildung zwischen Zungenrücken und hartem Gaumen zustande kommen,

wobei die Engebildung bei [j] weniger stark sein kann;

e) dem **velaren Frikativ** [χ] (wie in *noch*), bei dessen Bildung die Engestelle zwischen Zungenrücken und weichem Gaumen verläuft;

f) dem **uvularen Frikativ** [ʁ], dem sog. Reibe-r (s.o.), das durch eine Engestelle zwischen Zungenrücken und Zäpfchen gebildet wird;

g) dem **glottalen Frikativ** [h], der – wie oben bereits erwähnt – durch die
Engebildung der Stimmlippen verursacht wird.

Stimmbeteiligung

Nach den Merkmalen Stimmlosigkeit/Stimmhaftigkeit unterscheidet man
die Paare [f] und [v], [s] und [z] sowie [ʃ] und [ʒ] – jeweils der erste wird
stimmlos, der zweite stimmhaft gesprochen. Von den übrigen Frikativen
sind [ç] und [χ] stimmlos, [j] und [ʁ] stimmhaft.

## Nasallaute

Nasallaute entstehen durch die Bildung eines Totalverschlusses an irgendeiner Stelle des Mundraumes bei gleichzeitiger Senkung des Gaumensegels, so daß die Luft nur durch die Nase entweichen kann. Wegen
des Totalverschlusses im Mund werden die Nasallaute bisweilen auch
den Verschlußlauten zugeschlagen und als **nasale Plosive** bezeichnet
(vgl. z.B. HENGARTNER/NIEDERHAUSER 1993, 31). Wir bleiben hier aber
bei der traditionellen Einteilung, bei der die Nasallaute eine eigene Kategorie darstellen.

Artikulationsstelle

Im einzelnen unterscheidet man zwischen:

a) dem **bilabialen Nasal** [m], bei dem die Lippen geschlossen sind;

b) dem **alveolaren Nasal** [n], bei dem die Zungenspitze mit dem Zahndamm einen Verschluß bildet;

c) dem **velaren Nasal** [ŋ] (wie in *Bank*), bei dem der Zungenrücken am
weichen Gaumen anliegt.

Stimmbeteiligung

Die Nasale werden alle stimmhaft artikuliert.

## Laterallaute

Bei Laterallauten kann der Luftstrom nur durch die Seiten der Mundhöh-
le entweichen, da der Zungenkranz den Zahndamm berührt und die Zun-
genseiten mit den Backenzähnen eine Engestelle bilden. Dadurch wird
der „Luftstrom zwar behindert, aber nicht in einem solchen Mass, dass
dabei (wie bei den Frikativen) ein Geräusch der Reibung entsteht" (HEN-
GARTNER/NIEDERHAUSER 1993, 32).

70 Kapitel 3: Phonetik und Phonologie

Artikulationsstelle:
Im Deutschen gibt es nur einen Laterallaut, nämlich [l]. Er wird immer stimmhaft gesprochen. Als Artikulationsstelle gilt die Kontaktstelle zwischen Zungenkranz und Zahndamm.

## Vibrationslaute (Vibranten)

Diese Konsonanten werden durch schlagende Bewegung eines beweglichen Artikulators gegen einen unbeweglichen gebildet. Im Grunde handelt es sich um einen „Wechsel zwischen Verschluß oder Beinahe-Verschluß einerseits und Öffnung andererseits" (PÉTURSSON/NEPPERT 1991, 94). Deswegen spricht man auch von einem **intermittierenden Verschluß**.

Artikulationsstelle
Man unterscheidet zwischen:

a) dem **apikalen Vibranten**, dem sog. Zungenspitzen-r (s.o.), bei dem die Zungenspitze gegen den Zahndamm schlägt und

b) dem **uvularen Vibranten**, dem sog. Zäpfchen-r (s.o.), bei dem das Zäpfchen gegen den weichen Gaumen schlägt.

Stimmbeteiligung
Die Vibranten werden stimmhaft gesprochen.

## Affrikaten

Affrikaten werden durch eine Kombination aus Verschluß und Engebildung produziert: Zunächst wird die Atemluft wie bei den Plosiven kurz gehemmt, bevor sich der Verschluß löst und gewissermaßen „in einem Zug" an der gleichen Artikulationsstelle in eine Enge übergeht.

Artikulationsstelle
Unterschieden wird zwischen:

a) der **alveolaren Affrikate** [ts] (wie in *Zahn*) und

b) der **labiodentalen Affrikate** [pf].

Stimmbeteiligung
Die Affrikaten sind stimmlos.

## 3.3.4 Artikulation der Vokale

An der Artikulation der Vokale sind in der Hauptsache die Zunge, der Gaumen und die Lippen beteiligt. Durch deren Zusammenwirken wird der von den Stimmlippen in Schwingungen versetzte Luftstrom zu unterschiedlichen Vokalqualitäten geformt. Dabei sind die folgenden vier Faktoren relevant:

## Faktor 1

Die Lage des Zungenrückens in der vertikalen Dimension (oben-unten) in bezug auf den Gaumen.

Man unterscheidet drei Stellungen:
a) hoch (gemeint ist die höchste Position, die die Zunge in bezug auf den Gaumen einnehmen kann, ohne daß durch die ausströmende Luft ein Reibegeräusch entsteht),
b) tief,
c) mittel,
wobei die mittlere Lage manchmal noch in halbhoch und halbtief unterteilt wird.

Bei diesen Stellungen handelt es sich – wie wir in Abb. 2 (nächste Seite) sehen werden – um grobe Fixpunkte, anhand derer die genauen Artikulationspunkte der einzelnen Vokale verortet werden können. Die Lage des Zungenrückens in der vertikalen Dimension korrespondiert in der Regel mit dem Öffnungsgrad des Mundraumes: Je höher die Zungenposition, desto geschlossener der Mundraum. Deswegen spricht man auch von geschlossenen, offenen, halbgeschlossenen und halboffenen Vokalen.

## Faktor 2

Die Position des Zungenrückens in der horizontalen Dimension (vorn-hinten).

Hier geht es um die Frage, welche Stelle des Zungenrückens dem Gaumen am nächsten kommt. Faktor 2 ist also vergleichbar mit der Artikulationsstelle bei den Konsonanten, die ja oben als derjenige Punkt definiert wurde, an dem der Abstand zwischen den Artikulationsorganen (hier Zungenrücken und Gaumen) am geringsten ist.

Im Hinblick auf die Artikulation der Vokale werden drei Zungenpositionen als Fixpunkte unterschieden, und zwar
a) vorn,
b) hinten und
c) zentral.

So ist beispielsweise bei der Bildung des langen i-Lautes der vordere Zungenrücken dem Gaumen am nächsten, bei der Erzeugung des langgesprochenen u-Lautes der hintere und bei der Artikulation des sog. **Schwa-Lautes** [ə] (wie in *manche*) der mittlere.

## Faktor 3

Die Lippenformung, bei der zwischen gerundet und ungerundet differenziert wird.

Faktor 4
Die Stellung des Gaumensegels, das entweder gehoben oder gesenkt sein kann.

Durch diesen Faktor werden die **Nasalvokale** (gesenkt; die Luft entweicht durch die Nase wie in frz. *pain* = Brot) von den **Oralvokalen** (gehoben; die Luft entweicht durch den Mund) abgegrenzt. Für das Deutsche ist diese Unterscheidung allerdings irrelevant, weil nur Oralvokale vorkommen.

Zur Veranschaulichung der Bildungsweise von Vokalen verwendet man gewöhnlich eine schematisierte Darstellung des Mundraumes, ein sog. **Vokaltrapez**, auch **Vokalviereck** genannt. Zwar können in einem solchen zweidimensionalen Trapez nur die Faktoren vertikale und horizontale Zungenstellung grob schematisch dargestellt werden, doch läßt sich die Lippenformung durch eine entsprechende Kennzeichnung mühelos einarbeiten.

Abb. 2

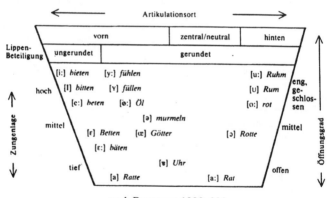

nach BUßMANN 1990, 838

An dieser Darstellung läßt sich die Bildungsweise der unterschiedlichen Vokalqualitäten gut ablesen; man braucht nur etwas Phantasie, um sich die Zungenbewegungen vorzustellen. So wird beispielsweise das [i:] dadurch erzeugt, daß der vordere Zungenabschnitt sehr hoch an den Gaumen tritt, ohne ihn allerdings zu berühren. Die Lippen sind dabei ungerundet. Bei gleicher Zungenstellung, aber gerundeten Lippen, wird dagegen ein [y:] (wie in *fühlen*) erzeugt. Behält man die Lippenrundung bei, senkt aber den Zungenrücken ein wenig ab, wird ein [ø:] (wie in *Töne*)

Laute im Kontext des Sprechens – Koartikulation    73

produziert. Zieht man dagegen von der [y:]-Position den Zungenrücken unter Beibehaltung der Lippenrundung nach hinten, erzeugt man ein [u:]. Man kann diese Vorgehensweise leicht um die noch ausstehenden Kombinationen von Zungenbewegungen und Lippenformungen ergänzen und kommt auf diese Weise zur Artikulation der übrigen Vokale des Deutschen. Dabei wird deutlich, daß die Artikulationsbewegungen ein Kontinuum fließender Übergänge bilden, die – allerdings nur bei der isolierten Produktion von Lauten (siehe aber unten 3.4) – an bestimmten Positionen einrasten. Und noch etwas wird dabei deutlich: Die allermeisten Vokale kommen gewissermaßen in zweifacher Ausführung vor, nämlich als kurze und als lange Vokale, wobei das jeweils lange Glied eines Paares in der IPA-Schrift durch einen hinter dem Zeichen für die Lautqualität stehenden Doppelpunkt gekennzeichnet ist.

Neben der **Qualität** unterscheiden sich die Vokale im Deutschen also auch in der **Quantität**. Allerdings ist der quantitative Unterschied bis auf eine Ausnahme jeweils mit einem qualitativen verbunden. Der kurz gesprochene Vokal eines Paares wird nämlich immer ein wenig offener artikuliert als der lange. Das wird auch in der Notierungskonvention der IPA-Schrift zum Ausdruck gebracht wird, denn die verwendeten Zeichen für die Vokalqualitäten weichen in jedem Paar geringfügig voneinander ab: [i]/[ɪ], [u]/[ʊ], [o]/[ɔ] usw.

Neben den „einfachen" Vokalen (**Monophthongen**), deren Qualität während der ganzen Artikulation konstant bleibt, gibt es im Vokalismus eine Erscheinung, die mit den Affrikaten im konsonantischen Bereich zu vergleichen ist: die **Zwielaute** bzw. **Diphthonge**. Auch hier handelt es sich um kombinierte Laute, die aber mit gleitender Zungenstellung ineinander übergehen. Im Deutschen sind das [aɪ] (wie in *heiß*), [aʊ] (wie in *Haus*) und [ɔɪ] (wie in *Eule*). Zu unterschieden sind die Diphthonge von echten Vokalkombinationen wie [aɔ] in *Chaos*, bei denen die Vokale beim lauten Skandieren auf zwei Silben verteilt werden können, also *Cha-os*, was bei *heiß, Haus* etc. nicht möglich ist.

## 3.4 Laute im Kontext des Sprechens – Koartikulation

Bei der bisherigen artikulatorischen Beschreibung der Laute haben wir stillschweigend zwei aufeinander aufbauende Prämissen zugrunde gelegt, die bei näherer Betrachtung nicht haltbar sind:

a) Laute lassen sich aus den sprachlichen Äußerungen problemlos als Einheiten isolieren.

74 Kapitel 3: Phonetik und Phonologie

b) Die artikulatorischen Merkmale eines Lautes sind immer die gleichen, ganz egal, welcher Laut ihm in der sprachlichen Äußerung vorausgeht oder folgt.

Beide Annahmen entsprechen wohl auch dem Common-sense-Verständnis von Sprache. Sie resultieren z.T. aus unserer Erfahrung mit der Schriftlichkeit, denn zumindest beim Maschinenschreiben reihen wir tatsächlich Einheit an Einheit, und weder der vorausgehende noch der nachfolgende Buchstabe hat irgendeinen Einfluß darauf, wie das „in der Mitte stehende" Schriftzeichen konkret gestaltet wird.

Lautsprache funktioniert aber grundsätzlich anders; hier ist gewissermaßen „alles im Fluß". So zeigen Röntgenaufnahmen der Artikulationsbewegungen, daß scharfe Bewegungseinschnitte, anhand derer man die Grenzen zwischen Laut x und Laut y genau lokalisieren könnte, bei der Produktion einer zusammenhängenden Äußerung meist nicht erkennbar sind; die Laute gehen vielmehr ineinander über. Und selbst die aus dem Schriftbild so vertrauten und fast naturgegeben erscheinenden Wortgrenzen sind auf dem Röntgenfilm nur dann klar nachweisbar, wenn ein Wort vom Sprecher bewußt aus dem Redefluß isoliert wird.

Aus diesem Befund folgt zwingend, daß auch die zweite oben formulierte Annahme reichlich brüchig ist, nach der ein Laut immer das gleiche artikulatorische Gesicht hat, unabhängig davon, in welcher lautlichen Umgebung er gesprochen wird. Tatsächlich beeinflussen sich die Laute jedoch durch ihre Aussprache im Redefluß gegenseitig; man nennt diese Erscheinung **Koartikulation**. Solche koartikulatorischen Prozesse sind physiologisch unvermeidbar, weil die Artikulationsorgane in ständiger Bewegung sind und dabei Merkmale nachfolgender Laute vorwegnehmen bzw. bereits ausgeführte Bewegungen Auswirkungen auf nachfolgende haben. Was damit genau gemeint ist, hat TERNES an einem einfachen Beispiel illustriert, das wir in dem folgenden Zitat wiedergeben wollen:

> Wenn wir drei deutsche Wörter wie *Kiefer, Küfer, Kufe* aussprechen, haben wir zunächst den Eindruck, jedesmal denselben Laut [k] zu sprechen. Bei genauerer Untersuchung stellt sich jedoch heraus, daß das [k] jedesmal ein wenig anders artikuliert wird. Im Fall von *Kiefer* wird das [k] etwas weiter vorn im Mund artikuliert (prävelar) als das, was man als Durchschnittswert für [k] ansehen könnte (velar). Dies geschieht, weil sich das [k] im Wort *Kiefer* bereits auf die Position des unmittelbar folgenden *vorderen* Vokals [i:] einstellt und diese teilweise vorwegnimmt. Demgegenüber wird das [k] in *Kufe* etwas weiter hinten im Mund (postvelar) als der Durchschnittswert artikuliert, weil sich in diesem Fall das [k] bereits

## Die phonologische Abstraktion           75

> auf die Position des unmittelbar folgenden *hinteren* Vokals [u:] einstellt. [...] Vergleichen wir nun das [k] in *Kiefer* mit demjenigen in *Küfer*, stellen wir fest, daß diese beiden [k]-Laute in bezug auf die Artikulationsstelle in etwa die gleiche Position einnehmen, da [y:] ebenso ein vorderer Vokal ist wie [i:]. [...] Es besteht jedoch ein anderer Unterschied zwischen den [k]-Lauten in diesen beiden Wörtern. Das [k] in *Kiefer* wird mit gespreizten (ungerundeten) Lippen gesprochen, da das folgende [i:] ein gespreizter Vokal ist. [...] Im Worte *Küfer* hingegen wird das [k] mit gerundeten Lippen gesprochen, da es die Lippenrundung des unmittelbar folgenden gerundeten Vokals [y:] vorwegnimmt. (TERNES 1987, 36f.)

Wir können also folgendes festhalten: Hinter dem Laut, den wir oben in unserer artikulatorischen Beschreibung als velaren Verschlußlaut [k] gekennzeichnet haben, verbirgt sich nicht nur eine Vielzahl lautlicher Varianten, die aus geschlechtsspezifischen, altersspezifischen und ähnlichen individuell gefärbten Ausspracheunterschieden resultieren, von denen bei jeder phonetischen Beschreibung von vornherein abstrahiert wird. Das [k] umfaßt vielmehr eine ganze Reihe koartikulatorisch bedingter Lautvarianten, die – zumindest in ihrer groben Tendenz – im ersten Arbeitsschritt der phonetischen Analyse mit Hilfe einer sog. **engen phonetischen Transkription** gewöhnlich auch erfaßt werden. So würde ein Phonetiker die [k]-Laute in *Kiefer, Kufe* und *Küfer* mit einem jeweils anderen Symbol des IPA-Alphabets wiedergeben: den in *Kiefer* mit dem Symbol [k̟], um damit die leicht nach vorne verlagerte Artikulationsstelle zu kennzeichnen, den in *Kufe* mit [k̠] zur Bezeichnung der nach hinten verlagerten Artikulationsstelle und den in *Küfer* mit [kʷ], um damit auf die Lippenrundung hinzuweisen.

Allerdings sieht man in der Praxis meist rasch von koartikulatorisch bedingter Lautvarianz ab. Das deswegen, weil sich die Koartikulation – wie oben bereits angedeutet – zwangsläufig aus den Gegebenheiten des menschlichen Artikulationsapparates und seiner neuronalen Steuerung ergibt und sie deswegen auch in jeder Sprache auf vergleichbare Weise in Erscheinung tritt (vgl. TERNES 1987, 40).

## 3.5   Die phonologische Abstraktion

Bei der phonologischen Betrachtungsweise der Laute haben wir es mit einem über verschiedene Stufen verlaufenden Abstraktionsprozeß zu tun; einige davon haben wir bereits angesprochen. Letztlich läuft das Vorgehen darauf hinaus, diejenigen lautlichen Kategorien zu finden, die in einer Sprache **bedeutungsunterscheidende Funktion** haben. Je nachdem,

# 76 Kapitel 3: Phonetik und Phonologie

ob es sich um eine fremde, womöglich noch exotische, oder um die eigene, vertraute Sprache handelt, die man untersuchen will, wird man in der Praxis sehr unterschiedliche Wege einschlagen, um das gewünschte Ergebnis zu erzielen. Allerdings gibt es einige Arbeitsschritte, die in beiden Fällen durchgeführt werden müssen. Wir wollen uns im wesentlichen auf die Beschreibung dieser Schritte beschränken.

## 3.5.1 Segmentierung

Ausgangspunkt der Analyse ist eine Sammlung lautsprachlicher Äußerungen derjenigen Sprache, an der die Untersuchung durchgeführt werden soll. Diese Äußerungen liegen zunächst als lautsprachliches Kontinuum vor. Der erste Arbeitsschritt besteht darin, dieses Kontinuum in voneinander abgegrenzte lautliche Einheiten zu zerlegen. Man nennt diesen Vorgang **Segmentierung**. Bei fremden (und vielleicht bislang noch nicht einmal untersuchten) Sprachen kann die Zerlegung erhebliche Schwierigkeiten bereiten, denn die Lautgrenzen sind – wie wir oben bereits gesehen haben – im Material selbst nicht klar vorgegeben.

In der Praxis stützt sich ein phonetisch entsprechend geschulter Wissenschaftler in erster Linie auf den Gehöreindruck, d.h. er geht auditivphonetisch vor, wobei natürlich akustische und artikulatorische Analysen zur Unterstützung herangezogen werden können. In einer dem analysierenden Wissenschaftler bekannten Sprache sind die Dinge natürlich erheblich einfacher, denn hier kann man sich auf sein Sprachwissen verlassen, auf dessen Grundlage sich die Segmentierung beinahe automatisch ergibt.

Die ermittelten lautlichen Segmente werden dann in einer möglichst engen phonetischen Transkription aufgezeichnet – möglichst eng deswegen, weil auch die kleinste lautliche Nuance im System der Lautkategorien einer Sprache von Bedeutung sein kann, wenn man einmal von den im oben skizzierten Sinne koartikulatorisch bedingten Lautmerkmalen absieht. Das Ergebnis dieses Arbeitsschritts sind also Ketten von Lauteinheiten, die man durch IPA-Symbole beschreibt, wobei jedem Symbol eine lautliche Einheit entspricht. Diese lautlichen Einheiten nennt man **Phone**.

In vielen Darstellungen werden die Phone als die in einer Äußerung konkret vorkommenden Lautsegmente definiert. Genaugenommen entsprechen diejenigen Einheiten, die als Ergebnis der Segmentierung mit den IPA-Symbolen festgehalten werden, nicht singulären Lautereignissen, wie sie in einer konkreten Äußerung artikuliert werden. Es handelt

## Minimalpaarbildung 77

sich vielmehr schon um typisierte Laute, die – wie inzwischen klar sein dürfte – bereits eine Reihe von Abstraktionsstufen durchlaufen haben.

Dabei spiegelt sich der Grad der Abstraktion in der Enge bzw. Weite der phonetischen Transkription wider, und im Grunde wäre es sehr nützlich, wenn man die verschiedenen Abstraktionsgrade durch eine unterschiedliche Notierung – etwa durch unterschiedliche Klammerungen – auch als solche kenntlich machen würde (vgl. TERNES 1987, 50). Aber unabhängig davon, welche Abstraktionsstufe gerade erreicht ist – der entscheidende Schritt steht noch aus: Die Phone müssen noch zu bedeutungsunterscheidenden Lauteinheiten, zu **Phonemen**, zusammengefaßt werden.

### 3.5.2 Minimalpaarbildung

Nehmen wir an, die Segmentierung hat u.a. die Wörter mit den Lautfolgen [maus] und [laus] ergeben, die beide natürlich schon weitgehend von den Erscheinungen der Koartikulation bereinigt sind. Insofern haben wir es bereits mit einer ziemlich weiten, sprich: abstrakten phonetischen Transkription zu tun.

Bei diesen Wörtern fällt auf, daß sie bis auf die Anfangssegmente [l] bzw. [m] identisch sind. Solche Wortpaare werden methodisch genutzt, um die Phone auf ihre bedeutungsunterscheidende Funktion hin zu überprüfen. Das Verfahren, das man auch **Substitution** nennt, ist auf den ersten Blick sehr trivial. Das Anfangssegment [m] wird durch [l] ersetzt, und es zeigt sich, daß sich die Bedeutung der Lautfolge dadurch verändert: Aus dem Wort *Maus* wird das Wort *Laus*. Man nennt solche „Wörter (oder Formen) verschiedener Bedeutung, die sich nur in einem Phon in derselben Position unterscheiden" (TERNES 1987, 51), auch **Minimalpaare** und sagt, daß zwischen den betreffenden lautlichen Segmenten eine **phonologische Opposition** besteht. Letztlich führt das dazu, den entsprechenden Einheiten Phonemstatus zuzuerkennen. Das entspricht der klassische Definition, nach der **Phoneme** die kleinsten bedeutungsunterscheidenden Einheiten des Sprachsystems sind.

Ganz so einfach, wie es zunächst den Anschein hat, sind die Dinge allerdings bei näherer Betrachtung doch nicht. Angenommen, als Ergebnis der Segmentierung liegen auch die Wörter mit den Lautfolgen [pʰaın] und [baın] vor. Zunächst scheint es so, als hätten wir es wieder mit einem Minimalpaar zu tun, denn der Austausch von [pʰ] durch [b] führt zu einem Bedeutungswechsel. Man müßte also den genannten Segmenten ebenfalls Phonemstatus zusprechen.

78 Kapitel 3: Phonetik und Phonologie

Dabei gibt es allerdings folgendes zu bedenken: Unser letzter Abstraktionsschritt sollte dazu dienen, alle lautlichen Merkmale zu tilgen, die für die bedeutungsunterscheidende Funktion von Lauten keine Rolle spielen. Schon ganz intuitiv stellt man sich die Frage, ob das im Falle von [$p^h$] auch gelungen ist, denn die durch das hochgestellte $^h$ signalisierte Lautqualität „Behauchung" mutet auf den ersten Blick gewissermaßen als überflüssige Beigabe zum einfachen [p]-Laut an, wie er in bestimmten lautlichen Kontexten, beispielsweise vor [s] in *mopsen*, tatsächlich gesprochen wird.

Allerdings darf man sich hier nicht durch die graphische Darstellung täuschen lassen, denn daß das Merkmal „Behauchung" (anders als z.B. das Merkmal „Stimmhaftigkeit" des Lautes [b]) dem eigentlichen Lautsymbol als diakritisches Zeichen nur beigefügt ist, beruht lediglich auf einer Konvention; man könnte für den behauchten und den unbehauchten [p]-Laut auch ein jeweils eigenes Symbol verwenden.

Um sich über den Status des Merkmals „Behauchung" Gewißheit zu verschaffen, muß man prinzipiell die gleiche Analysemethode anwenden, wie oben vorgeführt. Man überprüft, ob [$p^h$] und [p] in phonologischer Opposition zueinander stehen oder nicht. Daß das nicht der Fall ist, zeigt sich schon, wenn man die Behauchung in Wörtern wie *Pein, Paß, Pilz* bewußt wegläßt und die Lautfolge dann jeweils mit der normalen behauchten Variante konfrontiert: Ob mit oder ohne Behauchung gesprochen, die Lautketten transportieren keine unterschiedlichen Bedeutungen. Und auch sonst wird man keine Wörter finden, deren Bedeutungsunterschied allein durch den Wechsel von [$p^h$] und [p] bedingt ist. Wir können also festhalten, daß man im Deutschen auf der letzte Stufe der phonologischen Abstraktion von dem Merkmal „Behauchung" absehen kann – anders als z.B. im Thai, wo behauchte und unbehauchte Verschlußlaute bedeutungsdifferenzierend sind.

Dieser Befund wirft natürlich auch ein anderes Licht auf das eingangs angeführte Paar *Pein/Bein*, anhand dessen wir den vermeintlichen Phonemstatus von [$p^h$] ermittelt hatten. Weil wir nämlich jetzt wissen, daß die Behauchung phonologisch irrelevant ist, kann man *Pein* auf der nun erreichten Abstraktionsstufe problemlos als [paɪn] transkribieren. Die Substitution mit dem ersten Segment aus [baɪn] ergibt dann die oben bereits konstatierte Bedeutungsänderung, so daß man als Phoneme letztlich /p/ und /b/ erhält. Wie man sieht, muß man bei phonologischen Analysen an verschiedenen Stellen ansetzen, um keine irreführenden Ergebnisse zu erzielen.

Minimalpaarbildung 79

Sobald man sich auf der Phonemebene befindet, ändern sich auch die Notierungskonventionen. Während die Zeichen für Phone in eckigen Klammern notiert werden, stehen die Zeichen für Phoneme in Schrägstrichen. Damit wird auch der veränderte Status der Einheiten markiert, denn ein Phonem kann man „als solches nicht unmittelbar aussprechen. Was man jeweils ausspricht, ist nur *eine* konkrete *phonetische Realisierung* [...] eines Phonems" (TERNES 1987, 41). Deswegen besteht zwischen [p] und /p/ trotz der Verwendung desselben IPA-Symbols auch keineswegs Identität: [p] ist genau wie [pʰ] eine der phonetischen Realisierungen des Phonems /p/.

Man nennt solche Realisierungsvarianten auch **Allophone** eines Phonems. Diese Redeweise zeigt im Grunde nur einen Perspektivwechsel an: Sobald sich Phone durch die entsprechenden Analyseprozeduren als Realisierungen desselben Phonems entpuppt haben, können sie als Allophone identifiziert werden. Dabei verbirgt sich strenggenommen auch hinter diesen Allophonen eine Vielzahl von individuell gefärbten bzw. koartikulatorisch bedingten konkreten Lautvarianten, für die in der Phonologie leider keine eigene Bezeichnung zur Verfügung steht (zum Allophon [pʰ] z.B. ein wegen des nachfolgenden gerundeten Vokals mit leichter Lippenrundung artikuliertes [pʰ] in Wörtern wie *Püree*).

Mit Hilfe von Minimalpaarbildungen läßt sich das Phoneminventar des Deutschen (wenn auch manchmal auf Umwegen) bis auf einige Problemfälle relativ leicht herausarbeiten. Bei den Konsonanten beispielsweise ergeben sich aus den Paaren *Masse/Kasse* die Phoneme /m/ und /k/, aus *Tasse/Tasche* /s/ und /ʃ/, aus *Nadel/Nagel* bzw. *Dock/Bock* /d/, /g/ und /b/, aus *laufen/saufen* /l/ und /z/, aus *sinnen/singen* /n/ und /ŋ/, aus *hohl/wohl* /h/ und /v/, aus *Jugend/Tugend* /j/ und /t/, aus *Puder/Fuder* /p/ und /f/. Etwas komplizierter ist die phonologische Bewertung der Phone [ç] und [].

Auf Detailprobleme im Bereich des Konsonantismus, wie etwa die phonologische Bewertung der Affrikaten (ein oder zwei Phoneme?), können wir hier nicht eingehen (vgl. dazu u.a. MEINHOLD/STOCK 1980). Bei den Vokalen lassen sich durch entsprechende Minimalpaare im großen und ganzen diejenigen Phontypen als phonologisch relevante Einheiten ermitteln, die wir bereits in 3.4 unter artikulatorischem Gesichtspunkt beschrieben haben. Problembereiche stellen hier u.a. der Schwa-Laut [ə] und der lange offene [ɛː]-Laut dar.

80 Kapitel 3: Phonetik und Phonologie

### 3.5.3 Kombinatorische und freie Varianten

Im Fall von [ç]und [χ] stoßen wir prinzipiell auf das gleiche Phänomen, das wir oben bei der ersten Analyse von [pʰ] bereits kennengelernt haben – die ersten Minimalpaare können trügerisch sein. Wenn wir beispielsweise *Nacht* mit *nackt* auf der einen und *weichen* mit *weiten* auf der anderen Seite kontrastieren und die entsprechenden Substitutionen ausführen, scheint der Phonemstatus sowohl von [ç] als auch von [χ] erwiesen zu sein. Die Crux ist wieder, daß es kein Minimalpaar gibt, bei dem die in Frage stehenden Phone [ç] und [χ] ihrerseits in Opposition zueinander stehen.

Der Grund liegt darin, daß das Vorkommen von [ç] und [χ] an jeweils spezifische lautliche Kontexte gebunden ist: [ç] kommt nur nach den vorderen Vokalen und nach Konsonanten vor, [χ] dagegen nur nach hinteren Vokalen. Das bedeutet, daß es keinen lautlichen Kontext gibt mit [ç] gibt, in dem auch [χ] stehen könnte, und umgekehrt. Deswegen ist es logisch ausgeschlossen, daß mit den beiden Lauten Minimalpaare gebildet werden können, denn Minimalpaare dürfen sich ja – wie oben definiert – nur in einem in der gleichen Position stehenden Phon unterscheiden.

Phone, die in der skizzierten Weise **komplementär verteilt** sind, faßt man zu einem Phonem zusammen – in unserem Fall also [ç] und [χ] zum Phonem /x/, wobei sich die Entscheidung zugunsten /x/ als Vertreter der Kategorie ziemlich komplizierten Detailüberlegungen verdankt, auf die wir hier nicht eingehen können (vgl. aber TERNES 1987, 103f.). Aus der umgekehrten Perspektive kann man [ç] und [χ] wieder als Allophone des Phonems /x/ werten, wobei man ihren besonderen Eigenschaften entsprechend auch von **kombinatorischen** bzw. **stellungsbedingten Varianten** spricht.

Eigentlich handelt es sich auch bei [p] und [pʰ] um kombinatorische Varianten, weil – wie wir in 3.3.3.2 schon ausgeführt haben – auch die Behauchung von Verschlußlauten im Deutschen umgebungsabhängig ist. Allerdings tritt sie manchmal auch in Stellungen auf, wo sie normalerweise nicht vorkommt, etwa wenn der Sprecher besonders akzentuiert sprechen will oder wenn er wütend schreit. Die umgebungsspezifische Realisierung von [ç] und [χ] ist dagegen von solchen Faktoren völlig unabhängig.

Neben den stellungsbedingten Varianten gibt es als zweiten Haupttyp der Allophonie die **fakultativen** bzw. **freien Varianten.** Wie die Bezeichnung schon andeutet, ist diese Form der Varianz nicht an bestimmte lautliche Kontexte gebunden. Das typische Beispiel im Deutschen sind die drei Realisierungsvarianten des Phonems /r/, Zäpfchen-, Zungenspitzen und Rachen-r. Man kann sie in allen Kontexten, in denen ein (konsonantischer) r-Laut überhaupt gesprochen werden kann, bedenkenlos gegeneinander austauschen, ohne daß das irgendeinen Einfluß auf die Bedeutungsübermittlung hat (siehe auch 3.2).

Allerdings lassen sich aus der Verwendung einer bestimmten Realisierungsvariante sprecherbezogene Merkmale wie die regionale Herkunft entnehmen, wobei „die geographische Verteilung [...] eher kleinräumig zu beschreiben" ist (TERNES 1987, 84). So ist beispielsweise im Ruhrgebietsdeutschen das Rachen-r die vorwiegend verwendete Aussprachevariante.

### 3.5.4 Phoneme als Bündel distinktiver Merkmale

Bei den bisherigen Überlegungen war immer wieder die Rede von Lautmerkmalen, von denen man im Rahmen der phonologischen Abstraktion absehen kann. Verfolgt man diesen Ansatz konsequent, kann man Phoneme auch als Bündel phonologisch relevanter Merkmale ansehen:

> Das Phonem [...] kann, wie ein Akkord in der Musik, in kleinere, gleichzeitig vorhandene Komponenten aufgespalten werden [...] Das französische Phonem *b* kann z.B. (in solchen Wortserien wie *bu, pu, vu, mu* etc.) durch die Phoneme *p, v, m* ersetzt werden; im Gegensatz zu *p* ist es stimmhaft, im Gegensatz zu *v* explosiv, im Gegensatz zu *m* oral (nicht-nasal) etc. Wenn wir auf diese Weise den differentiellen Wert des französischen Phonems *b* untersuchen, dann stellen wir seinen sprachlichen Inhalt fest: Stimmhaftigkeit, Explosivität, Oralität etc. (JAKOBSON 1974, 143)

Das Prinzip besteht also darin, daß man durch eine Gegenüberstellung genau diejenigen Merkmale herauszufinden versucht, die ein Phonem von allen anderen Phonemen unterscheiden. Dabei geht man möglichst schrittweise vor und kontrastiert nacheinander Phoneme, die nur in einem Merkmal voneinander abweichen. Auf ein deutsches Beispiel angewandt:

- /d/ unterscheidet sich von /t/ nur durch das Merkmal „Stimmhaftigkeit",
- von /z/ nur durch das Merkmal „Verschluß",
  (/z/ ist ein Reibelaut bei ansonsten gleicher Bildungsweise)
- von /g/ bzw. /b/ nur durch das Merkmal „alveolar",
  (die Artikulationsstelle von /g/ ist velar, von /b/ bilabial, die übrigen Merkmale „Verschluß" und „Stimmhaftigkeit" stimmen mit /d/ überein).

82          Kapitel 3: Phonetik und Phonologie

Nach einer solchen Auffassung sind letztlich nicht mehr die Phoneme als
Ganzheiten bedeutungsunterscheidend, sondern die **distinktiven Merkmale**. Dabei geht man davon aus, daß diese Merkmale universellen Charakter haben, also sprachübergreifend gelten. Jede Sprache trifft allerdings eine spezifische Auswahl, und es passiert häufig, daß ein Merkmal,
das in der einen Sprache bedeutungsunterscheidend wirkt, in der anderen
entweder gar nicht vorkommt oder dort lediglich artikulatorische Beigabe ist, wie etwa die Behauchung im Deutschen.

### 3.5.5 Phonotaktik

Genau wie sich Sprachen in ihren Phoneminventaren unterscheiden, va-
riieren sie auch im Hinblick darauf, welche Regularitäten bei der Kombination von Phonemen zu größeren Einheiten wie Silbe, Morphem oder
Wort gelten. Beschrieben werden diese Regularitäten im Rahmen der
phonologischen Teildisziplin **Phonotaktik**; die Regeln selbst werden entsprechend **phonotaktische Regeln** genannt.

Die Basiseinheit für die Beschreibung phonotaktischer Regeln ist die
**Silbe**, die im Gegensatz zum Morphem oder Wort keine Bedeutung trägt,
sondern eine rein lautliche Einheit ist. Deswegen ist es auch eine verkürzte Redeweise, wenn man sagt, Wörter bestehen aus Silben, denn es
ist genaugenommen nur die lautliche Seite der Wörter, die aus einer bzw.
mehreren Silben aufgebaut ist.

Silben haben eine interne Struktur; sie bestehen:
a) aus einem obligatorischen **Silbenkern** bzw. **Nukleus**,
b) einem den Kern fakultativ umgebenden **Silbenrand**, bei dem man
je nach Position zwischen dem **Silbenkopf** (vor dem Kern) und der
**Silbenkoda** (hinter dem Kern) unterscheidet.

Die einzelnen Positionen sind folgendermaßen besetzt: Der Kern wird in
der Regel durch einen Vokal gebildet; Ausnahmen sind silbische Konsonanten wie [n] in [leːbn] oder [l] in [ʃʏsl] (*Schüssel*). Der Silbenrand
besteht aus einem oder mehreren Konsonanten. Er ist insofern fakultativ,
als eine Silbe auch nur aus einem einzigen Vokal bestehen kann (z.B. *A-
bend*), Kopf und Koda also unbesetzt sind.

> In manchen Sprachen sind die Regeln der Silbenbildung ziemlich einfach.
> Im Japanischen z.B. hat jede Silbe die Form (K) V (N); dabei ist K ein
> Konsonant, V ein Vokal und N ein nasales Phonem; Klammern bedeuten,
> daß das Phonem in einer Silbe vorkommen kann, aber nicht muß. Die
> deutschen Regeln sind um einiges komplizierter, sie lassen Silben der

Struktur (K) (K) (K) V (K) (K) (K) zu. Eine solche deutsche Silbe ist beispielsweise das Wort *Strumpf*. (MILLER 1993, 104)

Bei der formalen Kennzeichnung der Silbenstruktur mit den Variablen K
für Konsonant und V für Vokal ist allerdings zu bedenken, daß die Leerstellen nicht von beliebigen Vertreten ihrer Kategorie besetzt werden
können. Für jede Sprache gilt nämlich, daß bestimmte Phoneme oder
Phonemklassen in bestimmten Stellungen nicht vorkommen können. Solche **Distributionsbeschränkungen** werden nicht nur im Hinblick auf
Silbenpositionen, sondern auch hinsichtlich der Stellungen im Wort bzw.
Morphem oder auch relativ zu anderen Phonemen bestimmt, wobei sich
die Bezugsgrößen teilweise überschneiden. Für das Deutsche gelten z.B.
die folgenden Beschränkungen:

- [h] kommt nicht am Silben- bzw. Wortende vor;
- [ŋ] steht nicht im Wort- bzw. Morphemanlaut;
- am Wort- bzw. Morphemanfang sind u.a. die Kombination [p] + [t],
  [m] + [g] oder [r] + [t] ausgeschlossen;
- von den Konsonantenpaaren /p/ – /b/, /t/ – /d/, /k/ – /g/, /f/ – /v/, /s/ –
  /z/ kommen die jeweils stimmhaften am Silben- bzw. Wortende nicht
  vor, also /b/, /d/, /g/, /v/, /z/. Deswegen sprechen wir beispielsweise
  den letzten Laut von *Hund* auch stimmlos als [t], obwohl der Plural
  des Wortes, nämlich *Hunde*, mit [d] realisiert wird. Zwei verschiedene Wortformen ein und desselben Wortes werden also in einem lautlichen Segment unterschiedlich ausgesprochen, und zwar in Abhängigkeit von dessen Stellung.

Daß wir es hier mit einer sprachspezifischen Erscheinung zu tun haben, zeigt
der Vergleich mit dem Englischen. Die genannten stimmhaften Verschluß-
bzw. Reibelaute kommen hier auch am Wortende vor, was für viele deutsche
Muttersprachler beim Erwerb der englischen Sprache ein Problem darstellt.
Sie übertragen nämlich die muttersprachlichen Regularitäten unbewußt auf
das Englische und sprechen Wörter wie *give*, *globe* etc. jeweils mit stimmlo-
sem Endkonsonanten aus. Das ist im übrigen ein schöner Beleg für die Wirksamkeit des phonematischen und phonotaktischen Filters auch bei der Sprachproduktion (vgl. 3.2).

### 3.5.6  Zum Status phonologischer Analysen

Wir wollen das letztgenannte Beispiel von Distributionsbeschränkungen
im Deutschen nutzen, um abschließend noch einige Bemerkungen zum
Status phonologischer Analysen zu machen. Gerade hier zeigt sich nämlich, daß phonologische Analysen grundsätzlich theorieabhängig sind

84 Kapitel 3: Phonetik und Phonologie

und daß man je nach Vorgehensweise und sprachtheoretischer Grundauffassung zu teilweise anderen Ergebnissen kommen kann als denen, die wir in diesem Beitrag vorgestellt haben.

Der beschriebene Sachverhalt, nach dem die stimmhaften Phoneme /b/, /d/, /g/, /v/, /z/ am Wort- bzw. Silbenende nicht auftreten, sondern nur ihre stimmlosen Pendants /p/, /t/, /k/, /f/, /s/, wird in der einschlägigen Forschungsliteratur auch als **Auslautverhärtung** bezeichnet. Die in der Bezeichnung liegende Metaphorik macht genaugenommen nur Sinn, wenn man annimmt, daß einer in dieser Position gesprochenen verhärteten, sprich: stimmlosen Einheit eine nichtverhärtete, sprich: stimmhafte Einheit zugrunde liegt. Denn – um im Bild zu bleiben – verhärten kann sich ja nur etwas, was vorher in einem weichen Aggregatzustand vorgelegen hat.

Tatsächlich geht man im Rahmen sog. generativer Sprachmodelle von solchen dynamischen Prozessen aus. Sehr vereinfacht gesagt, setzt man für ein Wort wie *Hund* eine **abstrakte phonologische Repräsentation** /hund/ an, auf die eine **phonologische Regel** angewandt wird, die besagt, daß /t/ im Silbenauslaut als [t] wie in [hʊnt] und im Silbenanlaut als [d] wie in [hʊn-də] realisiert wird. (Vgl. dazu ausführlicher GREWENDORF/ HAMM/STERNEFELD 1987, 76ff.)

Noch etwas anders bewertet man den nämlichen Sachverhalt in Konzeptionen, die bereits in den 30er Jahren von Linguisten der sog. **Prager Schule** entwickelt worden sind. Hier geht man davon aus, daß die bedeutungsunterscheidende Kraft von /t/ und /d/ etc. am Wort- oder Silbenende suspendiert bzw. neutralisiert ist.

Daraus zieht man den Schluß, daß das Phonem, das in Wörtern wie *Hund* vorkommt, weder /t/ noch /d/ ist, sondern eine übergeordnete, gewissermaßen unentschiedene Einheit, die /t/ und /d/ integriert. Man nennt sie **Archiphonem** und notiert sie abweichend von den sonstigen Konventionen mit großen Buchstaben, also /T/.

Stellt man die genannten Positionen gegenüber, ergeben sich letztlich drei unterschiedliche phonologische Bewertungen ein und desselben Sachverhalts, wie man an den verschiedenen phonologischen Transkriptionen unseres Beispielwortes *Hund* ablesen kann: /hunt/, /hund/ oder /hunT/.

Diese Ergebnisse sind einerseits Ausdruck prinzipiell anderer Auffassungen vom Gegenstand Sprache selbst; sie sind andereseits bedingt durch unterschiedliche theoretische Ansätze und methodische Zugriffsweisen.

## Literatur

CRYSTAL, DAVID 1993: Die Cambridge Enzyklopädie der Sprache. Frankfurt/M. (engl. Original: The Cambridge Encyclopedia of Language. Cambridge usw. 1987)

COULMAS, FLORIAN 1985: Reden ist Silber, Schreiben ist Gold. In: Zeitschrift für Literaturwissenschaft und Linguistik 15, H. 59, S.94-112

DUDEN Band 6: Aussprachewörterbuch. Wörterbuch der deutschen Standardaussprache, bearb. v. MAX MANGOLD. 3. völlig neu bearb. Auflage. Mannheim usw. 1990

DUDEN Band 4: Grammatik der deutschen Gegenwartssprache, hg. v. GÜNTER DROSDOWSKI. 4. völlig neu bearb. Auflage. Mannheim usw. 1984

GREWENDORF, GÜNTHER/HAMM, FRITZ/STERNEFELD, WOLFGANG 1987: Sprachliches Wissen. Eine Einführung in moderne Theorien der grammatischen Beschreibung. Frankfurt/M.

HAKKARAINEN, HEIKKI J. 1995: Phonetik des Deutschen. München

HENGARTNER, THOMAS/NIEDERHAUSER, JÜRG 1993: Phonetik, Phonologie und phonetische Transkription. Grundzüge, Begriffe, Methoden und Materialien. Aarau usw.

JAKOBSON, ROMAN 1974: Form und Sinn. Sprachwissenschaftliche Betrachtungen. München

MEINHOLD, GOTTFRIED/STOCK, EBERHARD 1980: Phonologie der deutschen Gegenwartssprache. Leipzig

MILLER, GEORGE A. 1993: Wörter. Streifzüge durch die Psycholinguistik. Heidelberg usw. (engl. Original: The Science of Words. New York 1991)

PÉTURSSON, MAGNUS/NEPPERT, JOACHIM 1991: Elementarbuch der Phonetik. Hamburg

PHILIPP, MARTHE 1974: Phonologie des Deutschen. Stuttgart usw.

POMPINO-MARSCHALL, BERND 1995: Einführung in die Phonetik. Berlin/New York

TERNES, ELMAR 1987: Einführung in die Phonologie. Darmstadt

# 4 Morphologie:
## Die Lehre von den Bausteinen der Wörter

4.1   Was versteht man in der Linguistik unter Morphologie
4.2   Morphematische Strukturen von Wörtern
4.3   Wie erhält man kleinste sprachliche Einheiten?
4.3.1  Segmentierungsverfahren
4.3.2  Allomorphie
4.3.3  Portemanteau-Morpheme
4.4   Morphologische Konstruktionen
4.4.1  Affigierung
4.4.2  Andere morphologische Konstruktionen
4.5   Klassifikation der Morpheme unter lexikalischen Gesichtspunkten

## 4.1   Was versteht man in der Linguistik unter Morphologie?

Die **Morphologie** beschäftigt sich mit den Erscheinungsformen, der Struktur und den Bauformen von Wörtern. Wörter können in **Morpheme** zerlegt werden. Das Morphem ist – wie in Kap. 1 bereits beschrieben – eine Einheit des Sprachsystems; mit Morphemen bezeichnet man die kleinsten bedeutungstragenden Einheiten der Sprache, d.h. Einheiten, die nicht weiter zerlegt werden können, ohne daß ihre Bedeutung verloren geht.

Nach Saussures Zeichenmodell kommt ihnen eine Ausdrucks- und eine Inhaltsseite zu. Bei der Ausdrucksseite handelt es sich in der geschriebenen Sprache um eine graphische Einheit, die aus einem oder mehreren Buchstaben bestehen kann, in der mündlichen Sprache um eine Einheit aus einem oder mehreren Lauten.

Die meisten Wörter der deutschen Sprache lassen sich so, wie sie im tatsächlichen Sprachgebrauch vorkommen, in mehrere Morpheme aufgliedern, z.B.:

> *Er geht.*

Die Verbform ist in die beiden Bestandteile *geh-* und *-t* zu zerlegen. Wir finden hier zwei von der Ausdrucks- und Inhaltsseite verschiedene Morpheme, wobei dem Morphem *-t* offensichtlich eine andere Art von „Inhalt" zukommt als dem Morphem *geh-*. Der Ausdrucksseite, die hier aus der Graphemfolge bzw. dem Graphem <g> + <e> + <h> und <t> besteht, läßt sich im ersten Fall die Bedeutung 'sich [mit den Füßen] fortbewegen',

88　　　　　　　　　　　Kapitel 4: Morphologie

im zweiten Fall die grammatische „Bedeutung" bzw. Funktion '3. Pers. Sing. Präs. Ind. Akt.' zuordnen.

Wenn gesagt wurde, daß die Morphologie die kleinsten bedeutungstragenden Einheiten der Sprache beschreibt, dann wird Bedeutung also in einem sehr weiten Sinne verstanden: einmal handelt es sich um **lexikalische Bedeutungen** (wie in *Haus*, *geh-* oder *Garten*), zum zweiten um **funktionale** (bzw. **grammatische**) **Bedeutungen** (Konjugationsmorpheme wie *-e*, *-en* oder *-t*; Deklinationsmorpheme wie das *-s* für den Genitiv oder das *-e* für den Plural von Nomen; Wortbildungs- oder Derivationsmorpheme wie *ver-*, *ent-* oder *-heit* und *-los*; genaueres s.u.).

An dieser Stelle wird bereits deutlich, daß ein Morphem (besonders wenn es eine grammatische Funktion erfüllt) mehrere Bedeutungen haben kann, wie das Morphem *-e*, das u.a. folgende grammatische Funktionen vertritt: '1. Pers. Sing.' bei Verben und 'Pl.' bei Nomen.

Morpheme dürfen nicht mit Silben verwechselt werden, welche (als Silben) nur unter lautlichen Gesichtspunkten, nicht aber nach lexikalischen oder grammatischen Kriterien beschreibbar sind. Folgende Fälle können vorkommen:

A　Ein Morphem kann aus einer einzelnen Silbe bestehen (wie *leb-* in *leblos*).

B　Ein Morphem kann aus mehreren Silben bestehen (z.B. *Arbeit* = 1 Morphem, aber 2 Silben).

C　Eine Silbe kann mehrere Morpheme enthalten (vgl. *kannst*).

D　Morphemgrenzen stimmen oft nicht mit Silbengrenzen überein; vgl. *lau | fen* [Silbengrenze]; *lauf | en* [Morphemgrenze].

## 4.2　Morphematische Strukturen von Wörtern

Aufgrund ihrer morphematischen Struktur lassen sich Wörter in drei Klassen unterteilen:

1. **Simplizia** (einfache Wörter); sie enthalten ein **Kernmorphem*** (mit einer lexikalischen Bedeutung) und eventuell ein oder mehrere **grammatische Morpheme** (in der graphischen Darstellung steht „K" für Kernmorphem, „F" für Flexionsmorphem):

---

\* Für Morpheme mit lexikalischer Bedeutung, die den Kern von Wörtern flektierbarer Wortarten bilden, finden sich in der Literatur, je nach theoretischem Ansatz, verschiedene Bezeichnungen mit je eigenen Definitionen, u.a.: Kern-, Basis-, Grund-, Stamm-, lexikalisches, Morphem. Vgl. hierzu z.B. FLEISCHER/BARZ 1992, 24f; siehe auch unten.

| *Berg* | *Berg* | *-e* | *rot* | *lauf* | *-en* |
|--------|--------|------|-------|--------|-------|
| K | K | F | K | K | F |

2. **Derivata (Ableitungen)**; sie enthalten ein Kernmorphem und mindestens ein Wortbildungsmorphem („D" für Derivationsmorphem) sowie u.U. zusätzlich Flexionsmorpheme:

| *Ver-* | *bind* | *-ung* | *Ver-* | *bind* | *-ung* | *-en* | *un-* | *glück* | *-lich* |
|--------|--------|--------|--------|--------|--------|-------|-------|---------|---------|
| D | K | D | D | K | D | F | D | K | D |

3. **Komposita (Zusammensetzungen)**; sie enthalten mindestens zwei Kernmorpheme, können zudem ein oder mehrere Derivationsmorpheme, Flexionsmorpheme und **Fugenelemente** enthalten. Ein Fugenelement (auch **Interfix**; in der graph. Darstellung „Fu") hat weder eine grammatische noch eine lexikalische Bedeutung; es hat rein phonetisch-artikulatorische Funktion, d.h. dient als Gleit- bzw. Übergangslaut zwischen zwei lautlich schwer zu verbindenden Konsonanten. Beispiele:

| *Geburt* | *-s-* | *tag* | *-s-* | *feier* |
|----------|-------|-------|-------|---------|
| K | Fu | K | Fu | K |

| *Donau* | *dampf* | *schiff* | *fahrt* | *-s-* | *gesell* | *-schaft* | *-en* |
|---------|---------|----------|---------|-------|----------|-----------|-------|
| K | K | K | K | Fu | K | D | F |

[Zu Kompositionstypen siehe auch Kap. 5 „Wortbildung".]

## 4.3    Wie erhält man kleinste sprachliche Einheiten?

### 4.3.1    Segmentierungsverfahren

Eines der wichtigsten Verfahren, Morpheme in Wörtern zu identifizieren, ist die **Segmentierung** (Zerlegung) in Verbindung mit Klassifizierung; dieses Verfahren zeigt den gegliederten Aufbau von Wörtern. Man zerlegt eine gegebene Lautkette/Buchstabenkette solange, bis <u>kleinste bedeutungstragende Elemente</u> übrigbleiben – wobei „Bedeutung" (wie oben beschrieben) auch eine grammatische Funktion sein kann. In der deutschen Sprache ergeben sich jedoch oftmals Probleme, alle morphematischen Bestandteile von Wörtern eindeutig durch Segmentierung zu isolieren; das ist u.a. darin begründet, daß Deutsch zu den **flektierenden**

**Sprachen** zählt, bei denen der Wortstamm z.T. selbst durch die Flexion verändert wird: vgl. *trink-en, trank, tränk-en, ge-trunk-en.* (Näheres s. Abschn. 4.3.2 u. 4.3.3). Bei **agglutinierenden Sprachen**, zu denen z.B. das Türkische zählt, ergeben sich diese Probleme nicht, denn im Unterschied zu den flektierenden Sprachen werden die grammatischen Funktionen eindeutig durch Morpheme realisiert, ohne den Wortstamm selbst zu verändern. Um dies zu verdeutlichen, sollen einige Möglichkeiten der Pluralbildung im Deutschen und im Türkischen gegenübergestellt werden.

Die Pluralbildung im Türkischen erfolgt durch zwei Morpheme, *-lar* und *-ler*, die – je nach den Vokalen des Stammorphems – an den Wortstamm angefügt werden:

> *ev* = 'Haus', *ev-ler* = 'Häuser'; *karpus* = 'Melone', *karpus-lar* = 'Melonen'.

Die Pluralbildung im Deutschen dagegen erfolgt auf unterschiedlichste Weise, z.B.

– durch Anhängen eines Morphems, ohne Wortstammveränderung:

> *Frau – Frau-en;*

– nur durch Veränderung des Stamms:

> *Vater – Väter;*

– durch Veränderung des Stamms plus angehängtes Morphem:

> *Mann – Männer;*

– ohne irgendeine morphematische Veränderung:

> *[ein] Lehrer – [zwei] Lehrer.*

Schon diese Beispiele zeigen: Die grammatischen Funktionen werden in vielen Fällen nicht durch das Anhängen, sondern durch die interne Veränderung von Morphemen realisiert. Die Probleme (einer eindeutigen Segmentierung) ergeben sich vor allem durch Lautänderungen im Wortstamm (*geh-en, ging, ge-gang-gen*), in einigen Fällen sogar durch die Ersetzung des ganzen Wortstamms durch einen anderen (*ich bin; wir sind; ich war; er ist gewesen* usw.).

Dennoch eignet sich das Verfahren der Segmentierung auch bei flektierenden Sprachen zur Trennung und Identifizierung der morphematischen Bestandteile von Wörtern – auch wenn in einigen Fällen die grammatischen Morpheme nicht als selbständige Elemente isoliert werden können.

Die konsequente Anwendung des Segmentierungsverfahrens führt zu folgender Klassifizierung der Morpheme als sprachliche Zeichen:

# Wie erhält man kleinste sprachliche Einheiten? 91

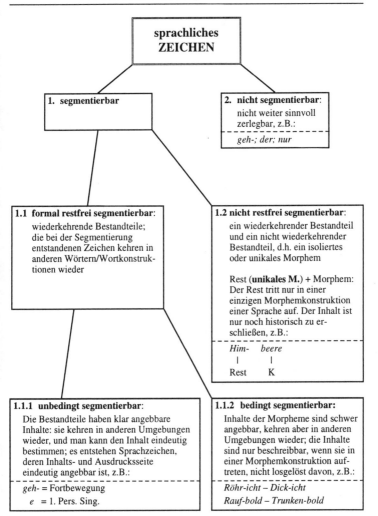

Wie aus den Kategorien 1.2 und 1.1.2 deutlich wird, gibt es bei den flektierenden Sprachen oft Probleme, Wörter restfrei zu segmentieren; denn manchen „Resten", die wie Morpheme erscheinen bzw. an der Stelle von Morphemen stehen, kann – entgegen der oben gegebenen Definition –

92                        Kapitel 4: Morphologie

keine Bedeutung zugeordnet werden. Formal wird (wie die Darstellung oben zeigt) dennoch segmentiert, trotz der dabei auftretenden „Grenzfälle".

## 4.3.2 Allomorphie

Ein bereits angesprochenes Problem der Morphologie ist die Tatsache, daß oftmals Einheiten segmentiert werden können, die trotz verschiedener Ausdrucksseite offensichtlich dieselbe Bedeutung haben. So hat das (lexikalische/wortfähige) Morphem, das im Dt. <König> geschrieben wird, lautlich – je nach Umgebung – drei verschiedene Realisierungen:

[køːnɪç] bzw.[køːnɪçs] (ich-Laut in allen Kasus des Sing.)
[køːnɪgə] bzw. [køːnɪgən] (g-Laut in allen Kasus des Plur.)
[køːnɪklɪç] (k-Laut in bestimmten Ableitungen)

Hier ändert sich die äußere Form nur im letzten Laut des Morphs, die Bedeutung der verschiedenen Formen kann man aber als identisch ansehen. Dieselbe Erscheinung finden wir bei /b/, /d/ und /g/, wann immer sie im Silbenauslaut (oft zugleich der letzte Laut des Morphs) auftreten:

[laɪp] (geschr. <Leib> oder <Laib>)
[baːt] (geschr. <Bad>)
[luːk] (geschr. <Lug>)

Die deutsche Orthographie betont die morphematische Identität, indem sie für die unterschiedlichen lautlichen Varianten dieselbe Schreibung fordert.

Komplizierter werden die Probleme, wenn Laute <u>innerhalb</u> eines Stammmorphems Varianten aufweisen, z.B.

[haʊs] (geschr. <<u>Haus</u>> und [hɔøzɐ] (geschr. <<u>Häus</u>-er>)
[trɪŋkən] (geschr. <<u>trink</u>-en>),[traŋk] (<<u>trank</u>>), [truŋk] (<-<u>trunk</u>->)
[raɪtən] (geschr.< <u>reit</u>-en>), [rɪt] (<<u>ritt</u>>)
[brɪŋ] (geschr. <<u>bring</u>>), [braxtə] (<<u>brach</u>-te>).

Die meisten Schwierigkeiten für eine morphologische Segmentierung bereiten Fälle, bei denen der ganze Stamm in bestimmten Flexionsformen ersetzt wird:

*sein – bin – bist – ist – sind – war – gewesen*

oder in den Steigerungsformen einiger Adjektive und Adverbien:

*gut – besser – am besten; viel – mehr – am meisten.*

[vgl. unten Abschn. 4.4.2: „Suppletivismus"]

Die Definition des Morphems als kleinste bedeutungstragende Einheit der Sprache, die eine stabile Verbindung aus Ausdrucks- und Inhaltsseite darstellt, muß angesichts dieser Befunde modifiziert werden. Die meisten Theorien operieren hier mit dem Terminus der **Allomorphie** (aus griech. *allo-* 'anders' und *morphe* 'Form'); d.h. es begegnen verschiedene (i.allg. „ähnliche") Ausdrucksformen, die jedoch – aufgrund derselben Bedeutung – als verschiedene Erscheinungsformen desselben Morphems definiert werden.

Trotz der „Grenzfälle", bei denen der gesamte Wortstamm ersetzt wird, ist das Konzept der Allomorphie geeignet, die morphematische Identität bzw. Zusammengehörigkeit bestimmter Segmente als Einheiten des Systems zu erklären.

[Auf das Problem der **grammatischen Allomorphe**, also verschiedener Erscheinungsformen für dieselbe grammatische Funktion, etwa 'Plural des Nomens einer bestimmten Kategorie', kann an dieser Stelle nicht eingegangen werden; s. dazu z.B. die Diskussion bei LINKE/NUSSBAUMER/PORTMANN, 68ff.]

### 4.3.3 Portemanteau-Morpheme

Oben wurde bereits erwähnt, daß im Deutschen häufig die grammatischen Funktionen, die eine bestimmte Wortform repräsentiert, nicht durch eigene (isolierbare, segmentierbare) Morpheme ausgedrückt werden, sondern in einem anderen Morphem, etwa dem Stammmorphem, mitenthalten sind.

Die Form <Brüder> kann z.B. beschrieben werden als Allomorph zum Stamm <Bruder>; gleichzeitig repräsentiert sie die grammatische Funktion 'Plural', außerdem vertritt sie entweder den Nom., Gen. oder Akk. Plural von <Bruder>.

Komplizierter liegt der Fall bei bestimmten Formen starker Verben, wie z.B. <grub>, <schrieb> oder <schrei>. Diese Formen vertreten gleichzeitig folgende Stämme und grammatische Funktionen:

<grub>: Allomorph von <grab>; 1./3. Pers. Sing. Ind. Prät. Aktiv
<schrieb>: Allomorph von <schreib>; 1./3. Pers. Sing. Ind. Prät. Aktiv
<schrei>: Stammmorphem des Verbs; (2. Pers.) Sing. Imp. (Präs.)

Für diese in flektierenden Sprachen häufige Erscheinung, daß mehrere Morpheme, d.h. ihre Bedeutungen und Funktionen, in einer Form „gebündelt" sind, hat man die Metapher des „Kleiderständers" (frz. *portemanteau*) herangezogen und Typen dieser Art **Portemanteau-Morpheme** genannt. Damit versucht man bildlich das In- oder Übereinander verschiedener morphematischer Funktionen in einer Form zu beschreiben.

94          Kapitel 4: Morphologie

## 4.4   Morphologische Konstruktionen

In der deutschen Sprache gibt es die unterschiedlichsten morphologischen Konstruktionen. Von ihrer Oberflächenstruktur her sollen sie folgendermaßen klassifiziert werden:

### 4.4.1  **Affigierung** (Hinzufügung eines **Affixes** zum Stamm)

Aufgrund der Position des Affixes lassen sich vier Subklassen unterscheiden:
– Präfigierung
– Suffigierung
– Infigierung
– Zirkumfigierung

**Präfigierung**
Präfigierung bedeutet: ein Affix wird <u>vor</u> den Wortstamm gesetzt. Einige Präfixe können nicht als selbständige Wörter vorkommen (z.B. *ent-*, *zer-*, *ver-*, *be-* u.a.); man nennt diese Elemente auch **gebundene Morpheme** (vgl. unten zu **Morphemtypen**). Viele andere Präfixe entstammen jedoch den Wortklassen der Präpositionen oder der Adverbien; in ihrer Funktion als Präfixe haben sie im allg. eine veränderte, stärker abstrahierte Bedeutung (z.B. *in-*, *an-*, *auf-*, *ab-*, *über-*, *entgegen-*). Die deutsche Wortbildung erlaubt auch das (gleichzeitige) Präfigieren durch mehrere Elemente:

| *ein-* | *be-* | *zieh* | *-en* | | *ver-* | *an-* | *stalt* | *-en* |
|---|---|---|---|---|---|---|---|---|
| \| | \| | \| | \| | | \| | \| | \| | \| |
| P | P | K | F | | P | P | K | F |

**Suffigierung**
Bei der Suffigierung wird ein Affix an den Wortstamm gehängt. Suffixe (auch: **Postfixe**) können (wie die erste Gruppe der Präfixe) nicht als eigenständige Wörter auftreten; sie stellen also gebundene Morpheme dar. Im folgenden je ein Beispiel für Suffigierung zu einem Nomen und zu einem Adjektiv:

| *Rein* | *-ig* | *-ung* | | *merk* | *-lich* |
|---|---|---|---|---|---|
| \| | \| | \| | | \| | \| |
| K | S | S | | K | S |

Im Deutschen treten häufig Suffixe zusammen mit Präfixen an einem Wortstamm auf:

| Ver- | ein- | heit | -lich | -ung | | ver- | tret | -bar |
|------|------|------|-------|------|---|------|------|------|
| P | K | S | S | S | | P | K | S |

## Infigierung

Bei der Infigierung wird ein (semantisch beschreibbares) Morphem zwischen Präfix und Wortstamm eingeschoben; das Negationsmorphem *un-* z.B. tritt bei Verben i.allg. in dieser Position auf; vgl. *ver-un-stalten.*

## Zirkumfigierung

Bei diesem Typ morphologischer Konstruktion umrahmt ein **Zirkumfix** sozusagen den Wortstamm; im Deutschen findet sich ein solcher Fall bei dem (zweiteiligen) Affix für die Bildung des Partizips Präteritum: *ge-* + *-t*, z.B. in der Verbform *ge-frag-t*, oder bei best. Substantivbildungen wie *Ge-red-e*. Im Prinzip besteht die Zirkumfigierung aus einer Kombination von Präfigierung und Suffigierung.

### 4.4.2 Andere morphologische Konstruktionen

## Substitution

Eine weitere morphologische Konstruktion neben der Affigierung ist die Substitution (Ersetzung). Damit wird die teilweise Veränderung des Wortstamms, z.B. durch **Umlautung** des Stammvokals, bezeichnet, etwa in *-trunk-* aus dem Wortstamm *trink-* oder in *sprang* aus dem Verbstamm *spring-*.

## Suppletivismus

Mit Suppletivismus (Ergänzung) wird eine weitere Form morphologischer Konstruktion bezeichnet. Gemeint ist das Auftreten eines anderen Wortstamms gleicher Bedeutung in bestimmten Flexionsformen, wie in den Konjugationsformen von *sein* oder den Komparationsformen von *gut*: *bess-er, am best-en.*

[Die morphologischen Konstruktionen der Komparation (Steigerung der Adjektive und einiger Adverbien) werden von manchen Grammatiken als Flexionsformen betrachtet, von anderen als Formen der Wortbildung.]

## Konversion

Konversion bedeutet einen Wechsel in den morphosyntaktischen Merkmalen eines Wortes, ohne daß die äußere Wortform verändert wird: [der] *Lehrer*, [die] *Lehrer*; [der] *Balken*, [die] *Balken*; hier steht also ein äußerlich gleiches Morphem für verschiedene grammatische Funktionen; diese werden im Kontext durch zusätzliche Mittel (z.B. die Form des Artikels) deutlich gemacht.

| 96 | Kapitel 4: Morphologie |

## 4.5 Klassifikation der Morpheme unter lexikalischen Gesichtspunkten

Andere Probleme stellen sich für den Linguisten, wenn man die aufgeführten Morpheme nach ihrer **Wortfähigkeit**, also unter lexikalischen Gesichtspunkten, klassifiziert. Es ergeben sich zunächst zwei Hauptklassen:

A **wortfähige Morpheme**, die in allen Kontexten allein, ohne mit anderen Morphemen zusammentreten zu müssen, ein selbständiges Wort bilden;

B **nicht wortfähige Morpheme**, die nur in Kombination mit anderen Morphemen ein Wort bilden können.

Unter den wortfähigen Morphemen werden drei Klassen unterschieden:

A1 **Kernmorpheme (K)**, je nach theoretischem Ansatz auch **Basis-** oder **Stammorpheme** genannt, sind wortfähig, können jedoch mit einem oder mehreren Flexionsmorphemen (F), Partikelmorphemen (Part), Pronominalmorphemen (Pron) oder Derivationsmorphemen (D) verbunden werden:

| *Holz* | | | *Holz* | *-es* | | *holz* | *-ig* | |
|--------|---|---|--------|-------|---|--------|-------|---|
| \| | | | \| | \| | | \| | \| | |
| K | | | K | F | | K | D | |

| *Holz-* | *brett* | | *Ab-* | *holz* | *-ung* | *ent-* | *holz* | *-en* |
|---------|---------|---|-------|--------|--------|--------|--------|-------|
| \| | \| | | \| | \| | \| | \| | \| | \| |
| K | K | | Part=D | K | D | D | K | F |

A2 **Pronominalmorpheme** sind wortfähig; sie sind flektierbar, aber nicht derivierbar; Beispiele: *dies-e, dein-en, sein-er* u.ä.

A3 **Partikelmorpheme** sind wortfähig, jedoch nicht flektierbar. Zu den Partikeln gehören nach traditioneller Wortartenlehre Präpositionen, Konjunktionen, Adverbien und Interjektionen (vgl. die Ausführungen zu „Wortarten" in Abschn. 6.6.1 u. 6.6.2; zu den wortbildenden Funktionen von Partikelmorphemen siehe Kap. 5 „Wortbildung").

Unter den **nicht wortfähigen Morphemtypen** werden folgende Klassen unterschieden:

B1 **Nicht wortfähige Stamm- oder Kernmorpheme** von Wörtern (z.B. *Les-* in *Les-er*, *-wart* in *Torwart* oder *-stalt-* in *ver-an-stalt-en*).

## Klassifikation der Morpheme

B2 **Unikale Morpheme** (*Him-* in *Him-beere*; *-geud-* in *ver-geud-en*; *Schorn-* in *Schorn-stein* usw. (s. FLEISCHER/BARZ 1992, 33ff.); unikale Morpheme erscheinen nur in in Verbindung mit einem bestimmten anderen (und nur diesem) Morphem (*Schorn-* nur mit *-stein*; *-geud-* nur mit *ver-*); mit diesem zusammen bilden sie sozusagen einen neuen Kern und können zu weiteren Bildungen dienen.

Unikale Morpheme haben für sich keine Bedeutung (die ehemalige Bedeutung ist verloren); außerdem sind sie nur in Verbindung mit einem bestimmten anderen Morphem flektierbar, derivierbar oder kompositionsfähig.

B3 **Derivationsmorpheme** (*ent-*, *ver-*, *-heit*, *-keit* u.a.); diese erscheinen immer nur in Verbindung mit einem Kernmorphem. Je nach Kombination sind sie für die Bildung von Vertretern verschiedener Wortarten verantwortlich. Bestimmte Derivationssuffixe haben z.B. die Funktion, Nomina aus dem Stamm eines Verbs oder Adjektivs zu bilden: *-heit*, *-keit*, *-ung*, *-schaft*; andere, wie z.B. *-sam*, *-haft*, *-lich*, *-bar*, *-mäßig* usw., derivieren Adjektive aus dem Stamm eines Nomens oder Verbs (vgl. FLEISCHER/BARZ 1992, 38).

B4 **Flexionsmorpheme**; sie treten nur in Verbindung mit einem Kern- oder Pronominalmorphem auf. Sie sind nur für die grammatischen Funktionen flektierbarer Wörter verantwortlich.

[Die **Fuge** (**Interfix**) sollte deshalb nicht zu den Morphemen gerechnet werden, weil sie weder eine grammatische noch eine lexikalische Bedeutung hat – entsprechend der Definition des Morphems: kleinstes sprachliches Zeichen, d.h. ein Element mit Ausdrucks- und Inhaltsseite].

Die folgende schematische Übersicht soll noch einmal die Einteilung der Kern- (bzw. Stamm- oder Basis-)Morphemtypen unter dem Gesichtspunkt der Wortfähigkeit darstellen:

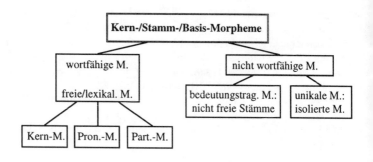

Die zweite Übersicht gliedert die funktionalen (grammatischen) Morpheme nach ihrer Funktion in Morphemkonstruktionen:

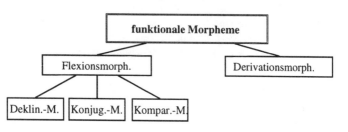

[Es wird empfohlen, dieses Kapitel im Zusammenhang mit den Kapiteln 5 „Wortbildung" und 6 „Syntax" zu bearbeiten. Die in Kap. 5 angegebenen Literaturhinweise sind auch für dieses Kapitel zu berücksichtigen.]

Literaturhinweise

AUGST, GERHARD 1975: Untersuchungen zum Morpheminventar der deutschen Gegenwartssprache. Tübingen

BERGENHOLTZ, HENNING/MUGDAN, JOACHIM 1979: Einführung in die Morphologie. Stuttgart usw.

FLEISCHER, WOLFGANG/BARZ, IRMHILD 1992: Wortbildung der deutschen Gegenwartssprache. Unter Mitarbeit von M. SCHRÖDER. Tübingen

LINKE, A./NUSSBAUMER, M./PORTMANN, P.R. 1991: Studienbuch Linguistik. Tübingen

KATAMBA, FRANCIS 1993: Morphology. Houndmills

# 5 Wortbildung:
## Elemente und Strukturen komplexer Wörter

5.1 Wortbildung, Sprachsystem und Kreativität
5.2 Wortbildung und Lexikon
5.3 Abgrenzungen und Definition
5.4 Typen der Wortbildung im Deutschen
5.4.1 Zusammensetzung
5.4.2 Ableitung
5.4.3 Konversion
5.4.4 Weitere Möglichkeiten
5.5 Wortbildungstendenzen in der Gegenwartssprache

## 5.1 Wortbildung, Sprachsystem und Kreativität

Der **Wortschatz** jeder lebenden Sprache verändert sich ständig: Gesellschaftliche, wissenschaftliche, technische u.a. Entwicklungen sowie ihre Resultate bedürfen der sprachlichen Benennung. Man denke z.B. nur an die neuen Medien oder Kommunikationstechnologien und an den sprachlichen Wandel, der mit ihnen verbunden war und ist. Ein Beispiel:

> *Modeme ermöglichen uns heute, direkt von unserem **Computer** aus zu faxen, in internationalen **Datennetzen** zu surfen oder Partnern am anderen Ende der Welt via **E-Mail (elektronischer Post)** Nachrichten zukommen zu lassen.* (Konstruierter Text)

In diesem Satz wird mit Wörtern und Wortgruppen operiert, deren Bedeutungen den meisten LeserInnen vor wenigen Jahren noch völlig unbekannt waren, die heute aber kaum mehr für Verstehens- oder Verständigungsschwierigkeiten sorgen.

Neben Übernahmen aus anderen Sprachen, der Bedeutungsentwicklung von Wörtern und anderen Mitteln (vgl. dazu den Exkurs „Historische Semantik" in Kap. 7) trägt hauptsächlich die Wortbildung zur Anpassung des Wortschatzes einer Sprache an die Erfordernisse bei: durch die Bildung neuer Wörter aus vorhandenen Wörtern, Wortbestandteilen oder mit besonderen Wortbildungsmitteln,.

Dabei wird gerade am Komplex der Wortbildung ein wesentliches Kennzeichen deutlich, das alle natürlichen Sprachen und ihre Teilsysteme auszeichnet: Sie verfügen sowohl über sich wahrnehmbar verändernde als auch über relativ konstante Bereiche. Denn der ständige **Ausbau**

# 100 Kapitel 5: Wortbildung

**des Wortschatzes**, seine dynamische Angleichung an die Bedürfnisse der Sprecher und der Sprachgemeinschaft, vollzieht sich mit vorhandenen Mitteln nach Maßgabe bestimmter Muster. Variabilität und Stabilität, Veränderung und Beständigkeit erweisen sich vor allem in diesem Bereich als universelle Eigenschaften natürlicher Sprachen.

Auch für die **sprachliche Kreativität** ist die Wortbildung der Belegbereich par excellence. Wir alle werden tagtäglich mit Wortbildungsresultaten konfrontiert, die wir nie zuvor gehört oder gelesen haben – gleichwohl gelingt es uns in den meisten Fällen, diese Bildungen ohne großen Aufwand zu entschlüsseln. Doch nicht nur rezeptiv nehmen wir an Wortbildungsprozessen teil, sondern wir selbst sind durchaus in der Lage, spontan die Möglichkeiten der Wortbildung zu nutzen, um auf neue Weise Dinge zu benennen oder für neue Gegenstände und Sachverhalte Bezeichnungen zu schaffen.

Insbesondere Kinder sind in ihren Benennungsversuchen oftmals überaus erfinderisch: Wenn die graphischen Zeichen in einem Buch *Buchstaben* heißen, könnten die in einer Zeitung doch *Zeitungsstaben*, die auf einem Pullover *Pullistaben* genannt werden usw. Sicherlich, das Deutsche verfügt nicht über einen Lexikoneintrag *Stabe, der; -(n)s, -n* mit der Bedeutung 'Schriftzeichen', aber an solchen Beispielen wird deutlich, daß schon Kinder bei der Bildung von Wörtern sprachliches Wissen produktiv umsetzen. Leider geht ihnen oftmals spätestens in der Schule diese Kreativität verloren. Warum Kindern „so schöne Wortbildungen verbieten wie *Pfuierei, ich habe geballt, parfümen, totpurzeln, hochtoasten, Fliegautoschiff, schwitzwarm, Ohrschlag?*", fragt HERINGER in einem Aufsatz mit dem programmatischen Titel „Gebt endlich die Wortbildung frei!" (1984, 52).

Der Beschäftigung mit der Wortbildung und ihren Regularitäten sollte gerade in Phasen des systematischen, d.h. von Lehrkräften angeleiteten Auf- und Ausbaus des Wortschatzes besondere Bedeutung zukommen; denn dadurch werden Einsichten in Sprachsystem und Sprachgebrauch ermöglicht, die der Beschäftigung mit anderen Phänomenen der Sprache zugute kommen – auch weil sich in der Wortbildung morphologische, syntaktische, semantische und pragmatische Fragestellungen bündeln. Gegenwärtig werden in den Schulen jedoch derartige Überlegungen kaum berücksichtigt. Die folgenden Ausführungen wollen deshalb dazu anregen, Schüler und Schülerinnen im Sprachunterricht aller Schulstufen bewußt mit Wortbildungskonzepten vertraut zu machen. (Wie dies in spielerischer Form geschehen kann, dafür finden sich u.a. in F. FÜHMANNS unterhaltsamem Sprachbuch „Die dampfenden Hälse der Pferde im Turm von Babel", Frankfurt/M. u.a. 1978, zahlreiche Beispiele.)

## 5.2 Wortbildung und Lexikon

Die Gesamtheit der Wörter, festen Wortverbindungen und Wendungen, die den Sprechern einer Sprache zu einem bestimmten Zeitpunkt zur Verfügung steht, bildet den **Wortschatz** dieser Sprache. Dieser Wortschatz wird auch als die **Lexik** oder das **Lexikon** der jeweiligen Sprache bezeichnet. Das Lexikon ist quasi der Speicher kommunikativ verwendbarer Sprachzeichen, dessen Inventar die Zeichennutzer, d.h. die Sprecher/Schreiber bzw. Hörer/Leser, in der sprachlichen Kommunikation einsetzen – bzw. einsetzen könnten.

Ähnlich der in Kap. 1.3 für den Begriff der Grammatik vorgenommenen Differenzierung müssen zumindest zwei Lexikon-Begriffe unterschieden werden: 1. das Lexikon als das eine Teilsystem einer Sprache, das zusammen mit der Grammatik als dem anderen Teilsystem das Gesamtsystem einer Sprache bildet (Lexikon als Teil der langue), und 2. das Lexikon als innere Repräsentation der Einheiten und Strukturen des Wortschatzes beim einzelnen Sprachteilnehmer (Lexikon als Teil der Kompetenz).

Im Lexikon gespeicherte Einträge werden als **Lexeme** bezeichnet. Lexeme weisen entweder eine relativ einfache morphologische Struktur auf, wie z.B. *Ball, morgen, wir, dort* (= **Simplizia**, Sing.: **Simplex**), oder es handelt sich um „**komplexe Wörter**", die erkennbar Resultate von Wortbildungsprozessen sind, wie z.B. *Wörterbuch, buchstäblich, beschreiben.* Aber auch feste syntaktische Wortverbindungen und Wendungen, wie z.B. *Erfolg haben, Bericht erstatten, in Wut geraten* und *dicke Luft, kurz und bündig, Gas geben, ein Auge zudrücken*, müssen als Bestandteile des Lexikons angesehen werden, wenn sich ihre Bedeutung nicht mehr aus den Bedeutungen ihrer Komponenten herleiten läßt.

[Im weiteren interessieren v.a. die Lexeme, die auf Wortbildungsprozesse zurückgeführt werden können.]

Entsprechend der Unterscheidung von langue und parole, Sprache und Sprechen, System und Gebrauch (vgl. Kap. 1.5), wird das **Lexem** als eine abstrakte Einheit des Sprachsystems, d.h. der langue definiert: Nicht konkrete Vorkommen, d.h. Wortformen eines realen Textes, sind Bestandteile des Lexikons einer Sprache, sondern intersubjektiv verfügbare Einheiten aus Ausdruck und Inhalt, die im Sprachgebrauch spezifisch eingesetzt werden, d.h. die durch den sprachlichen und außersprachlichen Kontext ihre aktuelle Bedeutung bekommen.

Doch nicht jedes „Wort" im Sprachgebrauch ist als Repräsentant einer lexikalischen Einheit zu identifizieren; im spontanen Sprechen, in literarischen Texten, in Zeitungs- oder Zeitschriftenartikeln z.B. finden sich

102 Kapitel 5: Wortbildung

häufig **Gelegenheitsbildungen** (**okkasionelle Bildungen**, auch bezeichnet als **ad-hoc-Bildungen**), die im Rede- oder Textzusammenhang verständlich werden, ohne den Äußerungskontext aber nicht verstehbar bzw. interpretierbar sind. In den folgenden Beispielen sind die entsprechenden Bildungen hervorgehoben:

[1] *Da hab' ich mich aber* **verdacht.**

[2] *Der Bestatter ließ den abgenagten Knochen auf den Sargdeckel fallen, gluckste und wischte sich die Finger. Das T-Shirt sah aus, als sei dies nicht der erste* **Wischer** *gewesen.* (G. HAEFS 1993: Matzbachs Nabel. München, 20)

[3] *Die SPD sei, so Schröder, in einer Großen Koalition besser aufgehoben als in einer* **Ampel.** *Ihm genügt als abschreckendes Beispiel Bremen, wo die SPD zwischen Grünen und FDP zerrieben werde.* **„Brampel"** *nennt er verächtlich das Bremer Modell.* (SPIEGEL 40/ 1994, 22)

Wie versteht man solche Gelegenheitsbildungen? Zunächst einmal durch die situativen und/oder textuellen Zusammenhänge, in die sie eingebunden sind; zweitens durch das sprachliche Wissen von den Mitteln und Strukturen der Wortbildung; drittens durch das außersprachliche Wissen als Hörer bzw. Leser.

Auch in Texten der Werbesprache sind okkasionelle Bildungen reichlich zu finden. Hier wird das Verstehen z.T. durch entsprechende Text-Bild-Zusammenhänge gestützt. Daß aber ein *Kurznachthemd* kein Hemd für kurze Nächte ist, ein *Rundhalsausschnitt* nicht auf die Form des Halses anspricht, erschließen wir nicht nur durch die textuellen und kontextuellen Hinweise, sondern eben auch über unser Weltwissen.

Erst durch häufigen Gebrauch in unterschiedlichen Äußerungszusammenhängen können Gelegenheitsbildungen zu **usuellen Bildungen** werden, die dann u.U. in das Lexikon einer Sprechergruppe oder ganzen Sprachgemeinschaft eingehen. Dieser Prozeß der **Lexikalisierung** ist in der Regel verbunden mit der **Demotivierung** bzw. **Idiomatisierung** der Bildung, d.h. die Bedeutung der Bildung wird nicht mehr wesentlich über die Bedeutungen ihrer Bestandteile erschlossen, sondern die Bildung tendiert zu einer „ganzheitlichen Semantik" (FLEISCHER/BARZ 1992, 15). Dies gilt z.B. für Bildungen wie *Augenblick*, bei denen keinerlei Zusammenhang mehr zu erkennen ist zwischen der (Gesamt-)Bedeutung 'eine kurze Zeitspanne' und den Bedeutungen von *Auge* und *Blick* (auch wenn der native speaker u.U. „volksetymologisch" dazu neigt, derartige Zusammenhänge zu konstruieren). Demotivierte „komplexe Wörter" enthalten in ihrer Ausdrucksseite keine Hinweise auf die Inhaltsseite; sie sind nicht mehr motivierte, d.h. „durchsichtige" Bildungen, sondern rein arbiträre (willkürliche) Bezeichnungen.

## 5.3 Abgrenzungen und Definition

Die Wortbildung ist abzugrenzen von der **Flexion** einerseits und der **Wortschöpfung** andererseits (vgl. z.B. FLEISCHER/BARZ 1992, 3ff. oder NAUMANN 1986, 3ff.).

Mit **Flexion** wird die Bildung syntaktischer Wörter bezeichnet, d.h. die morphologische Veränderung der „Wörter" nach ihrer Funktion im Satz.

Diese Veränderung erfolgt gemäß dem Deklinations- bzw. Konjugationsparadigma der jeweiligen Wortart, der das „Wort" angehört. Im Deutschen flektieren die Verben nach Person, Numerus, Tempus, Modus und Genus Verbi, die Nomen nach Kasus und Numerus. Flexionskategorien werden im Deutschen in den meisten Fällen durch die entsprechenden Flexionsmorpheme realisiert; diese werden <u>ausschließlich</u> als Suffixe an diejenigen Morpheme bzw. Morphemfolgen angefügt, die eine lexikalische Bedeutung tragen (von der ge-Präfigierung des Partizip Perfekt und wenigen anderen Ausnahmen abgesehen). Die Flexion verweist außerdem auf syntaktische Zusammenhänge, indem sie grammatische Kongruenzen zwischen Satzelementen anzeigt (vgl. Kap. 6.5 u. 6.6.4).

Bei der Flexion handelt es sich um die **Bildung von Wortformen**, d.h. von „grammatischen Wörtern", und nicht um die Bildung von „komplexen Wörtern" als Einheiten des Wortschatzes.

Nicht in allen Fällen ist die Abgrenzung von Flexion und Wortbildung unstrittig. Die **Komparation** (Steigerung der Adjektive) und die **Partizipbildung** der Verben sind z.B. als Grenzfälle anzusehen.

Beide Erscheinungen werden in vielen Grammatiken der Flexion zugerechnet, sie lassen sich aber auch als Wortbildungsresultate auffassen. Wenn man z.B. die **Gradation** (= Komparation) betrachtet, so ist sie im Gegensatz zur Konjugation nicht bei allen Adjektiven möglich (bestimmte Farbadjektive, Zahladjektive u.a. sind nicht komparierbar, vgl. *lila, dreifach, schwanger* usw.), und viele Partizipien haben außer ihrer Bedeutung als Form des Verbs auch eine veränderte lexikalisierte Bedeutung als Adjektiv (vgl. *blendend, schleppend, gebildet, gesalzen*). Außerdem ist es sowohl bei den Steigerungsformen der Adjektive als auch bei Partizipien möglich, daß Flexionsmorpheme angefügt werden. Zwar ist mit der Gradation der Adjektive kein Wortartwechsel verbunden, aber die Partizipbildungen der Verben ermöglichen deren adjektivischen Gebrauch. Dieser Wortartwechsel zeigt, daß auch auf diese Weise neue Ableitungen entstehen können (siehe 5.4.2).

Im Unterschied zur Flexion ist die **Wortschöpfung** neben der Wortbildung als Möglichkeit der Erweiterung des Wortschatzes anzusehen.

104 Kapitel 5: Wortbildung

Unter Wortschöpfung wird die Prägung von „Wörtern" verstanden, von denen kein Bestandteil auf vorhandenes (bedeutungstragendes) Sprachmaterial zurückgreift (wenn z.b. aus *Raider Twix* wird, neue Automodelle oder andere Produkte der Warenwelt „be-namt" werden, dann sind „Wortschöpfer" am Werk). Bei derartigen Bildungen handelt es sich um Lautfolgen, die das jeweilige Sprachsystem zuläßt (*Iwxt* wäre als Bezeichnung für das genannte Produkt sicherlich problematischer gewesen), die aber vor ihrer Prägung mit keinen Inhalten verbunden waren. Für frühe Stadien der Entstehung der Sprachen wird angenommen, daß ein großer Teil der „Wörter" durch Prozesse entstanden ist, die der Wortschöpfung vergleichbar sind. Heute ist zwar nur ein geringer Teil neuer Wörter auf Wortschöpfung zurückzuführen, aber nicht nur bei Kindern, in der Werbung oder in Fachsprachen sind Wortschöpfungsresulate zu finden, sondern auch in der Literatur, wie z.B. in dem folgenden Gedicht von CHRISTIAN MORGENSTERN:

[4]   *Gruselett*
      *Der Flügelflager gaustert*
      *durchs Wiruwaruwolz,*
      *die rote Fingur plaustert*
      *und grausig gutzt der Golz.*

      (CH. MORGENSTERN 1972: Galgenlieder. Sämtl. Dichtungen I, Bd. 6. Basel, 132)

An Wortschöpfungen wie *gaustern, gutzen, Fingur* und *Golz* wird deutlich, daß sie sich in ihrem morpho-syntaktischen Verhalten nicht von anderen Wörtern ihrer Wortart unterscheiden. Sie können deshalb auch Wortbildungsprozesse durchlaufen wie *Flügelflager*, in denen auf vorhandenes Sprachmaterial zurückgegriffen wird.

Obwohl die Wortschöpfung gerade in jüngerer Zeit, v.a. bei der Findung von Produktnamen, an Bedeutung zu gewinnen scheint, ist dennoch die Wortbildung für die Erweiterung des Wortschatzes der Gegenwartssprache weitaus wichtiger.

Unter **Wortbildung** sind diejenigen Prozesse und Strukturen zu verstehen, die den komplexen Wörtern des Wortschatzes zugrundeliegen. **Komplexe Wörter** unterscheiden sich von den **Simplizia** dadurch, daß sie sich als systematische Bildungen analysieren lassen: So erweisen sie sich entweder

(1)  als Kombination aus mehreren bedeutungstragenden Bestandteilen wie *Schlaf-zimmer, Schlüssel-bund,*

(2)  als Bildungen mit Derivationsmorphemen wie *Krank-heit, schreck-lich,*

oder es sind

Typen der Wortbildung im Deutschen          105

(3) zumindest Regeln und Muster für ihre Bildung anzugeben, wie z.b.
bei der Nominalisierung (*Essen* < *essen*) oder bei der Wortkürzung
(*ISBN* < *Internationale Standardbuchnummer*, *Pop* < *pop art* < *po-
pular art*).

An dieser Stelle ist anzumerken, daß mit „Wortbildung" nicht nur die erwähnten Prozesse bezeichnet werden, sondern auch deren Resultate (z.B.: *Haustür und Schlüssel-
loch sind Wortbildungen.*). Selbst für die Beschäftigung mit den Regularitäten und Re-
sultaten der Wortbildung findet sich die Bezeichnung „Wortbildung".

Die Erforschung der Regularitäten und Mittel der Wortbildung hat eine doppelte Zielrichtung: Sie beschäftigt sich einerseits mit den existierenden Bildungen, d.h. den Wortbildungsresultaten, beschreibt andererseits aber durch deren Analyse auch das Inventar der Strukturen und die
Elemente möglicher Bildungen.

Wortbildungsprozesse sind am deutlichsten an motivierten Bildungen,
d.h. an „durchsichtigen Wörtern", zu erkennen. Durch ihre Analyse lassen sich die in der Gegenwartssprache wirkenden **produktiven Wortbildungstypen** feststellen. Doch auch diejenigen Muster, die nicht mehr zur
Bildung komplexer Wörter führen, die **unproduktiven Wortbildungstypen** (wie z.B. *-t* in *Fahr-t* oder *-de* in *Freu-de*), gilt es zu untersuchen,
denn es ist „nicht ausgeschlossen, daß unproduktive Typen wieder produktiv werden" (FLEISCHER 1982, 20).

Von ihrer Struktur her können zunächst zwei Arten von Wortbildungsprozessen unterschieden werden:
1. Wortbildung als die **Transformation syntaktischer Wortverbindungen** in komplexe Wörter, wie z.B. *Regelung der Arbeitszeit —>
Arbeitszeitregelung, Schloß der Tür des Hauses —> Schloß der Haustür —> Haustürschloß*. Solche Bildungen sind für uns spontan verständlich, weil wir die Bedeutungen ihrer Bestandteile (Konstituenten) kennen und die Regeln ihrer Kombination beherrschen.
2. Wortbildung als **Analogiebildung**, d.h. existierende Bildungen liefern
das Muster für eine Neubildung (*Hausmann* z.B. kann als Analogiebildung zu *Hausfrau* aufgefaßt werden). Das Verstehen setzt die
Kenntnis der Bedeutung des zugrunde liegenden Musters voraus.

## 5.4   Typen der Wortbildung im Deutschen

Die **Haupttypen der Wortbildung** sind im Deutschen:
– die Zusammensetzung (oder Komposition),
– die Ableitung (oder Derivation),
– die Konversion.

106 Kapitel 5: Wortbildung

Als weitere Typen der Wortbildung im Deutschen sind außerdem zu nennen:
– die Kürzung,
– die Wortmischung (oder Kontamination).

Die in dieser Auflistung strikt unterschiedenen Typen sind bei der Untersuchung komplexer Wörter nicht immer eindeutig abzugrenzen; denn es gibt Übergangsbereiche zwischen ihnen, und außerdem können komplexe Wörter verschiedene Prozesse durchlaufen haben, deren Abfolge nicht mehr eindeutig rekonstruierbar ist.

## 5.4.1 Zusammensetzung

Das produktivste Muster der Wortbildung ist im Deutschen die **Zusammensetzung,** die Komposition. Erweiterung und Veränderung des Wortschatzes der Gegenwartssprache finden größtenteils durch Kompositionsbildungen statt.

Unter **Komposition** (Zusammensetzung) ist die Bildung eines komplexen Wortes zu verstehen, das aus mindestens zwei Morphemen oder Morphemverbindungen besteht, die sonst als selbständige Wörter vorkommen können (zu Morphemtypen: vgl. Kap. 4.5). Diese Definition ist dahingehend zu erweitern, daß auch die nicht-wortfähigen Kernmorpheme von Wörtern (z.B. *reit* in *reit-en)* kompositionsfähig sind (*Reit-pferd, Reit-schule*). Das Resultat der Komposition ist ein **Kompositum** (Pl.: Komposita).

Wie Zusammensetzungen gebildet werden können und wie sie selbst wieder zu Gliedern neuer Zusammensetzungen werden, läßt sich an dem folgenden Beispiel erkennen:

[5]  *Es war einmal ein **See**, der war immer voll **Schnee**, darum nannten ihn alle Leute nur **Schneesee**. Um diesen Schneesee wuchs **Klee**, der **Schneeseeklee**, der wuchs rot und grün, und darin äste ein **Reh**, das **Schneeseekleereh**, und dieses Schneeseekleereh wurde von einer **Fee** geliebt, die fast so schön war wie Scheherezade, der überaus anmutigen **Schneeseekleerehfee**.* (FÜHMANN 1978, 13ff. – Hervorhebungen von mir, W. Sch.)

Die Wiederholbarkeit des Kompositionsprozesses ist auch zu belegen durch Zusammensetzungen wie die (oft zitierte) Scherzbildung:

[6]  *Donaudampfschiffahrtsgesellschaftskapitänswitwenrentenauszahlungsstelle.*

An dieser Konstruktion wird deutlich, daß in Kompositionsprozessen nicht nur auf einfache Wörter (wie *Donau*) und schon zusammengesetzte Wörter (wie *Dampf-schiff*) zurückgegriffen wird, sondern auch auf Resultate anderer Wortbildungsprozesse, denn *Auszahlung* ist offensichtlich kein Kompositum (es ist eine Ableitung, vgl. 5.4.2).

Komposita können durch schrittweise Teilungsprozesse wieder in ihre **Konstituenten** zerlegt werden, die eine **binäre Struktur** aufweisen. Diese Segmentierung hilft, die Struktur der Bildung zu erkennen. Bei der Analyse komplexer Komposita, d.h. von Zusammensetzungen, die aus mehr als zwei Gliedern bestehen, zeigt sich, daß auch sie eine **binäre Struktur** haben:

[7]

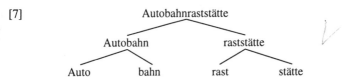

Komplexe Zusammensetzungen können aber unterschiedliche Verzweigungsstrukturen aufweisen:

a) **linksverzweigend**

[8]

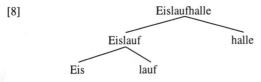

b) **rechtsverzweigend**

[9]

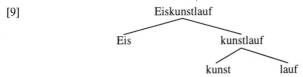

Die ersten beiden Glieder von Komposita wie *Eltern-Kind-Beziehung* oder *Herz-Lungen-Maschine* weisen in ihrer ersten Konstituente statt einer verzweigenden (hypotaktischen) eine additiv-gleichrangige (parataktische) Struktur auf:

[10]

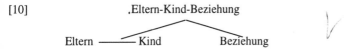

An der Komposition können Wörter verschiedener Wortarten beteiligt sein; bei den Hauptwortarten Nomen, Verb, Adjektiv ergeben sich z.B. folgende Kompositionsmöglichkeiten für zweigliedrige Bildungen:

1 Nomen + Nomen          *Bücherregal, Teppichboden*
2 Nomen + Adjektiv       *krebsrot, taghell*
3 Nomen + Verb           *radfahren, staubsaugen*
4 Adjektiv + Nomen       *Hochhaus, Rotstift*
5 Adjektiv + Adjektiv    *hellblau, hochaktuell*
6 Adjektiv + Verb        *krankfeiern, kurzarbeiten*
7 Verb + Nomen           *Schreibpapier, Webfehler*
8 Verb + Adjektiv        *denkfaul, strapazierfähig*
9 Verb + Verb            *schwingschleifen, preßschweißen*

Je nach entstandener Bildung spricht man von **Nominalkompositum** (1, 4, 7), **Verbalkompositum** (3, 6, 9) oder **Adjektivkompositum** (2, 5, 8). Diese Bezeichnungen weisen darauf hin, daß das rechte Glied der Bildung die gesamte Bildung kategorial bestimmt, d.h. in das Wortartensystem einordnet. Das rechte Glied ist deshalb das **Grundwort** (**Basiswort**) des Kompositums. Wird dieses Grundwort durch das erste Glied semantisch näher bestimmt, handelt es sich bei der Bildung um ein **Determinativkompositum**. Der vor dem Grundwort stehende Teil ist das **Bestimmungswort**, das u.U. auch aus mehreren Gliedern bestehen kann.

Wie oben bemerkt, ist die Bildung von Determinativkomposita nicht auf die genannten drei Hauptwortarten (Nomen, Verb, Adjektiv) beschränkt, sondern es können auch Vertreter anderer Wortarten beteiligt sein, z.B.: Pronomen (*Wirgefühl*), Adverbien (*Innenbeleuchtung*), Numerale (*Dreizack*), Präpositionen (*Mitmensch*).

In Determinativkomposita verbergen sich (u.U. komplexe) syntaktisch-semantische Beziehungen, die man kennen muß, um die Bedeutung der Zusammensetzung zu erschließen. Wie unterschiedlich diese sein können, zeigen die folgenden Beispiele mit *Schrank* als Grundwort:

[11]  *Wandschrank*:     'in die Wand eingebauter Schrank' (Ort, Bauart)
      *Eichenschrank*:   'Schrank aus Eichenholz' (Material)
      *Küchenschrank*:   'Schrank in der Küche' (Ort, Funktion)
      *Glasschrank*:     'Schrank mit Teilen aus Glas' (bes. Bauteile)
      *Kühlschrank*:     'Schrank, in dem Lebensmittel gekühlt werden' (Zweck)

So verschieden die Bedeutungen dieser Zusammensetzungen mit *Schrank* im einzelnen sind – allen gemeinsam ist die an das Grundwort gebundene

Bedeutung 'kastenförmiges Behältnis', die durch das Bestimmungswort spezifiziert wird. Die Konstituenten dieser Bildungen können deshalb nicht vertauscht werden, ohne daß die Bedeutung verloren geht (*Wandschrank ≠ Schrankwand, Eichenschrank ≠ *Schrankeiche* usw.).

Bei den **Kopulativkomposita** hingegen sind die Konstituenten der Zusammensetzung gleichgeordnet und zumindest theoretisch vertauschbar, wenngleich ihre Abfolge in den meisten Fällen konventionalisiert ist:

[12]  *Spieler-Trainer, Strichpunkt; süßsauer, naßkalt.*

Die Bedeutung dieser Bildungen ergibt sich aus der Addition der Bedeutung der einzelnen Glieder. Anders verhält es sich bei Kopulativkomposita wie *Strumpfhose* oder *Kleiderschürze*, denn:

> „Eine *Strumpfhose* hat zwar ‚etwas' von einem Strumpf und einer Hose, ist aber weder Strumpf noch Hose. Komposita dieser Art bilden vorzugsweise eine Wortbildungsgruppe der Benennungen für Kleidungsstücke [...]". (FLEISCHER/BARZ 1992, 128)

Für Kopulativkomposita gilt die Einschränkung, daß sich nur Vertreter derselben Wortart additiv verbinden lassen, d.h. Nomen + Nomen, Adjektiv + Adjektiv, Verb + Verb.

Eine weitere Gruppe der Zusammensetzungen bilden die **Possessivkomposita**. Dazu zählen Bildungen wie *Hasenfuß, Kahlkopf, Rotbart, Trotzkopf*, wenn sie zur Bezeichnung von Personen verwendet werden. In diesen Fällen bezeichnet das Grundwort nicht das Denotat des Lexems (also den 'Fuß', den 'Kopf' oder den 'Bart'), sondern es wird im übertragenen Sinne gebraucht (oft als pars pro toto).

In vielen Fällen sind die Bestandteile des Kompositums durch lautliche Elemente verbunden, die man **Interfix** oder **Kompositionsfuge** (kurz: **Fuge**) nennt (vgl. Kap. 4.2 u. 4.5). Das Fugenelement hat eine doppelte Funktion: es erleichtert die Artikulation des Kompositums, und es markiert die Grenzen der zusammengefügten Glieder. In Nominalkomposita erscheinen folgende Fugenelemente:

[13]  -e      *Schwein-e-fleisch*
       -er     *Rind-er-braten*
       -(e)s   *Dieb-es-gut, Zeitung-s-ente*
       -ens    *Herz-ens-angelegenheit*
       -(e)n   *Treppe-n-haus, Held-en-tenor*
       -o      *Elektr-o-motor* (nur bei entlehnten Elementen)

In der Gegenwartssprache ist eine Zunahme der Komposita mit Fugenelementen festzustellen.

110 Kapitel 5: Wortbildung

## 5.4.2 Ableitung

Wie bei der Zusammensetzung werden bei der **Ableitung (Derivation)**
zumindest zwei Glieder zusammengefügt:

[14]  *taug(en)*  + *-lich*  —>  *tauglich.*

Es gilt ebenso die Festlegung, daß das rechte Glied die Bildung kategorial einordnet, d.h. die Wortart festlegt:

[15]  *taug(en)*  + *-lich*  —>  *tauglich*
     Verb                                        Adjektiv

       *tauglich*  + *-keit*  —>  *Tauglichkeit*
     Adjektiv                              Nomen

Allerdings unterscheiden sich die Glieder hinsichtlich ihrer Wortfähigkeit, denn zumindest ein Glied der Ableitung kann nicht als selbständiges
Wort auftreten. Bei diesem Glied handelt es sich um ein **Wortbildungsmorphem (Derivationsaffix)**. Wie in Kap. 4 erwähnt, lassen sich die für
die Wortbildung relevanten Affixe unterscheiden in **Präfixe** und **Suffixe**.
So bildet das Deutsche durch die Verbindung mit den Suffixen

[16]  *-ung, -heit/-keit, -schaft* usw. Substantive:
      *Lenkung, Gesundheit, Haltbarkeit, Bürgerschaft;*

     *-bar, -lich, -haft, -isch/-ig* usw. Adjektive:
      *haltbar, schrecklich, bildhaft, herrisch, goldig;*

     *-(e)n, -eln, -ieren* usw. Verben:
      *fischen, kellnern, drängeln, halbieren*

     *-s, -falls* usw. Adverbien:
      *wochentags, flugs, jedenfalls, gleichfalls.*

Nicht immer muß die **Suffigierung** zu einem Wortartwechsel des abgeleiteten
Wortes führen, wie dies in den Beispielen [15] der Fall ist; denn bestimmte Suffixe können das Ausgangswort (Basis) nur modifizieren, wie z.B. *-chen* bei Substantiven (*Bäumchen*), das Movierungssuffix *-in* z.B. zur Bildung von Berufsbe-
zeichnungen für Frauen (*Ärztin*) oder *-lich* bei Adjektiven (*schwärzlich*).

Betrachtet man die Ableitungen von ihren Stämmen her, so lassen sie
sich danach gliedern, welcher Wortart der Stamm vor der Ableitung angehört hat. Wurde als Basis ein Substantiv verwendet, so spricht man von
**Denominativum** bzw. **Desubstantivum** (*haarig, hämmern*); war die Basis ein Adjektiv, von einem **Deadjektivum** (*Röte, glätten*); war sie ein
Verb, von **Deverbativum** (*Senkung, lesbar*).

Bildungen wie *\*unkaputtbar* zeigen, daß Ausgangswörter und Suffixe nicht beliebig kombinierbar sind: *-bar* bildet nur Ableitungen aus bestimmten Verben; es

müßte zuerst das Verb *kaputten gebildet werden, um die -bar-Ableitung zu er-möglichen – die dann die Ableitung *Unkaputtbarkeit zuließe, denn abgeleitete Wörter können weitere Ableitungsprozesse durchlaufen. Die einzelnen Suffixe sind demnach in zweifacher Hinsicht wortartspezifisch: (1) sie lassen sich nur mit den Vertretern bestimmter Wortarten verbinden; (2) sie legen die Wortart der Bil-dung fest.

Anders als die Suffixe bestimmen die **Präfixe** nicht die Wortart des abgeleiteten Wortes. Wie die Suffixe lassen sie sich aber danach gruppie-ren, mit welchen Wortarten sie sich verbinden lassen:

1 *miß-; de-, in-, re-, trans-* u.a. mit Substantiven, Adjektiven und Verben (*Mißton, mißgestimmt, mißfallen; Deformation, dezentral, dehydrieren*)

2 *erz-, un-, ur-; anti-, ex-, non-, super-* usw. mit Substantiven u. Adjektiven (*Erzgauner, erzmißtrauisch, Unart, unbespielbar; Antiheld, antizyklisch*)

Zwei weitere Gruppen sind nur mit Verben bzw. mit Ableitungen aus Verben kombinierbar:

3 *be-, ent-, er-, ver-, zer-* u.a. (*bezahlen, enttäuschen, erleben, verstehen, zerfallen*)

4 *ab-, an-, auf-, aus-, bei-, ein-, mit-, nach-, -um, vor-, zu-* u.a. (*abfahren, anfassen, aufstellen, ausgeben, beistehen, einsehen* usw.)

Die Präfixe der dritten Gruppe sind in den mit ihnen gebildeten Verben unbetont (*be'zahlen, ent'täuschen* usw.) und untrennbar, während die Präfixe der vierten Gruppe in den abgeleiteten Verben betont werden ('*abfahren, 'anfassen* usw.); letztere werden auch als „freie Präfixe" bezeichnet, da sie zur Bildung trennbarer Verben führen (*aufstellen – stellt ...auf*).

Die Verbpräfixe

5 *durch-, um-, über-* und *wider-*

können sowohl trennbare Verben bilden, dann sind sie betont, als auch untrennbare, dann sind sie unbetont, wie z.B.' *durchfahren — durch'fah-ren*). Zu erwähnen ist noch, daß sich die Valenz (vgl. Kap. 6.7) des abge-leiteten Verbs von der des Ausgangsverbs unterscheiden kann.

Zu den Präfixen der Gruppen 4 und 5 existieren (außer zu *ein-*) formengleiche Präpositionen; die Präfixe haben allerdings i.d.R. eine abstraktere Bedeutung.

Gerade bei der Wortbildung der Verben spielt die **Präfigierung** eine be-sondere Rolle; sie ist das wichtigste Mittel für den Ausbau des verbalen Wortschatzes.

### 5.4.3 Konversion

Bei der **Konversion** wird ein Wort oder eine Wortgruppe ohne Verwen-dung von Affixen in eine andere Wortart überführt. Diese Überführung

# 112 Kapitel 5: Wortbildung

(**Transposition**) weist darauf hin, daß die Konversion als eine besondere Art der Ableitung aufgefaßt werden kann. Am einfachsten erkennbar ist die Konversion an der sog. **Substantivierung**: Im Deutschen können Vertreter aller Wortarten „substantiviert" werden, z.B.

[17]   *arbeiten* (Verb)       —>   *(das) Arbeiten*
       *blau* (Adjektiv)      —>   *(das) Blau*
       *es* (Pronomen)        —>   *(das) Es*
       *morgen* (Adverb)      —>   *(das) Morgen*

Diese Konversionsresultate in [17] haben immer neutrales Genus und sind nicht pluralfähig.

Konversion liegt – historisch gesehen – auch vor bei Bildungen wie:

[18]   *schmuck* (Adjektiv)    <   *Schmuck* (Substantiv)
       *zeit* (Präposition)    <   *Zeit* (Substantiv)
       *lahm* (Adjektiv)       <   *lahm(en)* (Verb)
       *Lauf* (Substantiv)     <   *lauf(en)* (Verb)

Die Konversionsresultate sind durch die Ausgangswörter motiviert, d.h. diese liefern die Bedeutungsmerkmale für die abgeleiteten Wörter – nicht umgekehrt; so sind z.B. in *lauf(en)* deutlich mehr Bedeutungsmerkmale enthalten als in *Lauf*, denn Konversionsresultate können i.d.R. nicht sämtliche Bedeutungsmerkmale des Ausgangswortes übernehmen. Es ist hier nicht immer einfach, die Ableitungsrichtung zu erkennen: Ist z.B. *schlaf(en)* von *Schlaf* abgeleitet oder umgekehrt? Dies kann in vielen Fällen nur die sprachhistorische Forschung klären.

Bei Substantiven, die von Verben abgeleitet sind, lassen sich weitere Besonderheiten beobachten. Hier finden sich Konversionsresultate, die einen anderen Stammvokal haben als die Ausgangsverben:

[19]   *Griff*          <   *greifen*
       *Ritt*           <   *reiten*
       *Trank/Trunk*    <   *trinken*
       *Wurf*           <   *werfen*
       *Sturz*          <   *stürzen*

Während sich der geänderte Vokal des abgeleiteten Substantivs bei *Griff, Ritt, Trank/Trunk* in Stammformen des Verbs wiederfindet, müssen in den beiden letzten Fällen wiederum sprachhistorische Erklärungen für den Vokalwechsel herangezogen werden.

## 5.4.4   Weitere Möglichkeiten der Wortbildung im Deutschen

Im Unterschied zu den bisher vorgestellten Wortbildungstypen wird durch die **Kürzung** kein neues sprachlichen Zeichen gebildet, bei dem eine „neue" Ausdrucksseite mit einer „neuen" Inhaltsseite verbunden ist, denn es findet nur eine ausdrucksseitige Veränderung statt. Außerdem „tritt weder ein Wortartwechsel noch eine semantische Modifikation ein"

(FLEISCHER/BARZ 1992, 52). Gleichwohl kann die Kürzung als Möglichkeit der Wortbildung angesehen werden, weil aus vorhandenem Sprachmaterial nach angebbaren Regeln Wortbildungen erfolgen, die zu Änderungen im Wortschatz führen können. Außerdem können Kürzungsprodukte zu Gliedern in Komposita werden (z.B. *U-Bahn, Uni-Prof*) oder die Basis für Ableitungen bilden (*Fund + -i < Fundamentalist*).

Als Kürzungstypen lassen sich unterscheiden:
- Kopfwörter:        *Auto < Automobil, Uni < Universität;*
- Schwanzwörter:     *Bus < Omnibus, Jeans < Bluejeans;*
- Silbenwörter:      *Kripo < Kriminalpolizei, Kita < Kindertagesstätte,*
                     teilweise auch nur Silbenteile:    *Azubi < Auszubildende(r);*
- Buchstabenwörter
                     mit Buchstabenaussprache: *BH, CD, EKG, PKW, SPD,*
                     mit silbischer Aussprache: *DIN, ETA, NASA, UFO, UNO.*

Bei der **Kontamination** (auch: Wortmischung, Wortkreuzung) werden zwei selbständige Wörter zu einem neuen Wort „vermischt", z.B.:

[20]   *Tragik + Komik*         —>  *Tragikomik*
       *fürchterlich + furchtbar* —>  *fürchterbar*
       *smoke + fog*             —>  *Smog* (Kontamination im Engl.)
       *raffinement + finesse*   —>  *Raffinesse* (Kontamination im Dt.).

Zu den Kontaminationen können auch Gelegenheitsbildungen gerechnet werden wie

[21]   *Mainhattan, Bankfurt, Punkfurt, Zankfurt* (für *Frankfurt*)
       *Bonnanza, Bonnze, Bonnbons* (für *Bonn + ...*).

Das Zusammenfügen der Ausgangswörter dieser Bildungen findet i.d.R. dort statt, wo sie in einem Laut oder in einer Lautfolge übereinstimmen (*Tomate + Kartoffel* —> *Tomoffel*). Kontaminationen erfreuen sich gerade im wortspielerischen Umgang mit Sprache großer Beliebtheit.

## 5.5   Wortbildungstendenzen in der Gegenwartssprache

Zwei scheinbar gegenläufige Wortbildungstendenzen fallen in der deutschen Gegenwartssprache besonders auf: zum einen die signifikante Zunahme der Bildung von drei- und mehrgliedrigen Zusammensetzungen und zum anderen die Zunahme von Kürzungen bzw. von Bildungen, die auf Kürzungen beruhen. Einige Beispiele:

[22]   *Stereo-Cassettenspieler mit Stereo-Kopfhörer; Bodenstaubsauger mit 4fach-Filtersystem, inclusive Mikro-Hygiene-Filtercassette; Stereo-Farbfernsehgerät mit 70-cm-Black-Matrix-FSQ-Bildröhre, Euro-AV-Anschluß und Infrarot-Fernbedienung.*

# 114                    Kapitel 5: Wortbildung

In vielen dieser Beispiele hilft der sog. Erläuterungs- bzw. Durchkoppelungsbindestrich beim Verständnis der Bildungen.
Während die vielgliedrigen Zusammensetzungen fast ausschließlich in schriftlichen Kommunikationsdomänen begegnen, erscheinen die folgenden Buchstabenwörter sowohl in schriftlichen als auch in mündlichen Texten:

[23]    *ROM, PC, LP, CD, NC, LK;* (mit engl. Lautung:) *Aids, DJ, HiFi, TV.*

Solche Kürzungen sind oftmals nicht mehr durchsichtig, weil nicht mehr aufgelöst werden kann, für welche Wörter die Initialen stehen, oder weil überhaupt kein Bewußtsein mehr vorhanden ist, daß es sich um Buchstabenwörter handelt.
Bei den Beispielen unter [24] handelt es sich um einen Wortbildungstyp, der sich v.a. im mündlichen Sprachgebrauch immer größerer Beliebtheit erfreut:

[24]    *Grufti, Wessi, Ossi, Prolo, Asi, Studi, Chauvi, Profi, Speedie.*

Die aufgezeigten Entwicklungen deuten im Wortschatz eine Tendenz zur Synthese an, während sich im Bereich von Syntax und Morphologie weiterhin der Trend zum analytischen Sprachsystem bemerkbar macht.

## Literaturhinweise

BRAUN, PETER 1987: Tendenzen in der deutschen Gegenwartssprache. Sprachvarietäten. 3. Aufl. Stuttgart u.a.

DUDEN, Bd. 4: Grammatik der deutschen Gegenwartssprache. 4. Aufl. Mannheim u.a. 1987 (darin WELLMANN, HANS: Die Wortbildung, S. 386-501)

FLEISCHER, WOLFGANG 1982: Wortbildung der deutschen Gegenwartssprache. 2. Aufl. Tübingen

FLEISCHER, WOLFGANG/BARZ, IRMHILD 1992: Wortbildung der deutschen Gegenwartssprache. Unter Mitarbeit von MARIANNE SCHRÖDER. Tübingen

GLÜCK, HELMUT/SAUER, WOLFGANG W. 1990: Gegenwartsdeutsch. Stuttgart

HANSEN, SABINE/HARTMANN, PETER 1991: Zur Abgrenzung von Komposition und Derivation. Trier

HERINGER, HANS JÜRGEN 1984: Gebt endlich die Wortbildung frei! In: Sprache und Literatur in Wissenschaft und Unterricht 15, S. 43-53

NAUMANN, BERND 1986: Einführung in die Wortbildungslehre des Deutschen. 2. Aufl. Tübingen

OLSEN, SUSAN 1986: Wortbildung im Deutschen. Eine Einführung in die Theorie der Wortstruktur. Stuttgart

RICKHEIT, MECHTHILD 1993: Wortbildung. Grundlagen einer kognitiven Wortsemantik. Opladen

SOMMERFELDT, KARL-ERNST (Hg.) 1988: Entwicklungstendenzen in der deutschen Gegenwartssprache. Leipzig

TOMAN, JINDRICH 1983: Wortsyntax. Eine Diskussion ausgewählter Probleme deutscher Wortbildung. Tübingen

WILSS, WOLFRAM 1986: Wortbildungstendenzen in der deutschen Gegenwartssprache. Theoretische Grundlagen – Beschreibung – Anwendung. Tübingen

# 6 Syntax: Strukturen in Sätzen

6.1   Was ist ein Satz?
6.2   Die generative Transformationsgrammatik (TG)
6.3   Die syntaktische Ordnung einfacher Sätze
6.3.1 Satzarten
6.3.2 Wortstellung und Satzart
6.4   Operationale Verfahren zur Ermittlung der Satzglieder
6.4.1 Die Klangprobe
6.4.2 Die Verschiebeprobe
6.4.3 Die Umstellprobe
6.4.4 Die Ersatzprobe
6.4.5 Die Weglaßprobe
6.5   IC-Analyse und Phrasenstrukturgrammatik
6.6   Die Wortarten- und Satzgliedlehre der Schulgrammatik
6.6.1 Wortarten und Wortformen
6.6.2 Die Wortarten des Deutschen
6.6.3 Die Satzglieder als Ordnung des Satzes
6.6.4 Das Prädikat
6.6.5 Die Prädikatsklammer
6.6.6 Das Prädikativum
6.6.7 Kasusbestimmte Satzglieder
6.6.8 Kasusbestimmte Angaben
6.7   Die Dependenzgrammatik
6.7.1 Rektion und Valenz
6.7.2 Verben und ihre Ergänzungen
6.8   Adverbielle Bestimmungen und ihre Erscheinungsformen
6.9   Attribute als Satzglieder zweiter Ordnung
6.10  Vom Satzglied zum Gliedsatz: Der zusammengesetzte Satz
6.10.1 Funktionale Klassifizierung der Nebensätze
6.10.2 Inhaltliche Klassifizierung der Nebensätze und Verknüpfungsmittel
6.10.3 Formale Klassifizierung der Nebensätze
6.11  Zusammenfassung

Als Teilbereich der Grammatik bezeichnet **Syntax** die Lehre vom Bau
der Sätze einer Sprache; das Wort „Syntax" kommt aus dem Griechischen und bedeutet soviel wie „Zusammenordnung", „Zusammenstel-
lung". Der Satz ist als kleinster, relativ selbständiger Bestandteil der Rede bzw. des Textes die Grundeinheit, die mit Hilfe verschiedener lingui-
stischer Modelle analysiert wird. Im folgenden werden verschiedene
Möglichkeiten, Satzkonstruktionen systematisch in Modellen darzustel-
len, für eine beschreibende Syntax des Deutschen herangezogen. Zunächst ist dazu der Untersuchungsgegenstand einzugrenzen.

## 6.1 Was ist ein Satz?

In jeder Sprache ist es möglich, unendlich viele Sätze zu bilden. Beim Sprechen oder Schreiben stellt die Ordnung des **Satzes** den grammatischen Zusammenhang her, der den Wörtern konkrete Bedeutungen zuweist und hilft, den gemeinten Sachverhalt zu erschließen. Bei Einzelwörtern ist das oft nicht eindeutig möglich: Was wird mit dem Wort *Ente* bezeichnet – Tier, Pkw oder falsche Zeitungsnachricht? Mit einem Satz kann man die Bedeutung dieser Homonyme eingrenzen:

[1a]  *Die Ente schwimmt auf dem See.*
[1b]  *Angela hat sich eine fünftürige Ente gekauft.*
[1c]  *Die Meldung über den Rücktritt war wohl eine Ente.*

Aber in einem Satz wie

[1d]  *Die Ente hat eine Feder verloren.*

bleibt es unklar, ob mit *Feder* ein auf der Straße liegendes Metallteil oder eine auf der Wiese liegende Daune bezeichnet wird. Mit der Mehrdeutigkeit syntaktischer Einheiten und ganzer Sätze beschäftigen sich neuere semantische Theorien, z.B. die Satzsemantik.

Jeder Sprecher einer Sprache hat eine Vorstellung von Sätzen; als Einheiten des Sprechens und Schreibens sind Sätze allgegenwärtig. In der Syntaxtheorie verursacht die Satzdefinition allerdings Probleme, da Sätze sehr unterschiedlich aussehen können. Die folgenden Beispiele geben einen Eindruck von der Vielfalt der sprachlichen Einheiten, die – z.B. im Rahmen eines Dialogs – als selbständige Äußerungen eines Sprechers auftreten können:

[2]  *Es regnet.*
[3]  *Warum?*
[4]  *In fünf Minuten!*
[5]  *Warum hast du das Buch, das ich bestellt habe, nicht abgeholt?*
[6]  *Weil ich gedacht habe, daß du selbst noch in die Stadt gehst.*

Mit dem Maßstab der schriftsprachlichen Grammatik gemessen, müssen insbesondere die Einheiten [3], [4] und [6] als unvollständig gelten. Sie sind daher nicht als Sätze im engeren Sinne zu bezeichnen; als „Äußerungen" der gesprochenen Sprache sind sie allerdings dennoch verständlich und haben eindeutig kommunikative Funktion. Es gibt weitere Typen gesprochener Äußerungen, die in der schriftsprachlichen Grammatik keine Sätze sind, z.B.:

Die generative Transformationsgrammatik     117

[7]     *Guten Morgen!*
[8]     *Weg da!*
Darüber hinaus finden sich Äußerungen, die Teile von Sätzen sind:
[9]     *wenn er Zeit hat*
[9a]    *Er arbeitet langsam, wenn er Zeit hat.*

Ein Sprecher bzw. Schreiber hat ein Gefühl für die grammatische Richtigkeit und Vollständigkeit von Sätzen. In Grammatiken hingegen wird in der Regel aufgrund von Untersuchungen geschriebener Texte normativ festgelegt, wie die Einheiten auszusehen haben, die als „vollständige" und „richtige" Sätze einer Sprache gelten sollen (vgl. Abschn. 6.3). An die Syntax der gesprochenen Sprache werden andere Maßstäbe angelegt, die von den Regeln der geschriebenen Sprache abweichen können.

## 6.2    Die generative Transformationsgrammatik (TG)

Die kognitive Fähigkeit des Menschen, grammatische Sätze zu bilden und zu verstehen, steht im Mittelpunkt der Beschreibungen der generativen Transformationsgrammatik (TG). Das Regelsystem zur Bildung von Sätzen, die „Grammatik" einer Sprache, wird im Spracherwerbsprozeß entwickelt; die **Kompetenz**, die Beherrschung dieser Regeln, erlaubt es dem Sprecher, Sätze zu erzeugen (zu „generieren") und zu verstehen – auch solche, die er nie zuvor gehört hat. Die Sprachkompetenz als „innere Grammatik" erlaubt es dem Sprecher-Hörer, mit Hilfe des von ihm beherrschten Regelsystems von den endlichen Mitteln, die die Sprache zur Verfügung stellt, unendlichen Gebrauch zu machen, indem er beliebig viele verschiedene Sätze produziert, versteht oder hinsichtlich ihrer **Grammatikalität** beurteilt. Die grammatische Richtigkeit bezieht sich nicht auf die Wahrheit oder Zutreffendheit dessen, was in sprachlichen Gebilden festgestellt oder behauptet wird. So sind zum Beispiel die folgenden Sätze „richtige", d.h. vollständige und grammatische Sätze des Deutschen:

[10]    *Alle Gelsenkirchener lügen.*
[11]    *Ein Gelsenkirchener sagt, daß alle Gelsenkirchener lügen.*
[12]    *Ein Gelsenkirchener sagt, daß ein anderer Gelsenkirchener gesagt habe, daß alle Gelsenkirchener lügen.*
[13]    *Der Gelsenkirchener, der gesagt hat, daß alle Gelsenkirchener, die behaupten, daß Menschen, die in Gelsenkirchen geboren sind, lügen, weil sie in Gelsenkirchen geboren seien, lügen, hat gelogen, oder hat er, wenn er, der in Gelsenkirchen, der Stadt im Herzen des Ruhrgebiets, geboren ist, den Mund aufmacht, nicht schon gelogen?*

118     Kapitel 6: Syntax

An den Beispielen wird deutlich, daß die Grammatikalität, die grammatische Richtigkeit eines Satzes, nichts mit der Verständlichkeit seines Inhalts zu tun hat. Der Sprecher kann aufgrund seiner Kompetenz grammatische Abweichungen bzw. Unvollständigkeit wahrnehmen (vgl. [9]) und über die Verständlichkeit von sprachlichen Ausdrücken urteilen (so ist [13] kaum mehr verständlich, bei genauerer Überprüfung aber doch ein richtiger, ein grammatischer Satz des Deutschen). Urteile über die Grammatikalität sprachlicher Ausdrücke sind weder abhängig von Wahrheitswerten noch von Plausibilität. Sätze wie:

[14]   *Der Schwanz wedelt mit dem Hund.*
[15]   *Dieser Brief kauft Regentropfen.*

sind zwar unwahr bzw. semantisch nicht akzeptabel, aber den Regeln der Grammatik gemäß als „richtig" zu bezeichnen.

Das Beherrschen des Regelsystems der Grammatik ist jedoch nicht gleichzusetzen mit dem Wissen über dessen Funktionsweise. Die TG geht von der Überlegung aus, daß die Erzeugung von Sätzen modellhaft als Überführung von **Tiefenstrukturen** in **Oberflächenstrukturen** beschreibbar ist. Die Annahme syntaktischer Realisierungen an der Oberfläche bzw. von Strukturen, die Beziehungen zwischen Einzelelementen beschreiben, stammt aus der frühen Form der TG und prägte ihren Namen: Tiefenstrukturen werden in Oberflächenstrukturen überführt, „transformiert", d.h. in eine bestimmte Form gebracht. Die verschiedenen Realisierungen von **Kernsätzen** können durch **Transformationen** beschrieben werden. Danach liegt dem Aktivsatz [16a] wie dem Passivsatz [16b] dieselbe Tiefenstruktur zugrunde.

[16a]   *Peter schlägt Paul.*
[16b]   *Paul wird von Peter geschlagen.*

Im Modell der TG gelten Passivsatz und Aktivsatz als Transformationen, d.h. eine Tiefenstruktur kann in zwei unterschiedliche Oberflächenstrukturen überführt werden. Durch die syntaktische Beschreibung verschiedener Transformationen können auch die unterschiedlichen Bedeutungen mehrdeutiger Sätze erfaßt und beschrieben werden; es wird in diesen Fällen davon ausgegangen, daß gleiche Oberflächenstrukturen auf verschiedene Kernsätze der Tiefenstruktur zurückzuführen sind. Der Satz

[17]   *Heute wird das Zimmer von Petra geputzt.*

läßt verschiedene Lesarten zu:

[17a]   *Heute wird Petras Zimmer geputzt.*
[17b]   *Heute putzt Petra das Zimmer.*

Die syntaktische Ordnung einfacher Sätze 119

Die Information, die in [17] durch den präpositionalen Ausdruck *von Petra* gegeben wird, kann zu verschiedenen Teilen des Satzes in Beziehung gebracht werden: das Zimmer gehört Petra, und irgend jemand putzt dieses Zimmer, [17a]; das Zimmer gehört irgendwem, und Petra putzt das Zimmer, [17b]. Die TG ist – so NOAM CHOMSKY (1969, 36ff.) – in der Lage, solche Mehrdeutigkeiten systematisch zu erfassen und dadurch zu erklären; ihr Ziel ist es, eine einfache, möglichst kurze Regelliste zu erstellen, anhand derer alle in einer Sprache möglichen grammatischen Sätze generiert und als Realisierungen von Tiefenstrukturen in Oberflächenstrukturen beschrieben werden können. Dazu greift CHOMSKY auf das strukturalistische Verfahren der IC-Analyse, der Analyse der unmittelbaren Konstituenten („immediate constituents"), zurück (vgl. Abschn. 6.5), das Strukturen der in einer Sprache existierenden Sätze durch abstrakte Formeln beschreibt.

## 6.3 Die syntaktische Ordnung einfacher Sätze

Traditionell unterscheidet man zwischen **einfachen** und **komplexen Sätzen**: Einfache Sätze bestehen aus einem finiten, d.h. konjugierten Verb (dem Prädikat), den notwendigen Ergänzungen, d.h. Satzgliedern (im Deutschen mindestens dem Subjekt) und ggf. freien Ergänzungen (z.B. Attributen oder adverbiellen Bestimmungen). Komplexe Sätze sind aus einfachen Sätzen zusammengesetzt. Zunächst soll die Lehre vom einfachen Satz Gegenstand der näheren Betrachtung sein.

### 6.3.1 Satzarten

Sätze werden in der Schriftsprache als Einheiten von Texten durch Satzzeichen begrenzt. In der gesprochenen Sprache werden die verschiedenen **Satzarten** durch unterschiedliche Intonation, d.h. Satzakzent und typischen Tonhöhenverlauf, gekennzeichnet; in der geschriebenen Sprache dienen die Satzzeichen dem Leser als Intonationshinweise. Nach ihrem syntaktischen Bau und ihrer kommunikativen Funktion unterscheidet man die Satzarten **Aussagesatz, Fragesatz, Aufforderungs-** bzw. **Befehlssatz** und **Ausrufesatz**. Während Aussage- und Fragesätze durch Punkt und Fragezeichen relativ eindeutig markiert werden, wird das Ausrufezeichen sowohl zur Kennzeichnung von Aufforderungs- als auch von Ausrufesätzen verwendet. Ein weiterer Satztyp, der **Wunschsatz**, bezeichnet konjunktivische Ausrufesätze; aufgrund seiner Modalität wird er in einigen Grammatiken als eigene Satzart definiert. Einige Beispiele:

120                                    Kapitel 6: Syntax

[18]    *Ich gehe einkaufen.*
[19a]   *Wohin gehst du?*
[19b]   *Gehst du in die Stadt?*
[20]    *Bring Brötchen mit!*
[21]    *Brächte er doch Brötchen mit!*

Der indikativische Aussagesatz [18] drückt den ausgesagten Sachverhalt als gegeben aus, der konjunktivische Wunschsatz [21] bringt ein reales oder irreales Begehren zum Ausdruck. Bei den Fragesätzen werden die **Ergänzungsfragen** [19a], die den Hörer veranlassen sollen, eine Informationslücke zu füllen, von den **Entscheidungsfragen** [19b] – auch „Ja-Nein-Fragen" genannt – unterschieden: hier will der Fragende wissen, ob ein Sachverhalt zutrifft oder nicht. Der Aufforderungs- oder Befehlssatz [20] dient dazu, den Gesprächspartner zu einer Handlung zu bewegen; durch den Modus Imperativ ist er eindeutig charakterisiert. Vergewisserungsfragen (auch „Echofragen" genannt) erbitten eine Bestätigung des Verständnisses von Äußerungen, dadurch daß eine Aussage in der Frageintonation (fallend-steigender Tonhöhenverlauf) wiederholt wird:

[22]    *Du bringst Brötchen mit?*
[23]    *Du bist um 6 zurück?*

Hier können auch Partikeln eingefügt werden, mit denen der Sprecher dem Gesagten Nachdruck verleiht:

[22a]   *Du bringst doch Brötchen mit?*
[23a]   *Du bist aber um 6 zurück?*

Die Echofragen zeigen, daß zwischen der grammatischen bzw. syntaktischen Form und der kommunikativen Funktion eines Satzes genau zu unterscheiden ist. Z.B. können Aufforderungen (kommunikative Funktion) in Gestalt von Aussagesätzen (syntaktische Form) geäußert werden:

[24]    *Du gehst nach Hause.*

kann mit entsprechender Intonation ein schroffer Befehl sein

[24a]   *Du gehst jetzt [sofort] nach Hause!*

Der Aussagesatz kann aber auch die kommunikative Funktion einer Frage übernehmen, wenn er mit einer entsprechenden (fallend-steigenden) Intonation geäußert wird:

[24b]   *Du gehst [schon] nach Hause?*

Es gibt auch Sätze in Frageform, die nicht als Frage gemeint sind, z.B. die „rhetorischen Fragesätze", mit denen der Sprecher die eigene Aussage verstärken will, indem er sie dem Gesprächspartner zur Zustimmung anbietet:

Die syntaktische Ordnung einfacher Sätze          121

[25]   *Habe ich das nicht gleich gesagt?*
[26]   *Ist das nicht schon immer so gewesen?*
[27]   *Haben wir vielleicht nicht unser Möglichstes getan?*

### 6.3.2  Wortstellung und Satzart

Die Satzarten sind vor allem durch ihre syntaktische Struktur gekennzeichnet. Für die grammatische Beschreibung sind die Stellung und der Modus des finiten Verbs die wichtigsten Kriterien. So befindet sich die indikativische, gebeugte Verbform in der Satzgliedfolge des Aussagesatzes an zweiter Stelle.

[28a]   *Ich gehe jetzt.*
[28b]   *Die U-Bahn fährt in drei Minuten ab.*
[28c]   *Ich möchte die letzte S-Bahn nehmen.*
[28d]   *Du hast deinen Regenschirm vergessen.*
[28e]   *Du wirst dich erkälten.*

Auch für den Fragesatz mit Fragepronomen (Ergänzungsfrage) ist die Zweitstellung des Prädikats charakteristisch:

[29a]   *Warum brichst du jetzt schon auf?*
[29b]   *Welcher ist der nächste Zug?*

Im Fragesatz vom Typ Entscheidungsfrage hingegen steht die finite Verbform in erster Position:

[30a]   *Fährst du mit dem Zug?*
[30b]   *Ist dein Auto kaputt?*

Die Erststellung des Finitums charakterisiert auch den Aufforderungs- bzw. Befehlssatz:

[31a]   *Bleib doch noch da!*
[31b]   *Nimm meinen Wagen!*

Verschiedene Syntaxmodelle beschreiben die Regularitäten und Hierarchien innerhalb von Sätzen aus verschiedenen Perspektiven: Die Analyseverfahren des Strukturalismus ermöglichen die formale Identifikation der Satzglieder als Einheiten des Satzes und die Bestimmung ihrer Funktion innerhalb des Ganzen (vgl. 6.5). Die Satzgliedlehre der Lateingrammatik entstand in Anlehnung an die Urteilslehre der klassischen Logik und steht in engem Zusammenhang mit einer vorwiegend semantischen Bestimmung der Wortarten, die an bestimmten Positionen im Satz auftreten (vgl. 6.6). Im Modell der Dependenzgrammatik wird die zentrale Bedeutung des Verbs für die syntaktische Struktur hervorgehoben (vgl. 6.7).

## 6.4 Operationale Verfahren zur Ermittlung der Satzglieder

Zunächst sollen die operationalen Verfahren der strukturellen Syntaxanalyse vorgestellt werden, die als **linguistische Proben** der systematischen Ermittlung der Satzglieder dienen sollen.

Sätze lassen sich in kleinere Einheiten zerlegen. Auch ohne explizit auf grammatisches Wissen zurückzugreifen, ist der Sprecher einer Sprache in der Lage, die Einheiten in Sätzen und die Zusammengehörigkeit von Wörtern zu ermitteln. Ausgehend von dieser Feststellung wird versucht, mit empirischen Experimenten die intuitiven grammatischen Fähigkeiten der Sprecher zu erfassen und das quasi automatisch angewandte grammatische Wissen zu beschreiben. Die **operationalen Verfahren** der Linguistik geben Aufschluß über Regularitäten und Zusammengehörigkeiten in sprachlichen Ausdrücken. Anders als die „Prozeduren" des amerikanischen Strukturalismus, die allein die Form von Wörtern und Sätzen beschreiben und die Bedeutung aus ihren Untersuchungen ausklammern, dienen die „Experimente" oder „Proben", die HANS GLINZ für seine strukturalistischen Untersuchungen des Deutschen entwickelte, einer ausdrücklich „inhaltbezogenen" Satzanalyse.

### 6.4.1 Die Klangprobe

Beim lauten Lesen geben Stimmführung, Tonhöhe, Tonstärke und Atemeinsatz Hinweise auf die Gliederung von Texten in kleinere Einheiten, die Sätze. Die **Klangprobe** dient der Ermittlung der Grobstruktur eines Satzes als Bestandteil eines Textes.

### 6.4.2 Die Verschiebeprobe

Sätze bestehen – wie bereits erwähnt – ihrerseits aus kleineren Einheiten. Die **Verschiebeprobe**, das Verschieben von Wörtern (auch als „Wortstellungstransformation" oder **Permutation** bezeichnet), kann verschiedenes demonstrieren: Sie zeigt erstens, daß nicht alle Wörter als Einzelelemente an jeder Position stehen können; zweitens, daß im Satz einige der Wörter zusammengehören und Wortgruppen bilden; drittens, daß diese Wortgruppen nur als Blöcke verschoben werden können. Nicht immer ist also das einzelne Wort unmittelbares Element des Satzes; zwischen den Einheiten Wort und Satz ist eine weitere Ebene anzusiedeln, die **Satzglieder**. Satzglieder können aus einem, zwei oder mehreren Wörtern

Operationale Verfahren zur Ermittlung der Satzglieder     123

bestehen; im komplexen Satz steht ein Gliedsatz für ein Satzglied (s.u. Abschnitt 6.10). Zur Verschiebeprobe gehört das Prinzip, daß die Wortformen nicht verändert werden dürfen.

[32a]   *Wir backen laufend frische Brötchen.*
[32b]   *Laufend backen wir frische Brötchen.*
*[32c]  *Wir laufend backen frische Brötchen.*
*[32d]  *Wir backen frische laufend Brötchen.*
?[32e]  *Wir backen frische Brötchen laufend.*

[Die mit * gekennzeichneten Varianten werden als ungrammatisch eingestuft.]

Resultat der Verschiebeprobe ist die Abgrenzung der Satzglieder, die Ermittlung der S a t z g l i e d g r e n z e n .

[32f]   *Wir | backen | laufend | frische Brötchen.*

## 6.4.3  Die Umstellprobe

Die **Umstellprobe** (auch bezeichnet als „Stellungsprobe" oder **Kommutation**) dient der Ermittlung der S a t z g l i e d f o l g e : die Elemente des Satzes, die Wörter, Wortgruppen oder Teilsätze, werden so umgestellt, daß der Satzcharakter erhalten bleibt.

[32f]           *Wir | backen | laufend | frische Brötchen.*
[32g]  *Frische Brötchen | backen | wir | laufend.*
[32h]        *Backen | wir | laufend | frische Brötchen?*
[32i]        *Laufend | backen | wir | frische Brötchen.*

Als ein Ergebnis der Umstellprobe läßt sich festhalten, daß die Satzgliedfolge im Deutschen relativ frei ist. Allerdings sind nur bestimmte Möglichkeiten zugelassen, d.h. grammatisch korrekt, andere nicht. Wie oben erwähnt, ist die Satzgliedfolge auch ein entscheidendes Kriterium zur Bestimmung der Satzarten, vgl. z.B. [32h].

## 6.4.4  Die Ersatzprobe

Mit Hilfe der **Ersatzprobe** (auch bezeichnet als „Austauschprobe" oder „Substitution") kann nun überprüft werden, ob die ermittelten Wortgruppen als Einheiten ersetzt werden können. Außerdem kann die syntaktische Gleichwertigkeit von Satzgliedern (Wörtern oder Wortgruppen) überprüft werden:

[32a]   *Wir backen laufend frische Brötchen.*
[32j]   *Die Gesellen | fertigen | von zwölf bis zwölf | Semmeln | an.*
[32k]   *Das Team der Backstube | produziert | rund um die Uhr | Teigwaren.*

Im Beispiel [32j] ist das Verb *backen* durch das Verb *anfertigen* mit trennbarem Präfix ersetzt – eine Änderung, die die verbale Satzklammerung nach sich zieht. Im Beispiel [32k] ist hingegen eine Veränderung der Formen des verbalen und des ihm voranstehenden Satzglieds erkennbar: Während in [32a] jeweils Pluralformen auftreten, liegen hier Singularformen vor, notwendigerweise, da die Sätze

*[32l] *Das Team der Backstube* | *backen* | *laufend* | *frische Brötchen.*
*[32m]*Wir* | *produziert* | *laufend* | *frische Brötchen*

keine grammatischen Sätze des Deutschen sind.

### 6.4.5  Die Weglaßprobe

Gewissermaßen eine Sonderform der Ersatzprobe ist die **Weglaßprobe** (auch bezeichnet als „Abstrichprobe", **Reduktionsprobe**, „Tilgung" oder „Eliminierung"). Wenn die Satzgliedgrenzen vorliegen, kann durch systematisches Weglassen nichtnotwendiger Satzteile das Grundgerüst des Satzes ermittelt werden. Bedingung der Eliminierung von Satzteilen ist, daß die Grammatikalität des Satzes erhalten bleibt.

[32a]  *Wir* | *backen* | *laufend* | *frische Brötchen.*

Man kann zunächst versuchen, innerhalb der Satzglieder Wörter zu eliminieren:

[32n]  *Wir* | *backen* | *laufend* | *Brötchen.*

Auch ganze Satzglieder können weggelassen werden, ohne daß die Satzstruktur ungrammatisch wird:

[32o]  *Wir* | *backen* | *frische Brötchen.*
[32p]  *Wir* | *backen* | *laufend.*
[32q]  *Wir* | *backen.*

Die Elemente „wir" und „backen" sind nicht weglaßbar, wie die folgenden Beispiele zeigen:

*[32r]  *Backen laufend frische Brötchen.*
*[32s]  *Wir laufend frische Brötchen.*

Als Ergebnis der Anwendung der operationalen Verfahren (der Klang-, Umstell-, Verschiebe-, Austausch- und Weglaßprobe) läßt sich festhalten: Wörter bilden nicht in der Weise einen Satz, daß sie wie Perlen auf eine Schnur gereiht werden; es gibt im Satz Zwischenordnungen, die **Syntagmen** (zu griech.: syntagma = das Zusammengestellte) genannt werden. Zusammengehörige Wortgruppen können auf der Satzebene daran erkannt werden, daß sie ersetzbar sind, daß sie also die Funktion von Satz-

gliedern haben. Bestimmte Satzglieder lassen sich durch ein Wort ersetzen – so sind z.B. Pronomen oft Stellvertreter für nominale Wortgruppen:

[32t]   *Sie backen sie.*

Aus dem Textzusammenhang muß klar werden, wer hier was backt. Umgekehrt lassen sich auch bestimmte Wörter durch Wortgruppen ersetzen,
im Extremfall steht ein Gliedsatz für ein Satzglied. Zwei Satzglieder sind
für einen vollständigen Satz des Deutschen notwendige Bestandteile: der
prädikative Teil, der ein finites Verb enthalten muß, und ein nominales
Satzglied an Subjektstelle.

Die formale Beschreibung der Satzglieder ist jedoch nicht Ergebnis
der bisherigen (inhaltbezogenen) Experimente, die der Abgrenzung der
Satzglieder dienen. Die Beschreibung von Form und Vorkommen der
sprachlichen Einheiten des Satzes ist Arbeitsgebiet der in den USA entwickelten strukturalistischen Syntax.

## 6.5   IC-Analyse und Phrasenstrukturgrammatik

Anders als die operationale Syntax, die ihren Verfahren den Satz als bedeutungtragende Einheit zugrunde legt, versucht die in den USA entwickelte strukturalistische Satzanalyse, mit formalen Mitteln das Zusammenspiel kleinster Elemente des Satzes zu erfassen. Die linguistische
Schule des amerikanischen Deskriptivismus versucht, die äußere Form
von Sätzen regelhaft zu beschreiben – ohne die Bedeutung sprachlicher
Einheiten zu berücksichtigen: Sprachliche Einheiten werden in ihrer **Distribution**, d.h. ihrem Vorkommen, ihrer Verteilung und ihren Kontexten,
empirisch beschrieben und auf dieser Grundlage in Klassen geordnet.
ZELLIG S. HARRIS, einer der führenden Vertreter dieser sprachwissenschaftlichen Richtung, ist der Überzeugung, daß sich Unterschiede in der
Bedeutung sprachlicher Ausdrücke mit rein formalen, empirisch gewonnenen Regeln beschreiben lassen und daß dabei objektive Beziehungen zwischen sprachlichen Elementen widergespiegelt werden. Dabei
werden auch Zusammenhänge, die über die Einheit „Satz" hinausreichen,
erfaßt. Die Methode der strukturalistischen Syntax ist die „IC-Analyse",
die Analyse der unmittelbaren Konstituenten eines Satzes: Sprachliche
Äußerungen werden so oft wie möglich in zwei Teile geteilt, so daß die
unmittelbaren Bestandteile (die „immediate constituents") als Segmente
des Satzes beschrieben werden können. Im Modell der **Phrasenstrukturgrammatik** werden diesen Konstituenten grammatische Kategorien
zugeordnet. Die kleinsten bedeutungtragenden Teile sind in Sätzen wie

126                    Kapitel 6: Syntax

in Wörtern die **Morpheme**. Die strukturalistische Syntax untersucht die
Beziehungen zwischen diesen kleinsten bedeutungstragenden Elementen
im Satz. Das einzelne Morphem ist nicht unmittelbarer Bestandteil des
ganzen Satzes, sondern zunächst Teil eines Wortes (vgl. Kap. 4) und als
solcher Teil eines Syntagmas. Daß die Beziehung des Morphems zum
ganzen Satz durch Zwischenstufen vermittelt ist, zeigt die syntaktische
Analyse eines Satzes. Da die Bedeutungszusammenhänge zwischen den
Teilen des Satzes verschieden eng sind, wird ein Satz stufenweise in seine unmittelbaren Konstituenten zerlegt. Die Segmentierung endet bei den
kleinsten bedeutungstragenden Elementen. So besteht der Satz

[33]    *Glückliche Hühner legen braune Eier.*

auf der ersten Teilungsebene aus den beiden Teilen

[33a]   *Glückliche Hühner | legen braune Eier.*

Der Satz wird so **segmentiert** (zerlegt), daß die Teile auf jeder Stufe so
umfangreich und unabhängig wie möglich sind, d.h. durch kleinere Elemente ersetzbar und in möglichst vielen Umgebungen verwendbar sind.
Daher wäre eine Teilung:

*[33b]  *Glückliche Hühner legen | braune Eier.*

keine zulässige Segmentierung, da sich nur für den zweiten Teil mögliche
Ersetzungen finden lassen. Teilt man weiter, so erhält man als kleinere
Einheiten:

[33c]   *Glückliche Hühner | legen | braune Eier.*

Endlich gelangt man zu der Stufe, auf der jede Konstituente durch ein
Einzelwort vertreten wird:

[33d]   *Glückliche | Hühner | legen | braune | Eier.*

Durch die letzten Teilungsschritte ergeben sich dann die Morpheme:

[33e]   *Glücklich | e | Hühn | er | leg | en | braun | e | Ei | er.*
[33f]   *Glück | lich | e | Hühn | er | leg | en | braun | e | Ei | er.*

Die hierarchische Gliederung des Satzes kann auch in einem sogenannten
**Strukturbaum** dargestellt werden. Sätze, die sich auf gleiche abstrakte
Strukturen zurückführen lassen, werden zu Klassen zusammengefaßt.
Für diese Art der abstrakten Beschreibung von Sätzen werden allgemei-
nere Kategorien benötigt, die es erlauben, einen Strukturbaum für alle
Sätze gleichen Typs zu konstruieren. Auf der obersten Teilungsebene be-
steht jeder Satz des Deutschen aus einer **Nominalphrase** (NP),einem
Syntagma mit Nomen oder Pronomen, und einer **Verbalphrase** (VP),

einem Syntagma aus Verb (und eventuell Nominalphrase). Die syntaktischen Beziehungen zwischen diesen Teilen können im Strukturbaum modellhaft abgebildet werden:

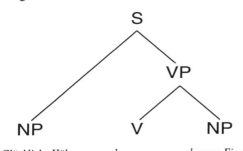

| | NP | V | NP | |
|---|---|---|---|---|
| [33] | *Glückliche Hühner* | *legen* | *braune Eier.* | |
| [34] | *Hausfrauen* | *braten* | *Spiegeleier.* | |
| [35] | *Der dritte Mann* | *köpft* | *das Frühstücksei.* | |
| [36] | *Er* | *beachtet* | *seinen Cholesterinspiegel.* | |
| [37] | *Eine alte Dame* | *schlürft* | *drei Gläser Eierlikör* | *aus.* |
| [38] | *Peter und sein Freund* | *haben* | *das Ei des Kolumbus* | *gefunden.* |
| [39] | *Sie alle* | *werden* | *Ostereier* | *suchen.* |

[Die Verben mit trennbaren Präfixen und die umschriebenen Verbformen erfordern einen veränderten Strukturbaum. Die finite Verbform bildet den ersten Teil der die Nominalphrase umschließenden Verbalphrase.]

Die verschiedenen Sätze lassen sich als konkrete Erscheinungsformen eines Typs genau einer abstrakten Struktur zuordnen. Man kann nun die syntaktischen Zusammenhänge beschreiben; denn innerhalb eines Sprachsystems bestehen **paradigmatische Beziehungen** auf der vertikalen Achse: Die in einem Satzmuster strukturell vorgegebenen Positionen können verschieden belegt sein. Nominalphrasen bestehen aus mindestens einem Nomen oder Pronomen [34], [36], können aber auch als Wortgruppen erscheinen. Nomen können begleitet sein von einem bestimmten oder unbestimmten Artikel [35], [37], von Adjektiven, Numeralia und Pronomen [33], [35], [37], [39]. Nominalphrasen können auch aus durch Konjunktion verbundenen Nomen bestehen [38]. Die Verbklammer umschließt in einigen Fällen die Verbalphrase: in [38] als umschriebene Verbform „Perfekt" aus Hilfsverb und Partizip II; in [37] als Verb mit trennbarem Präfix; in [39] als umschriebene Verbform „Futur I" aus konjugiertem Hilfsverb und Infinitiv (zu den Wortarten s.u. Abschn. 6.6.2).

128 Kapitel 6: Syntax

Die Analysemethoden des Strukturalismus verdeutlichen, daß sich hierarchische Beziehungen innerhalb von Sätzen auf verschiedenen Ebenen von der Wortgruppe bis zum Morphem beschreiben lassen. Auf der vertikalen Achse bestehen Austauschbarkeitsbeziehungen zwischen den Elementen einer Sprache, die als Grundlage für die strukturalistischen Verfahren dienen. Die Zusammengehörigkeit der Wörter eines Syntagmas, die durch die grammatische Kongruenz angezeigt wird, ist auf der Ebene der Morpheme erkennbar. Die Zusammenhänge zwischen den Wörtern des Wortschatzes einer Sprache und den Satzmustern sind grob die folgenden: Jeder Satz besteht aus einer Verbalphrase und mindestens einer Nominalphrase. Jede Verbalphrase besteht mindestens aus einer flektierten Verbform. In Nominalphrasen erscheinen Wörter verschiedener Klassen bzw. Wortarten, mindestens ein Nomen oder Pronomen. Im Satz bestehen Zusammengehörigkeitsbeziehungen, die sich inhaltlich (wie in der GLINZschen inhaltbezogenen Satzanalyse) und formal bis hin zu kleinsten bedeutungstragenden Einheiten (wie in der Konstituenstrukturanalyse des amerikanischen Strukturalismus) beschreiben lassen.

## 6.6 Die Wortarten- und Satzgliedlehre der Schulgrammatik

Da die Terminologie der lateinischen Grammatik an den Schulen gelehrt wird und noch heute das Grundgerüst zahlreicher Grammatiken bildet, sollen im folgenden die Grundbegriffe der Syntax aus dieser Perspektive beschrieben werden. Die Wortarten- und Satzgliedlehre der traditionellen Schulgrammatik verbindet formale und inhaltliche Aspekte der Syntax mit Grundkategorien der Logik.

### 6.6.1 Wortarten und Wortformen

In Sätzen stehen die Wörter – wie gesehen – nicht als **Lexeme** (in ihrer Grundform), sondern als grammatische Wörter, die nach den Regeln der Grammatik je nach Wortart in ihre entsprechenden Wortformen gebracht worden sind. Die Gliederung des Wortschatzes in Wortarten ordnet die Gesamtmenge der Wörter der deutschen Sprache verschiedenen Klassen zu; dazu werden Kriterien der **Semantik**, der **Morphologie** und der **Syntax** herangezogen: so ergibt sich als dreifache Bestimmung der Wortart „Verb":

A. semantisches Kriterium (gemeinsame Grundbedeutung der Wörter der Wortart: Verben beschreiben Vorgänge, Zustände, Handlungen);

Die Wortarten- und Satzgliedlehre der Schulgrammatik    129

B. morphologisches Kriterium (gemeinsame Wortformenbildung der Wörter der Wortart: Verben sind konjugierbar);

C. syntaktisches Kriterium (Hauptfunktion der Wörter der Wortart im Satz: Verben bilden das Prädikat des Satzes).

Semantische, morphologische und syntaktische Kriterien stehen in einigen Fällen sogar in Konkurrenz, so daß man dem einzelnen Wort eigentlich nur anhand seines Vorkommens im Satz eindeutig eine Wortart zuordnen kann. Ein Wort wie *seit* kann präpositional [40a] oder konjunktional [40b] gebraucht werden:

[40a]  *Seit fünf Minuten besitzt er eine neue Uhr.*
[40b]  *Seit er die Uhr besitzt, hat er Zeit.*

Nach dem morphologischen Kriterium unterscheidet man zunächst die **flektierbaren** von den **nicht flektierbaren Wortarten** (vgl. 130). Die flektierbaren Wortarten unterteilt man in die beiden Gruppen der **konjugierbaren** und der **deklinierbaren Wortarten**: Verben werden konjugiert, d.h. nach Person und Numerus (Sing. u. Plur.), Tempus, Modus (Ind., Imper. u. Konjunktiv), Genus Verbi (Akt. u. Pass.) gebeugt; Nomen/Substantive und ihre Begleiter bzw. Stellvertreter (Pronomen, Artikel und Adjektive) werden dekliniert, d.h. sie bilden ihre Formen mit den Kategorien Genus, Numerus und Kasus; zusätzlich sind einige der Adverbien (die als Adverb gebrauchten Adjektive) und die meisten Adjektive **komparierbar**: Die Grundstufe Positiv ist steigerbar in Komparativ und Superlativ. Die Wörter der übrigen Wortarten sind nicht flektierbar, sie werden häufig als **Partikeln** zu einer Gesamtklasse zusammengefaßt.

### 6.6.2  Die Wortarten des Deutschen

In der Lateingrammatik wurden die Wörter der Wortarten im Kapitel „Redeteile" (lat.: partes orationis) als Bestandteile der Sätze abgehandelt. Da die Grammatikschreibung in einer über 2000 Jahre dauernden Tradition vom Griechischen auf das Lateinische und schließlich auf die deutsche Sprache übertragen wurde, wobei man die Prinzipien der Wortarteneinteilung beibehielt, sind die Gesichtspunkte zur Bestimmung der Wortarten für das Deutsche in einigen Fällen undeutlich. Entsprechend werden je nach Grammatik für das Deutsche zwei bis fünfzehn Wortarten gezählt. Eine gängige Klassifizierung unterscheidet zehn Wortarten. An dieser orientiert sich auch die Liste der für die Schulen verbindlichen Wortarten, festgelegt von der Kultusministerkonferenz am 26.02.1982:

130                           Kapitel 6: Syntax

## Flektierbare Wortarten

**Nomen/Substantiv** (bezeichnet Lebewesen, Dinge, abstrakte Vorstellungen):
*Mensch, Baum, Haus, Liebe*

**Artikel** (gibt das grammatische Geschlecht an):
*der, die, das* (bestimmt); *ein, eine, ein* (unbestimmt)

**Pronomen** (steht für ein Nomen bzw. begleitet ein Nomen):
*er, sie, es* (Personalpronomen); *dieser, diese, dieses* (Demonstrativpronomen); *mein, dein, sein* (Possessivpronomen); *der, die, das* (Relativpronomen); dazu weitere Untergruppen

**Numeral** (gibt Zahlen, Zahlenverhältnisse und Mengen an):
*eins, zwei, drei* (Kardinalzahlen); *erster, zweiter, dritter* (Ordinalzahlen); und weitere

**Adjektiv** (bezeichnet Eigenschaften):
*groß, schön, schwarz, warm*

**Verb** (steht für Vorgänge, Zustände, Handlungen):
*fließen, wachsen*; *schlafen*; *schreiben, reden*; *haben, werden, sein* (auch als Hilfsverben gebraucht); *können, sollen, müssen, dürfen, mögen, wollen* (die Modalverben)

## Nicht flektierbare Wortarten („Partikeln")

**Adverb** (charakterisiert Umstände: temporal, lokal, modal usw.):
*heute, vorhin, rechts, ungefähr, doch*

**Präposition** (fügt nominale Glieder in den Satz ein):
*an, auf, hinter, vor*

**Konjunktion** (verbindet Wörter, Satzteile und Sätze):
*und, oder* (koordinierende), *weil, nachdem* (subordinierende); Konjunktionen können auch nach Bedeutungsgruppen benannt werden: temporal, konzessiv, konsekutiv, modal, final usw.

**Interjektion** (drückt Gefühlswerte aus):
*oh, au, ach*

Die Zehn-Wortarten-Klassifizierung stößt in einigen Fällen an ihre Grenzen. So ist die Unterscheidung von Adjektiv und Adverb häufig am Wort selbst nicht erkennbar, erst der Satzzusammenhang gibt Aufschluß über die Wortart. Problematisch ist auch die wohl vorwiegend semantisch begründete Wortart „Numeral", da hier flektierbare und nichtflektierbare Wörter, die auf Zahlen verweisen, zu einer Wortart zusammengefaßt sind: *eins, der erste, ein Viertel, ein Dutzend.*

# Die Wortarten- und Satzgliedlehre der Schulgrammatik    131

Die oben erwähnten Definitionskriterien (semantische, morphologische, syntaktische) haben unterschiedlichen Stellenwert für die Bestimmung der Vertreter der einzelnen Wortarten. So können zwar die Wörter der Nominalphrase (Nomen, Stellvertreter und Begleiter der Nomen) auf der einen Seite, Wörter der Verbalphrase (Verben, Hilfsverben) auf der anderen Seite aufgrund syntaktisch-morphologischer Kriterien bestimmten Wortarten zugeordnet werden:

[41]  *Der Mensch*              *denkt.*
      Artikel, Nomen/Substantiv  Verb

[42]  *Er*                       *überlegt.*
      Pronomen                   Verb

[43]  *Engagierte Studenten*     *arbeiten.*
      Adjektiv, Nomen/Substantiv  Verb

Adverbien hingegen sind sowohl semantisch als auch syntaktisch definiert:

[43a]  *Engagierte Studenten   arbeiten   gewissenhaft.*
                                          Adverb

Hier bezieht sich die Ergänzung auf das Verb, das Adverb beschreibt die Art und Weise des Reflektierens.

[43b]  *Engagierte Studenten   arbeiten   immer   gewissenhaft.*
                                          Adverb  Adverb

Die temporale Ergänzung in [43b] ordnet das im Satz [43a] ausgesagte Geschehen außerdem zeitlich ein.

Zwischen den Wortarten und den Satzgliedern, d.h. zwischen den Kategorien und ihren Funktionen, muß deutlich unterschieden werden. Z.B. ist „Substantiv" die Wortart bestimmter Wörter, „Subjekt" die Satzfunktion, welche die Wörter der Wortart „Substantiv" – neben anderen – übernehmen können.

## 6.6.3  Die Satzglieder als Ordnung des Satzes

Die traditionelle Einteilung der Satzglieder unterscheidet folgende Elemente des Satzes: **Subjekt, Prädikat, Objekte, adverbielle Bestimmungen** und **Attribute** (die als Satzgliedteile auch „Satzglieder zweiter Ordnung" genannt werden). Satzglieder, die aus einem Wort oder mehreren Wörtern bestehen können, bilden eine Ordnungsebene zwischen Wort und Satz und sind relationale Größen, d.h. sie sind nur im Satzzusammenhang bestimmbar. Man unterscheidet grob <u>kasusbestimmte</u> von <u>kasusindifferenten</u> Satzgliedern: Die Objekte sind kasusbestimmt, d.h. morphosyntaktisch definiert (stehen in bestimmten Kasus: Akkusativ,

132 Kapitel 6: Syntax

Dativ und selten Genitiv), die Ergänzungen (adverbiellen Bestimmungen) sind kasusindifferent und vorwiegend semantisch definiert; sie geben die Umstände des Geschehens an, z.B. Zeit, Ort, Mittel usw.

### 6.6.4 Das Prädikat

Nur Wörter der Wortart „Verb" erfüllen die Satzfunktion **Prädikat**, indem sie Vorgänge, Zustände und Handlungen beschreiben. Der grammatische Terminus „Prädikat" bedeutet soviel wie „das Ausgesagte", „das Ausgerufene" und geht auf die Tradition der antiken Logik zurück. Die Vorstellung, daß im Satz eine logische Beziehung ausgedrückt wird, spiegelt sich in der Tatsache wider, daß in der traditionellen Grammatikschreibung die grammatischen Bezeichnungen Subjekt und Prädikat als sich gegenseitig definierende Begriffe nebeneinander stehen: Im Prädikat (der Satzaussage) wird über das Subjekt (den Satzgegenstand), etwas ausgesagt. Diese besondere Zusammengehörigkeit zeigt sich auch formal an der Person-Numerus-Kongruenz des Subjekts mit der finiten Verbform des Prädikats.

[44]  *Du wartest.*       *Ich komme.*      *Wir arbeiten.*
  2. Pers. Sing.    1. Pers. Sing.    1. Pers. Plur.

### 6.6.5 Die Prädikatsklammer

Wortbildung und Flexion (Konjugation) der Wörter der Wortart Verb bringen es mit sich, daß Prädikate einteilig und mehrteilig sein können. Bei den Formen des Verbs unterscheidet man die **finiten** (von lat. finitum = begrenzt) bzw. konjugierten, d.h. nach Person, Numerus, Tempus, Modus, Genus Verbi gebeugten Formen, von den **infiniten Verbformen**: als solche bezeichnet man die Infinitive und Partizipien, die nur nach Tempus und Genus Verbi bestimmt und zur Bildung der analytischen (umschriebenen) Verbformen gebraucht werden. Diese sogenannten mehrteiligen Verbformen bilden die **Prädikatsklammer**, d.h. der finite Teil des konjugierten Verbs umrahmt zusammen mit dem infiniten Teil die Verbalphrase. Auch trennbare Präfixe bilden eine solche Verb- oder Prädikatsklammer. Zur Erläuterung einige Beispiele:

[45]  *Er hat vor zwanzig Jahren einen Roman über seine Schulzeit geschrieben.*
[46]  *Er möchte den Roman veröffentlichen.*
[47]  *Er schreibt viele Verlage an.*
[48]  *Er wird einige Wochen warten müssen.*
[49]  *Dabei wird er von seiner Frau moralisch unterstützt.*

Die Wortarten- und Satzgliedlehre der Schulgrammatik    133

In [47] wird die Verbklammer vom Verb und seinem trennbaren Präfix gebildet; in [46] liegt eine umschriebene Verbform aus Modalverb und Infinitiv vor; in [45] ist es die analytische Perfektform aus Hilfsverb und Partizip Perfekt des Vollverbs, die die verbale Satzklammer bildet; in [49] ist es die Passivform aus Hilfsverb und Partizip Perfekt; in [48] liegt eine mehrfach umschriebene Form vor: eine modale Futurform des Verbs aus Hilfsverb, Infinitiv und infinitem Modalverb. Einige Verben können modifizierend gebraucht werden, sie stehen mit dem Infinitiv mit *zu*, der in diesen Fällen als Teil des Prädikats betrachtet – und daher nicht durch Komma abgetrennt – wird.

[50]    *Das Buch verspricht ein Erfolg zu werden.*

Einige Verben können auch mit dem reinen Infinitiv eines anderen Verbs verbunden auftreten:

[51]    *Er hört die Kritiker tuscheln.*
[52]    *Er läßt sie warten.*


### 6.6.6  Das Prädikativum

Als besondere Form des Prädikats gilt das **Prädikativum**: nach den Verben *sein, werden, scheinen, bleiben, heißen* und anderen steht eine Ergänzung, die ebenfalls als Teil des Prädikats angesehen wird; sie kann adjektivisch sein wie in

[53]    *Das Wetter ist winterlich.*

oder substantivisch wie in

[54]    *Er ist Schriftsteller.*

und außer auf das Subjekt auch auf Objekte zielen:

[55]    *Sie nennen ihn ehrgeizig.*
[56]    *Sie schelten ihn einen Streber.*

Die nominale Ergänzung wird auch als „Gleichsetzungsnominativ" [54] bzw. „Gleichsetzungsakkusativ" [56], die adjektivische als „Prädikatsnomen" [53], [55] bezeichnet; „Nomen" bedeutet im Lateinischen allgemein „Namen" oder „Nennwort" – bezieht sich also nicht nur auf die Wortart Nomen/Substantiv. Sowohl der Gleichsetzungsnominativ als auch der Gleichsetzungsakkusativ gehören zu den kasusbestimmten Satzgliedern. Das adjektivische Prädikatsnomen ist kasusindifferent.

134    Kapitel 6: Syntax

## 6.6.7 Kasusbestimmte Satzglieder

### 6.6.7.1 Das Subjekt

Das **Subjekt** des Satzes bezeichnet das, „was zugrundegelegt wird", den Satzgegenstand; es bildet zusammen mit dem Prädikat den Kern des Satzes. Die Subjektposition ist durch Wörter der Wortart „Nomen/Substantiv" belegt, die von Pronomen und Artikeln begleitet sein können. Sie kann durch Pronomen als Stellvertreter eines Nomens/Substantivs belegt sein und ist erweiterbar durch Attribute. Das grammatische Subjekt des Satzes steht im Nominativ und kann mit der Hilfsfragen *Wer?* bei Menschen, Lebewesen und Institutionen bzw. *Was?* bei Dingen, Sachverhalten und Zuständen ermittelt werden. Inhaltlich bezeichnet das Subjekt entweder den Täter, der eine Handlung vollzieht [57], oder das Lebewesen oder die Person, die Adressat einer Handlung ist [58], oder das Geschehen selbst [59]:

[57]    *Der Postbote klingelt.*
[58]    *Sie bekommt einen Brief.*
[59]    *Der Poststreik ist beendet.*

Die Satzfunktion Subjekt bezeichnet das Satzglied, auf das sich die im Prädikat gemachte Aussage bezieht. Das Subjekt des Satzes muß keineswegs mit einem personalen Handlungsträger identisch sein; darum ist das grammatische Subjekt vom logischen Subjekt zu unterscheiden.

[60]    *Der Verlag wird angeschrieben.*
[61]    *Er wird angerufen.*

In den beiden Passivsätzen [60] und [61] ist der Handelnde nicht genannt; die Subjektposition ist durch Satzglieder im Nominativ besetzt, die die von der Handlung betroffene Person oder Institution bezeichnen. In einigen Fällen trifft man auch auf scheinbar subjektlose Sätze, in denen keine Nominativform auftritt:

[62]    *Mich friert. Dir wird kalt.*

Hier liegt allein von den logischen Beziehungen her ein Subjekt vor. In anderen Fällen ist die Subjektposition durch ein „Platzhalter-*es*" (auch als „expletives *es*" bezeichnet) belegt:

[63]    *Es regnet.*

Verschiedene Grammatiken stellen das bei den unpersönlichen Verben auftretende expletive *es* als nicht austauschbare Prädikatsergänzung ebenso wie das Reflexivpronomen der reflexiven Verben den infiniten

Die Wortarten- und Satzgliedlehre der Schulgrammatik    135

Prädikatsteilen gleich. Daß dieses *es* nicht die Funktion eines Subjekts übernimmt, ergibt sich schon aus der Nicht-Erfragbarkeit: Auf die Frage *Wer regnet?* kann keine Antwort gegeben werden.

### 6.6.7.2   Das Akkusativobjekt

Der am häufigsten auftretende Objekttyp ist das **Akkusativobjekt**. Im Kern dieses Satzglieds, dessen Kasus von einem Verb – manchmal auch von einem prädikativ gebrauchten Adjektiv [66] – regiert (gefordert) wird, steht ein Nomen oder Pronomen. Gewissermaßen als Gegenstück zum Subjekt bezeichnet das Akkusativobjekt (das **direkte Objekt**) das Ziel bzw. das Ergebnis der im Prädikat ausgesagten Handlung. Die **transitiven** (zielenden) **Verben** regieren den Akkusativ, der mit den Hilfsfragen *Wen?* oder *Was?* erfragt werden kann:

[64]   *Peter bedenkt seine Zukunft.*

[65]   *Er baut ein Haus.*

[66]   *Die Arbeit ist den Einsatz wert.*

### 6.6.7.3   Das Dativobjekt

Ursprünglich bezeichnet das **Dativobjekt** eine nicht direkt an der Handlung beteiligte Person, die aber mittelbar von der im Prädikat ausgesagten Handlung betroffen ist (daher auch der Begriffsname **indirektes Objekt**). Auch der Kasus des Dativobjekts ist durch ein Verb oder Adjektiv bestimmt. Typisch für den Dativ ist das Verb *geben*:

[67]   *Er gibt dem Architekten einen Entwurf.*

[68]   *Der Architekt widmet seine Zeit der Planung.*

Die Verben in diesen Sätzen benötigen beide Ergänzungen (Dativ- und Akkusativobjekt); es gibt aber auch Verben, die allein mit dem Dativ stehen, z.B. *ähneln, gefallen, gehören*:

[69]   *Der Bau ähnelt einem barocken Schloß.*

[70]   *Er gefällt dem Bauherrn.*

[71]   *Das Grundstück gehört ihm.*

### 6.6.7.4   Das Genitivobjekt

**Genitivobjekte** sind als Satzglieder im Genitiv von einem Verb oder prädikativen Adjektiv abhängig. Das im Neuhochdeutschen selten gewordene Genitivobjekt wird mit der Frage *Wessen?* erfragt. Genitive können als einziges Objekt des Satzes oder zusammen mit Akkusativobjekten vorkommen:

136                         Kapitel 6: Syntax

[72]    *Oma erfreut sich bester Gesundheit.*
[73]    *Sie gedenkt ihrer Jugendzeit.*
[74]    *Er erinnert sich ihres Geburtstages.*
[75]    *Sie bezichtigt ihn der Untreue.*

Wendungen, die sich des Genitivs bedienen, entstammen meist einer gehobenen Stilebene; im heutigen Deutsch werden anstelle des Genitivobjekts häufig Präpositionalobjekte verwendet:

[73a]    *Sie denkt an die schönen Stunden.*
[74a]    *Er erinnert sich an ihren Geburtstag.*


### 6.6.7.5  Präpositionalobjekte

Das **Präpositionalobjekt** ist ein Satzglied mit Präposition und Nomen oder Pronomen im Genitiv, Dativ oder Akkusativ. Bei den Präpositionalobjekten erfolgt die Kasusrektion nicht unmittelbar durch das Verb, da dieses mit einer Präposition steht, die den Fall des nachfolgenden nominalen Satzglieds regiert. Die Präposition ist nicht frei wählbar; einige der Präpositionen können jedoch mit verschiedenen Kasus stehen.

[76a]    *Sie hängt das Bild an die Wand.*
[76b]    *Das Bild hängt an der Wand.*

Allerdings können einige Verben mit verschiedenen Präpositionen stehen:

[77]    *Sie freuen sich über die Blumen.*
[78]    *Sie freuen sich auf die Gäste.*
[79]    *Sie freuen sich an der guten Musik.*

Präpositionalobjekte können als einziges Objekt [80] oder zusammen mit Akkusativ- [81], Dativ- [82] oder weiteren Präpositionalobjekten [83] gebraucht werden:

[80]    *Wir warten auf die Handwerker.*
[81]    *Wir haben den Dachdecker um einen Termin gebeten.*
[82]    *Wir danken ihnen für ihre schnelle Arbeit.*
[83]    *Wir bedanken uns bei den Handwerkern für ihren Besuch.*


### 6.6.8  Kasusbestimmte Angaben

Neben den kasusbestimmten (notwendigen) Objekten gibt es weitere (freie) **kasusbestimmte Satzglieder**: den adverbialen Genitiv, den adverbialen Akkusativ und das adverbiale Präpositionalgefüge im Genitiv, Dativ oder Akkusativ. Diese Satzglieder sind nicht von einem Verb oder Adjektiv abhängig, sie stehen selbständig – auch in der Umgebung von

Verben, die keine Ergänzungen verlangen:

[84]  *Eines Tages wird er mit der Arbeit fertig.*
[85]  *Er hat den ganzen Tag gearbeitet.*
[86]  *Er hat den ganzen Tag über gearbeitet.*

Die adverbialen Ergänzungen sind nicht durch Pronomen ersetzbar und können nicht durch dieselben Interrogativpronomen wie die Objekte erfragt werden. In der Konstituentenstrukturgrammatik bilden NP (Subjekt) und VP (Prädikat) zwei gleichberechtigte Teile des Satzes. Die traditionell „Objekte" genannten Satzglieder werden der Verbalphrase zugeordnet; dadurch wird ihre Zugehörigkeit zum Verb verdeutlicht.

## 6.7 Die Dependenzgrammatik

Im Modell der **Dependenzgrammatik** (Abhängigkeitsgrammatik) wird die hierarchische Struktur des Satzes als vom Verb bestimmt beschrieben; das Verb bildet gewissermaßen den Angelpunkt des Satzes. Entsprechend seiner **Valenz** (Wertigkeit) fordert das Verb eine bestimmte Anzahl von Ergänzungen; das Subjekt ist als 1. Aktant (1. Ergänzung) ein sog. „Mitspieler" des Verbs. Mit seinem Modell der Dependenzgrammatik beschreibt LUCIEN TESNIERE Abhängigkeitsbeziehungen: Das Verb regiert (als Prädikat des Satzes) die übrigen Satzglieder, es ist das für Anzahl und Art der Ergänzungen verantwortliche Element im Satz, d.h. alle notwendigen Satzglieder sind in Form, Funktion und Position vom Verb bestimmt. Ein Satz wie

[87]  *Sie musiziert.*

wird also eindeutig dadurch charararakterisiert, daß zwei Elemente miteinander in struktureller Verbindung stehen, wobei ein Element vom anderen abhängig ist. Dies ist die Grundannahme der Dependenzgrammatik. TESNIERE setzt daher für diesen Satz drei Elemente an: die beiden Einzelelemente und die Verbindung zwischen beiden, ohne die der Satz nicht bestehen würde. Zentral für die Syntax ist das Verb als das Element, von dem die übrigen direkt oder indirekt abhängig sind. Daher steht im **Stemma**, der graphischen Darstellung eines Satzes aus übergeordneten Knoten und von diesen abhängigen Kanten, das Verb als oberster Knoten, von dem die für den Satz notwendigen Kanten ausgehen:

 Hier sind die beiden einzelnen Elemente des Satzes, die **Kerne** oder **Nuclei** (Sing. Nucleus) und die innere Beziehung (**Konnexion**), in der sie zueinander stehen, dargestellt.

Die strukturelle Beziehung ist als Abhängigkeitsbeziehung im Modell erkennbar.

Vom Verb als oberstem Knoten (**Nexus**) können mehrere Konnexionen ausgehen:

[88]  *Sie verehrt Schubert.*

Die Teile des Satzes, die dem Verb direkt untergeordnet sind, werden als **Dependentien** (Sing. Dependens) bezeichnet; hier lassen sich die **Aktanten**, die obligatorischen (notwendigen) Ergänzungen, von den **Circonstanten**, den fakultativen (freien) Angaben, unterscheiden. Gleichgeordnete Elemente, die durch sog. „Junktive" (Konjunktionen wie *und, oder, sowohl ... als auch*) verbundenen Elemente, werden auf derselben (waagerechten) Ebene notiert; die **freien Angaben** (z.B. adverbielle Bestimmungen) werden als äußerster rechter Knoten angebracht:

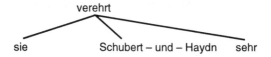

Von den Aktanten wie von den Circonstanten können weitere Elemente abhängig sein:

[89]  *Heute schenkt sie ihrem Sohn sehr teure Konzertkarten.*

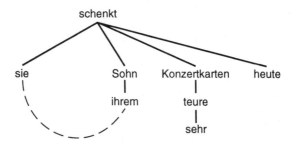

Ein Aktant kann also gleichzeitig **Dependens**, d.h. ein von einem Element abhängiges, und **Regens**, ein einem anderen Element übergeordnetes

Element, sein (im Beispiel *Sohn* und *Konzertkarten*). Durch zusätzliche gestrichelte Linien können semantisch-syntaktische Beziehungen zwischen den Elementen notiert werden; die Tatsache, daß diese im Deutschen existieren, wird deutlich, wenn man das Personalpronomen *sie* durch ein maskulines *er* ersetzt. Damit der Satz als Sinneinheit bestehen bleibt, muß das Possessivpronomen ebenfalls geändert werden:

[90]   *Heute schenkt er seinem Sohn sehr teure Konzertkarten.*

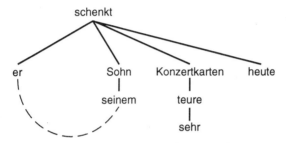

Die Dependenzgrammatik wurde von TESNIÉRE für die Syntax der französischen Sprache entwickelt. Bei der Übertragung auf das Deutsche erscheint die Einteilung der Regenten in Aktanten und Circonstanten als problematisch, da eine Unterscheidung notwendiger und freier Angaben in vielen Fällen schwierig ist und nicht jedem Verb nur eine Wertigkeit zugeordnet werden kann, anders gesagt: Im Deutschen gibt es viele Verben, die **mehrwertig** sind.

### 6.7.1 Rektion und Valenz

Grundlegend und unverzichtbar für die Entwicklung des Dependenzmodells eines Satzes ist die **Valenztheorie**. Die Theorie von der **Valenz** (Wertigkeit) befaßt sich mit der Fähigkeit der Wörter (hauptsächlich der Verben, aber auch der Präpositionen), andere Wörter an sich zu binden: Man versucht, die Verben danach zu klassifizieren, w i e v i e l e und w e l c h e Ergänzungen sie fordern. Man unterscheidet entsprechend q u a n t i t a t i v e und q u a l i t a t i v e Valenz. Die Vorstellung der Valenz ähnelt dabei der Wertigkeit eines Atoms: Das Verb eröffnet um sich herum Leerstellen, die entsprechend seiner Semantik nach Zahl und Art unterschiedlich sein können. Die qualitative Valenz dient dazu, die **Kasusrektion** eines Verbs zu beschreiben, das Vorkommen eines Verbs zusammen mit Satzgliedern in bestimmten Kasus.

140 Kapitel 6: Syntax

Der grammatische Begriff der Kasusrektion kann auch auf Wörter anderer Wortarten, die Ergänzungen in bestimmten Kasus erfordern, übertragen werden; z.B. auf Adjektive und Präpositionen.

Die folgende – quantitative – Klassifikation von Verben berücksichtigt die Anzahl der Bindungen bzw. Bindungsmöglichkeiten:

**Avalente (nullwertige) Verben** („unpersönliche" Verben, die mit einem expletiven *es* stehen):

[91]　*Es regnet. Es schneit.*

**Monovalente (einwertige) Verben** (Verben, die mit einer Ergänzung, dem traditionellen Subjekt, stehen):

[92] *Die Sonne scheint. Sie schwitzen.*

**Bivalente (zweiwertige) Verben** (Verben mit zwei Ergänzungen, dem Subjekt und einem Objekt):

[93]　*Sie sehen einen Rastplatz.*
[94]　*Der Ort gefällt den beiden.*
[95]　*Sie bewundern die Aussicht.*

**Trivalente (dreiwertige) Verben** (Verben mit drei Ergänzungen):

[96]　*Er gibt ihr einen Dosenöffner.*
[97]　*Er stellt den Rucksack auf einen Baumstumpf.*
[98]　*Sie legt die Sachen ins Gras.*

Die Unterscheidung der notwendigen, obligatorischen Ergänzungen (der vom Verb im Strukturplan eines Satzes geforderten Aktanten) von den freien, fakultativen Angaben (den Circonstanten) ist für die deutsche Sprache schwierig: in der traditionellen Schulgrammatik ist die Satzfunktion „adverbielle Bestimmung" in dieser Hinsicht nicht spezifiziert. In dem Satz:

[99]　*Sie wohnt in Warschau.*

ist die Angabe des Ortes notwendig, da der „Satz"

*[99a] *Sie wohnt.*

im Deutschen unvollständig ist, das Verb *wohnen* also eine Ortsergänzung fordert. Hingegen ist die Angabe des Ortes in dem Satz

[100]　*Er kocht in der Küche Tortellini .*

nicht notwendig und daher weglaßbar:

[100a]　*Er kocht Tortellini.*

Dieser Satz ist auch ohne die Angabe des Ortes syntaktisch vollständig und verständlich.

Die Dependenzgrammatik          141

## 6.7.2 Verben und ihre Ergänzungen

Zwischen den Wortarten und den Satzgliedern besteht ebenso ein gere-
gelter Zusammenhang wie zwischen den Sätzen und den Positionen der
Satzglieder. Die Verben sind notwendige Elemente aller Sätze und sowohl für die Zahl als auch für die Art der übrigen (obligatorischen) Satzglieder verantwortlich. Ihre Position im Satz bestimmt die Satzart, und
auch die syntaktische Organisation des Satzes ist vom Verb abhängig;
nach syntaktischen Zusammenhängen kann man die Wörter der Wortart
Verb qualitativ in Untergruppen einteilen. Je nach der Art der Ergänzungen, die bei einem Verb stehen, unterscheidet man:

**Transitive (zielende) Verben**, die mit einem Akkusativobjekt stehen:

[101]  *Sie sucht ihren Prinzen. Er besteigt sein Pferd.*

**Intransitive (nicht zielende) Verben**, die mit anderen Objekten stehen,
d.h. mit Genitiv- [102], Dativ- [103] oder Präpositionalobjekten [104]:

[102]  *Sie harrt der Dinge. Er bedarf keiner Unterstützung.*
[103]  *Sie ähnelt der Mutter. Er folgt seiner inneren Stimme.*
[104]  *Sie wartet auf ihren Prinzen. Er fragt nach dem Weg.*

In einigen Grammatiken werden auch die **absoluten Verben**, die ohne
Objekte stehen, zu den intransitiven gezählt:

[105]  *Die Sonne geht auf. Die Rosen blühen. Sie lächelt. Er errötet.*

Einige dieser Verben ohne Objekte benötigen allerdings Ergänzungen
des Raumes oder der Zeit (notwendige Angaben):

[106]  *Sie wohnt im Königreich der Rosen. Ihr Schloß liegt auf einem Berg. Die
Geschichte spielt sich dort ab. Das Happy-End fängt in fünfzehn Minuten
an.*

Eine Untergruppe der absoluten Verben bilden die unpersönlichen Verben, auch „Wetterverben" genannt, die mit dem als Platzhalter verwendeten Personalpronomen *es* stehen:

[107]  *Es dämmert. Es friert. Es schneit.*

Eine weitere Kategorie bilden die **reflexiven (rückbezüglichen) Verben**. Sie stehen immer mit einem Reflexivpronomen; das Pronomen ist
obligatorischer Teil des Prädikats:

[108]  *Sie befindet sich im Schloß. Er nähert sich.*

Bei den unechten reflexiven Verben kann ein anderes Objekt an der Stelle des Reflexivpronomens stehen:

[109]  *Sie kämmt sich. Sie kämmt ihre langen blonden Haare.*

142 Kapitel 6: Syntax

Als Untergruppe der reflexiven Verben können die **reziproken Verben** betrachtet werden. Sie stehen auch mit einem Reflexivpronomen, das bei den reziproken Verben nun die beiden an dem Wechselverhältnis beteiligten Personen bezeichnet.

[110]  *Sie sehen sich an. Sie verlieben sich (ineinander).*

Eine Gruppe von Verben steht als prädikative Ergänzung bzw. ist-Prädikation:

[111]  *Die Geschichte bleibt spannend. Er ist ein junger, dynamischer Prinz. Sie ist eine gute Partie. Sie werden glücklich. Das Ende ist noch nicht in Sicht.*

Integriert man diese traditionelle Einteilung der Verben in das Modell der quantitativen Valenz, so lassen sich syntaktisch verschiedene Verbtypen ermitteln; dabei ist die quantitative Valenz als ordnender Faktor vorrangig, die Ergänzungen werden nach ihrer Häufigkeit durchnumeriert und bilden die Untergruppen. Vom Verb (V) gefordert werden in Zahl und Art verschiedene Ergänzungen: Die erste Ergänzung (E1) ist die Ergänzung im Nominativ (traditionell das Subjekt des Satzes); E2 ist die Akkusativergänzung (das direkte Objekt), E3 die Dativergänzung (das indirekte Objekt), E4 (die präpositionale Ergänzung, das Präpositionalobjekt) und E5 die Genitivergänzung (das Genitivobjekt).

Die Verben mit der unpersönlichen Subjektsergänzung es gelten als nullwertig:

$\qquad\qquad$ (V) $\qquad\qquad$ Beispiele [107]

Einwertige Verben stehen mit einer (der ersten) Ergänzung:

$\qquad$ (E1)<————(V) $\qquad$ Beispiele [105]

Zweiwertige Verben stehen mit zwei Ergänzungen. Nach der Art der Ergänzungen lassen sich 4 Typen unterscheiden:

$\qquad$ (E1)<————(V)————>(E2) $\qquad$ Beispiele [101]
$\qquad$ (E1)<————(V)————>(E3) $\qquad$ Beispiele [103]
$\qquad$ (E1)<————(V)————>(E4) $\qquad$ Beispiele [104]
$\qquad$ (E1)<————(V)————>(E5) $\qquad$ Beispiele [102]

Bei den dreiwertigen Verben lassen sich auf die gleiche Weise Untergruppen bilden:

[112]  *Er schenkt ihr ein Lächeln. Sie gibt ihm einen Korb.*

$\qquad$ (E1)<————(V)————>(E3)
$\qquad\qquad\qquad$|————>(E2)

[113] *Sie stellt die Teller auf den Tisch. Er nimmt die Suppe vom Herd.*

$$(E1)<\text{———}(V)\text{———}>(E2)$$
$$\qquad\qquad\quad \text{———}>(E4)$$

[114] *Sie beschuldigen ihn des Diebstahls.*

$$(E1)<\text{———}(V)\text{———}>(E2)$$
$$\qquad\qquad\quad \text{———}>(E5)$$

[115] *Er fragt sie die Vokabeln ab.*

$$(E1)<\text{———}(V)\text{———}>(E2)$$
$$\qquad\qquad\quad \text{———}>(E2)$$

Betrachtet man mit dem Modell der Dependenz-/Valenzgrammatik das finite Verb als das für die Satzstruktur verantwortliche Element, so kann man auf der Grundlage der beschriebenen Klassen der Ergänzungen die möglichen Satzstrukturen systematisch erfassen. Die DUDEN-Grammatik listet insgesamt 37 typische Satzmodelle des Deutschen auf und ordnet den Satzbauplänen Verben zu; vgl. DUDEN 4: Die Grammatik 1984, 606-635.

## 6.8 Adverbielle Bestimmungen und ihre Erscheinungsformen

**Adverbielle Bestimmungen** (Umstandsbestimmungen der Zeit, des Ortes, der Art und Weise und des Grundes) können im Satz auf verschiedene Weisen in Erscheinung treten: als Adverb oder als Adjektiv, das wie ein Adverb gebraucht wird (auch Adjektivadverb genannt):

[116] *Sie schreibt morgen.*
[117] *Er schreibt leserlich.*

Diese werden oft durch zusätzliche Adverbien erweitert, z.B.:

[118] *Sie schreibt ausnahmsweise morgen.*
[119] *Er schreibt sehr leserlich.*

Es gibt sie als präpositionale Fügung (Substantiv mit Präposition), z.B.:

[120] *Sie schreibt auf Papier.*
[121] *Er schreibt mit dem Computer.*
[122] *Sie schreibt an ihre Familie.*
[123] *Er schreibt in jeder freien Minute.*

Oder sie erscheinen als gebeugte Substantive im Genitiv oder im Akkusativ (adverbialer Genitiv oder Akkusativ), z.B:

[124] *Eines Tages beschloß er, sein Leben zu ändern. Des Morgens ging er früh aus dem Haus. Schnellen Schrittes eilte er aus der Stadt.*
[125] *Ein Jahr war er unterwegs. Jeden Abend suchte er sich ein neues Quartier.*

144 Kapitel 6: Syntax

Auch Nebensätze können die Funktionen von adverbiellen Bestimmungen übernehmen; man nennt diese (wohl ursprüngliche) Art von Nebensätzen daher **Adverbialsätze**:

[126]  *Als er das Reisen satt hatte, beschloß er, ein Haus zu bauen. Weil er dazu Geld brauchte, nahm er einen Kredit auf.*

## 6.9 Attribute als Satzglieder zweiter Ordnung

**Attribute** sind keine selbständigen Satzglieder, sondern von anderen Teilen des Satzes (Subjekt, Objekt, Prädikativ, adverbielle Bestimmung oder einem anderen Attribut) abhängig, die sie näher beschreiben. Attribute sind im Satz nicht isoliert verschiebbar. Sie gehören zu dem Substantiv, das sie näher bestimmen oder erläutern, und stimmen in Genus, Numerus und Kasus mit ihrem Beziehungswort überein. Attribute sind Erweiterungen von Satzgliedern und werden nicht vom Verb verlangt; der typische Fall eines Attributs ist ein Adjektiv, das zur näheren Bestimmung vor ein Substantiv gesetzt wird. Attribute treten auf als gebeugte Adjektive oder Partizipien:

[127]  *das neue Buch*
[128]  *ein fesselnder Roman*
[129]  *das geschriebene Wort*

Neben den Adjektiven können auch Pronomen und Numerale als Attribute verwendet werden:

[130]  *dieses Buch; unser Buch; manches Buch*
[131]  *jedes Buch; das fünfhundertzwanzigste Buch*

Der Artikel wird im allgemeinen aufgrund semantischer, syntaktischer und morphologischer Überlegungen nicht als Attribut behandelt. Die grammatischen und syntaktischen Merkmale des Substantivs legen fest, welche Form der Artikel haben muß (er markiert z.B. das Genus); der Artikel unterscheidet sich dadurch stark von der semantischen Charakterisierung durch Attribute. Außerdem kann der Artikel nicht zusammen mit Pronomen auftreten:

*[132a]  *ein unser Freund*
*[132b]  *das mein Buch*

Da die Form des Artikels (bestimmt oder unbestimmt) die Deklinationsform des Adjektivs verändert, z.B. in:

[133]  *ein kleines grünes Männchen* (starke Deklination des Adjektivs)
[134]  *das kleine grüne Männchen* (schwache Deklination)

Vom Satzglied zum Gliedsatz: Der zusammengesetzte Satz    145

ist er nicht – wie ein Attribut – weglaßbar und gehört unmittelbar zum Nomen/Substantiv.

Adjektivattribute sind vorangestellt, Attributsätze sind hingegen ihrem Bezugswort nachgestellt.

*[135]  Der Schlüssel, den ich neulich verloren habe, ist nicht wieder aufgetaucht.*

Nachgestellte Attribute werden als **Apposition** bezeichnet, wenn sie im Kasus mit ihrem Bezugswort übereinstimmen (kongruieren):

[136]  *Sein neuer Roman, ein Bestseller, spielt in Bayern.*

[137]  *Die Ankunft der Gäste, der Studentinnen aus Weißrußland, verschiebt sich um eine Woche.*

## 6.10  Vom Satzglied zum Gliedsatz: Der zusammengesetzte Satz

Die Satzglieder Attribut und adverbielle Bestimmung können – ebenso wie die übrigen: Subjekt, Prädikat, Prädikativ und Objekt – auch von Nebensätzen/Gliedsätzen wahrgenommen werden. In der **komplexen Syntax** werden hierarchische Beziehungen zwischen Sätzen eines Satzgefüges oder einer Satzreihe beschrieben: Komplexe Sätze bestehen als **Satzreihen** aus miteinander verbundenen Hauptsätzen (**Parataxe**) oder als **Satzgefüge** aus übergeordneten Haupt- und abhängigen Nebensätzen (**Hypotaxe**). Die Stellung des finiten Verbs gilt als Kriterium, Satzreihen von Satzgefügen zu unterscheiden:

[138] *Sie werden zum Bahnhof gebracht, sie wollen den Intercity nehmen.*

Die Parataxe [138] besteht aus zwei einfachen, nicht durch Konjunktionen miteinander verbundenen (d.h. „asyndetisch" verknüpften) Aussagesätzen; das finite Verb steht jeweils an der zweiten Position.

[139] *Sie werden zum Bahnhof gebracht, denn sie wollen den Intercity nehmen.*

In [139] sind die beiden einfachen Sätze durch die nebenordnende Konjunktion *denn* (d.h. „syndetisch") miteinander verbunden; das finite Verb steht wiederum jeweils an der zweiten Position.

[140] *Sie werden zum Bahnhof gebracht, weil sie den Intercity nehmen wollen.*

In [140] liegt eine Hypotaxe vor: Hier ist der durch die unterordnende Konjunktion *weil* eingeleitete Nebensatz dem Hauptsatz untergeordnet, das finite Verb steht im Nebensatz an der letzten Position.

146 Kapitel 6: Syntax

## 6.10.1 Funktionale Klassifizierung der Nebensätze

Die Unterscheidung zwischen Satzgefüge und Satzreihe betrifft die grammatische Konstruktion, die Form. Klassifiziert man die Teilsätze nach ihrer Funktion für den ganzen Satz, so kann man sie in Untergruppen einteilen, indem man danach fragt, welche Satzglieder sie ersetzen. So unterscheidet man im einzelnen

**Subjektsätze**, die für ein Subjekt stehen:

[141] *Daß er kommt, freut mich.*
[141a] *Sein Kommen freut mich.*

Subjektsätze können durch Konjunktionen, Relativpronomen oder Fragepronomen eingeleitet werden. Auch reine Infinitive sind möglich:

[142] *Ob er mit dem Neun-Uhr-Zug ankommt, ist noch ungewiß.*
[142a] *Seine Ankunft mit dem Neun-Uhr-Zug ist noch ungewiß.*
[143] *Wer diesen Film bis zum Ende sehen kann, hat starke Nerven.*
[143a] *Der abgebrühte Kinobesucher hat starke Nerven.*
[144] *Von ihm zum Essen eingeladen zu werden, ist eine Überraschung.*
[144a] *Seine Einladung zum Essen ist eine Überraschung.*

**Objektsätze**, die an der Stelle eines Objektes stehen:

[145] *Sie will wissen, ob wir kommen.*
[145a] *Sie will Gewißheit über unser Kommen haben.*
[146] *Wir teilen dir mit, wann wir abreisen.*
[146a] *Wir teilen dir den Tag unserer Abreise mit.*
[147] *Sie erkundigt sich, wann der Zug ankommt.*
[147a] *Sie erkundigt sich nach der Ankunftszeit des Zuges.*
[148] *Er beschuldigt sie, die Koffer überladen zu haben.*
[148a] *Er beschuldigt sie der Überladung der Koffer.*

Diese Typen der Ergänzungssätze stehen anstelle eines Satzglieds, einer syntaktisch notwendigen Ergänzung.

**Attributsätze**, die für ein Attribut stehen, z.B.:

[149] *Dies ist ein Vorwurf, der nicht ernst gemeint ist.*
[149a] *Dies ist ein nicht ernst gemeinter Vorwurf.*

Attributsätze können durch Relativpronomen, präpositionale Ausdrücke oder Pronominaladverbien eingeleitet werden:

[150] *Das Buch, das sie schon seit Jahren sucht, hat sie im Regal gesehen.*
[151] *Der Freund lieh ihr das Buch, auf das sie lange gewartet hatte.*
[152] *Er gab ihr das Buch, worauf sie gehofft hatte.*

## 6.10.2 Inhaltliche Klassifizierung der Nebensätze und Verknüpfungsmittel

Nebensätze, die nicht von der Valenz des Verbs gefordert werden, die also dem Hauptsatz relativ frei angefügt werden können, sind in ihrer Funktion den adverbiellen Bestimmungen, den freien Angaben vergleichbar. Adverbialsätze, die die im Satz ausgesagte Handlung räumlich, zeitlich oder in ihrer Art und Weise einordnen, werden nach logisch-semantischen Kriterien in verschiedene Kategorien eingeteilt.

**Temporalsätze**, die einen Zeitpunkt oder eine Zeitdauer angeben und dabei die Zeitverhältnisse der Vorzeitigkeit, Gleichzeitigkeit und Nachzeitigkeit von Nebensatz- und Hauptsatzgeschehen wiedergeben:

[153] *Nachdem sie die Koffer mit letzter Kraft geschlossen hatte, sah sie die Handtücher.*
[154] *Während sie den Bahnsteig betraten, fuhr der Zug ein.*
[155] *Sie hatte sich dreimal umgezogen, bevor sie reisefertig war.*

**Kausalsätze**, die den Grund oder die Ursache einer Handlung angeben:

[156] *Sie wird ungeduldig, weil er so viel Zeit braucht.*

**Konditionalsätze**, die die Voraussetzungen oder Bedingungen für die Handlung des Hauptsatzes angeben:

[157] *Wenn du recht hast, können wir uns freuen.*

**Finalsätze**, die den Zweck oder das Ziel einer Handlung bezeichnen:

[158] *Wir nehmen ein Taxi, damit wir nicht zu spät kommen.*

Hier steht häufig eine Infinitivkonstruktion:

[158a] *Wir nehmen ein Taxi, um nicht zu spät zu kommen.*

**Konzessivsätze**, die eine Einräumung machen, welche zugleich einen Gegensatz zu dem im Hauptsatz formulierten Sachverhalt ausdrückt:

[159] *Obwohl es schon zu spät war, fuhren wir los.*

**Konsekutivsätze**, die die Folge und Wirkung des im Hauptsatz geschilderten Geschehens ausdrücken:

[160] *Es regnete so stark, daß die Straßen unter Wasser standen.*

Als **Modalsätze** werden Nebensätze bezeichnet, die die Art und Weise des Hauptsatzgeschehens näher beschreiben:

[161] *Wir hatten keine Ahnung, wie wir an diesem Abend noch nach Hause kommen sollten.*

148          Kapitel 6: Syntax

Die Konjunktionen werden aufgrund ihrer Funktionen in Adverbialsätzen verschiedenen Bedeutungsgruppen zugeordnet (temporal, kausal, konzessiv, konsekutiv, modal, final usw.). Allerdings können die Konjunktionen *daß* und *ob* verschiedene inhaltliche Beziehungen zwischen Haupt- und Nebensatz ausdrücken. In der traditionellen Grammatik werden die *daß*-Sätze in die Gruppe der Konjunktionalsätze, die *ob*-Sätze und die durch die Fragepronomen *wer, wann, wie* ... eingeleiteten Sätze in die Gruppe der indirekten Fragesätze eingeordnet. Diese Nebensatztypen können unter der Kategorie **Ergänzungssätze** zusammengefaßt werden; sie stehen u.a. in der **indirekten Rede** nach den Verben des Sagens und Meinens:

[162]   *Sie sagt, daß er gesagt habe, daß er komme.*
[163]   *Sie fragt ihn, ob er gesagt habe, daß er kommt.*

Der Gebrauch des Konjunktivs I zur Verdeutlichung der Redewiedergabe ist in Sätzen, die mit der Konjunktion *daß* eingeleitet sind, nicht notwendig. Ergänzungssätze können auch unabhängig von Redewiedergaben auftreten:

[164]   *Er weiß nicht, ob er gesagt hat, wann er kommt.*
[165]   *Er glaubt, daß er nicht gesagt hat, daß er kommt.*

Ergänzungssätze stehen häufig an Subjekt- oder Objektposition; vgl. die Beispiele [141], [142], [145].

### 6.10.3 Formale Klassifizierung der Nebensätze

Formal unterscheidet man **Konjunktionalsätze** [166], die durch Konjunktionen eingeleitet werden, **Pronominalsätze** [167], die durch Pronomen (Relativ- oder Fragepronomen) eingeleitet werden, und **uneingeleitete Nebensätze** [168]; von diesen werden die **Nebensatzäquivalente** (Partizipialsätze und Infinitivsätze) unterschieden [169].

[166a]   *Tu nicht so, als ob es dich nicht interessiert.*
[166b]   *Ich bin sicher, daß es dich interessiert.*
[167a]   *Zeige mir das, was dich interessiert.*
[167b]   *Erzähle mir, worüber du dich geärgert hast.*
[168a]   *Erzählst du es mir nicht, kann ich dir nicht helfen.*
[168b]   *Ich meine, du kannst es mir ruhig erzählen.*
[169a]   *Wortreich überredet, begann er zu berichten.*
[169b]   *Sie behauptet, die Lage beurteilen zu können.*

Nebensätze können nachgestellt, vorangestellt oder zwischen zwei Hauptsatzteile geschoben werden.

[170a] *Ich freue mich, weil ich dich sehe.*
[170b] *Weil ich dich sehe, freue ich mich.*
[170c] *Dein Anblick, den ich in letzter Zeit so selten genießen konnte, freut mich.*

Man spricht folglich von „Nachsatz" [170a], „Vordersatz" [170b] und „Zwischensatz" [170c]. In den traditionellen Grammatiken ist im Zusammenhang mit der Reihenfolge der Satzglieder häufig von „Wortstellung" die Rede; dieser Terminus ist mißverständlich, da lediglich die Satzglieder i n n e r h a l b des Satzes variable Positionen einnehmen können.

## 6.11 Zusammenfassung

Wie gesehen beschreiben verschiedene Grammatikmodelle das Zusammenspiel der Einheiten des grammatischen Systems aus unterschiedlichen Perspektiven. Die generative Transformationsgrammatik formuliert mit Hilfe logisch-mathematischer Abstraktionen ein formales Regelsystem, das in der Lage ist, die in einer Sprache möglichen, wohlgeformten Sätze zu erzeugen, zu „generieren". Die TG entwirft ein Modell, das den Fähigkeiten eines kompetenten Sprecher-Hörers dieser Sprache funktionell gleichwertig ist (s. auch Abschn. 1.5.2). Während die Syntax als Lehre von den Wortarten und Satzgliedern im Mittelpunkt der traditionellen Schulgrammatik steht, ermittelt die strukturalistische Linguistik hierarchische Ordnungen in der Satzstruktur, die sie bis hin zu den kleinsten bedeutungtragenden Einheiten, den Morphemen, darstellt. Die Dependenz- oder Valenzgrammatik beschreibt Abhängigkeitsbeziehungen innerhalb von Sätzen, ausgehend von der Beobachtung, daß in einer syntaktischen Verbindung Elemente von anderen Elementen regiert werden. Als das den ganzen Satz regierende Element gilt das Verb, dem nach der Anzahl der von ihm geforderten Ergänzungen eine Wertigkeit (Valenz) zugeordnet wird. Jedes der vorgestellten Modelle hat seine Stärken – und Schwächen. Der Untersuchungsgegenstand Sprache ist nicht in allen seinen Erscheinungsformen so logisch, daß er in ein widerspruchsfreies Regelsystem gefaßt werden könnte.

Dennoch realisiert jeder Sprecher einer Sprache syntaktische Regeln, wenn er spricht oder schreibt. Syntaxmodelle versuchen, dieses intuitive grammatische Wissen abzubilden; dabei werden alle Ebenen der Sprache in die Beschreibung miteinbezogen. Im Hinblick auf die nach „Phonem", „Morphem", „Wort", „Satzglied" (Syntagma), „Gliedsatz" und „Satz" nächstgrößere linguistische Einheit, „Text", sind für die Textstruktur der syntaktische Stil und die Mittel der Textverdichtung (Einsatz von Pronomen und Konjunktionen) von Interesse.

# Literaturhinweise

BÜNTING, KARL-DIETER/BERGENHOLTZ, HENNING 1989: Einführung in die Syntax. 2., überarb. Aufl. Frankfurt

CHOMSKY, NOAM 1969: Aspekte der Syntaxtheorie. Frankfurt/M.

DUDEN Bd. 4. Grammatik der deutschen Gegenwartssprache. 4., völlig neu bearb. u. erw. Aufl. Mannheim usw. 1984

EISENBERG, PETER 1989: Grundriß der deutschen Grammatik. 2., überarb. u. erw. Aufl. Stuttgart

ENGEL, ULRICH 1991: Deutsche Grammatik. 2., verb. Aufl. Heidelberg

GLINZ, HANS 1973: Die innere Form des Deutschen. 6. Aufl. Bern

GÖTZE, LUTZ/HESS-LÜTTICH, ERNEST W.B. 1989: Grammatik der deutschen Sprache. Sprachsystem und Sprachgebrauch. München

HARRIS, ZELLIG S. 1951: Methods in Structural Linguistics. Chicago

HELBIG, GERHARD 1989: Geschichte der neueren Sprachwissenschaft. 8. Aufl. Opladen

HELBIG, GERHARD/BUSCHA, JOACHIM 1992: Leitfaden der deutschen Grammatik. 7., durchges. Aufl. Leipzig usw.

HENTSCHEL, ELKE/WEYDT, HARALD 1990: Handbuch der deutschen Grammatik. Berlin

HERINGER, HANS-JÜRGEN 1989: Lesen – lehren – lernen. Eine rezeptive Grammatik des Deutschen. Tübingen

HERINGER, HANS-JÜRGEN 1978: Wort für Wort. Interpretation und Grammatik. Stuttgart

JUNG, WALTER 1990: Grammatik der deutschen Sprache. 10., neubearb. Aufl. Mannheim usw.

POLENZ, PETER VON 1988: Deutsche Satzsemantik. Grundbegriffe des Zwischen-den-Zeilen-Lesens. 2., durchges. Aufl. Berlin usw.

SOMMERFELDT, KARL-ERNST/STARKE, GÜNTHER 1990: Einführung in die Grammatik der deutschen Gegenwartssprache. 2., neubearb. Aufl. Tübingen

TESNIERE, LUCIEN 1980: Grundzüge der strukturellen Syntax. Stuttgart

# 7 Semantik: Bedeutungsstrukturen der Wörter

7.1 Bedeutung und Bezeichnung
7.2 Wortsemantik und Satzsemantik
7.3 Semantische Merkmale
7.4 Semantische Relationen
7.4.1 Implikation: Hyponymie und Hyperonymie
      Exkurs: Prototypensemantik
7.4.2 Ambiguität: Homonymie (Homophonie, Homographie)
      und Polysemie
      Exkurs: Historische Semantik
7.4.3 Synonymie
      Exkurs: Denotation und Konnotation sprachlicher Zeichen
7.4.4 Antonymie: Kontrarität, Komplementarität und Konversion
7.4.5 Bedeutungsähnlichkeit: Heteronymie
7.5 Semantische Felder
7.6 Semantik, Grammatik und Pragmatik

Der Mensch verfügt als sprechendes Wesen über die Möglichkeit, mit sprachlichen Zeichen auf Außersprachliches zu verweisen – auf Anwesendes oder Abwesendes, auf Erfahrungstatbestände oder erdachte Welten, auf Mögliches oder Unmögliches. Die Bedeutung eines Wortes kann durch seinen Gebrauch ermittelt werden; die Sprecher einer Sprachgemeinschaft beachten bestimmte Konventionen, wenn sie den außersprachlichen Gegenständen und Sachverhalten sprachliche Zeichen zuordnen. Im folgenden Satz sind diese jedoch außer Kraft gesetzt:

[1] *Am Morgen blieb der alte Mann lange im Bild liegen, um neun läutete das Fotoalbum, der Mann stand auf, stellte sich auf den Schrank, damit er nicht an den Füßen fror, dann nahm er seine Kleider aus der Zeitung, zog sich an, schaute in den Stuhl an der Wand, setzte sich dann auf den Wecker an den Teppich und blätterte den Spiegel durch, bis er den Tisch seiner Mutter fand.*

Dennoch ist es dem Leser relativ leicht möglich, die individuelle Umbenennung in PETER BICHSELS Kurzgeschichte „Ein Tisch ist ein Tisch" rückgängig zu machen und das Gemeinte zu rekonstruieren, weil ihm der Vorgang des morgendlichen Aufstehens nicht unbekannt ist.

Die **Semantik** ist die Teildisziplin der Linguistik, die die Bedeutung(en) sprachlicher Ausdrücke untersucht. Die **Bedeutung** eines sprachlichen Zeichens konstituiert sich in drei verschiedenen Relationen, und

152          Kapitel 7: Semantik

zwar in Abhängigkeit:
(1) von der Beziehung zur außersprachlichen Umwelt,
(2) von der Beziehung zu anderen sprachlichen Zeichen und
(3) von der Ausdrucksabsicht des Sprachbenutzers.
Entsprechend untersucht man in der Linguistik
a)  die Referenz des sprachlichen Zeichens,
b)  die Regeln seines Gebrauchs und
c)  das jeweils Gemeinte.
Dabei sind sowohl Aspekte des Bedeutungswandels einzelner Wörter als
auch Bedeutungsbeziehungen zwischen Wörtern und Wortgruppen innerhalb des Wortschatzes von Interesse. Man nennt dieses Verfahren der
Bedeutungslehre **semasiologisch**: von den Zeichen (griech. *sema*: = Zeichen) ausgehend hin zu dem Gemeinten, den Inhalten.

## 7.1   Bedeutung und Bezeichnung

Die beiden Feststellungen „Wörter bezeichnen Personen, Gegenstände
und Sachverhalte" und „Wörter haben Bedeutungen" beschreiben in der
Tat zwei verschiedene Aspekte, die in der semantischen Analyse sprachlicher Zeichen von Interesse sind. Ein Wort erhält seine **Bedeutung**
durch die Beziehung zwischen sprachlichem Ausdruck und außersprach-
lichem Inhalt einerseits und seine Stellung im Wortschatz andererseits.
Der Ausdruck

[2]    *Alpspitze*

hat eine Bedeutung; das sprachliche Zeichen bezieht sich auf einen
außersprachlichen Inhalt – es handelt sich um einen Eigennamen, der auf
einen bestimmten Berg verweist. Anders als Gattungsnamen – wie *Berg,
Gams, Fluß, Dorf, Frau* –, die Klassen bezeichnen, referieren Eigennamen unverwechselbar auf individuelle Orte oder Lebewesen. Dem Ausdruck

[3]    *lagsedu*

kann hingegen im Deutschen kein Inhalt zugeordnet werden; er hat keine
Mitteilungskraft, ist somit kein Zeichen, sondern bloß leere Form.
Die Wörter

[4]    *Abendstern* und
[5]    *Morgenstern*

sind hingegen sprachliche Zeichen, Wörter des Deutschen, weil jedem
von ihnen ein Inhalt zugeordnet werden kann. Es handelt sich hier jedoch
um ein außergewöhnliches Beispiel: Die Wörter [4] und [5] bezeichnen

## Bedeutung und Bezeichnung · 153

denselben Referenten, den Stern *Venus*. Dennoch haben sie unterschiedliche Bedeutungen, die etwa mit 'der hellste Stern, der am Abend zu sehen ist' [4] und 'der hellste Stern, der am Morgen zu sehen ist' [5] umschrieben werden können. Obwohl die beiden Wörter *Abendstern* und *Morgenstern* auf ein und denselben Bezugsgegenstand verweisen, bezeichnen sie ihn aus je eigener Perspektive – die Wörter sind **referenzidentisch**, aber nicht **bedeutungsgleich**. Auf diesen grundlegenden Unterschied zwischen Bedeutung und Inhalt hat FREGE hingewiesen.

Die Semantik beschäftigt sich jedoch nicht mit der begrifflichen Erfassung der nichtsprachlichen Welt (dies ist die Domäne der Naturwissenschaften), sondern damit, wie die Sprecher innerhalb einer Sprachgemeinschaft die Wörter verwenden. So ist nicht die Referenz, sondern der „Sinn" sprachlicher Zeichen von Interesse für die Linguistik. Man versucht diesen dadurch zu ermitteln, daß man die Möglichkeiten der Wortverwendung untersucht. Schon in der Antike unterschieden Grammatiker zwischen **Bedeutungsumfang** und **Bedeutungsinhalt** eines (sprachlichen) Zeichens: der Bedeutungsumfang (auch: die Extension) eines Wortes kann durch die Aufzählung der Objekte in der realen Welt, auf die es verweist, bestimmt werden: [4] und [5] haben dieselbe Extension. Der Bedeutungsinhalt eines Wortes (auch: die Intension) wird durch seine Merkmale bzw. Eigenschaften definiert: [4] und [5] sind intensional verschieden, was sich aus der Bedeutungsbeschreibung ergibt.

Insbesondere bei der Übersetzung sind Extension und Intension von sprachlichen Zeichen zu beachten, da die verschiedenen Sprachen die reale Welt zumeist nicht auf dieselbe Weise gliedern. Die Wörter, die in verschiedenen Sprachen vergleichbare Gegenstandsbereiche benennen, decken sich inhaltlich selten; das läßt sich an einigen Bezeichnungen im dreisprachigen Vergleich demonstrieren:

[7]

| | | Baum | arbre |
|---|---|---|---|
| | trae | | |
| | | Holz | |
| | skov | | bois |
| | | Wald | |
| | | | forêt |

(HJELMSLEV 1968, nach ALBRECHT 1973, 8)

Dieses Beispiel belegt, daß die sprachliche Unterteilung des Bereichs 'Baumbestand' im Dänischen, Deutschen und Französischen jeweils anders ist. Auch der Wortschatz für die Benennung verwandtschaftlicher

154 Kapitel 7: Semantik

Beziehungen unterscheidet sich von Sprache zu Sprache erheblich; beim Vokabellernen wird deutlich, daß das Deutsche den 'Bruder des Vaters' wie auch den 'Bruder der Mutter' mit demselben Ausdruck *Onkel* bezeichnet; daß andere Sprachen hier differenzieren, indem sie zwei Wörter zur Verfügung stellen: Im Türkischen z.b. bezeichnet *amca* den Onkel väterlicherseits, *dayi* den Onkel mütterlicherseits. An Beispielen wie diesen wird deutlich, was gemeint ist, wenn festgestellt wird, daß das einzelne Sprachzeichen seine spezifische Bedeutung nicht allein durch den bezeichneten Gegenstand, sondern auch kraft seiner Beziehung zu den anderen Sprachzeichen des Systems erhält.

## 7.2 Wortsemantik und Satzsemantik

Über die Zuordnung von Bedeutung zu **Lexemen**, den Wörtern als Bedeutungsträgern im Sprachsystem, hinaus können auch ganzen Sätzen Bedeutungen zugeordnet werden. CHOMSKYS Beispielsatz [8] (CHOMSKY 1969, 189) zeigt auch in dieser ins Deutsche übersetzten Version, daß es möglich ist, sprachliche Zeichen, d.h. bedeutungtragende Wörter, in einem Satz so anzuordnen, daß dieser zwar syntaktisch richtig (im Sinne von „grammatisch korrekt"), aber nicht sinnvoll („semantisch akzeptabel") ist. Es gibt in der realen Welt keinen Vorgang, auf den der folgende Satz referieren könnte:

[8]     *Farblose grüne Ideen schlafen wütend.*

Die Fähigkeit, den Einzelwörtern Bedeutungen zuzuordnen – nennen wir sie analog zur grammatischen Kompetenz eines idealen Sprecher-Hörers (vgl. Kapitel 1) **semantische Kompetenz** –, ermöglicht es dem Mitglied einer Sprachgemeinschaft, Bedeutungsbeziehungen zwischen den Wörtern herzustellen und dadurch zu erklären, warum er Satz [8] als „widersprüchlich" bzw. als „sinnlos" beurteilt:

- Wenn etwas *farblos* ist, kann es nicht zugleich auch *grün* sein; beide Wörter beschreiben sinnlich wahrnehmbare Qualitäten – eine bestimmte Farbe bzw. keine Farbe zu haben. Beide Adjektive stehen jedoch zueinander in einem „Entweder-Oder-Verhältnis" und können im Zusammenhang mit ein und demselben Bezugswort nicht widerspruchsfrei gebraucht werden.
- *Ideen* sind als gedankliche Konstrukte nicht sichtbar, können daher keine ihre Farbe betreffende Qualitätsbeschreibung erhalten. Demnach ist eine nähere Charakterisierung der Eigenschaft von Ideen durch die Adjektive *farbig* bzw. *farblos* unmöglich.
- Nur Lebewesen, d.h. Tiere und Menschen, *schlafen*; die Kombination des abstrakten, unbelebten Subjekts *Ideen* mit einem Prädikat, das von diesem

Verb gebildet wird, ist damit ebenfalls nur syntaktisch, nicht jedoch semantisch richtig.

– Der schlafende Mensch befindet sich in einem Zustand der – nennen wir sie „unbewußten" – Ruhe und ist somit zu Gefühlsregungen wie der Äußerung von Wut nicht in der Lage. Damit kann auch die Kombination des Adverbs *wütend* mit dem Verb *schlafen* in der Realität keine Entsprechung finden.

Diese intuitive Analyse des Satzes macht deutlich, daß zwischen den Elementen des Wortschatzes, den Wörtern gleicher und verschiedener Wortarten, Sinnbeziehungen bestehen. Es muß demnach Möglichkeiten geben, den Wortschatz sinnvoll zu ordnen. Zugleich zeigt sich, daß die Gliederung der Wörter des Wortschatzes nach grammatischen Gesichtspunkten allein grob und oberflächlich bleibt: Gegen die 10-Wortarten-Klassifizierung der Grammatik (vgl. Kap. 6, Abschn. 6.6.3) spricht nicht nur, daß sie unscharf und z.T. widersprüchlich ist (vgl. die Klasse der „Numerale", in denen Wörter verschiedener Wortarten zu einer Klasse zusammengefaßt werden), sondern auch, daß sie mit ihren Beschreibungsmitteln den Satz

[9]  *Hungrige kleine Hunde fressen gierig.*

im Hinblick auf seine Akzeptabilität nicht von [8] zu unterscheiden vermag. Zwar kann die Zuweisung von **Wortarten** und **Satzfunktionen** einen Satz wie

[10]  *WENN HINTER FLIEGEN FLIEGEN FLIEGEN, FLIEGEN FLIEGEN FLIEGEN HINTERHER.*

vereindeutigen, indem mit den Mitteln der Grammatik Mehrdeutigkeiten aufgeschlüsselt werden, die sich aus der Homonymie der Form *FLIEGEN* ergeben: 1. Verbform, 2. Nom. Plur. und 3. Dat. Plur. des gleichlautenden Substantivs. Doch versagen die Mittel der Grammatik bei der Klärung der Frage, ob in dem Satz

[11]  *Der Sekretär hat krumme Beine.*

ein Mensch ungerade Gliedmaßen hat oder ein Möbelstück außergewöhnlich innovativ gestaltet ist. Beispiele wie diese zeigen, daß es eine charakteristische Eigenschaft von Sprachzeichen ist, mehrere Inhalte repräsentieren zu können. In Texten können Wörter nicht nur in verschiedenen Bedeutungen verwendet werden, sondern dieselbe Bedeutung kann u.U. auch durch verschiedene Wörter wiedergegeben werden.

Nicht nur Wörter, auch ganze Sätze können – aus verschiedenen Gründen – semantisch vage oder mehrdeutig sein, sei es, daß sie sprachliche Ausdrücke aufweisen, die den Sinn des Satzes von Zeit, Ort und Sprecher abhängig machen wie in [12], oder sei es, daß ihre syntaktische Kon-

# 156                    Kapitel 7: Semantik

struktion auf verschiedene Weisen interpretierbar ist wie in [13]:

[12]    *Hier habe ich gestern mein Examen gemacht.*

[13]    *Wenn einer die Klausur besteht, wird er überrascht sein.*

Wer in [12] wo welches Examen bestanden hat, ist allein durch die Daten
der Sprechsituation zu erschließen, denn die Wörter *hier, ich* und *gestern*
gehören zu den **deiktischen Ausdrücken**, mit deren Hilfe Angaben über
Personen, Raum und Zeit gemacht werden; diese können jedoch nur
durch den Bezug auf die Sprechsituation bestimmt werden. Wer in [13]
*überrascht* ist (und warum), hängt ab von der Satzstruktur. Für [13] gibt
es zwei Möglichkeiten: es kann ein Dozent sein, der nicht damit rechnet,
daß seine Klausur lösbar ist, es kann auch ein Student sein, der nicht damit gerechnet hat, daß seine Leistungen den Anforderungen genügen.
Der springende Punkt ist also – aus semantischer Perspektive – die Referenz der Wörter *einer* und *er*: Beziehen sie sich auf ein und dieselbe Person oder auf zwei Personen?
Die Beispiele weisen darauf hin, daß es notwendig ist, zwischen der
**Wortsemantik** (auch: lexikalischen Semantik) und der **Satzsemantik** zu
unterscheiden. Im folgenden werden uns insbesondere die Bedeutungen
der Wörter interessieren, d.h. ihre Beziehungen zueinander, die es erlauben, den Wortschatz einer Sprache zu ordnen bzw. Strukturen im Wortschatz aufzuzeigen.

## 7.3   Semantische Merkmale

Um die Inhalte eines Wortes zu beschreiben, kann man versuchen, seine
Gesamtbedeutung als Bündel von **Bedeutungsmerkmalen** zu beschreiben; man nennt dieses Verfahren **Komponentenanalyse**. Sie beruht auf
der Annahme, daß die Bedeutung eines Lexems als Summe von semantischen Merkmalen (Semen, Komponenten) beschreibbar ist. Kleinste Be-
deutungseinheiten, **Seme**, sind kombinierbar zu **Sememen**, d.h. selbständigen einzelnen Bedeutungsvarianten. Demnach besteht die lexikalische
Bedeutung aus einem oder mehreren Sememen, die durch semantische
Relationen beschrieben werden können und sich aus Semen, semantischen Merkmalen, zusammensetzen; die Gesamtbedeutung eines Wortes
enthält oft mehrere dieser Bedeutungsvarianten (vgl. unten [14a] und
[14b]). Damit wird den Bedeutungen eine innere Struktur zugesprochen,
die als Bündel von distinktiven Merkmalen beschreibbar ist.

Das Verfahren wurde aus der Phonologie übernommen, wo man die
Laute einer Sprache durch Artikulationsort, -art und Sonorität eindeutig

## Semantische Merkmale 157

zu beschreiben versucht. Die Einteilung in distinktive Merkmale ist binär konzipiert, d.h. die semantischen Merkmale werden als zutreffend (+) oder nicht zutreffend (-) aufgelistet.

Die einzelnen semantischen Merkmale sollen Wortbedeutungen voneinander abgrenzen, sie haben **distinktive Funktion**. Das Merkmal '(+)belebt' für das Wort *Sekretär* unterscheidet die Bedeutungen 'Büroangestellter' und 'Büromöbel' (vgl. [11]). Die semantischen Merkmale bilden Gegensatzpaare. Wortbedeutungen werden dadurch unterschieden, daß jeweils eines von beiden zutrifft oder nicht zutrifft. Eine grundlegende semantische Distinktion ist die zwischen Abstrakta und Konkreta, die als '(+)abstrakt' oder '(-)konkret' ausgedrückt werden kann, eine weitere ist die zwischen belebten und nicht belebten konkreten Objekten (Lebewesen und Dingen): '(+)belebt' bzw. '(-)belebt'. Mit einem weiteren Schritt können hier menschliche Lebewesen von allen übrigen mit dem Merkmal '(+)menschlich' unterschieden werden. Versucht man, mit diesem Verfahren der Beschreibung die Bedeutung des Wortes *Strom* zu ermitteln, so ergeben sich folgende Varianten:

[14a]  *Strom*: (+)konkret, (-)menschlich, (+)Gewässer, (+)fließend
[14b]  *Strom*: (+)konkret, (-)menschlich, (-)Gewässer, (+)fließend

Die Wortbedeutungen unterscheiden sich hier in dem Merkmal '(+)Gewässer' bzw. '(-)Gewässer'. Denkt man die Idee der semantischen Merkmale so weit, daß jedes Wort eines Wortschatzes durch ein eindeutiges Bündel von endlich vielen Bedeutungsmerkmalen zu bestimmen ist, dürfte deutlich werden, daß aus Gründen der Verständlichkeit und Ökonomie nicht alle möglichen semantischen Merkmale auf jedes Wort angewendet werden können; z.B. ist das Merkmal '(+)Gewässer' im Zusammenhang mit dem Merkmal '(+)fließend' relevant, nicht aber bei Lebewesen, für die dieses nicht zutreffen kann. Die Grenzen der semantischen Komponentenanalyse liegen dort, wo die Zuschreibung von Merkmalen nicht binär möglich ist: *Rot* ließe sich in die Merkmale '(-)farblos' oder '(-)gelb' oder '(-)grün' oder ... zerlegen; für *Blau* würden ebenfalls '(-)farblos' oder '(-)gelb' oder '(-)grün' oder ... gelten. Die Zerlegung von Lexembedeutungen in ihre semantischen Merkmale ermöglicht jedoch eine differenzierte Bedeutungsbeschreibung. Gemeinsamkeiten und Unterschiede von Wortbedeutungen können durch übereinstimmende bzw. abweichende Bedeutungskomponenten erklärt werden.

Bei der Komponentenanalyse handelt es sich übrigens um ein strikt **synchrones Bedeutungsbeschreibungsverfahren**; mit seiner Hilfe können u.a. lexikologische Fragen beantwortet werden, z.B.:

158 Kapitel 7: Semantik

• Haben Bedeutungen gleichlautender Wörter zentrale Komponenten gemeinsam (wie in [14])? Dann handelt es sich um ein mehrdeutiges Wort.
• Haben die Wörter keine gemeinsamen Komponenten? Dann handelt es sich um zwei Wörter, die zufällig lautlich gleich sind (s. auch 7.4.2).

## 7.4 Semantische Relationen

Zu den Aufgaben einer semantischen Theorie gehört neben der Beschreibung von Bedeutungen auch die Beschreibung von Bedeutungsbeziehungen zwischen semantisch „verwandten" und „nicht-verwandten" Wörtern. Die Verfahren, solche semantischen Relationen zu beschreiben, versuchen die Bedeutungsbeziehungen zwischen Wortpaaren und lexikalischen „Nachbarn" mit Hilfe logischer Kategorien zu bestimmen.

### 7.4.1 Implikation: Hyponymie und Hyperonymie

Die den Wortschatz hierarchisch gliedernde Relation ist die Unter- bzw. Überordnung. Die **Hyponyme** (die untergeordneten Wörter) haben im allgemeinen spezifischere Inhalte als die **Hyperonyme** (die übergeordneten Wörter), die häufig Klassen bezeichnen. Die Zuordnung von Unterbegriffen zu einem Oberbegriff findet man als logische Ordnung in den Begriffshierarchien der Wissenschaft, besonders ausgeprägt in naturwissenschaftlichen Disziplinen wie der Biologie. Die Begriffe

[15]  *Pflanze, Blume, Rose*

stehen zueinander im Hyponymie-Hyperonymie-Verhältnis; *Pflanze* ist der Oberbegriff (das Hyperonym) von *Blume*; *Blume* ist damit Unterbegriff (Hyponym) – daneben sind andere Unterbegriffe wie *Baum*, *Strauch*, … denkbar. *Blume* ist zugleich Hyperonym zu *Rose*. Die Wörter *Blume*, *Baum* und *Strauch* sind **Kohyponyme**, d.h. Wörter auf einer Stufe, die einen gemeinsamen Oberbegriff haben. Diese sind zueinander inkompatibel, d.h. sie können in einem Satz nicht gegeneinander ausgetauscht werden:

[16]  *Sie pflückte einen Strauß Blumen.*
[17]  *\*Sie pflückte einen Strauß Bäume.*

Jedoch sind die Unterbegriffe in einer Satzfolge durch ihre direkten oder übernächsten Oberbegriffe ersetzbar:

[18]  *Auf der Fensterbank steht eine Rose.*
[19]  *Auf der Fensterbank steht eine Blume.*
[20]  *Auf der Fensterbank steht eine Pflanze.*

Die Hyponyme implizieren die Hyperonyme – es gilt, daß der Unterbegriff spezieller als sein(e) Oberbegriff(e) ist. Der spezielle Begriff hat alle Merkmale des Oberbegriffs, zusätzlich aber eigene:

[21]  *Rose: (+)konkret, (+)Lebewesen, (+)Pflanze, (+)Blume, (+)stachelig*
[22]  *Blume*: (+)konkret, (+)Lebewesen, (+)Pflanze

## Exkurs: **Prototypensemantik**

In der Merkmaltheorie (vgl. Abschn. 3) finden sich Grundannahmen der klassischen Kategorisierungstheorie wieder, die davon ausgeht, daß (1) Kategorien genau abgegrenzt sind und (2) alle Mitglieder einer Kategorie prinzipiell gleichwertig sind. Jedoch hatte bereits LUDWIG WITTGENSTEIN darauf hingewiesen, daß die eindeutige Beschreibung von Kategorien nicht immer möglich ist; man „betrachte z.b. einmal die Vorgänge, die wir Spiele nennen. [...] Was ist ihnen gemeinsam?" (zit. n. SCHWARZ/ CHUR 1993, 47). Beim Versuch, ein Merkmalbündel für das, was als 'Spiel' bezeichnet wird, anzugeben, wird es offenbar, daß es sogar schwierig ist, nur ein einziges allen Spielen gemeinsames Merkmal anzugeben. Manche Exemplare stellen somit – in einem Kategoriensystem, mit dem sich die semantischen Verhältnisse innerhalb von Wortschätzen natürlicher Sprachen nicht lückenlos und widerspruchsfrei beschreiben lassen – typische, andere weniger typische Vertreter ihrer Kategorie dar. Die Tomate z.B. ist ihrem Wachstum und ihrem Aussehen nach eine Frucht (ital.: *pomodoro* = Apfel aus Gold), ihrem Geschmack nach jedoch ein Gemüse. Der Delphin, ein im Wasser lebendes Säugetier, kann aufgrund seines Aussehens und Lebensraumes als ein Fisch eingestuft werden. LABOVs Tassenexperiment bestätigt den Eindruck, daß prototypische Mitglieder einer Kategorie mental repräsentiert sind und daß andere Exemplare, die auftreten, stets mit diesen verglichen werden:

> Er untersuchte sprachliche Kategorisierungen von Haushaltsgefäßen und legte seinen Versuchspersonen (Vpn) Abbildungen von verschiedenen Gefäßen vor. Die Abbildung einer prototypischen Tasse (hat einen Henkel und ihr Höhe-Breite-Verhältnis ist 1:1) wurde ziemlich übereinstimmend als 'Tasse' bezeichnet. Bei anderen Bildern ergaben sich erhebliche Variationen bei den Antworten. Die Grenzen, die wir bei Kategorisierungen ziehen, variieren übrigens je nach Kontext: Wenn den Vpn gesagt wurde, sie sollten sich vorstellen, daß sie aus den abgebildeten Gefäßen Kaffee trinken, wurden auch tassenuntypische Gefäße als 'Tasse' bezeichnet. (SCHWARZ/CHUR 1993, 49)

**Prototypen** werden nach Prinzipien der Auftretenshäufigkeit (Frequenz) und der Relevanz in der Gesellschaft ausgebildet. Die Beurteilung und

160                    Kapitel 7: Semantik

Einordnung unbekannter Objekte wird durch den Vergleich mit dem Prototyp vorgenommen: Ein Exemplar wird als ein um so typischerer Vertreter der Kategorie bezeichnet, je mehr Merkmale er mit dem Prototyp gemeinsam hat; neue, weniger typische Vertreter einer Kategorie werden peripher, am Rande gespeichert. Auch für Abstrakta wie *Liebe, Demokratie, Lüge* gibt es mentale Prototypen, die allerdings nicht bildhaft sind; doch auch sie können als Merkmalsbündel beschrieben werden:

> Eine typische Lüge beispielsweise involviert folgende Bestandteile: 1. Eine Aussage ist falsch; 2. der Sprecher glaubt, daß die Aussage falsch ist, 3. mit der Äußerung will der Sprecher den Hörer täuschen. Eine experimentelle Umfrage unter 71 Erwachsenen ergab, daß besonders 2. und 3. als zentral für den Handlungstyp Lügen eingestuft wurden. Höflichkeits- und Notlügen gelten eher als periphere Instanzen von Lügen. (Schwarz/Chur 1993, 51)

Sprachliche Einschränkungen durch Ausdrücke wie *beinahe eine Lüge, fast die Wahrheit, eine Art Notlüge, in etwa wahr, streng genommen gelogen* sind Indizien dafür, daß das Bezeichnete nicht alle Merkmale der (prototypischen) Kategorie erfüllt.

### 7.4.2 Ambiguität:
Homonymie (Homophonie, Homographie) und Polysemie

Eine weiterer Ansatzpunkt der Beschreibung von Beziehungen zwischen den Wörtern des Wortschatzes liegt in der lautlichen und/oder schriftlichen Wortgestalt. Im Deutschen existieren Wörter, die sich in ihrem Klang und/oder ihrer Schreibung nicht unterscheiden, die jedoch in verschiedenem Sinn gebraucht werden. Das Wort *Läufer* etwa enthält ganz verschiedene Bedeutungen, z.B.: 1. 'Schachfigur', 2. 'Sportler', 3. 'Teppich'. Bezeichnet *Ton* ein Material oder einen Klang? Die Frage, ob es sich um ein Lexem mit Bedeutungsvarianten handelt oder um zwei Lexeme, die zwar ausdrucksgleich, aber bedeutungsverschieden sind – mit anderen Worten: ob zwischen den Wörtern die Bedeutungsrelation der **Polysemie** ('Mehrdeutigkeit') oder die der **Homonymie** ('Gleichnamigkeit') anzusetzen ist, bezieht historisches Wissen über die Sprache in die Bedeutungsbeschreibung mit ein.

### Exkurs: **Historische Semantik**

MICHEL BRÉAL prägte Ende des 19. Jhs den Terminus Semantik als Bezeichnung für eine Teildisziplin der Sprachwissenschaft, die sich mit der Veränderung der Bedeutungsstruktur von Wörtern und den Ursachen des

## Semantische Relationen 161

historischen Bedeutungswandels befaßte. Historische Untersuchungen der Etymologie (der Wortherkunft) zeigten ein Spektrum möglicher Bedeutungsveränderungen auf: Lexeme können in ihrer Verwendungsgeschichte **Bedeutungserweiterungen** erfahren, d.h. ihr Bedeutungsumfang vergrößert sich (entsprechend verringern sich die Bedeutungsmerkmale). Beispielsweise hat das Wort *Frau* im heutigen Deutsch die relativ weite Bedeutung 'erwachsener weiblicher Mensch', das mhd. Wort *frouwe* hingegen bezeichnete nur die 'adelige Dame'.

Umgekehrt kann sich der Bedeutungsumfang eines Lexems verringern, so daß das Wort eine **Bedeutungsverengung** erfährt (indem es weitere spezifische Merkmale erhält): Das Wort *Hochzeit* bezeichnet im heutigen Sprachgebrauch die Festlichkeit anläßlich der Eheschließung – ein (im 20. Jh. nicht mehr unbedingt) einmaliges Ereignis; das mhd. Wort *hôchgezît* bezeichnete hingegen jede beliebige Art von Fest.

Die konnotative Aufwertung eines Lexems, die **Bedeutungsverbesserung**, bedeutet eine Veränderung seines Status im Gebrauch der Sprachgemeinschaft – sei es durch eine gesellschaftliche Aufwertung des mit dem Wort Bezeichneten oder durch die Exklusivität des Wortgebrauchs. Z.B. bedeutete *arebeit* im Mittelhochdeutschen 'Mühe', 'Fron' und 'Qual', unter *Arbeit* versteht man heute allgemein eine 'produktive Tätigkeit zur Verbesserung des Lebensunterhalts'. Auch durch den Gebrauch kann sich die Bedeutung eines Wortes verbessern: als Ersatz für gebräuchliche bedeutungsähnliche Wörter, zu denen es im Vergleich als „gehobene Variante" bewertet wird und eher stilistische Funktionen übernimmt. So bedeutete das Wort *Haupt* ursprünglich 'Trinkschale' und wurde anstelle von *Kopf* zur Bezeichnung des Körperteils benutzt, ebenso *Antlitz* (früher: 'Anblick') für 'Gesicht'. Auch aufgrund von Mehrdeutigkeiten in der Verwendung kann sich die Bedeutung eines Wortes verbessern – so bedeutete *toll* zunächst soviel wie 'töricht, verrückt', wurde im 18. Jh. im Sinne von 'erstaunlich' gebraucht und bedeutet seit dem 19. Jh. soviel wie 'großartig'.

Mit **Bedeutungsverschlechterung**, der konnotativen Abwertung eines Wortes, bezeichnet man den entgegengesetzten Prozeß: Die Wortbedeutung verändert sich in Verbindung mit einer gesellschaftlichen Abwertung des Designats. Das ursprünglich nicht wertend gebrauchte Wort *Pfaffe* (mhd. neutral für 'Priester') wurde zur Verunglimpfung eines Standes gebraucht, das ursprünglich neutrale Wort *Dirne* (ahd. 'Jungfrau', 'Mädchen', mhd. 'Dienerin, Magd') wird heute nur noch in seiner nd. Variante *Deern* und in der od. Form *Dirndl* in diesem Sinne verwendet;

162 Kapitel 7: Semantik

auch das mhd. Wort *wîp* hat in seiner nhd. Form *Weib* dadurch eine Bedeutungsverschlechterung erfahren, daß die Unterscheidung, die im Mittelhochdeutschen mit den Wörtern *frouwe* (s.o.) und *wîp* vorgenommen werden konnte, im Neuhochdeutschen nicht getroffen wird.

In Fällen der **Bedeutungsübertragung** wird der Bedeutungsumfang eines Wortes durch seinen metaphorischen oder metonymischen Gebrauch verändert: *Wolkenkratzer* 'kratzen' nicht die 'Wolken'; wer ein *Glas* trinkt, nimmt lediglich die Flüssigkeitsmenge, die in diesem enthalten ist, zu sich; *Tischbeine* haben keine Knie. Auch bei elliptischer Sinnübertragung wird von übertragener Wortverwendung gesprochen: in bestimmten Situationskontexten bedeutet ein *Helles* soviel wie 'helles Bier', steht *geben* für 'Karten austeilen'.

Wortbedeutungen können auch aus anderen Sprachen übernommen werden; dann spricht man von **Bedeutungsentlehnung**: Nach fremdsprachlichem Vorbild wird die Bedeutung eines Lexems durch eine neue ersetzt. So bedeutete *Ballade* ursprünglich so viel wie 'Tanzlied', in Anlehnung an das Englische wurde es umgedeutet zu 'Erzählgedicht'. Wörter können durch die Entlehnung auch zusätzliche Bedeutungskomponenten erhalten; so wurde wiederum in Anlehnung an das engl.Wort *underworld* das dt. *Unterwelt* auch zur Bezeichnung eines 'kriminellen Milieus' gebraucht.

### 7.4.2.1 Polysemie

Viele Wörter werden aufgrund ihrer inhaltlichen Struktur, d.h. der Übertragungsmöglichkeit ihrer semantischen Merkmale, zur Bezeichnung von unterschiedlichen Gegenständen/Sachverhalten herangezogen; diese Form der (lexikalischen) Mehrsinnigkeit bezeichnet man als **Polysemie**. So findet man als Bedeutungen für das Wort *Schlange* z.B.: 1. 'Reptil', 2. 'Menschenkette', 3. (abwertend) 'weibliches Wesen'. Nicht immer ist dieser Prozeß der Bedeutungsübertragung für den Sprecher nachvollziehbar. So kann die Mehrdeutigkeit des Wortes (oder der Wörter?) *Bank* für 'Geldinstitut' und *Bank* für 'Sitzgelegenheit' nur durch die Kulturgeschichte des italienischen Herkunftswortes erklärt werden: *banca* war – in Deutschland wie in Italien – der Tisch des Geldwechslers. Diachronisch läßt sich die Polysemie auf eine gemeinsame Wurzel zurückführen; so wird *Bank* in den meisten Wörterbüchern als ein Wort mit verschiedenen Bedeutungen (als Polysem) behandelt, weil man die Bedeutungen auf diesen gemeinsamen Ursprung zurückführt. Für das alltagssprachliche Verständnis des Wortes ist es allerdings unerheblich, ob man diese

Mehrdeutigkeit als **Homonymie** (zwei Wörter mit gleichem Ausdruck, aber verschiedenem Inhalt) oder aufgrund ihrer gemeinsamen historischen Wurzeln als **Polysemie** (ein Wort mit ganz verschiedenen Bedeutungen) einstuft.

### 7.4.2.2 Homonymie (Homophonie und Homographie)

**Homonyme**, verschiedene Wörter, die identische Wortformen aufweisen, sind in flektierenden Sprachen eher selten (in isolierenden Sprachen wie dem Chinesischen hingegen außerordentlich häufig), so daß zur Vereindeutigung der klanggleichen Wörter häufig die Schrift zu Hilfe genommen wird). Die Wortpaare

[23]  *Tau – Tau*
[24]  *Band – Band*
[25]  *Tor – Tor*

sind gleichklingend (**homophon**) und gleichgeschrieben (**homograph**), allein ihr grammatisches Geschlecht – jeweils maskulinum und neutrum – gibt Aufschluß darüber, daß es sich in [23], [24], [25] um zwei verschiedene Wörter handelt. Oft wird die Bedeutungsverschiedenheit gleichklingender Wörter auch orthographisch deutlich gemacht (hier greift das „logisch-differenzierende Prinzip" der Rechtschreibung):

[26]  *Seite – Saite*
[27]  *Lied – Lid*
[28]  *Lärche – Lerche*

Es handelt sich um **Homophone**, die sich durch die Schreibung, nicht unbedingt auch durch ihr Genus, voneinander abheben. Zu [24] kann ein drittes Wort „Band" ('Gruppe von Musikern') ergänzt werden, das sich allerdings durch seine englische Aussprache von den ersten beiden unterscheidet. In diesem Falle ist allein von Homographie zu sprechen. Einige **Homographe** werden durch unterschiedlichen Wortakzent vereindeutigt, indem z.B. bei der Aussprache der Akzent auf die erste oder zweite Silbe gelegt wird:

[29]  *modérn* (neumodisch)          —  *módern* (verrotten)
[30]  *Tenór* (Stimmlage)          —  *Ténor* (Intention eines Textes)
[31]  *´übersetzen*          —  übersétzen
      (mit dem Boot über den Fluß)          (in eine andere Sprache übertragen)

Andere Homographe werden durch den syntaktischen Gebrauch unterscheidbar (vgl.*FLIEGEN/FLIEGEN* in [10]).

164 Kapitel 7: Semantik

## 7.4.3 Synonymie

Die Ausdrucksgleichheit bzw. -ähnlichkeit ist nur ein Fall möglicher Bedeutungsbeziehungen zwischen den Wörtern des Wortschatzes. Ebenfalls denkbar ist die semantische Relation der Inhalts- bzw. Bedeutungsgleichheit, der **Synonymie**. STEPHEN ULLMANN bezeichnet diese – die absolute Synonymie – als einen „Luxus", den eine Sprache sich kaum leisten könne. Bedeutungsgleiche Wörter wie

[32]   *Orange, Apfelsine*
[33]   *Vorhang, Gardine; Geldbörse, Portemonnaie; Bildschirm, Monitor*
[34]   *Blinddarmentzündung, Appendizitis*
[35]   *betrunken, zu, abgefüllt*
[36]   *Sonnabend, Samstag; Brötchen, Semmel, Wecke*

belegen ein und denselben Inhalt mit verschiedenen Ausdrücken. Oft stammt einer der konkurrierenden Ausdrücke aus einer anderen Sprache [33] bzw. Sprachvarietät, z.B. einer Fachsprache [34], Gruppensprache [35] oder einem Dialekt [36]. Ein Sprecher kann mit verschiedensten sprachlichen Ausdrücken auf ein Objekt verweisen, z.B.

[41] *Computer, Personalcomputer, PC, Rechner, EDV-Einheit, Notebook, ...*

Nicht immer bedient er sich dabei lexikalischer Synonyme, sondern wählt auch metaphorische Umschreibungen. Oft bringt der Sprecher mit seiner Auswahl aus referenzidentischen, nicht synonymen Lexemen seine Einstellung dem Bezeichneten gegenüber zum Ausdruck.

### Exkurs: **Denotation** und **Konnotation** sprachlicher Zeichen

K. O. ERDMANN hatte schon um 1900 darauf hingewiesen, daß „Bedeutung" vage ist, d.h. daß neben den allgemeinen, überindividuellen Grundbedeutungen, die einem Wort von den Sprechern einer Sprache zugeordnet werden, oft auch subjektive, individuelle und assoziative Nebenbedeutungen festzustellen sind. Er unterschied zwischen einem Bedeutungskern, (dem **Denotat**, das den sachlich neutralen, kognitiven Informationswert enthält) und den konventionellen und subjektiven Assoziationen (**Konnotationen**, den über die rein sachliche Bedeutung hinausreichenden wertenden Bedeutungskomponenten). Neben der denotativen Grundbedeutung kann ein Wort auch Nebenbedeutungen haben; diese betreffen jedoch allein den konventionalisierten Nebensinn (gewisse Begleit- oder Nebenvorstellungen, die unmittelbar mit einem Wort verknüpft sind), nicht den subjektiven emotiven Gefühlswert. Die

Semantische Relationen 165

individuellen Empfindungen eines Sprachbenutzers beim Hören, Lesen, Sprechen oder Schreiben eines Wortes sind nicht konventionalisiert und gehören nicht zum Sprachsystem.

Synonymenwörterbücher helfen bei der Suche nach dem „treffenden Wort", indem bedeutungsähnliche Wörter in Gruppen zusammengefaßt werden. Dabei wird deutlich, daß bedeutungsgleiche „echte" Synonyme rar sind, zumeist ergeben sich unterschiedliche stilistische Bedeutungsebenen oder Verwendungsspezifika: Die Beispiele [41] zeigen auf, daß es fast immer Bedeutungsnuancierungen gibt, daß es keine uneingeschränkte Austauschbarkeit in allen Kontexten gibt. Merkmaltheoretisch, d.h. synchron betrachtet, weisen Synonyme den gleichen Bestandz an Merkmalen auf; diachron betrachtet sind viele Synonyme Wortentlehnungen, z.B. *Cousin* und *Vetter*. Das Englische, die durch Sprachkontakte synonymenreichste europäische Sprache, trifft genauere Unterscheidungen im Bereich der Verwendung von *land* und *country* oder *to finish*, *to end* und *to terminate*; auch der Bedeutungsumfang der Wörter ist verschieden. ULLMANN folgert, daß es „totale Synonymie", die den Bedingungen (1) Auswechselbarkeit in allen Kontexten und (2) Identität nach kognitiver und emotiver Bedeutung genügt, nur äußerst selten gibt.

### 7.4.4 Antonymie: Kontrarität, Komplementarität und Konversion

Die Relation der „absoluten Bedeutungsverschiedenheit", die als Gegensatz zur Synonymierelation denkbar ist, gibt es nicht: Die Fälle, auf die sie zutreffen könnte (z.B. *Hund : Buch*; *Baum : Universität*; *Computer : Vanillepudding*) sind unzählbar, so daß es sich hier nicht mehr um ein „Ordnungsprinzip" handelt. Daher können die Bedeutungsbeziehungen beliebiger Wortpaare, die weder im Hinblick auf den Inhalt noch bezüglich des Ausdrucks sprachsystematische Ähnlichkeiten aufweisen, nicht erfaßt werden. Hingegen lassen sich Fälle von unvereinbaren und entgegengesetzten Wortbedeutungen beschreiben; Wörter, die einen gegensätzlichen Wortsinn haben, bezeichnet man als **Antonyme** (Gegenwörter).

In der Semantiktheorie werden zwei spezifische Formen der **Inkompatibilität** (semantische Unverträglichkeit) von antonymen Wörtern unterschieden: **Komplementarität** (in dieser Beziehung stehen kontradiktorische, nicht abstufbare Antonyme) und **Kontrarität** (diese Beziehung betrifft abstufbare Antonyme). „Kontradiktorische Unverträglichkeit" bedeutet, daß sich die Bedeutungen zweier entgegengesetzter Lexeme

166 Kapitel 7: Semantik

völlig ausschließen, daß es weder Zwischenstufen noch Steigerungsmög-
lichkeiten gibt. Die Negation des einen entspricht der Bedeutung des anderen Wortes. Gegensätze, die einander ausschließen und nicht abgemil-
dert oder einander angenähert werden können, finden sich in Wortpaaren
wie:

[42]  *ledig*     :  *verheiratet*
[43]  *männlich* :  *weiblich*
[44]  *natürlich* :  *künstlich*
[45]  *tot*       :  *lebendig*

Kontradiktorische Wörter (auch: komplementäre Lexeme, nicht abstufbare Antonyme) ermöglichen eine binäre Zuordnung: Ein Mensch ist entweder *ledig* oder *verheiratet* – *ein bißchen verheiratet* kann man nicht
sein. Kontradiktorische Antonyme sind die geeignetsten Kandidaten für
semantische Merkmale. Hingegen sind Wortpaare wie

[46]  *groß*  :  *klein*
[47]  *dick*  :  *dünn*
[48]  *lang*  :  *kurz*
[49]  *krumm* :  *gerade*

Beispiele für abstufbare Antonyme. Sie stehen zueinander in einem
Gegensatz, der überwindbar ist: Umschreibungen oder die Komparation
der Adjektive ermöglichen die graduelle Annäherung der Extreme: *nicht
so groß wie, dünner als, nicht ganz gerade, etwas krumm*. Differenzierungen und Zwischenstufen sind möglich; je nach Vergleichspunkt ist
das eine oder das andere Lexem das normale, unmarkierte Wort.

[50a]  *Eine Mücke ist klein.*
[50b]  *Ein Elefant ist groß.*

Das markierte, besondere Wort weicht von der Erwartung ab:

*[51]   Eine große Mücke ist kleiner als ein kleiner Elefant.*

Die Markiertheit eines Antonyms wird dort kreativ eingesetzt, wo z.B.
aus Werbezwecken ein Gebrauchtwagen als „2 m *klein*" und „5 Jahre
*jung*" angepriesen wird. Polyseme Wörter können daran erkannt werden,
daß es zwei zugehörige Antonyme gibt, was bei

[52]  *alt* :  *neu; alt* :  *jung*
[53]  *gut* :  *böse; gut* :  *schlecht*

der Fall ist.

Bei einem weiteren Typ von Antonymie stehen die Inhalte der Wörter in einem konversen Verhältnis, d.h. der Inhalt des einen Lexems setzt
den des anderen voraus, z.B. *geben* und *nehmen, Frage* und *Antwort, auf-
stehen* und *hinsetzen*.

### 7.4.5 Bedeutungsähnlichkeit: Heteronymie

Bedeutungsähnliche Wörter, die in geschlossenen Reihen auftreten, werden unter der Kategorie **Heteronyme** zusammengefaßt. Die Wochentage

[50]   *Montag, Dienstag, Mittwoch, ...*

die Monatsnamen

[51]   *Januar, Februar, März, ...*

Farbbezeichnungen

[52]   *rot, orange, gelb, ...*

oder Obstsorten sind als bedeutungsähnliche, aber „lexikalisch unverträgliche" Wörter einer eigenen Kategorie zuzuordnen: In einem Kontext sind sie nicht wechselseitig austauschbar, dabei sind sie weder bedeutungsgleich (synonym) noch gegensätzlich (antonym). Sie sind als zu einem Oberbegriff gehörig beschreibbar, schließen sich als Elemente derselben Klasse jedoch gegenseitig aus. Bedeutungsähnliche Wörter werden auch als Unterbegriffe eines Oberbegriffs erfaßt, lassen sich hingegen schwerlich als Kohyponyme durch semantische Merkmale voneinander abgrenzen.

## 7.5   Semantische Felder

Die Theorie der **semantischen Felder** wurde in den 1920er und 30er Jahren in Deutschland und in der Schweiz entwickelt und geht zurück auf Ideen VON HUMBOLDTS und HERDERS. JOST TRIER legte 1931 mit seiner Arbeit „Der deutsche Wortschatz im Sinnbezirk des Verstandes" einen Vergleich der Gliederung des durch Wörter bezeichneten Sachverhaltsbereichs zu verschiedenen Zeiten vor. Für den Zeitraum zwischen 1200 und 1300 stellt er eine Veränderung nicht nur des lexikalischen Bestandes, sondern auch der Begriffsinhalte fest. Um 1200 war der Sinnbezirk des Verstandes im Mittelhochdeutschen durch die drei Substantive *wîsheit*, *kunst* und *list* abgedeckt; etwa einhundert Jahre später deckten die Substantive *wîsheit*, *kunst* und *wizzen* den Bereich ab.

| um 1200: | *wîsheit* | | um 1300: | *wîsheit* |
|---|---|---|---|---|
| | *kunst* | | | *kunst* |
| | *list* | | | *wizzen* |

Jedoch war der Wortgebrauch nicht gleich: Im 12. Jh. findet sich *wîsheit* als Oberbegriff für *kunst* ('höfisch orientierte Fähigkeit') und *list* ('technische Fähigkeit'); im 13. Jh. jedoch verengt sich *wîsheit* zum Ausdruck für 'höchste Verstandeskraft', neben *kunst* als 'mittlerer Verstandeskraft' und *wizzen* als 'alltäglicher, gemeiner Verstandeskraft'. Ausgehend von der Grundüberzeugung, daß die Bedeutung eines Wortes nicht isoliert, sondern nur im Verband mit anderen untersucht werden kann, beschreibt TRIER die Bedeutungsveränderungen eines Lexems im Vergleich zu anderen.

> Triers Grundidee und sein Vorgehen waren in gewisser Weise strukturalistisch, bevor es in der germanistischen Sprachwissenschaft einen Strukturalismus gab; die Komponentialsemantik darf als Fortführung und Verfeinerung der Wortfeldtheorie angesehen werden. (LINKE/NUSSBAUMER/PORTMANN 1991, 155)

LEO WEISGERBER entwickelte die Idee des **Wortfelds**: (partiell) synonyme Lexeme einer Wortart werden thematisch in konzentrischen Kreisen angeordnet, von zentralen, allgemeinen Lexemen zu peripheren, speziellen. Er entwarf eine graphische Darstellung des Wortfelds 'Aufhören des Lebens', in der durch drei konzentrische Ringe die verschiedenen Feldbeziehungen zwischen den Elementen kategorial erfaßt sind:

WEISGERBER 1968, 184

Die Feldordnung kann vor Augen führen, daß sich die Bedeutung eines Wortes aus seiner Position zu anderen bestimmen läßt. Nach WEISGERBER sind prinzipiell alle Wörter des Wortschatzes nach Sinnbereichen in Wortfeldern aus Wörtern mit gleichem oder ähnlichem Inhalt darstellbar – wenn Felder ähnliche Gegenstände, z.B. 'Sitzmöbel' erfassen, spricht man auch von **Sachfeld**.

Semantik, Grammatik, Pragmatik 169

Die Grundannahmen der Feldtheorie sind die folgenden:
- der gesamte Wortschatz einer Sprache läßt sich in Feldern ordnen (Prinzip der Ganzheit);
- die zu einem Feld gehörenden Lexeme decken das gesamte Bedeutungsspektrum ab (Prinzip der Lückenlosigkeit);
- die Lexeme eines Feldes bilden eine hierarchische Ordnung (Prinzip der hierarchischen Ordnung);
- die Bedeutungen der Lexeme eines Feldes bestimmen sich gegenseitig (Prinzip der wechselseitigen Bedeutungsbestimmung).

Der Bedeutungsumfang des Einzellexems wird erklärbar durch seine Position im Feld, die es im Falle des Feldes 'Aufhören des Lebens' auch dadurch erhält, wessen Leben aufhört (Tier, Pflanze, Mensch). Die Ordnung des Feldes ergibt sich durch eine Merkmalsanalyse, die hilft, die Lexeme logisch gegeneinander abzugrenzen, z.B. 'Mangel an (Nahrung, Flüssigkeit, Luft, Blut)' bzw. 'Einwirkung von (Kälte, Hitze)' o.ä.

Die Kritik an der Wortfeldtheorie hat sich vor allem auf zwei Schwachpunkte konzentriert:
(1) Die Feldordnung spiegelt eine Lückenlosigkeit des Wortschatzes vor, die in einer natürlichen Sprache nicht gegeben ist;
(2) nicht alle gedanklichen Konzepte werden sprachlich in einem Lexem realisiert, vgl. *nicken*, aber *den Kopf schütteln; hungrig : satt*, aber *durstig : ?*; hier liegt eine lexikalische Lücke vor.

Obwohl sich die Zeicheninventare natürlicher Sprachen bei genauerer Analyse als unvollständig oder unscharf entpuppen, funktioniert die Kommunikation mit den vorhandenen Wortbeständen und Bedeutungsbeziehungen.

## 7.6  Semantik, Grammatik und Pragmatik

Wenn sprachliche Zeichen im natürlichen Sprachgebrauch auftreten, sind sie immer eingebettet in einen kommunikativen Kontext: Im Kontext werden mögliche Bedeutungen aktualisiert, auch die eventuelle Anwesenheit des Bezeichneten konkretisiert das Gemeinte. In Kommunikationssituationen werden Sprachzeichen nicht isoliert verwendet, sie treten stets zusammen mit anderen Zeichen auf. In Wörterbüchern kann man die Bedeutung einzelner Wörter nachschlagen – die Bedeutung von Phrasen, Sätzen und Texten nicht. Die aktuelle Redebedeutung (der Sinn, das Gemeinte) unterscheidet sich generell von der lexikalischen, der Systembedeutung eines Wortes, da in der Rede die Wortbedeutungen durch den

170 Kapitel 7: Semantik

situativen Kontext gewissermaßen determiniert, d.h. auf eine Bedeutungsvariante festgelegt werden. Die kommunikative Absicht des Sprechers, sein Sprachvermögen sowie sein Wissen und seine Annahmen über die Welt beeinflussen seine Wortwahl, die immer eine <u>Auswahl</u> aus den im Sprachsystem gegebenen Möglichkeiten ist.

Auch bei der Aneignung von Wortbedeutungen profitiert der Sprachlerner von der Differenz zwischen lexikalischer und aktueller Bedeutung. Im Spracherwerb gibt es Phasen, in denen das Kind erworbene Begriffe überdehnt, indem es beispielsweise alles, was rund ist, als *Ball* bezeichnet. Beim Fremdsprachenlernen bereiten **idiomatische Ausdrücke**, feste Fügungen, deren Gesamtbedeutung nicht aus den Einzelbedeutungen der Bestandteile ableitbar ist, und idiomatisierte Wortbildungen Probleme. In einigen Fällen ist der bildhafte, übertragene Charakter eines Satzes durch seine Metaphorik klar:

[53]  *Morgenstund hat Gold im Mund.*

Sprichwörter wie

[54]  *Neue Besen kehren gut.*

und einige Redensarten hingegen erschließen sich nicht sofort als Form des „uneigentlichen Sprechens": Daß jemand, der keinen *kühlen Kopf bewahrt*, nicht *den Löffel abgibt*, wenn er *aus der Haut fährt,* ist nicht mit den Mitteln von Grammatik und Wortsemantik vorhersehbar. Sprichwörter und Redensarten müssen als komplexe lexikalische Einheiten gelernt werden.

Doch gehört zur Sprachbeherrschung mehr als nur die Wahl der Worte: Auch Gebrauchsbedingungen müssen berücksichtigt werden. Die Notwendigkeit dieser Forderung wird dort ganz besonders deutlich, wo sich in ähnlichen Situationen Mißverständnisse ergeben: Z. B. entspricht im Englischen die Antwort „*Thank you*" *auf* die Frage „*Would you like a cup of tea?*" einer Bejahung, im Deutschen bedeutet ein „*Danke*" auf ein Angebot ähnlicher Art hingegen ein höfliches „*Nein*". Die funktionale Bedeutung sprachlicher Ausdrücke wird von der **Pragmatik** untersucht; hier ist insbesondere die Auswahl sprachlicher Ausdrücke in der sozialen Interaktion von Interesse, also die gesellschaftlichen Regeln für die praktische Sprachverwendung. Fragen nach dem Gemeinten (dem Sinn) sind jedoch von der Semantik zu beantworten; dazu zum Abschluß folgendes Beispiel:

[55]  *Ein König verkündete seinen Ministern, er werde alle seine Feinde vernichten. Am folgenden Tag sahen sie ihn mit diesen an einem Tisch speisen und wunderten sich: „Majestät, Ihr wolltet doch Eure Feinde vernichten."*

*Der König antwortete: „Nichts anderes habe ich getan, indem ich sie zu meinen Freunden machte."* (mdl. Überlieferung)

Der König in [55] setzt mit seiner Äußerung zwar keine bestehenden Konventionen außer Kraft, dennoch werden sich die Minister die Absicht des Königs, *alle Feinde zu vernichten*, wohl anders vorgestellt haben. Im Wörterbuch liefert der Eintrag zum Wort *vernichten* folgende Angaben, die auf Möglichkeiten des Wortgebrauchs hinweisen:

> *[...] völlig zerstören, gänzlich zunichte machen: Briefe, Akten v.; das Unwetter hat die Ernte vernichtet; Unkraut, Schädlinge v. (ausrotten, vertilgen)* (DUDEN Universalwörterbuch 1989, 1655).

Die hier angeführten Beispiele zeigen, daß dem allgemeinen Wortverständnis nach nicht Menschen, sondern Gegenstände, Pflanzen und Tiere *vernichtet* werden. Dennoch ist es möglich, das Gemeinte zu verstehen: Die Feinde sollen ausgelöscht, wie Ungeziefer ausgerottet werden, eine – so nimmt man an – gewalttätige und blutige Handlung. Der König jedoch nutzt als friedfertiger Zeitgenosse die Macht des Wortes, indem er die Feinde fortan als *Freunde* bezeichnet; allein dadurch, daß derjenige, der als *Freund* bezeichnet wird, nicht zugleich *Feind* genannt werden kann, existieren seine Feinde nicht mehr. Mit der neuen Bezeichnung bringt der Herrscher zum Ausdruck, daß er seine Betrachtungsweise geändert hat; den ehemaligen Gegnern ist kein leiblicher Schaden zugefügt worden – ein Fall von „angewandter Semantik".

## Literaturhinweise

ALBRECHT, JÖRN 1973: Linguistik und Übersetzung. Tübingen

BREKLE, HERBERT E. 1991: Semantik. Nachdruck der 3. Aufl. München

CHOMSKY, NOAM 1969: Aspekte der Syntax-Theorie. Frankfurt/M.

DUDEN Deutsches Universalwörterbuch. 2., völlig neu bearb. Aufl. Mannheim usw. 1989

FREGE, GOTTLOB 1986. Funktion, Begriff, Bedeutung. Fünf Logische Studien. 6. Aufl. Göttingen

GREWENDORF, G./HAMM, F./STERNEFELD, W. 1987: Sprachliches Wissen. Frankfurt/M.

HÖRMANN, HANS 1976: Meinen und Verstehen. Grundzüge einer psychologischen Semantik. Frankfurt/M.

HUNDSNURSCHER, FRANZ 1971: Neuere Methoden der Semantik. Eine Einführung anhand deutscher Beispiele. 2., durchgesehene Aufl. Tübingen

LINKE, ANGELIKA/NUSSBAUMER, MARKUS/PORTMANN, PAUL R. 1991: Studienbuch Linguistik. Tübingen

LUTZEIER, PETER ROLF 1985: Linguistische Semantik. Stuttgart

LYONS, JOHN 1980 und 1983: Semantik. 2 Bände. München

MILLER, GEORGE A. 1993: Wörter. Streifzüge durch die Psycholinguistik. Heidelberg usw.

OGDEN, CARLES K./RICHARDS, IVOR A. 1974: Die Bedeutung der Bedeutung. Eine Untersuchung über den Einfluß der Sprache auf das Denken und über die Wissenschaft des Symbolismus. Frankfurt/M.

PALMER, FRANK 1977: Semantik. Eine Einführung. München

POLENZ, PETER VON 1988: Deutsche Satzsemantik. Grundbegriffe des Zwischen-den-Zeilen-Lesens. 2. durchges. Aufl; Berlin usw.

SCHAFF, ADAM 1973: Einführung in die Semantik. Reinbek

SCHWARZ, MONIKA/CHUR, JEANETTE 1993: Semantik. Ein Arbeitsbuch. Tübingen

TRIER, JOST 1931: Der deutsche Wortschatz im Sinnbezirk des Verstandes. Die Geschichte des sprachlichen Feldes. Heidelberg

ULLMAN, STEPHEN 1967: Grundzüge der Semantik. Berlin usw.

WEISGERBER, LEO 1962: Von den Kräften der deutschen Sprache. Band 1: Grundzüge der inhaltbezogenen Grammatik. 3. neubearb. Aufl. Düsseldorf

WHORF, BENJAMIN LEE 1963: Sprache – Denken – Wirklichkeit. Beiträge zur Metalinguistik und Sprachphilosophie. Reinbek

WITTGENSTEIN, LUDWIG 1960: Philosophische Untersuchungen; in: Schriften 1. Frankfurt/M.

WUNDERLICH, DIETER 1991: Arbeitsbu..ch Semantik. 2. erg. Aufl. Königstein/Ts.

# 8 Orthographie:
# Die Systematik der deutschen Rechtschreibung

8.1    Vorbemerkung
8.2    Laut- und Schriftsystem
8.3    Normierung und Reformierung der Schreibung
8.4    Laut-Buchstaben-Beziehungen
8.4.1  Orthographie und Aussprachenorm
8.4.2  Grundregeln nach dem phonologischen Prinzip
8.4.3  Kontextabhängige Verschriftungsregeln
8.4.4  Kennzeichnung der Vokalquantität
8.4.5  Regelung nach dem morphologischen Prinzip
8.5    Getrennt- und Zusammenschreibung
8.6    Groß- und Kleinschreibung
8.7    Zeichensetzung (Interpunktion)

## 8.1  Vorbemerkung

Am 1.8.1998 tritt in Deutschland, Österreich und der deutschsprachigen
Schweiz eine neue Rechtschreibregelung in Kraft. Weil es sich vom Thema her anbietet, ist der folgende Beitrag abweichend vom Schreibgebrauch der übrigen Kapitel bereits komplett nach den Bestimmungen der
Neuregelung geschrieben.

## 8.2 Laut- und Schriftsystem

Gesprochene und geschriebene Sprache sind – abgesehen von Sonderfor-
men wie Gebärdensprachen – die zwei möglichen Ausdrucksformen
natürlicher Sprachen. Sie unterscheiden sich in einer ganzen Reihe von
Merkmalen. So haben sie z.B. tendenziell verschiedene Funktionen, unterliegen unterschiedlichen Produktions- und Rezeptionsbedingungen,
sind in unterschiedlich starkem Maße normiert usw. (vgl. KLEIN 1984).
Der zweifellos auffälligste Unterschied besteht aber darin, dass die gesprochene Sprache lautlich und die geschriebene Sprache graphisch realisiert wird. Dabei bildet das Inventar und die Kombinatorik der lautlichen Einheiten das **phonologische System** einer Sprache und das Inventar und die Kombinatorik der graphischen Einheiten das **graphematische
System** bzw. das **Schriftsystem** einer Sprache. Prinzipiell lassen sich
beide Systeme völlig unabhängig voneinander beschreiben. Für das

174 Kapitel 8: Orthographie

phonologische System ist das evident, aber auch für das Schriftsystem sind solche Analysen denkbar. Traditionell geht man bei der Beschreibung von Schriftsystemen allerdings anders vor. Man behält immer das Lautsystem im Blick und trifft zunächst eine Unterscheidung zwischen Schriftsystemen, deren Schriftzeichen Bezüge zu rein lautlichen Einheiten aufweisen, und Schriftsystemen, deren Schriftzeichen der Lautbezug völlig oder doch größtenteils fehlt und die statt dessen auf bedeutungstragende Einheiten der verschrifteten Sprache bezogen sind. Zur Gruppe der lautbezogenen Schriftsysteme zählen die Silben- und Alphabetschriften, zur Gruppe der nicht lautbezogenen Schriftsysteme die Wortschriften. Man spricht in diesem Zusammenhang auch von unterschiedlichen **Schrifttypen**.

Den historisch ältesten Schrifttyp bilden die **Wortschriften** (auch **logographische Schriftsysteme**, von griech. *logos* = Wort, Gedanke). Wie schon aus der Bezeichnung hervorgeht, repräsentiert hier grob gesprochen jedes Schriftzeichen ein Wort. Entwickelt haben sich solche Wortschriftzeichen aus einfachen bildhaften Gegenstandsdarstellungen, die – u. a. bedingt durch Veränderungen beim Schreibmaterial – im Laufe der Zeit ihren Gegenstandsbezug verloren und zu abstrakten Symbolen geworden sind. Als das erste ausgebaute Schriftsystem dieses Typs (und damit als ältestes Schriftsystem überhaupt) gilt die altsumerische Wortschrift, deren Zeugnisse bis etwa ins Jahr 3700 v.u.Z. belegt sind. Heute sind Wortschriften nicht mehr in Gebrauch, allerdings mit einer bedeutenden Ausnahme – der chinesischen Schrift, die auf eine über 2000 Jahre alte Tradition zurückblicken kann.

Wohlgemerkt handelt es sich beim Wortbezug der chinesischen Schriftzeichen nur um das Basisprinzip des Schriftsystems, denn auch die chinesische Schrift verfügt über lautbezogene Schriftelemente. Überhaupt sind alle Schriftsysteme letztlich Mischsysteme, die nur nach ihrem grundlegenden Verschriftungsprinzip der einen oder anderen Kategorie zugeordnet werden können. So verfügt selbst das Deutsche über Schriftzeichen für ganze Wörter, nämlich z.B. & (= und), % (= Prozent) oder § (= Paragraph), obwohl es vom Basisprinzip her dem alphabetischen Schrifttyp zuzurechnen ist.

**Silbenschriften** sind im Gegensatz zu Wortschriften nicht auf Bedeutungsträger, sondern auf Lautliches bezogen: Ein Schriftzeichen entspricht einer Silbe des Gesprochenen, häufig einer Konsonant-Vokal-Verbindung. Historisch hat sich das silbenbasierte Verschriftungsprinzip aus den Wortschriften entwickelt, und zwar über ein Verfahren, das man Rebusprinzip nennt und das dem einen oder anderen noch heute als sogen. „Bilderrätsel" in Rätselheften bekannt sein dürfte. Gemeint ist der folgende Sachverhalt: Nehmen wir an, das Deutsche hätte eine

## Laut- und Schriftsystem

Wortschrift, zu der unter anderem die Wortschriftzeichen für *Uhr* und *Laub* zählen. Als gewitzter Schreiber könnte man nun auf die Idee kommen, beide Zeichen zu kombinieren, um das Wort *Urlaub* zu schreiben. Der Witz bestünde eben darin, dass man den ursprünglichen Wortbezug der Schriftzeichen ignoriert und sie zu Zeichen für die silbischen Lautfolgen *ur* und *laup* umdeutet. So abenteuerlich es klingen mag – diese Technik ist im Laufe der Schriftgeschichte tatsächlich angewandt worden, wenn auch keineswegs immer so glatt, wie an unserem hypothetischen Beispiel illustriert. Silbenschriftsysteme werden heute noch verwendet; das bekannteste Beispiel ist die japanische Kana-Schrift.

Den historisch jüngsten Schrifttyp schließlich stellen die **Alphabetschriften** dar, deren erste Varianten ca. 1500 v.u.Z. im nordsemitischen Sprachraum entwickelt wurden. Die Bezugsgröße von Alphabetschriften bilden die Einzellaute; man bezeichnet sie deswegen auch als **Segmentalschriften**. Prinzipiell machen es alphabetische Schriftsysteme möglich, die Organisation der lautlichen Seite gesprochener Wörter im Medium der Schrift exakt nachzubilden. Was damit genau gemeint ist, lässt sich am besten verdeutlichen, wenn man sich noch einmal das Zeichenmodell von FERDINAND DE SAUSSURE in Erinnerung ruft.

SAUSSURE konzipiert das sprachliche Zeichen als Einheit von sprachlichem Ausdruck und sprachlichem Inhalt. So hat z.B. das Wort *Hexe* eine Lautgestalt und eine damit untrennbar verbundene Bedeutung. In Sprachen mit alphabetischen Schriftsystemen haben wir es mit zwei verschiedenen Ausdrucksseiten des Zeichens zu tun, nämlich mit einer Kette lautlicher Segmente und einer Kette graphischer Segmente, d. h. mit einer Laut- und einer Buchstabenfolge.

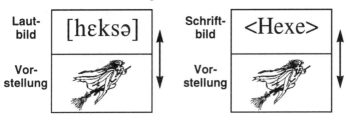

Wir übernehmen für unsere Darstellung die allg. üblichen Konventionen. Danach werden die lautlichen Einheiten der phonologischen Ebene in Schrägstriche gesetzt, die Elemente der phonetischen Ebene in eckige Klammern; die graphischen Elemente (= Buchstaben) setzt man dagegen in spitze Klammern. Für phonologische und phonetische Einheiten werden besondere Zeichensätze verwendet. (Vgl. auch Kap. 3 „Phonetik und Phonologie".)

# Kapitel 8: Orthographie

Bei genauerer Betrachtung zeigt sich aber sofort, dass die schriftliche Ausdrucksseite keine plane Abbildung der Lautseite ist, denn schon allein die Zahl der Segmente weicht voneinander ab: Die Lautseite setzt sich aus fünf Segmenten zusammen, die Schriftseite nur aus vier. Zieht man weitere Belege heran, wird der Befund sogar noch etwas verwirrender. So verschriftet man die Lautfolge [ks] in dem Wort *Dachs* nicht etwa ebenfalls mit <x>, sondern mit der Buchstabenfolge <chs>, und in *Keks* wiederum korrespondiert sie – hier gewissermaßen „lauttreu" – mit der Sequenz <ks>.

Manch einer mag an dieser Stelle stutzen, weil man unwillkürlich annimmt, auch das gesprochene Wort *Hexe* sei aus vier lautlichen Segmenten aufgebaut. Man übersieht allerdings leicht, dass dem Buchstaben <x> kein Einzellaut, sondern eine Lautfolge gegenübersteht, wie überhaupt Schrift- und Lautebene im Alltagsverständnis häufig nicht streng auseinander gehalten werden. So sind beispielsweise Studierende in Einführungsseminaren zur Phonologie erfahrungsgemäß schwer davon zu überzeugen, dass am Ende des Wortes *Rad* zwar der Buchstabe <d> geschrieben, aber der Laut [t] gesprochen wird. Derartige Unsicherheiten sind ein deutliches Indiz dafür, dass unsere alltäglichen Urteile über Sprache in hohem Maße vom Schriftbild beeinflusst werden.

Ganz offenkundig sind die Beziehungen zwischen den Laut- und Schriftsegmenten also nicht so gestaltet, dass ein Schriftzeichen genau einem Laut zugeordnet werden kann und umgekehrt. Dabei kommen die z.T. komplizierten Zuordnungsbeziehungen u.a. dadurch zustande, dass alphabetische Schriftsysteme in aller Regel nicht ausschließlich lautorientiert strukturiert sind. Wir werden darauf im Zusammenhang mit den **Prinzipien der Orthographie** noch zurückkommen. Hier zunächst nur die folgenden Hinweise:

Oben sind wir stillschweigend darüber hinweggegangen, dass in <Hexe> zwei Buchstabentypen verwendet werden, nämlich Klein- und Großbuchstaben, wofür es im lautlichen Ausdruck natürlich keine Entsprechungen gibt. Diese Erscheinung ist systematisch: Ein Lautsegment steht immer potenziell in Beziehung zu einem Paar aus Klein- und Großbuchstabe (eine Ausnahme bildet das <ß>, das nur als Kleinbuchstabe vorkommt). Beide Buchstabentypen sind entsprechend dem alphabetischen Grundprinzip auf Lautsegmente bezogen. Der Großbuchstabe vermittelt darüber hinaus aber noch weitere Informationen. Im Wort <Hexe> z.B. dient er zur Markierung eines lexikalischen bzw. syntaktischen Phänomens, denn eine orthographische Regel erfordert Wörter der Wortklasse „Substantiv" durch einen großen Anfangsbuchstaben zu kennzeichnen.

Ein weiteres Beispiel für solche über die Schrift vermittelten sprach-sytematischen Zusatzinformationen bilden Schreibdifferenzierungen wie im Wortpaar <Rad> gegenüber <Rat>. Lautsprachlich liegt hier Homophonie vor, d.h. die lautlichen Ausdrucksseiten der Wörter sind identisch, sodass man in phonetischer Transkription jeweils [raːt] notieren muss. In der Schrift sind die beiden Einheiten dagegen schon formal als unterschiedliche Wörter mit unterschiedlicher Bedeutung ausgewiesen. Diese Verfahrensweise entspricht in gewissem Sinn dem logographischen Verschriftungsprinzip: Unterschiedliche graphische Zeichen stehen für unterschiedliche Wörter. Dass es sich dabei nur um einen logographischen Zug <u>innerhalb</u> des **alphabetischen Grundprinzips** handelt, dürfte auf der Hand liegen, denn der Wortbezug ergibt sich ja ausschließlich über die unterschiedliche Schreibung der jeweiligen Schlusssegmente <t> bzw. <d> bei ansonsten prinzipiell lautbezogener Verschriftung. Aber auch hier gilt wieder: Die Schreibung reicht über den bloßen Lautbezug hinaus und bietet dem Leser so etwas wie eine „formale Kommentierung der schriftlich artikulierten Bedeutung" (STETTER 1991, 58).

Solche Tendenzen sind in vielen alphabetischen Schriftsystemen in mehr oder minder stark ausgeprägter Form vorhanden. Ein extremes Beispiel bildet das Englische, wo gleich lautende Wörter im Schriftbild bisweilen derart stark voneinander abweichen, dass der Lautbezug nur über sehr komplizierte Zuordnungsbeziehungen rekonstruierbar ist (vgl. etwa die Wortschreibungen <to write>/<right> oder <rough> = 'grob'/<ruff> = 'Halskrause'). Beim Englischen liegt der Grund für solche Abweichungen vornehmlich darin, dass die Schreibung nicht auf das heute gesprochene Standardenglisch bezogen ist, sondern durch ihre relativ frühe Normierung auf eine ältere Sprachstufe, auf der die unterschiedlich geschriebenen Wörter auch unterschiedlich ausgesprochen wurden.

## 8.3   Normierung und Reformierung der Schreibung

Mit dem Stichwort **Normierung** haben wir einen Fragenkomplex angesprochen, der gerade im Zusammenhang mit Schriftsystemen außerordentlich bedeutsam ist. Allgemein versteht man unter Normierung die „Reduktion einer Menge von Varianten auf eine kleinere Anzahl oder eine einzige [...] und deren Verbindlichmachung für bestimmte Zwecke (Standardisierung)" (METZLER LEXIKON SPRACHE 1993, 427). Ein solche **Standardisierung** ist etwa „für industriell gefertigte Produkte (z.B. Schrauben, Gewinde)" (ebd.) unabdingbar. Prinzipiell damit vergleichbar

178                          Kapitel 8: Orthographie

sind Normierungsprozesse von Sprache allgemein und speziell solche,
die die Schreibung einer Sprache betreffen: Aus eine Fülle von Schreib-
varianten entwickelt sich eine Variante zur verbindlichen Norm. So waren beispielsweise für das Wort *Haar* bis zu Beginn unseres Jhs noch die
Schreibweisen <Har> und <Haar> gebräuchlich. Erst durch den Beschluss der sog. II. Orthographischen Konferenz von Berlin im Jahr 1901
(s.u.) wurde <Haar> bindend. Der Nebeneffekt war natürlich, dass die bis
dato gleichberechtigte Variante vom Standpunkt der nunmehr allein gül-
tigen Norm aus betrachtet als abweichend bzw. schlicht als falsch zu gelten hatte. Aus zwei alternativen Schreibweisen wurde also die **Rechtschreibung** <Haar> auf der einen und der bloße Schreibfehler <Har> auf
der anderen Seite. Genau dieser Sachverhalt spiegelt sich in der Bezeichnung **Orthographie** wider. Orthographie heißt nämlich genau übersetzt
nichts weiter als 'richtige Schreibung' (aus griech. *orthos* = richtig +
*graphein* = schreiben) und richtig sind Schreibungen immer nur relativ
zur jeweils geltenden Norm. Dass wir es hier nicht mit bloßen historischen Reminiszenzen zu tun haben, werden wir spätestens im Jahr 2005
merken. Dann nämlich werden bislang gültige Wortschreibungen wie
<kennenlernen> oder <in bezug auf> gnadenlos dem Rotstift zum Opfer
fallen.

   **Orthographische Normierungsprozesse** vollziehen sich allerdings
nicht – wie das von uns gewählte Beispiel vielleicht nahe legen könnte –
ausschließlich durch gesteuerte Eingriffe autorisierter Normsetzer. Zumindest was die deutsche Orthographiegeschichte anbelangt, ist dies sogar der Ausnahmefall. Die Normierung vollzog sich hier eher über die
Schreibpraxis im „Prozeß gegenseitiger Beeinflussung der Schrifttradi-
tionen, der auf den Abbau bestehender Unterschiede abzielt[e]" (MOSER
1985, 1403). Zwar wurden ab dem 17. Jh. die ersten Orthographielehr-
werke geschrieben, aber die Verfasser dieser Werke waren in erster Linie
darauf bedacht, aus dem noch relativ uneinheitlichen Schreibgebrauch
Regeln abzuleiten, u.a. mit dem Ziel die Schreibung systematisch lehr-
und lernbar zu machen. Dass sie im Rahmen ihrer Arbeiten nicht nur be-
schreibend verfuhren, sondern bestimmte im Gebrauch befindliche
Schreibungen und daraus ableitbare Regularitäten empfahlen und andere
verwarfen, versteht sich von selbst. Insgesamt aber blieb ihr Einfluss auf
die Schreibentwicklung – nach allem, was wir wissen – ziemlich gering.

   Zum Gegenstand aktiv betriebener Sprachpolitik wurde die Orthographie erst ziemlich spät, nämlich zur Mitte des 18. Jhs. Zwar hatte sich
spätestens zu Beginn desselben Jhs „eine weitgehende Übereinstimmung

## Normierung und Reformierung der Schreibung 179

im geltenden Schreibgebrauch" (JANSEN-TANG 1988, 47) herausgebildet, aber die noch bestehenden Detailunterschiede und vor allem das Fehlen von staatlich sanktionierten Regeln, die eine vollkommen einheitliche Vermittlung der Orthographie an den Schulen hätte gewährleisten können, riefen die Unterrichts- bzw. Kultusministerien der einzelnen deutschen Teilstaaten auf den Plan. Nach und nach beschloss jeder Teilstaat sein „eigenes" länderspezifisches Regelwerk, wobei das Regelwerk Preußens – bedingt durch dessen führende politische Rolle – eine gewisse Leitfunktion innehatte.

Der erste Versuch, eine einheitliche Regelung für den gesamten deutschen Sprachraum zu verabschieden, erfolgte dann 1876 auf der **I. Orthographischen Konferenz** von Berlin. Getragen wurde dieser Versuch zweifellos von der noch herrschenden nationalen Euphorie, die die politische Vereinigung der deutschen Teilstaaten zum Deutschen Reich 1871 ausgelöst hatte. Die Verhandlungen scheiterten allerdings, weil man sich nicht darüber einigen konnte, ob im Zuge der Vereinheitlichung nicht auch gleichzeitig eine grundsätzliche Reform der Orthographie durchgeführt werden sollte. Erst 25 Jahre später, auf der **II. Orthographischen Konferenz** von 1901, konnte man sich dann auf eine verbindliche Regelung verständigen, in der bis auf wenige Ausnahmen nur das explizit festgeschrieben wurde, was ohnehin schon herrschender Schreibgebrauch war.

Per Beschluss des Bundesrates vom 18. Dezember 1902 wurde die Regelung für das damalige Reichsgebiet zum 1. Januar 1903 in Kraft gesetzt; die Schweiz und Österreich schlossen sich den Bestimmungen (weit gehend) an. Natürlich beschränkte sich die Gültigkeit der Regelung de jure auf diejenigen Bereiche, in denen der Staat tatsächlich Verfügungsgewalt hatte, d. h. auf die Schulen und die öffentliche Verwaltung. Faktisch aber strahlte ihre bindende Kraft auf alle nicht öffentlichen Lebensbereiche aus. Allerdings konnte der Staat bei all dem nur die Initialzündung geben, denn die konkrete Anwendung der beschlossenen Regeln auf den Wortschatz war natürlich die Sache der Wörterbuchmacher. Und hier tat sich ein Wörterbuch besonders hervor, das heute beinahe zum Inbegriff für Wörterbücher überhaupt geworden ist: der **Rechtschreibduden**.

Zwar hieß „der Duden" damals noch „Orthographisches Wörterbuch", war aber bereits seit seinem ersten Erscheinen 1880 nicht zuletzt dank der persönlichen Reputation seines Verfassers, des schleizer Schuldirektors KONRAD DUDEN, eine wichtige Adresse in Sachen Orthographie. Mit der

180 Kapitel 8: Orthographie

Neuauflage von 1902, in der die Beschlüsse der II. Orthographischen Konferenz umgesetzt wurden, wurde er dann endgültig zu der „nationalen Institution" (GLÜCK/SAUER 1987, 183), die er bis heute geblieben ist. Und obwohl eigentlich nichts weiter als das Werk eines privatwirtschaftlichen Unternehmens, übernahm er damit faktisch die Rolle der **orthographischen Normierungsinstanz**, die durch einen Beschluss der Kultusministerkonferenz von 1955 sogar politisch bestätigt wurde. Dort hieß es nämlich, dass der Duden bis auf weiteres, d.h. bis zu einer amtlich dekretierten Neuregelung der deutschen Orthographie, in allen orthographischen Zweifelsfällen maßgebend sei. Und diese Zweifelsfälle gab es natürlich zuhauf.

Zum Ersten waren nämlich in der amtlichen Regelung zwei große Teilbereiche der Orthographie schlicht ausgeklammert geblieben: die Getrennt- und Zusammenschreibung und die Zeichensetzung, für die der Duden schon sehr bald nach den Beschlüssen von 1901 eigene Regelungen anbot. Zum Zweiten ließen die amtlich beschlossenen Regeln durchaus einen gewissen Interpretationsspielraum offen, sodass ihre Anwendung auf den Wortschatz in einigen Fällen reine Auslegungssache war. Ein notorisches Problem war z.B. die **Schreibung der Fremdwörter**, bei denen man sich entscheiden musste, ob man die Schreibweise der Ursprungssprache übernimmt oder die Schreibung den deutschen Laut-Buchstaben-Beziehungen anpasst (z.B. <Friseur> gegenüber <Frisör>). Zum Dritten war die Dudenredaktion schon bald nach der amtlichen Normierung (und schon lange vor der Einrichtung professioneller Sprachberatungsdienste) das begehrte Ziel von Anfragen sprachinteressierter Laien und professioneller Schreiber, in denen die Lücken des Regelwerks offen zu Tage traten. Die Dudenredaktion reagierte darauf mit immer neuen Spezialregelungen, wobei z.T. die kuriosesten Einzelfälle abgedeckt wurden. So legt beispielsweise die 14. Auflage von 1954 fest, dass die abgekürzte Version des Adelsprädikats „von" am Satzanfang klein zu schreiben ist, also beispielsweise: *v. Stechow ist ein ziemlich bekannter Linguist.* Im Ergebnis führten solche und ähnliche „Reinlichkeiten" zu einer immensen Aufblähung des Regelapparates, der in seinen Einzelheiten im Grunde für niemanden mehr komplett beherrschbar war.

Es stand deswegen schon sehr bald außer Frage, dass man auf diese Entwicklung in Form einer für jedermann handhabbaren Neuregelung reagieren musste. Über das Wie herrschte aber lange Zeit keineswegs Einigkeit. Auf der einen Seite gab es Stimmen, die eine grundsätzliche **Revision der Orthographie** für nötig hielten. Vorgetragen wurden solche

Forderungen vor allem von Seiten der Didaktiker, die die komplizierte Duden-Rechtschreibung an den Schulen zu lehren hatten. Im Mittelpunkt stand zunächst die Forderung nach Bereinigung der Laut-Buchstaben-Beziehungen im Sinne einer möglichst weit gehenden Annäherung an das Prinzip „ein Laut – ein Buchstabe" (also beispielsweise nicht mehr <Hexe> bzw. <Dachs>, sondern jeweils „lauttreu" <Hekse> und <Daks>). Später ging es dann in erster Linie um die Abschaffung der Substantivgroßschreibung.

Das andere Lager bildeten diejenigen, die lediglich Regelauswüchse bereinigen wollten, ansonsten aber an den tradierten Regelung festhalten wollten. Insbesondere in den 70er Jahren eskalierten diese Auseinandersetzungen derart, dass an eine besonnene Diskussion über Vor- und Nachteile der beiden Optionen überhaupt nicht mehr zu denken war, mit dem Effekt, dass alle Reformpläne – ob radikal oder gemäßigt – letztlich in der Schublade verschwanden.

Das Klima wurde erst gegen Ende der 70er Jahre wieder günstiger. Dafür waren im Wesentlichen zwei Faktoren verantwortlich: Zum einen waren die öffentlichen Diskussionen ziemlich abgeebbt – man hatte schließlich Wichtigers zu erörtern als Fragen der rechten Schreibung –, und zum anderen wurde das Thema Orthographie immer mehr zum ernsthaften Untersuchungsgegenstand sprachwissenschaftlicher Forschung und Theoriebildung. Bis dato hatte sich die Fachwissenschaftler nämlich dezent im Hintergrund gehalten und das Feld den Praktikern und den an sprachlichen Fragen interessierten Laien überlassen, was der Reformdiskussion – aus der Retrospektive betrachtet – ziemlich geschadet hat. Man hatte nämlich bei allem Reformeifer schlicht übersehen, dass systematisch begründete Änderungen nur auf der Grundlage fundierter Kenntnisse der bestehenden Systematik möglich sind.

Im Zuge dieser Überlegungen formierten sich in der DDR und der BRD fachwissenschaftliche Expertenkommissionen mit dem Ziel, einen **Neuregelungsvorschlag** auszuarbeiten, der eben jene orthographische Grundlagenforschung berücksichtigen sollte. Die Arbeitsergebnisse wurden in regelmäßigen Sitzungen untereinander und mit Wissenschaftlern aus der Schweiz und Österreich diskutiert. Flankiert wurde die wissenschaftliche Sacharbeit von Beginn an durch die Initiative der in den beteiligten Staaten verantwortlichen politischen Stellen, denen es letztlich oblag die Neuregelung auch politisch-administrativ auf den Weg zu bringen. Mit der Bildung des **Internationalen Arbeitskreises für Orthographie** im Jahr 1990 wurden dann die wissenschaftlichen Bemühungen innerhalb eines Gremiums gebündelt. Dieses Gremium legte seine Arbeitsergebnisse schließlich in Form eines kompletten Regelwerks mitsamt Wörterliste vor, das 1995 auf einer Internationalen Konferenz in Wien grundsätzlich angenommen und inzwischen noch einmal einer redaktionellen Überarbeitung unterzogen wurde. Den vorläufig letzten Schritt bildete schließlich die Unterzeichnung eines internationalen Abkommens auf politischer Ebene, in dem die offizielle In-Kraft-Setzung der Neuregelung für den 1. August 1998 beschlossen wurde. Dann sollen die alte und die neue Regelung zunächst für eine **Übergangsphase** von 7 Jahren alternativ gültig sein, allerdings mit einer klaren Präferenz für die Neuregelung. In der Unterrichtspraxis, in der die Neuregelung (im Anfangsunterricht) bereits im Vorgriff ab dem Schuljahr 1996/97 gelehrt wird, wirkt sich das so aus, dass Schreibungen nach der alten Regelung in Schulaufsätzen und Diktaten mit dem Vermerk „überholt" gekennzeichnet werden müssen. Mit dem Jahresbeginn 2005 wird die Übergangsphase dann beendet sein und die bisherige Regelung ihre Gültigkeit verlieren.

Inhaltlich handelt es sich bei der Reformregelung im Großen und Ganzen nur um eine moderaten Eingriff in die bislang gültige Norm. Lediglich im Bereich der Getrennt- und Zusammenschreibung und eingeschränkt bei der Groß- und Kleinschreibung sind die Änderungen noch umfassender.

Mit der Neuregelung fällt im Übrigen auch das oben erwähnte Duden-Monopol auf orthographische Verbindlichkeit in Zweifelsfällen. Das bedeutet, dass künftig jedes Rechtschreibwörterbuch, das die Bestimmungen der amtlichen Regeln auf den Wortschatz anwendet, Gültigkeit beanspruchen kann. Auf längere Sicht ist allerdings beabsichtigt eine Expertenkommission mit der Regelung von Zweifelsfällen zu beauftragen.

## 8.4 Laut-Buchstaben-Beziehungen

### 8.4.1 Orthographie und Aussprachenorm

Die orthographische Regelung umfasst 5 Teilbereiche: die Laut-Buchstaben-Beziehungen (inklusive Fremdwortschreibung), die Getrennt- und Zusammenschreibung, die Groß- und Kleinschreibung, die Zeichensetzung und die graphische Worttrennung (traditionell „Silbentrennung" genannt). In unserer Darstellung werden wir uns auf die ersten vier Bereiche beschränken. Das Schwergewicht bildet dabei der Bereich **Laut-Buchstaben-Beziehungen** und damit die Basiskomponente der Ortho-

## Laut-Buchstaben-Beziehungen 183

graphie eines alphabetischen Schriftsystems. Hier geht es um die Frage, wie die interne Struktur des gesprochenen Wortes mit der des geschriebenen Wortes zusammenhängt, wie sich also lautliche und graphische Segmente einander zuordnen lassen.

(Die Fremdwortschreibung bleibt allerdings aus Platzgründen unberücksichtigt. Vgl. ZABEL 1987)

Dabei ist zunächst zu beachten, dass jedes von der orthographischen Norm in seiner Schreibweise festgelegte geschriebene Wort genau genommen zu einer Fülle dialektal oder umgangssprachlich gefärbter Aussprachevarianten seines gesprochenen Pendants in Beziehung steht. Dass es auf dieser Grundlage völlig unmöglich wäre, allgemeinere Aussagen über die Laut-Buchstaben-Beziehungen zu machen, dürfte unmittelbar einleuchtend sein. Deswegen ist die orthographische Regelung in diesem Bereich auf eine **standardisierte Aussprachenorm** bezogen, die Ende des letzten Jhs (1898) erstmalig in dem Buch „Deutsche Bühnenaussprache" von TH. SIEBS fixiert wurde. Anders als die orthographische Norm blieb die von Siebs in Zusammenarbeit mit Germanisten und Theaterleuten postulierte **Aussprachenorm** aber letztlich eine Idealnorm, die allenfalls in ihrem primären Geltungsbereich von Theater und Bühne Verwendung fand. Und auch die späteren Fassungen des „Siebs", die ausdrücklich als Aussprachenorm der „Hochsprache" konzipiert sind, hatten eher dokumentarischen Wert als konkreten Einfluss auf die Aussprachegewohnheiten der Sprachgemeinschaft. Gleichwohl hat sich im Laufe des 20. Jhs vor allem durch den wachsenden Einfluss der Massenmedien eine **deutsche Standardlautung** herausgebildet, die „so gut wie alle Sprecherinnen und Sprecher verstehen" (EISENBERG 1995, 51). Und eine „immer größere Zahl verfügt auch aktiv über eine Aussprachevarietät, die der Standardlautung [zumindest] nahekommt" (ebd.), auch wenn dabei der jeweilige dialektale Hintergrund noch mehr oder minder stark durchscheint.

Diese Standardlautung, wie sie in „reiner" Form alltäglich über die Nachrichtensendungen verbreitet wird, ist im Grunde eine an der Schrift orientierte Lautung. Das Bewusstsein dafür schlägt sich vor allem in Dialektgebieten in Formulierungen wie „nach der Schrift sprechen" deutlich nieder. Die dahinter stehende Konsequenz für den Anfangsunterricht an den Schulen dürfte klar sein: Wer Orthographiekenntnisse erwirbt, muss gewissermaßen in einem Zug auch die schriftorientierte Aussprache erlernen. Und wer als Grundschullehrer die komplizierten Verhältnisse zwischen Schrift, idealer Standardlautung und tatsächlicher Aussprache-

184 Kapitel 8: Orthographie

varianz nicht mindestens berücksichtigt, wird vermutlich ziemlich schnell Schiffbruch erleiden.

## 8.4.2 Grundregeln nach dem phonologischen Prinzip

Bei der Beschreibung der Beziehungen zwischen Lauten und Buchstaben kann man zwei Betrachtungsrichtungen einschlagen: Entweder geht man von den Lauten oder von den Buchstaben aus. Wir wollen hier die erste Perspektive einnehmen, nämlich die des Schreibers, der sich überlegen muss, wie ein Wort zu verschriften ist. Dabei geht es nicht um eine lückenlose Darstellung der Regularitäten, sondern um eine Beschreibung anhand ausgewählter Beispiele, um die grundlegenden Strukturen offen zu legen.

Für die Analyse der in vielen Fällen recht komplizierten Zuordnungsbeziehungen ist es zunächst hilfreich, von zwei Beschreibungsebenen auszugehen. Dabei werden auf der ersten Ebene die Grundregeln fixiert, die den unmarkierten Normalfall darstellen, und auf der zweiten Ebene die Sonderregelungen, also die vom Normalfall abweichenden, markierten Schreibweisen. Das Kriterium für die Ansetzung des Normalfalls ist die Auftretenshäufigkeit von Schreibweisen. So wird beispielsweise der Langvokal [ɑ:] nach Auszählung in Texten der deutschen Gegenwartsliteratur zu 89,8 % mit dem Buchstaben <a> wiedergegeben, mit <ah> dagegen nur zu 8,9 % und mit <aa> sogar nur zu 1,3 % (vgl. THOMÉ 1992, 220). Insofern ist die Regel [ɑ:] -> <a> hier als Normalfall anzusehen und die Regeln [ɑ:] -> <ah> bzw. [ɑ:] -> <aa> bilden die markierten Ausnahmefälle. Insgesamt lassen sich nach diesem Verfahren für die Verschriftung der Vokale (einschließlich Diphthonge) die folgenden **Grundregeln** ansetzen (vgl. ebd., S. 221). Die Grundlage bildet dabei der Kernwortschatz des deutschen; Fremdwörter, für die z.T. erheblich andere **Verschriftungsregeln** gelten, bleiben also außer Acht:

| **Kurzvokale** | | | | **Langvokale** | | | |
|---|---|---|---|---|---|---|---|
| [ɪ] | -> <i> | [fʀɪst] | -> <Frist> | [i:] | -> <ie> | [li:bə] | -> <Liebe> |
| [y] | -> <ü> | [gəʀyst] | -> <Gerüst> | [y:] | -> <ü> | [ʀy:bə] | -> <Rübe> |
| [ɛ] | -> <e> | [tsɛlt] | -> <Zelt> | [e:] | - > <e> | [ve:k] | -> <Weg> |
| [œ] | -> <ö> | [lœʃən] | -> <löschen> | [ø:] | -> <ö> | [ʃø:n] | -> <schön> |
| [a] | -> <a> | [zalts] | -> <Salz> | [ɑ:] | -> <a> | [ʀɑ:t] | -> <Rat> |
| [ɔ] | -> <o> | [ʀɔst] | -> <Rost> | [o:] | -> <o> | [ʃʀo:t] | -> <Schrot> |
| [ʊ] | -> <u> | [bʊnt] | -> <bunt> | [u:] | -> <u> | [ʀu:f] | -> <Ruf> |

Laut-Buchstaben-Beziehungen     185

| **Schwa-Laut** | | **Diphthonge** | | |
|---|---|---|---|---|
| [ə] –> \<e> | [ʀoːzə] –> \<Rose> | [aɪ] –> \<ei> | [vaɪn] | –> \<Wein> |
| | | [aʊ] –> \<au> | [fʀaʊ] | –> \<Frau> |
| | | [ɔɪ] –> \<eu> | [ɔɪlə] | –> \<Eule> |

[„–>" bedeutet: (Der Laut ...) ist zu verschriften durch (den Buchstaben ...).]

An dieser Liste fällt zunächst auf, dass es im Deutschen keine jeweils eigenen Schriftzeichen für die Bezeichnung von Lang- und Kurzvokalen gibt. Eine Ausnahme bildet allenfalls die Opposition \<i> gegenüber \<ie>, wobei die \<ie>-Schreibung als graphische Einheit aufzufassen ist, deren ursprünglicher Lautwert nur noch historisch zu rekonstruieren ist. Solche aus zwei Buchstaben kombinierten Einheiten, die nicht sinnvoll in ihre Bestandteile aufgelöst werden können, nennt man in der Forschung auch **Digraphen**; Kombinationen aus drei Buchstaben heißen entsprechend **Trigraphen**.

Diachron betrachtet gibt das \<ie> einen alten Lautstand wieder, ähnlich wie die in Abschnitt 8.2 erwähnten historischen Schreibweisen des Englischen. Man erkennt das sehr schön an unserem Beispielwort *Liebe*. Im Mhd. wurde das Wort tatsächlich so ausgesprochen, wie es dem eigentlichen Lautwert der Buchstabenfolge entspricht, nämlich mit Diphthong als [liəbə]. Lautsprachlich entwickelte sich dieser Diphthong auf dem Weg zum Frühneuhochdeutschen zum Langvokal [iː]. In der Schreibung blieb dagegen das \<ie> erhalten. Das wiederum führte dazu, dass das \<e> seinen Lautwert verlor und die Buchstabenfolge insgesamt ihre neue Funktion als Zeichen für das lange [iː] übernahm. Diesen Funktionswandel vom Diphthong- zum Längezeichen erkennt man auch daran, dass die \<ie>-Schreibung per Analogie auf Fälle übertragen wurde, bei denen lautsprachlich nie ein Diphthong zu Grunde lag, so etwa in \<sieben> (mhd. \<siben>).

Eine weitere Besonderheit sind die **Diphthonge**, die jeweils mit einer Buchstabenkombination wiedergegeben werden. „Lauttreu" im Sinne der grundlegenden, auch für die jeweiligen Bestandteile der Diphthonge geltenden Laut-Buchstaben-Beziehungen wird aber nur [aʊ] verschriftet. Die entsprechende lauttreue Verschriftungen für [ɔɪ] ist dagegen nicht (bzw. nur in dem als regional markierten Wort \<Broiler> ) zugelassen und die für [aɪ] (\<ai>) stellt gegenüber der Normalschreibweise den markierten Sonderfall dar, der nur in wenigen Wörtern zur Anwendung kommt und hier z.T. eine über den Lautbezug hinaus gehende Funktion hat wie etwa in \<Waise> (vgl. 8.4.5).

186 Kapitel 8: Orthographie

Wenden wir uns der **Verschriftung der standarddeutschen Konsonanten** zu. Hier lässt sich die folgende Liste grundlegender Ausbuchstabierungsregeln aufstellen:

| | | | | | | |
|---|---|---|---|---|---|---|
| [p] –> \<p\> | [piːpsən] | –> \<piepsen\> | [χ] –> \<ch\> | [vaχ] | –> \<wach\> |
| [t] –> \<t\> | [toːt] | –> \<tot\> | [v] –> \<w\> | [løːvə] | –> \<Löwe\> |
| [k] –> \<k\> | [kʀaŋk] | –> \<krank\> | [z] –> \<s\> | [zyːs] | –> \<süß\> |
| [b] –> \<b\> | [blaɪbən] | –> \<bleiben\> | [j] –> \<j\> | [jaʊlən] | –> \<jaulen\> |
| [d] –> \<d\> | [dɪçt] | –> \<dicht\> | [m] –> \<m\> | [mʊlmɪç] | –> \<mulmig\> |
| [g] –> \<g\> | [gʊʀgəln] | –> \<gurgeln\> | [n] –> \<n\> | [nɔɪn] | –> \<neun\> |
| [h] –> \<h\> | [hoːχ] | –> \<hoch\> | [ŋ] –> \<n\> | [baŋən] | –> \<bangen\> |
| [f] –> \<f\> | [fɔʀʃ] | –> \<forsch\> | [l] –> \<l\> | [liːplɪç] | –> \<lieblich\> |
| [s] –> \<ß\> | [ʀuːsən] | –> \<rußen\> | [ʀ] –> \<r\> | [tʀaʊʀɪç] | –> \<traurig\> |
| [ʃ] –> \<sch\> | [ʃaɪnən] | –> \<scheinen\> | | | |

**Affrikate**

| | | | |
|---|---|---|---|
| [ks] –> \<chs\> | [vaks] | –> \<Wachs\> |
| [ts] –> \<z\> | [tsiːʀən] | –> \<zieren\> |
| [kv] –> \<qu\> | [kviːtʃən] | –> \<quietschen\> |
| [pf] –> \<pf\> | [pfaɪfən] | –> \<pfeifen\> |

Wie bei der Verschriftung der Vokale gibt es auch hier ein paar Auffälligkeiten. Zum einen tauchen in der Liste Lautverbindungen (**Affrikate**) auf, die auf Di- bzw. Trigraphen zu beziehen sind. Dabei ist mit \<pf\> wieder nur eine dieser Lautverbindungen im oben skizzierten Sinne lauttreu verschriftet; im Grunde könnte man hier sogar auf eine eigene Ausbuchstabierungsregel verzichten, weil sich die Schreibung ja aus den Einzelregeln für [p] und [f] ergibt. Im Falle des Digraphen \<qu\> ist so eine Auflösung dagegen überhaupt nicht und beim Trigraphen \<chs\> nur bedingt möglich; diese Buchstabenfolgen sind jeweils als Einheiten aufzufassen, denen insgesamt eine Lautverbindung entspricht.

Etwas anders gelagert ist der Fall bei \<z\>. Die Bestandteile der Affrikate [ts], auf die dieser Einzelbuchstabe bezogen ist, gehen nämlich artikulatorisch eine so enge Verbindung ein, dass sie zu einem Doppellaut verschmelzen und in diesem Sinne als Einheit zu betrachten sind. Aus dieser Perspektive erscheint dann die Wiedergabe mit nur einem einzelnen Buchstaben durchaus plausibel, wobei man allerdings einschränkend hinzufügen muss, dass dann auch die Wiedergabe der Affrikate [pf] und ebenso die der Diphthonge mit jeweils einem Einzelbuchstaben begründet wäre.

## Laut-Buchstaben-Beziehungen 187

An solchen Beispielen erkennt man, dass orthographische Regelungen keine widerspruchsfreie Systematik haben. Häufig sind solche Inkonsequenzen schon allein darauf zurückzuführen, dass das **Schriftzeicheninventar**, mit dem die Regelungen operieren, ursprünglich für eine strukturell anders geartete Sprache konzipiert wurde. So arbeitet das Deutsche und mit ihm die meisten anderen alphabetischen Schriftsysteme mit einem leicht modifizierten lateinischen Alphabet, das seinerseits (über eine etruskische Zwischenstufe vermittelt) auf dem griechischen Alphabet beruht. Der Buchstabe <z> mit dem Lautwert [dz] wurde im Lateinischen nur für die Verschriftung griechischer Lehnwörter verwendet, denn im nativen lateinischen Wortschatz gab es eine solche Affrikate nicht (vgl. HAARMANN 1990, 296). Genauso wenig verfügte das Lateinische über die Affrikate [pf], für die noch nicht einmal ein graphisches Zeichen zur Verfügung stand. Im Deutschen, wo sich im Rahmen der 2. Lautverschiebung die Affrikaten [ts] und [pf] herausgebildet hatten, konnte man nun wegen der Ähnlichkeit mit dem griechischen [dz] für die Verschriftung von [ts] auf den Buchstaben <z> zurückgreifen, während die andere Affrikate in Ermangelung eines einzelnen Buchstabenzeichens „lauttreu" durch <p> + <f> wiedergegeben wurde. (Insgesamt war die Entwicklung natürlich um einiges komplizierter; vgl. dazu vor allem MAAS 1992, 278ff.)

Eine weitere Besonderheit der Liste bilden die Einzellaute, die nicht auf Einzelbuchstaben, sondern auf **Mehrgraphen** bezogen sind, also [ʃ] –> <sch> und [χ] –> <ch>. Im vorliegenden Zusammenhang ist vor allem der Umstand interessant, dass die Ausbuchstabierungsregel [χ] –> <ch> streng genommen Verschriftungen wie <Dolch>, <dicht>, <Hecht> nicht abdeckt, weil <ch> hier phonetisch betrachtet nicht auf [χ], sondern auf [ç] bezogen ist. Nun sind [ç] und [χ] allerdings keine x-beliebigen Laute mit dem gleichen Buchstabenbezug, sondern die **stellungsbedingten Varianten** eines Phonems (vgl. Kap. 3 „Phonetik und Phonologie"). Aus dieser Perspektive ließe sich die Zuordnungsregel also unter Verwendung der entsprechenden phonologischen Notierungskonventionen in der folgenden Weise reformulieren: /x/ –> <ch>, lies: Alle **Allophone** des Phonems /x/ werden durch die Buchstabenverbindung <ch> wiedergegeben.

In der Forschung werden derartige Beobachtungen zum Anlass genommen die Orthographie alphabetischer Schriftsysteme nicht mehr schlicht als lautbasiert, sondern als phonologisch basiert zu betrachten bzw. von einem **phonologischen Prinzip** zu sprechen, das solchen Orthographien zu Grunde liegt. Wir schließen uns dieser Sichtweise grundsätzlich an, und sind ja auch implizit in unserer Liste bereits danach vorgegangen. So taucht dort beispielsweise mit der Variante [ʀ] nur eines der möglichen r-Allophone auf, eine Variante, die gewissermaßen als Repräsentant ihrer Klasse fungiert.

Wenn wir trotzdem weiterhin die **phonetische Notierungskonvention** beibehalten, dann nur deswegen, weil wir uns einige theoretische Grundsatzüberlegungen ersparen wollen, die eine phonologische Notierung

188 Kapitel 8: Orthographie

mit sich brächte. Phoneme sind nämlich grundsätzlich theorieabhängig definierte Einheiten, was z.b. darin zum Ausdruck kommt, dass man das letzte Segment in einem Wort wie *Rad* je nach sprachtheoretischer Grundauffassung entweder als /t/ oder als /d/ werten kann (vgl. Kap. 3 „Phonetik und Phonologie"). Wählt man die zweite Option, ist die darauf bezogene Schreibung <Rad> vollkommen regulär, sprich: „phonemtreu"; wählt man die erste, haben wir es mit einer Ausnahmeschreibung zu tun, die über Spezialregeln zu erklären wäre. Verwendet man dagegen die neutralere phonetische Notierung [rɑːt], muss man sich in Bezug auf den phonologischen Status des letzten Segments nicht festlegen.

In Anlehnung an den Phonembegriff werden die Einheiten der Schriftstruktur häufig auch als **Grapheme** bezeichnet. Allerdings sind die dahinter stehenden Konzepte keineswegs einheitlich. So werden zum einen alle handschriftlichen und typographischen Varianten eines Buchstabens als konkrete Realisierungen eines Graphems betrachtet (g, g, G, G sind dann **Allographe** einer abstrakten graphematischen Einheit <G>), während in alternativen Ansätzen Grapheme als kleinste bedeutungsunterscheidende Einheiten des Schriftsystems gehandelt werden, die sich ganz analog zur klassischen Phonemkonzeption durch Substitutionsproben „entdecken" lassen (vgl. u.a. GÜNTHER 1988). In wieder anderen Ansätzen sind Grapheme grundsätzlich phonemabhängig konzipiert: Als Grapheme gelten Buchstaben und Buchstabenfolgen, die „für ein Phonem stehen", also etwa <sch> für /ʃ/, <ch> für /x/ etc. Das entspricht im Ergebnis dem, was wir oben neutraler Di- bzw. Trigraph genannt haben. Weil wir das Für und Wider dieser gegensätzlichen Auffassungen hier nicht diskutieren können und weil wir außerdem glauben, dass man die wesentlichen Dinge auch ohne einen wie immer gearteten Graphembegriff darstellen kann, bleiben wir in diesem Beitrag bei der altehrwürdigen Terminologie und sprechen weiterhin von Buchstaben und Buchstabenverbindungen bzw. dort, wo es uns von der Sache her nützlich erscheint, von Di- oder Trigraphen.

### 8.4.3 Kontextabhängige Verschriftungsregeln

Würde man die im letzten Abschnitt in den Listen vorgeführten Grundregeln der Verschriftung konsequent anwenden, kämen zahlreiche Schreibungen zu Stande, die nicht der orthographischen Norm entsprechen, für die also **Sonderregeln** formuliert werden müssten. Dabei ist zu unterscheiden zwischen Fällen, bei denen die Sonderregeln im Verbund mit den Grundregeln die Verschriftung komplett (oder doch bis auf wenige Ausnahmen komplett) abdecken, und Fällen, für die man allenfalls Regularitäten im Sinne von Tendenzen angeben kann. Übrig bleibt schließlich ein Restbestand von Schreibweisen, die nur historisch zu deuten sind, vom gegenwartssprachlichen Standpunkt aber als Ausnahmen im strikten Sinne zu werten sind. Solche Ausnahmefälle bilden z.B. die schon in Abschnitt 8.2 angesprochenen Schreibweisen <Hexe> und <Dachs>, während die Ausbuchstabierung der Lautfolge [ks] in <flugs> bzw. <Knicks> durch morphologische Beziehungen erklärt werden kann, die in der Gegenwart noch teilweise transparent sind.

Beginnen wir aber mit dem ersten Fall, wo die Schreibung durch das Zusammenwirken von Grund- und Sonderregel vollständig reguliert wird. Betroffen sind Wörter wie *spitz, steuern* oder *wanken,* die nach den Grundregeln [ʃ] –> <sch> bzw. [ŋ] –> <ng> eigentlich als *<schpitz>, *<schteuern> und *<wangken> ausbuchstabiert werden müssten. Das normgemäße Schreibprodukt sieht aber anders aus, weil die Grundregel durch eine **kontextabhängige Spezialregelung** in ihrem Geltungsbereich eingeschränkt wird. Mit Kontextabhängigkeit ist gemeint, dass die Verschriftung des lautlichen Segments davon abhängt, welcher Laut ihm in der gesprochenen Version des jeweiligen Wortes folgt. So greift die Sonderregel [ŋ] –> <n> immer dann, wenn auf den [ŋ]-Laut ein [k]-Laut folgt, und die Sonderregelung [ʃ] –> <s>, wenn dem [ʃ] entweder ein [t] oder ein [p] folgt.

Allerdings muss man bei all dem bedenken, dass **Ausbuchstabierungsregeln** grundsätzlich nur innerhalb von Morphemen gelten. Man erkennt das sehr schön an einer Schreibung wie <langkörnig>. Hier wäre nach der eben formulierten kontextabhängigen Spezialregel für die Ausbuchstabierung von [ŋ] eigentlich die Schreibung *<lankörnig> zu erwarten, denn [ŋ] steht ja – wie die phonetische Umschrift [laŋkœrnɪç] ausweist – hier unmittelbar vor [k]. Da aber zwischen [ŋ] und [k] eine Morphemgrenze verläuft, greift hier nicht die Spezialregel, sondern greifen die jeweils innerhalb „ihres" Morphems anzuwendenden Grundregeln [ŋ] –> <ng> sowie [k] –> <k>. Der hier wirksame Mechanismus, den wir weiter unten unter dem Stichwort „morphologisches Rechtschreibprinzip" mit einer etwas anderen Akzentuierung noch einmal aufgreifen werden, bildet im Übrigen auch die Grundlage für kalauernde Schreibabweichungen wie *<nachz> anstatt <nachts> oder *<hier schneiz> anstatt <hier schneit's>.

## 8.4.4 Kennzeichnung der Vokalquantität

Ein weiterer Bereich, in dem Sonderregelungen die Grundregeln ergänzen, bildet die graphische Bezeichnung der **Vokalquantität**. Hier können allerdings keine strikten Regeln formuliert werden, sondern nur Tendenzen. Außerdem sind die Verhältnisse so kompliziert, dass wir an dieser Stelle nur einige Hinweise geben können.

190 Kapitel 8: Orthographie

Die Quantität der Vokale hat im Deutschen prinzipiell bedeutungsunterscheidende Funktion. Deswegen ist es um so erstaunlicher, dass nicht in allen Fällen eine entsprechende Markierung im Schriftbild vorliegt und man entsprechend den Grundregeln schreiben kann. Der Grund besteht u.a. darin, dass es auf der Seite der gesprochenen Bezugsbasis bestimmte Regularitäten gibt, die es (weit gehend) vorhersehbar machen, ob ein Vokal kurz oder lang gesprochen wird. So haben z.b. einsilbige Wörter, die auf längere Konsonantenfolgen ausgehen, in der Regel einen Kurzvokal, z.B. *Furcht, Dampf, Wulst*. Diese **lautsprachliche Regularität**, die natürlich nicht uneingeschränkt gilt (vgl. etwa *Obst*), spiegelt sich in der Schrift eben dadurch wider, dass die Vokalkürze unbezeichnet bleibt.

In anderen Fällen ist eine explizite Markierung der Vokalquantität aber notwendig, weil es sonst zu Verständigungsschwierigkeiten käme. Das betrifft eben jene Positionen, wo im lautsprachlichen Pendant die Opposition Langvokal/Kurzvokal phonologisch distinktiv ist. An Wortpaaren wie <Rate> auf der einen und <Ratte> auf der anderen Seite wird das deutlich. Das Verfahren, das die Schrift hier anwendet, um die **Vokalkürze** zu kennzeichnen, besteht darin, den Buchstaben für den nachfolgenden Konsonanten zu verdoppeln. Dieses Verfahren wird beim Vorliegen der folgenden Konstellation im gesprochenen Wort (fast) durchgängig angewandt: „zu verschriftender betonter Kurzvokal + Konsonant + unbetonter Vokal", also beispielsweise <Pappe>, <Sonne>, <Rinne> etc. Die Einschränkungen von dieser Regel betreffen die Mehrgraphen <sch> und <ch>, die auch unter den genannten Bedingungen nicht verdoppelt werden, also <Masche>, <Sache> etc. Der Grund dürfte rein graphischvisueller Natur sein, denn eine Verdoppelung würde zu ziemlichen Wortungetümen führen (*<Maschsche>). Eine weitere Abweichung liegt darin, dass die orthographische Regelung keine Verdoppelung von <k> und <z> vorsieht; anstatt dessen wird hier <ck> bzw. <tz> geschrieben.

Für die Bezeichnung der **Vokallänge** verwendet die deutsche Orthographie zwei Notierungskonventionen. Die eine besteht darin, den Buchstaben für den jeweils zu verschriftenden Vokal zu verdoppeln, also <Saat>, <Beet> oder <Boot> zu schreiben. Betroffen ist allerdings nur eine vergleichsweise kleine Zahl von Wörtern, d.h. wir haben es mit einer eher randseitigen Erscheinung zu tun, von der die Verschriftung des langen [u:] sogar gänzlich ausgenommen ist. Das gleiche gilt für [i:], dessen Ausbuchstabierung weit gehend über die Grundregel [i:] –> <ie> abgewickelt wird.

Die zweite Variante für die Kennzeichnung vokalischer Länge stellt das sog. **Dehnungs-<h>** dar. Während es zur Verschriftung des langen

Laut-Buchstaben-Beziehungen          191

[iː] nur in ganz wenigen Ausnahmefällen auftritt, nämlich bei den Pronomen <ihr>, <ihm>, <ihn> und <ihnen> und – sogar im Verbund mit <ie>
– in <Vieh>, wird es für die Verschriftung der übrigen Langvokale in relativ vielen Wörtern verwendet. Und das bemerkenswerter Weise häufig
sogar dort, wo die graphische Markierung nicht notwendig wäre, weil in
der lautsprachlichen Bezugsbasis die Opposition Lang-/Kurzvokal nicht
besteht. So schreibt man <Reh>, <roh> und <Kuh>, obwohl hier aus laut-
systematischen Gründen vorhersehbar ist, dass der Vokal lang gesprochen wird. Vermutlich spielen auch in diesen Fällen visuelle Gesichtspunkte die entscheidende Rolle. So würden sich beim Wegfall der Markierungen die Schreibweisen *<Re>, *<ro> und *<Ku> ergeben, womit
die jeweilige Wortgestalt einiges an Prägnanz verlieren würde. Noch
wichtiger aber ist, dass diese Wortformen systematisch auf ihre Flexionsformen <Rehe>, <rohe> und <Kühe> bezogen sind. Dort tritt das <h> als
sog. silbentrennendes <h> in Erscheinung. Darüber hinaus aber hat es in
den erwähnten Fällen ganz offensichtlich eine wichtige Funktion bei der
visuellen Trennung des lexikalischen Wortbestandteils vom jeweiligen
Flexionsmorphem. Durch die Tilgung des <h> würde diese morphologische Gliederungshilfe verloren gehen. Aus dieser Perspektive ist es plausibel anzunehmen, dass seine Funktion als Dehnungszeichen in Fällen
wie den genannten lediglich sekundär ist.

## 8.4.5  Regelung nach dem morphologischen Prinzip

Ein Dehnungs-<h> tritt scheinbar auch in Wortschreibungen wie <er
flieht> oder <es zieht> auf. Man erkennt aber sofort, dass diese Deutung
kaum haltbar ist, denn die Länge des Vokals wird ja bereits durch die
<ie>-Schreibung markiert. Und die Deutung als originär silbentrennen-
des <h> ist ausgeschlossen, denn bei den beiden Wortformen handelt es
sich ja jeweils um Einsilber. Tatsächlich muss die <h>-Schreibung hier
anders interpretiert werden. Sie ergibt sich nämlich aus dem neben dem
phonologischen Prinzip wichtigsten Strukturmittel der Laut-Buchstaben-
Zuordnung, dem **morphologischen Prinzip**, dessen Wirksamkeit wir bereits oben in 8.4.3 kennen gelernt haben. Das Prinzip besagt, dass die Gestalt eines Morphems in der Schreibung weit gehend konstant gehalten
wird.

   In diesem Punkt weicht die Schrift ganz prinzipiell von der Lautung
ab, denn dort ist die Gestalt von Morphemen häufig lautlichen Veränderungen unterworfen. So wird das Morphem {König} im Mündlichen in

# 192 Kapitel 8: Orthographie

drei unterschiedlichen Allomorphen mit jeweils partiell unterschiedlicher Lautung realisiert, und zwar als [kø:nɪç] in *König*, als [kø:nɪk] in *königlich* und als [kø:nɪg] in *Könige*. Der lautliche Wechsel betrifft die Schlusssegmente [ç] – [k] – [g], deren jeweiliges Auftreten von den Folgelauten bestimmt wird. In der Schreibung wird dagegen konstant der Buchstabe <g> notiert, d.h. eine der mündlichen Varianten wird als **Leitform** genommen, die die Schreibweise des Morphems an die übrigen Formen des Wortes bzw. der Wortfamilie weitervererbt. Die Funktion **morphologischer Schreibungen** besteht darin, Form und Bedeutung in Übereinstimmung zu bringen, um dem Leser ein konstantes visuelles Schema zu liefern, das er ohne den Umweg über die Lautung ganzheitlich identifizieren kann.

Die Anwendung des morphologischen Prinzips hat natürlich zur Folge, dass die nach dem phonologischen Prinzip organisierten Grundregeln der Laut-Buchstaben-Beziehungen in erheblichem Maß unterlaufen werden. Betroffen sind u.a. Fälle, bei denen lautsprachlich sog. **Auslautverhärtung** vorliegt (vgl. Kap. 3 „Phonetik und Phonologie"), wo es also zu einem regelmäßigem Wechsel zwischen stimmhaften und stimmlosen Verschlusslauten innerhalb eines Morphems kommt wie in *Hund* [hʊnt] gegenüber *Hunde* [hʊnde] oder *Dieb* [di:p] gegenüber *Diebe* [di:bə]. (Bei der eben zitierten Reihe *Könige, königlich, König* tritt neben der Auslautverhärtung noch die sog. g-Spirantisierung in [kø:nɪç] auf.). Auch hier wieder das gleiche Phänomen: Die Schreibung orientiert sich an einer Leitform und hält damit die Gestalt des Basismorphems konstant.

Genau dieser Mechanismus greift auch bei den eingangs angeführten Beispielen <er flieht> bzw. <es zieht>. Dort besteht nämlich offensichtlich jeweils ein morphologischer Bezug zu den Leitformen <fliehen> bzw. <ziehen>, über die das <h> an die übrigen Wortformen weitergegeben wird. Und in gleicher Weise morphologisch zu rekonstruieren sind die Schreibungen <gs> bzw. <cks> für [ks] in <flugs> (zu <fliegen>) und <Knicks> (zu <knicken>), wobei allerdings insbesondere der zweite Fall zeigt, dass die morphologischen Zusammenhänge kaum noch transparent sind. Dagegen gibt es andere Fälle, bei denen der ursprüngliche morphologische Zusammenhang in der Schreibung nicht mehr sichtbar wird, vgl. <Eltern> gegenüber <alt>.

Ein anderes prominentes Beispiel für die morphologisch basierte Verschriftungsweise sind **Umlautschreibungen** wie <nass> –> <Nässe> oder <kaufen> –> <Käufer>. Hier besteht die Besonderheit, dass der

## Laut-Buchstaben-Beziehungen 193

morphologische Zusammenhang in der Schrift mit Hilfe spezieller **diakritischer Zeichen** (griech. *diakritikos* = unterscheidend) transparent gemacht wird. Damit sind die Umlautpunkte gemeint, durch die die Paare <a>/<ä> bzw. <au>/<äu> gebildet werden. Etwas anders gelagerte Fälle stellen die Buchstaben <ü> und <ö> dar. Während nämlich <ä> und <äu> fast immer Schreibungen nach dem morphologischen Prinzip anzeigen – Ausnahmen sind u.a. <Krähe>, <Lärm> , <Säule> – , sind <ü> und <ö> sowohl morphologisch markierte Umlautbuchstaben (<Fuß> –> <Füße> bzw. <rot> –> <Röte>) als auch reguläre Schreibungen nach dem phonologischen Prinzip, bei denen kein systematischer Bezug zu nicht umgelauteten Formen mit <u> bzw. <o> besteht: z.b. <Hülle>, <Müll>, <dünn>, <Hölle>, <schnöde>, <spröde> etc. (vgl. EISENBERG 1995, 73).

Einer speziellen Ausprägung des morphologischen Prinzips verdanken sich schließlich Wortpaare, deren Glieder in der Lautung identisch sind, die aber im Schriftbild durch unterschiedliche Schreibungen auseinander gehalten werden, so z.B. <Waise> gegenüber <Weise> oder <Leib> gegenüber <Laib>. Zur Erklärung solcher Schreibdifferenzierungen wird gerade in didaktisch orientierten Darstellungen bisweilen ein eigenes Orthographieprinzip angesetzt, das **Prinzip der Bedeutungsunterscheidung**. Allerdings ist dieses Prinzip – wenn es denn überhaupt als solches bezeichnet werden kann – nur sehr unsystematisch durchgeführt. In vielen Fällen unterscheidet die Schreibung nämlich nicht zwischen homonymen Wörtern (vgl. *Bremse* = 'Insekt' bzw. 'Vorrichtung zum Bremsen').

Schreibungen wie <Bär>, <Lärm> oder <Säule> sind aus dieser Perspektive als Abweichungen vom morphologischen Prinzip zu werten, denn sie täuschen Bezüge vor, die gar nicht bestehen. Aber auch das umgekehrte Phänomen kommt vor: Schreibungen, die nicht nach dem morphologischen Prinzip organisiert sind, aber es eigentlich sein müssten, weil die entsprechenden Bezüge sprachsystematisch vorhanden sind. Auf den zweiten Befund reagiert die Neuregelung der Orthographie mit einigen Änderungen bei Einzelwortschreibungen; so schreibt man künftig <überschwänglich> wegen <Überschwang> oder <verbläuen> wegen eines allerdings nur volksetymologisch hergestellten Bezugs zu <blau>.

Viel wesentlicher als diese kaum zehn Fälle betreffenden Änderungen ist aber der Eingriff bei der <ss>- bzw. <ß>-Schreibung, der ebenfalls dem morphologischen Prinzip geschuldet ist und der den Wechsel von <ß> und <ss> in morphologisch verwandten Formen regulärer als bisher gestalten soll. Bislang wurde das morphologische Prinzip nämlich in Fällen wie <Flüsse>/<Fluß> oder <lassen>/<läßt> durchbrochen, weil der [s]-Laut nach Kurzvokal in solchen Paaren (!) nur intervokalisch als <ss>, am Wortende und vor [t] aber als <ß> wiedergegeben werden musste. Diese positionsbedingte Einschränkung der Kürzebezeichnung soll künftig wegfallen. Man schreibt also auch vor [t] und am Wortende <ss>, also <Fluss> und <lässt>. Wo allerdings der [s]-Laut einem Langvokal folgt, bleibt es auch künftig bei der Verschriftung mit <ß>. Deswegen schreibt man weiterhin <beschließen> auf der einen, aber <Beschluss> auf der anderen Seite. (Wie man am vorliegenden Text unschwer erkennen kann, ist von den Änderungen auch die Konjunktion <daß> betroffen, die man künftig <dass> schreibt.)

## 8.5 Getrennt- und Zusammenschreibung

Im Bereich der **Getrennt- und Zusammenschreibung** wird geregelt, was im Sinne der Orthographie als Wort gilt und folglich zusammengeschrieben werden muss. Wie Fehlerstatistiken belegen, ist dies einer der schwierigsten Bereiche der Orthographie, wobei sich die Probleme schon aus der Natur der Sache selbst ergeben. Wörter sind nämlich – sprachhistorisch betrachtet – keine fixen Einheiten, sondern unterliegen Wandlungsprozessen. Damit sind Prozesse gemeint, durch die zwei ehemals autonome Wörter zu einer neuen Worteinheit verschmelzen. Solche **Univerbierungsprozesse** gehen manchmal mit feststellbaren formalen Veränderungen einher. So ist beispielsweise das Pronomen *jedermann* klar erkennbar aus der freien Wortgruppe *jeder Mann* hervorgegangen. Die Verschmelzung zur Worteinheit dokumentiert sich darin, dass der erste Bestandteil nicht mehr flektiert wird. Es heißt eben nicht *\*jedesmann(e)s Sache*, sondern *jedermanns Sache*, d.h. der erste Bestandteil der Bildung wird nicht mehr flektiert.

Die Univerbierung hat hier also grammatische Spuren hinterlassen, die das entstandene Produkt in besonderer Weise markieren. Anders ist das in Fällen, in denen sich die Univerbierung ohne erkennbare Anzeichen vollzieht, z.B. *zu Gunsten –> zugunsten, mit Hilfe –> mithilfe, liegen lassen –> liegenlassen, hinzu kommen –> hinzukommen.* Solche Wortfusionen ergeben sich in der Regel daraus, dass die beteiligten Wörter im Satzzusammenhang häufig nebeneinander stehen. Es dürfte auf der Hand liegen, dass sich die eigentlichen Probleme beim Schreiben genau in solchen Fällen stellen.

In der bisherigen Duden-Regelung hat man den objektiven Schwierigkeiten mit dem Vermerk Rechnung getragen, dass sich im Bereich Getrennt- und Zusammenschreibung keine verbindlichen Regeln formulieren ließen. Die Normierung der Schreibung war dann auch weit gehend eine Angelegenheit des Wörterverzeichnisses, d.h. man musste jeweils nachschlagen, ob man nun *zu Gunsten* oder *zugunsten*, *zu Tage fördern* oder *zutage fördern* usw. zu schreiben hatte. Was vom Duden darüber hinaus noch an Hinweisen für die Schreibentscheidung geliefert wurde, betraf im Grunde nur ein paar Einzelfälle, die sich eher zufällig in ein darüber hinaus noch ziemlich löchriges Erklärungsschema pressen ließen. Letztlich liefen diese Hinweise immer wieder auf die Feststellung hinaus, dass unterschiedliche Bedeutungen auch durch unterschiedliche Schreibungen markiert werden. Das prominenteste Beispiel war *(auf dem Stuhl) sitzen bleiben* gegenüber *(in der Schule) sitzenbleiben*. Natürlich konnte ein solcher Hinweis kaum weiterhelfen, denn Gegenbeispiele fielen selbst den gläubigsten Duden-Benutzern ohne große Anstrengung in großer Zahl ein; man denke nur an *baden gehen,* das nach der alten Regelung auch in der übertragenen Bedeutung zusammengeschrieben werden muss.

Die Neuregelung reagiert auf diese und ähnliche Ungereimtheiten mit den zwei folgenden, einander ergänzenden Grundsätzen (die bisherigen Schreibungen sind im Folgenden durch (ü) für ‚überholt' gekennzeichnet):

1. Das unzuverlässige Bedeutungskriterium wird aufgegeben – bei gleichzeitiger Formulierung intersubjektiv nachvollziehbarer Probeverfahren für die Schreibentscheidung.

2. Wo immer solche Überprüfungsprozeduren nicht möglich erscheinen, geht die Tendenz eher zur Getrenntschreibung.

<u>Grundsatz 1</u> greift u.a. bei Verbindungen aus Adjektiv + Verb, z.B. (ü) *jmdm. nahestehen* oder (ü) *(den Verkehr) lahmlegen.* In beiden Fällen liegt offensichtlich übertragene Bedeutung vor und die alte Regelung entschied hier (dieses Mal ganz prinzipientreu) auf Zusammenschreibung. Nach der Neuregelung wird dagegen jeweils getrennt geschrieben (*nahe stehen, lahm legen*), und zwar auf der Grundlage einer formalen **Überprüfungsprozedur**, die immer dann Getrenntschreibung verlangt, wenn sich der erste Bestandteil der Fügung entweder steigern oder mit *sehr* bzw. *ganz* erweitern lässt. Das ist in beiden Fällen offenbar der Fall, den man kann durchaus *jmdm. näher stehen* und man kann auch *den Verkehr ganz lahm legen.* Den linguistischen Hintergrund bildet die Frage, ob der erste Bestandteil noch eigenständiges morphologisches bzw. syntaktisches Potential hat oder nicht.

196 Kapitel 8: Orthographie

Bei genauerem Hinsehen treten bei der Anwendung der Probe aber mehrere Schwierigkeiten zu Tage. Eine besteht darin, dass sich subtile semantische (oder gar sachliche) Unterscheidungen gewissermaßen durch die Hintertür wieder in die Regelung eingeschlichen haben. So lässt sich beispielsweise trefflich darüber streiten, ob die Anwendung der Probe beim bisher zusammengeschriebenen Wort (ü) *festanstellen* zur Getrenntschreibung führt oder nicht:

> *Bisher hat er immer nur Zeitverträge gehabt, jetzt aber wollen wir ihn ganz fest anstellen.*

Hält man diese Ausdrucksweise (*ganz fest*) für akzeptabel, dann folgt daraus zwingend Getrenntschreibung; hält man sie dagegen für semantisch oder pragmatisch abweichend, muß man auch künftig zusammenschreiben. (Es handelt sich hier übrigens nicht um einen skurrilen Einzelfall; man spiele das Ganze z.B. einmal für Bildungen mit *hoch, tief, frei* usw. durch. Die praktischen Auswirkungen zeigen sich bereits jetzt in den z.T. unterschiedlichen Schreibungen solcher Ausdrücke durch die seit der Reform erschienenen Rechtschreibwörterbücher.)

Kommen wir zum zweiten Grundsatz. Die eben vorgeführte Probe lässt sich natürlich in vielen Bereichen nicht anwenden, denn die grammatische Eigenschaft der Steigerbarkeit haben eben nur Adjektive. Lassen sich für betroffene Fallgruppen nach Auffassung der Reformkommission keine anderen formalen Kriterien für die Schreibentscheidung angeben (eines ist z.B., dass ein Wortbestandteil als selbstständiges Wort nicht vorkommt wie *feil-* in *feilbieten*), wird zumindest tendenziell der getrennten Schreibung der Vorzug gegeben. So werden beispielsweise alle **Infinitiv+Infinitiv-Verbindungen** künftig getrennt geschrieben. Damit werden zwar einige Ungereimtheiten der alten Regelung beseitigt, andererseits aber führt diese mechanische Regelung auch dazu, dass z.B. der völlig unterschiedliche lexikalische, semantische und syntaktische Status von Fügungen wie *kennen lernen* auf der einen und *laufen lernen* auf der anderen Seite in der Schrift nicht mehr reflektiert wird.

Darüber hinaus ergeben sich aus dem genannten Grundsatz auch vermehrte Getrenntschreibungen bei Verbindungen aus Substantiv + Verb (künftig z.B. *Maschine schreiben*), obwohl gerade in diesem Bereich im Deutschen die Entwicklungstendenz schon lange eindeutig in die andere Richtung, nämlich in Richtung Fusion geht. Insgesamt stellt sich hier also die Frage, ob man mit der Neuregelung nicht allzu stark in objektiv zu beobachtende sprachgeschichtliche Entwicklungsprozesse eingegriffen hat.

## 8.6 Groß- und Kleinschreibung

Bei der **Groß- und Kleinschreibung** geht es um die Frage, welche Wörter durch einen großen Anfangsbuchstaben graphisch besonders hervorgehoben werden. Betroffen sind von der Regelung im Wesentlichen zwei Phänomenbereiche:

- auf der Text- bzw. Satzebene der Anfangsbuchstabe des ersten Wortes,
- im Satzinnern der Anfangsbuchstabe von Eigennamen und Substantiven sowie der Anfangsbuchstabe von Anredepronomen.

von ihrer funktion her ist die großschreibung eine art serviceleistung für die lesenden sie soll ihnen zusammen mit anderen mitteln wie der interpunktion helfen den text zu strukturieren bei der großschreibung der satzanfänge ist das unmittelbar evident denn ohne die formale markierung durch großschreibung plus punkt kann man beim lesen leicht ins schleudern geraten das mag dieser abschnitt bei dem uns keineswegs eine formatierungspanne unterlaufen ist zumindest im ansatz demonstrieren

Weit umstrittener ist, ob die Großschreibung auch in den anderen Phänomenbereichen das Lesen erleichtert und damit in dieser Hinsicht funktional ist. Dabei kann man die Großschreibung der Anredepronomen einmal außer Acht lassen, weil es sich hier um einen Randbereich mit geringen Vorkommen in Texten handelt. Kontrovers diskutiert wird die Frage traditionell insbesondere in Bezug auf die Substantive, deren Markierung mit großem Anfangsbuchstaben eine orthographische Spezialität des Deutschen ist.

Für die Verfechter der **Substantivgroßschreibung** ist die orthographische Sonderrolle des Deutschen allerdings kein Zufall; denn – so fasst MENTRUP (1993, 185) die Argumentation zusammen – es entspräche der Besonderheit des deutschen Satzbaus,

> [...] mit dem Artikel und dem dazugehörigen Substantiv eine Klammer zu bilden: *die von vielen nicht gut beherrschte Rechtschreibung*. Die Großschreibung sei dabei eine unentbehrliche Gliederungshilfe für den Lesenden. Diese ermögliche es ihm, sich an der syntaktischen Klammer als Sehklammer zu orientieren und an den Großbuchstaben mit seinen Augen einen Halt zu finden.

Diese Argumentation ist allerdings kaum stichhaltig, denn die syntaktische Rahmenkonstruktion kann durch andere Substantive erweitert

198 Kapitel 8: Orthographie

werden, so dass sich dem Leser gleich mehrere potentielle Stellen zum Schließen der geöffneten syntaktischen Klammer anbieten würden. So lässt sich aus der zugrunde liegenden Konstruktion *die Rechtschreibung* problemlos die folgende Fassung ableiten: *die für außerordentlich viele Schüler trotz aller Mühen auch der erfahrensten Lehrer aller Schulen nur sehr schwer zu erlernende Rechtschreibung.* Wo soll hier das Auge „einrasten", bei *Schüler,* bei *Lehrer,* bei *Schulen* oder eben bei *Rechtschreibung*? Natürlich sind solche Beispiele konstruiert und vielleicht sind sie deswegen ihrerseits auch eher tendenziös als für eine sachlich geführte Diskussion nützlich. Außerdem ist es zum gegenwärtigen Zeitpunkt fast müßig lange Debatten über den Nutzen der Substantivmarkierung für den Leseprozess zu führen, denn sie ist nun einmal integraler Bestandteil der orthographischen Regelung, sowohl der alten als auch der neuen.

Worum geht es bei der Substantivgroßschreibung genau, oder, etwas anders formuliert: Was macht ihre Anwendung so schwierig, denn das Problem besteht ja sicher nicht darin, dass Wörter wie *Haus, Maus* oder *Landesmutter* wegen ihres **Substantivstatus** groß zu schreiben sind. Einen ersten Hinweis liefert die folgende Einschätzung von AUGST (1984, 83):

> Die Anwendung der einfachen Regel, alle Substantive groß zu schreiben, wird [...] dadurch schwierig, daß manche Substantive, so wie wir sie im Wörterbuch vorfinden, bei ihrer Verwendung im Satz [...] in eine andere Wortart überwechseln können (Desubstantivierung); zum anderen dadurch, daß umgekehrt alle anderen Wörter im Satz zu Substantiven werden können (Substantivierungen) [...]. Ob ein Wort groß geschrieben wird, ergibt sich daher auch aus seiner Verwendung im Satz und nicht aus der Wortart, der es, isoliert betrachtet, angehört.

So sind *schaffen, blau, wenn* oder *aber* als „Wörterbucheinheiten" sicher keine Substantive; auf Satzebene können sie aber als solche verwendet werden:

> *Frohes Schaffen wünsche ich.*
> *Dieses Blau ist nicht unbedingt mein Fall.*
> *Das Wenn und Aber geht mir jetzt langsam auf die Nerven.*

Umgekehrt kann ein Substantiv, z.B. *Schuld,* seinen Substantivstatus verlieren und adjektivisch verwendet werden, z.B. in dem Satz

> *Er ist schuld.*

Da die Großschreibung ganz offensichtlich von syntaktischen Faktoren beeinflusst wird, zählt man sie häufig zum Geltungsbereich des **grammatischen Prinzips**. Damit soll natürlich wieder angedeutet werden, dass für die Schreibung der Wörter über den Laut- und Morphembezug hinaus noch weitere Kriterien, eben grammatische, herangezogen werden.

## Groß- und Kleinschreibung                                    199

Leider kann man den unterschiedlichen Status an den Wörtern selbst
nicht ablesen. Wichtige Hinweise liefern aber die sog. Begleitwörter, mit
denen Substantive in Texten häufig erscheinen. In den Kategorien der traditionellen Grammatik zählen dazu u.a. die Artikel *(das Wenn und Aber),*
die Adjektive *(frohes Schaffen)* und Pronomen *(dieses Blau).* Allerdings
können Substantive durchaus auch ohne solche Begleitwörter auftreten,
was die Schreibentscheidung natürlich komplizierter macht. Notorische
Problemfelder sind beispielsweise die Farbbezeichnungen in Sätzen wie
*Mir steht Blau ziemlich gut* oder die Sprachenbezeichnung in Sätzen wie
*Sie spricht schon verdammt gut Deutsch.* Formal ist der Substantivstatus
nicht markiert; in didaktischen Zusammenhängen helfen hier traditionell
Frageproben weiter, hinter denen verkappte **Substitutionsproben**
stecken: *Ihm steht was ziemlich gut –> Blau = Blaues, blaue Farben; Sie
spricht was schon verdammt gut –> Deutsch = die deutsche Sprache.*

Bei den **Desubstantivierungen** bestehen mit genau umgekehrten Vor-
zeichen prinzipiell die gleichen Verhältnisse, denn auch hier liegen für
die Umkategorisierung häufig keine formalen Kennzeichen am Wortkör-
per selbst vor. Oft haben wir es mit sprachgeschichtlichen Entwicklungs-
prozessen zu tun, bei denen ehemals freie syntaktische Fügungen formelhaft erstarren und ihre Bestandteile schließlich von der Sprachgemeinschaft in ihrem lexikalischen Status uminterpretiert werden. So lässt sich
beispielsweise die Präposition *kraft* auf formelhaft gewordene Wendungen wie *durch die Kraft seines Amtes* zurückführen, wo *seines Amtes*
noch klar als Genitivattribut zum Substantiv *Kraft* ausgewiesen ist. Mit
der Tilgung des präpositionalen Bestandteils *durch* und dem gleichzeiti-
gen Wegfall des Artikels *die* wird gewissermaßen das Feld für die Umdeutung des Substantivs bereitet: Es entsteht eine Präposition mit geniti-
vischer Kasusrektion *(kraft seines Amtes).* Das Gleiche könnte übrigens
mit dem Substantiv *Mitte* geschehen, und zwar auf der Grundlage der gewöhnlich bereits um Präposition und Artikel gekürzten Wendung *(in der)
Mitte des Jahrhunderts.* Auch hier spricht einiges für eine zukünftige
Umkategorisierung zur Präposition *mitte,* was sich bereits heute in Unsicherheiten bei der Schreibung niederschlägt. Und diese Unsicherheiten
reflektieren nichts weiter als den noch nicht komplett vollzogenen
sprachgeschichtlichen Wandel – im Konflikt mit den eher konservativen
orthographischen Normen.

Uminterpretationen vollziehen sich aber auch dann, wenn „ein Substantiv zum Bestandteil einer festen Fügung [wird], die wie ein Wort einer anderen Wortart gebraucht wird" (EISENBERG 1995, 77). Man kann

das sehr schön an Wendungen erkennen wie *ein paar* (gebraucht wie *einige*), (ü) *im besonderen* (wie *besonders*) , (ü) *aufs äußerste* (wie *sehr, äußerst*), (ü) *im allgemeinen* (wie *normalerweise*), (ü) *auf eines neues* (wie *neuerlich*) usw. In all diesen Fügungen sind die Substantivmerkmale erhalten geblieben und in diesem Sinne handelt es sich natürlich auch weiterhin um Substantive. Sie funktionieren aber u.a. semantisch nicht mehr wie Substantive und werden deswegen von Sprechern des Deutschen gewöhnlich auch nicht mehr als solche empfunden. Trotzdem führen solche Fälle beim Schreiben immer wieder zu Unsicherheiten, weil die formalen und die semantischen Kriterien miteinander konkurrieren und man nie so recht weiß, welches Kriterium den Ausschlag für die Schreibentscheidung liefern soll.

Verstärkt wird das Problem noch dadurch, dass sich nach der alten Regelung in einigen Fällen zwei Verwendungsvarianten gegenüberstehen, die im Schriftbild auseinander gehalten werden müssen, weil – wie die **Substitutionsprobe** zeigt – ihr Status völlig unterschiedlich ist: *Wir sind aufs äußerste* (= sehr) *erschrocken* gegenüber *Wir sind aufs Äußerste* ( = auf das Schlimmste) *gefaßt*. Was hier noch eindeutig ist, führt allerdings in anderen Fällen zu subtilen Schreibunterscheidungen, die nur mit erheblichem Aufwand zu erklären sind.

Die Reformkommission reagiert auf diesen Befund mit einer weit gehend an formalen Kriterien orientierten Neuregelung. Im Effekt führt das zu einer **vermehrten Großschreibung**, also etwa *im Besonderen, auf ein Neues, im Allgemeinen, im Wesentlichen, im Übrigen, im Folgenden* (bisher je nach Verwendungsweise groß oder klein), *ins Schwarze treffen* (bisher je nach konkreter oder übertragener Bedeutung groß oder klein), *fürs Erste* usw. Verstärkt wird diese Tendenz natürlich noch durch die im letzten Abschnitt angesprochenen Änderungen bei der Getrennt- und Zusammenschreibung, denn beide Bereiche sind ja eng miteinander verzahnt (*radfahren -> Rad fahren*).

## 8.7 Zeichensetzung (Interpunktion)

Im Gegensatz zu den bisher beschriebenen Teilbereichen der Orthographie betrifft die Zeichensetzung nicht die Wortschreibung (mit kleinen Ausnahmen wie dem Punkt zur Markierung von Abkürzungen), sondern die komplexeren Gebilde Satz und Text. Von ihren im Detail recht vielfältigen Funktionen (vgl. im Einzelnen ENGEL 1988, 819ff) seien hier nur die zwei wichtigsten genannt:

## Zeichensetzung (Interpunktion)

a) die Gliederung geschriebener Texte in Sätze, die von den sog. **Satzschlusszeichen** Punkt, Frage- und Ausrufezeichen geleistet wird;
b) die interne Gliederung der Sätze selbst, für die die sog. **Satzmittezeichen**, im wesentlichen das Komma und der Gedankenstrich, zur Verfügung stehen.

Satzzeichen werden vorrangig zur Orientierung des Lesers verwendet: Sie sollen ihm helfen, den Text zu strukturieren, um so eine schnelle und effiziente Sinnerfassung zu ermöglichen. Für die Schreibenden sind sie dagegen nicht immer leicht zu handhaben, denn die Zeichensetzung ist eine strikt normativ geregelte Angelegenheit, hinter der sich ein ziemlich komplizierter Regelapparat verbirgt. Dabei stellen die Satzschlusszeichen noch das geringste Problem dar. Allerdings muss man sich – zumindest was theoretische Fragestellungen anbelangt – hier klar machen, dass mit den Satzschlusszeichen nicht ausschließlich Sätze im grammatischen Sinne abgegrenzt werden, sondern auch syntaktisch unvollständige schriftliche Äußerungen wie *Vorsicht! Warum nicht? Doch.* usw. In der Praxis ergeben sich in dieser Hinsicht aber kaum ernsthafte Probleme.

Weit schwieriger ist die normgerechte Verwendung der **Satzmittezeichen**. Den Schwerpunkt bildet hier die **Kommasetzung**, sowohl was die Texthäufigkeit als auch was die Fehlerhäufigkeit anbelangt. Wir wollen uns bei der Darstellung deswegen auf diesen Bereich beschränken.

Die Probleme kommen zunächst dadurch zu Stande, dass viele Schreiber annehmen, die Kommasetzung sei lautsprachlich basiert und spiegele demzufolge Sprechpausen wider. Liest man beispielsweise den folgenden Satz laut vor, wird man mindestens an einer Stelle eine kurze Pause zum Atemholen einlegen; wir kennzeichnen sie mit einem doppelten Schrägstrich:

> *Die von einer ganzen Schar gut bezahlter Redenschreiber konzipierte Neujahrsansprache des sich seit über 15 Jahren im Amt befindlichen Bundeskanzlers// überzeugte niemanden so recht.*

Die von uns unterstellte Pause verläuft – grammatisch gesehen – zwischen dem komplexen Ausdruck in Subjektfunktion und dem Prädikat des Satzes. In der Schrift liegt dagegen keine Markierung vor, was die Alltagstheorie der Kommasetzung natürlich ins Wanken bringt. Der Grund besteht darin, dass die Kommasetzung nach grammatischen Prinzipien ausgerichtet ist. Die wiederum besagen, dass Satzglieder – mögen sie auch noch so aufgebläht sein – nicht voneinander abgetrennt werden, es sei denn sie treten ihrerseits satzförmig auf wie das Subjekt im folgenden Beispiel:

202 Kapitel 8: Orthographie

*Dass der Bundeskanzler eine bedeutende Rede halten wird, ist ziemlich unwahrscheinlich.*

Eine weitere Schwierigkeit bei der Kommasetzung liegt darin, dass gewöhnlich nicht zwischen zwei unterschiedlichen Kommatypen unterschieden wird, dem **Einzelkomma** und dem (potenziell) **paarigen Komma**. Was sich hinter den zunächst paradox klingenden Bezeichnungen verbirgt, wird deutlich, wenn man sich die jeweilige funktionale Spezifik der beiden Kommatypen vor Augen führt.

Das Einzelkomma dient zur Kennzeichnung der **Koordination** (= Nebenordnung). Mit Koordination ist die Verknüpfung zweier oder mehrerer Ausdrücke gemeint, die im Satz die gleiche syntaktische Rolle spielen, also z.b:

- Koordination von Ausdrücken in Subjektfunktion:

  *Lukas, Jim Knopf und der König von Lummerland tranken ihren Tee gewöhnlich bei Frau Waas.*

- Koordination von Ausdrücken in Objektfunktion:

  *Jim Knopf fürchtete Wind, Wetter und Feuer speiende Drachen.*

- Koordination von satzförmigen Ausdrücken (Gliedsätzen) in Subjektfunktion:

  *Dass Jim wenig aß, dass er fast den ganzen Tag schlief und dass er kaum noch lachte, beunruhigte Frau Waas sehr.*

Aus den Beispielen lässt sich allerdings auch entnehmen, dass die geschilderte Regularität in einem Fall durchbrochen ist. Aus semantisch durchaus plausiblen Gründen steht das Komma nämlich nicht, wenn die betroffenen Ausdrücke durch Konjunktionen wie *und, oder, sowie, wie (auch)* oder die paarigen Konjunktionen *sowohl … als auch* und *weder … noch* verbunden sind. Drücken die Konjunktionen dagegen einen Gegensatz aus (*aber, sondern* etc.), muss ein Komma gesetzt werden.

Die bisher gültige Sonderbestimmung, nach der bei der Reihung selbstständiger Sätze („Hauptsätze") auch dann ein Komma zu setzen ist, wenn sie mit den Konjunktionen *und, oder* etc. verbunden sind, wird durch die Neuregelung der Orthographie außer Kraft gesetzt. Künftig gilt eine Kann-Bestimmung: Man muss das Komma nicht setzen, aber man darf es setzen, z.B. wenn die Markierung aus Textgliederungsgesichtspunkten sinnvoll erscheint:

*Wir trafen Lukas, und Jim war auch dabei.*

Einen Problembereich bei der Anwendung des Einzelkommas bilden komplexe adjektivische Attribute. Hier ist oft nicht unzweifelhaft zu ent-

## Zeichensetzung (Interpunktion)    203

scheiden, ob eine Reihung gleichgeordneter Glieder vorliegt oder ob das eine Adjektiv das andere näher spezifiziert. Standardbeispiel für den zweiten Fall ist die Phrase *ein gutes bayrisches Bier*. Als Probeverfahren wird gewöhnlich die Umstellung der Glieder bzw. ein Ersetzen des Kommas durch *und* empfohlen. Bleibt der Satz semantisch sinnvoll, liegt Koordination vor, und es muss ein Komma gesetzt werden. In der Praxis stößt dieses Verfahren aber rasch an seine Grenzen, weil die Probe oft ihrerseits uneindeutige Ergebnisse liefert.

Kommen wir zum zweiten Typ der Kommasetzung, dem sog. **paarigen Komma**. Es hat zum einen die Funktion, die Einbettung von Nebensätzen in Ganzsätze und damit syntaktisch **Subordination** (= Unterordnung) zu markieren. Dass das paarige Komma oben mit dem Zusatz *potenziell* versehen wurde, erklärt sich daraus, dass Nebensätze in unterschiedlichen Positionen im Ganzsatz erscheinen können:

a) in Spitzenposition:

> *Nachdem er Lummerland verlassen hatte, war Jim Knopf furchtbar traurig.*

b) in Schlussposition:

> *Jim Knopf war furchtbar traurig, nachdem er Lummerland verlassen hatte.*

c) in der Mitteposition:

> *Jim Knopf war, nachdem er Lummerland verlassen hatte, furchtbar traurig.*

Nur in der Mitteposition ist das paarige Komma durch beide Glieder vertreten: Hier wird der Gliedsatz nämlich von einem öffnenden und einem schließenden Komma eingerahmt, die nur im Verbund ihre Funktion erfüllen. Steht der Gliedsatz dagegen in Spitzen- oder Endposition, bleibt ein Glied des paarigen Kommas stellungsbedingt unrealisiert.

Das paarige Komma gliedert darüber hinaus u.a. **Parenthesen** und **Appositionen** aus dem Ganzsatz aus. Parenthesen sind selbstständige Ausdrücke (Wörter, Wortfolgen oder Sätze), die in einen Satz eingeschoben werden (und häufig auch mit dem anderen paarigen Satzmittezeichen, dem Gedankenstrich, markiert werden):

> *Das lange Winter auf Lummerland, er dauerte mindestens von Oktober bis April, war für Lukas eine reine Quälerei.*

Unter Appositionen versteht man – grob gesprochen – nachgestellte Attribute zu einem Substantiv oder Pronomen, die mit dem Bezugswort im Kasus übereinstimmen, z.B:

> *Das Treffen mit Lukas, meinem alten Spezi, war sehr angenehm.*
> *Lukas, einem Lokomotivführer alter Schule, konnte man in Sachen Lokomotivwartung nichts mehr vormachen.*

Der didaktische Nutzwert der Unterscheidung zwischen Einzelkomma und paarigem Komma zeigt sich u.a. an Sätzen wie dem folgenden:

> *Lukas war müde, weil er seit dem frühen Morgen an seiner Lokomotive herumgebastelt hatte, und legte sich deswegen früh ins Bett.*

In solchen Fällen tritt häufig der Fehler auf, dass das zweite Komma nicht gesetzt wird. Der Grund liegt wohl darin, dass viele Schreiber zum einen gelernt haben, dass vor nebensatzeinleitenden Konjunktionen wie *weil* ein Komma steht, dass sie sich aber anderseits an der nur im Zusammenhang mit dem Einzelkomma relevanten Sonderregel orientieren, nach der vor *und* kein Komma gesetzt werden darf. Macht man sich dagegen klar, dass das Komma vor *weil* als öffnendes Glied eines paarigen Kommas auftritt, wird deutlich, dass das Komma vor *und* hier völlig anders motiviert ist: Es fungiert nämlich als schließendes Glied des paarigen Kommazeichens.

Einen besonders fehlerträchtigen Spezialfall bei der Anwendung des paarigen Kommas bilden nach der bisherigen Regelung die **Infinitiv-** und **Partizipgruppen**. Als Grundregel gilt hier, dass erweiterte Konstruktionen dieses Typs als satzartig zu betrachten sind und folglich mit einem paarigen Komma hervorgehoben werden müssen. Dabei ist eine Infinitivgruppe mit *zu* bereits dann als erweitert anzusehen, wenn ein weiteres Glied hinzutritt, also

> *Jim Knopf weigerte sich zu lernen.*
> *Jim Knopf weigerte sich, <u>schreiben</u> zu lernen.*

Entsprechendes gilt für Partizipgruppen. Diese scheinbar einfache Grundregel wird jedoch durch eine ganze Batterie von Ausnahmeregeln eingeschränkt. So darf beispielsweise kein Komma gesetzt werden, wenn die erweiterte Infinitivgruppe in Subjektfunktion dem Restsatz vorangestellt ist:

> *Schreiben zu lernen ist sicher wichtig.*

Die Neuregelung sieht für den ganzen Komplex eine fakultative Regelung vor, d.h. die Kommasetzung wird grundsätzlich freigestellt. Eine Ausnahme bilden allerdings Konstruktionen, die auf ein textuelles Verweiselement bezogen sind; hier bleibt das Komma obligatorisch:

> *Schreiben zu lernen, <u>das</u> ist sicher wichtig.*
> *Bitte erinnere mich <u>daran</u>, Jim Knopf herzlich von Lukas zu grüßen.*

Die prinzipielle Freigabe der Kommasetzung in diesem Bereich ist allerdings mittlerweile selbst von Befürwortern der Reform kritisiert worden.

Insebsondere bei stark ausgebauten Infinitivkonstruktionen schafft das Komma eine wichtige syntaktische Gliederungshilfe. Es ist deswegen zu vermuten, dass hier das letzte Wort noch nicht gesprochen ist. Und das gilt letztlich für das gesamte Reformpaket, denn die nächsten Jahre werden zeigen, welche Änderungen durch die Schreibpraxis bestätigt werden oder nicht.

## Literaturhinweise

AUGST, GERHARD 1984: Der Buchstabe. In: Duden Bd. 4. Grammatik der deutschen Gegenwartssprache. 4. Aufl. Mannheim usw., S. 59-87

AUGST, GERHARD U.A. (Hg.) 1997: Zur Neuregelung der deutschen Orthographie. Begründung und Kritik. Tübingen

Deutsche Rechtschreibung. Regeln und Wörterverzeichnis. Text der amtlichen Regelung. Tübingen 1996

Die neue deutsche Rechtschreibung. Verfaßt v. U. HERMANN, völlig neu bearb. u. erw. v. L. GÖTZE. München 1996

DUDEN Bd. 1. Rechtschreibung der deutschen Sprache. 21. Aufl. Mannheim usw. 1996

EISENBERG, PETER, 1988: Die Grapheme des Deutschen und ihre Beziehung zu den Phonemen. In: Germanistische Linguistik 93-94, S. 139-154

EISENBERG, PETER 1995: Der Buchstabe und die Schriftstruktur des Wortes. In: Duden Bd. 4. Grammatik der deutschen Gegenwartssprache. 5. Aufl. Mannheim usw., S. 56-84

ENGEL, ULRICH 1988: Deutsche Grammatik. Heidelberg (2. Aufl. 1991)

GLÜCK, HELMUT 1987: Schrift und Schriftlichkeit. Eine sprach- und kulturwissenschaftliche Studie. Stuttgart

GLÜCK, HELMUT/SAUER, WOLFGANG W. 1990: Gegenwartsdeutsch. Stuttgart

GRUBMÜLLER, KLAUS 1984: Sprache und ihre Verschriftung in der Geschichte des Deutschen. In: BESCH, WERNER/REICHMANN, OSKAR/SONDEREGGER, STEFAN (Hg.): Sprachgeschichte. Ein Handbuch zur Geschichte der deutschen Sprache und ihrer Erforschung. Erster Halbband. Berlin/New York, S. 205-214

GÜNTHER, HARTMUT 1988: Schriftliche Sprache. Die Strukturen geschriebener Wörter und ihre Verarbeitung beim Lesen. Tübingen

HAARMANN, HARALD 1990: Universalgeschichte der Schrift. Frankfurt/New York

INTERNATIONALER ARBEITSKREIS FÜR ORTHOGRAPHIE (Hg.) 1992: Deutsche Rechtschreibung. Vorschläge zu ihrer Neuregelung. Tübingen

JANSEN-TANG, DORIS 1988: Ziele und Möglichkeiten einer Reform der deutschen Orthographie seit 1901. Frankfurt/M.

KLEIN, WOLFGANG 1984: Gesprochene Sprache – geschriebene Sprache. In: LiLi 59, S. 9-35

MAAS, UTZ 1992: Grundzüge der deutschen Orthographie. Tübingen

## 206 Kapitel 8: Orthographie

MAAS, UTZ 1994: Rechtschreibung und Rechtschreibreform: Sprachwissenschaftliche und didaktische Perspektiven. In: Zeitschrift für germanistische Linguistik 22, S. 152-189

MENTRUP, WOLFGANG 1993: Wo liegt eigentlich der Fehler? Zur Rechtschreibreform und ihren Hintergründen. Stuttgart usw.

METZLER LEXIKON SPRACHE 1993: hrsg. von HELMUT GLÜCK. Stuttgart

MOSER, HANS 1985: Die Kanzleisprachen. In: BESCH, WERNER/REICHMANN, OSKAR/SONDEREGGER, STEFAN (Hg.): Sprachgeschichte. Ein Handbuch zur Geschichte der deutschen Sprache und ihrer Erforschung. Zweiter Halbband. Berlin/New York, S. 1398-1408

NAUMANN, CARL LUDWIG 1991: Wie kann eine Rechtschreib-Reform dem Rechtschreib-Unterricht zu gute kommen. In: Diskussion Deutsch 117, S. 57-78

NERIUS, DIETER u.a. 1989: Deutsche Orthographie. 2. durchges. Aufl. Leipzig

SCHEURINGER; HERMANN 1996: Geschichte der deutschen Rechtschreibung. Ein Überblick. Mit einer Einführung zur Neuregelung 1998. Wien

STETTER, CHRISTIAN 1991: Was ist eine orthographische Regel? In: Osnabrücker Beiträge zur Sprachtheorie 44, S. 40-67

THOMÉ, GÜNTHER 1992: Alphabetschrift und Schriftsystem. Über die Prinzipien der Orthographie aus sprachhistorischer Sicht. In: Zeitschrift für Germanistische Linguistik 20, S. 210-226

WILLEPART, NORBERT/KIRCHER, HANS 1994: Diskussion Rechtschreibreform. Kommentierte Bibliographie zur Reformdebatte 1970 – 1992. Wien

ZABEL, HERMANN (Hg.) 1987: Fremdwortorthographie. Beiträge zu historischen und aktuellen Fragestellungen. Tübingen

# 9 Primärer Spracherwerb: Wie der Mensch zur Sprache kommt

9.1 Vorbemerkung: Was heißt „Spracherwerb"
9.2 Einige Grundfragen: Wann beginnt, was umfaßt und wie lange dauert der Spracherwerbsprozeß?
9.3 Vier Hauptpositionen in der Spracherwerbstheorie:
9.3.1 Nativistischer Ansatz
9.3.2 Lerntheoretischer Ansatz
9.3.3 Kognitivistischer Ansatz
9.3.4 Interaktionistischer Ansatz
9.4 Die wichtigsten Phasen des Spracherwerbs im Überblick
9.4.1 Vorstufen des Spracherwerbs
9.4.2 Einwortäußerungen und erste Wortkombinationen
9.4.3 Drei- und Mehrwortphase: Ausbau des grammatischen Systems
9.5 Schluß: Forschungsperspektiven

## 9.1 Vorbemerkung: Was heißt „Spracherwerb"

Seit Ende des 19. Jhs haben Sprachwissenschaft und Psychologie den Spracherwerbsprozeß des Menschen als neues, interessantes Forschungsgebiet entdeckt. Von Anfang an konkurrierten verschiedene Termini bei der Beschreibung der Lebensphase und der Vorgänge, in denen das Kind zu seiner ersten Sprache kommt: **Sprachentwicklung – Spracherwerb – Sprachlernen.** Und von Anfang an standen diese Bezeichnungen auch für unterschiedliche Begriffe und Konzepte der Spracherwerbstheorie.

Unter **Sprachentwicklung** wird man (eher) einen Prozeß verstehen, bei dem eine biologische Disposition bzw. eine artspezifische Anlage nach und nach zur Entfaltung bzw. zur Reife gebracht wird. Das Schwergewicht der Beobachtungen wird bei den Forschern, die diesen Begriff bevorzugen, auf biologischen und genetischen Aspekten des Spracherwerbsprozesses liegen.

Der Ausdruck **Spracherwerb** suggeriert eher die allmähliche Übernahme eines von der Gesellschaft angebotenen Instruments bzw. einer speziellen Fertigkeit. Mit diesem Begriff wird der Akzent stärker auf das aktive, selbsttätige Moment gelegt; die eigene, produktive Aneignung durch das Kind bekommt das größere Gewicht gegenüber dem von der Gesellschaft angebotenen sprachlichen „Input". Spracherwerb ist heute der verbreitetste Terminus.

Die Bezeichnung **Sprachlernen** schließlich legt die Annahme nahe, daß der Prozeß der Aneignung von Sprache ein ähnlicher Vorgang sei wie das Erlernen bestimmter soziokultureller und technischer Fähigkeiten, wie etwa das Bedienen einer komplizierten Maschine oder die Aneignung bestimmter Kenntnisse. Hier würde das Kind betrachtet als „tabula rasa", dessen sprachliche Repertoires ausschließlich durch Lernprozesse angeeignet und weiterentwickelt werden. Sprachlernen ist heute vorwiegend ein Begriff der methodischen Sprachvermittlung, nach vorgegebenen pädagogischen Intentionen und didaktischen Programmen.

Man kann also sagen: Bei der Benennung des Phänomens, „wie der Mensch zur Sprache kommt" (vgl. den Titel des Buches von ZIMMER 1986), werden bereits bestimmte Positionen bezogen; die Wahl der entsprechenden Begriffe impliziert theoretische und methodische Vorentscheidungen.

## 9.2 Einige Grundfragen: Wann beginnt, was umfaßt und wie lange dauert der Spracherwerbsprozeß?

### Wann beginnt der Spracherwerb?

Den Beginn des Spracherwerbs hat man lange Zeit mit dem Zeitpunkt gleichgesetzt, an dem das Kind die ersten verständlichen Wörter seiner Muttersprache hervorbringt, also durchschnittlich zwischen dem 11. und 13. Monat (volkstümlich ausgedrückt: „Es fängt jetzt an zu sprechen."). Sehr bald wurde aber klar, daß das Kind biologisch-physiologischer Voraussetzungen und psychischer Fähigkeiten bedarf, um Wörter der Muttersprache verständlich, eindeutig und auch willentlich zu artikulieren. Es erscheint heute sinnvoll, den Beginn schon vor der Phase anzusetzen, in der das Kind zu „lallen" anfängt und einzelne oder silbige Laute von sich gibt. Bereits wenige Wochen (oder schon Tage?) nach der Geburt reagiert das Kind auf sprachliche Stimuli in einer Weise, die den Schluß nahelegen: Schon hier beginnt es mit dem Aufbau emotionaler und kognitiver Strukturen, die die Voraussetzungen für die spätere Entwicklung von Sprachverstehen und schließlich von eigener Sprachproduktion sind. Mehr dazu im Abschn. 9.4.1.

### Was genau umfaßt den Spracherwerbsprozeß?

Die Beantwortung der Frage hängt eng damit zusammen, wie man Sprachfähigkeit / sprachliche Kompetenz definiert. Unter linguistischen (und psycholinguistischen) Gesichtspunkten erscheint es sinnvoll, die sprachliche Kompetenz zu definieren als die Gesamtheit der syntaktischen, morphologischen und semantischen Regeln, davon aber spezielle Gebrauchsregeln, wie stilistische, situations- und textsortenspezifische Routinen, auszunehmen. Eine solche von den Sprachgewohnheiten und -normen bestimmter Schichten oder Gruppen unabhängige sprachliche Grundfähigkeit, die nicht einmal im direkten Zusammenhang mit über- oder unterdurchschnittlicher Intelligenz steht, hat sich jedes normal aufwachsende und sozialisierte Kind ungefähr mit dem Abschluß des 6. Lebensjahres angeeignet.

**Wie lange dauert der Spracherwerbsprozeß?**

Diese Frage steht ebenfalls im Zusammenhang mit der Definition der Fähigkeit „sprachliche Kompetenz". Rechnet man dazu nur den Komplex syntaktisch-morphologischer Regeln (die „Grammatik"), dann ist jedes Kind mit dem Eintritt ins Schulalter im Besitz dieses Regelapparats, der allerdings noch bis ins 8./9. Lebensjahr erweitert und verfeinert wird.

Im Hinblick auf den Erwerb des Wortschatzes erscheint es kaum möglich, eine scharfe Grenze zu ziehen; denn es ist ein Gemeinplatz, daß die Aneignung neuer Wörter und neuer Wortbedeutungen während des ganzen Lebens weitergeht. Das sich normal entwickelnde Kind dürfte allerdings spätestens mit Abschluß des 6. Lebensjahres über die semantischen Regeln und die Regeln der Wortbildung verfügen – etwa gleichzeitig mit dem Abschluß des Erwerbs morphologischer und syntaktischer Regeln; diese grammatische Basiskompetenz gibt ihm die Fähigkeit zum Dekodieren und Verstehen unbegrenzt vieler neuer Wörter und Wortbildungen.

Der Spracherwerbsprozeß geht nicht in jedem Lebensalter von gleichen Voraussetzungen aus; es gibt aufgrund der biologisch-physiologischen Reifungsprozesse günstige und weniger günstige Phasen. Optimale Bedingungen hat der Mensch zwischen den ersten Monaten und dem 5. Lebensjahr; neben seiner Muttersprache kann das Kind in dieser Phase relativ mühelos die Grundstrukturen einer zweiten oder sogar dritten Sprache erwerben. Bereits um das 7./8. Lebensjahr gibt es eine erste Schwelle, nach der Defizite beim Erstspracherwerb nur noch schwer auszugleichen sind; ebenso verringert sich ab hier die Fähigkeit, eine zweite Sprache ebenso schnell und vor allem phonetisch so vollständig zu erwerben wie vor dieser Zeit.

Die Pubertät bedeutet einen tiefen Einschnitt; nicht nur ist damit das Wachstum des Gehirns endgültig abgeschlossen und sind die wichtigsten

Persönlichkeitsmerkmale festgelegt; es wird danach auch fast unmöglich, eine andere Sprache – grammatisch und phonetisch – so zu erwerben, daß der Sprachlerner nicht mehr vom native speaker zu unterscheiden ist.

Dessenungeachtet ist natürlich der „unvollständige" Erwerb einer anderen Sprache sogar bis ins hohe Alter möglich, sei es passiv (was wesentlich leichter ist) oder aktiv.

## 9.3 Vier Hauptpositionen in der Spracherwerbstheorie: Nativistischer, lerntheoretischer, kognitivistischer und interaktionistischer Ansatz

### 9.3.1 Nativistischer Ansatz

Der Begriff **nativistisch** bedeutet in diesem Fall 'von angeborenen Fähigkeiten ausgehend'; damit ist gemeint, daß der Mensch durch seine genetische Ausstattung eine Anlage zum Spracherwerb mitbringt, die durch die Stimuli der sozialen Umgebung nur entfaltet und in eine bestimmte Richtung, nämlich die Grammatik einer Einzelsprache, gelenkt wird. Schon lange vor der wissenschaftlichen Beschäftigung mit Spracherwerb war es für die Erwachsenen verblüffend, daß ein Kind in so kurzer Zeit die Regeln seiner Muttersprache vollständig erwirbt, und es hat mannigfache Versuche gegeben, dieses Phänomen irgendwie zu erklären (was, nebenbei bemerkt, bis heute nicht vollständig gelungen ist).

In der Tat gibt es einige Fakten, die ein spezielles angeborenes Sprachvermögen des Menschen nahelegen. Einige Vögel können zwar recht gut Lautketten von Menschen imitieren, wir können aber sicher sein, daß sie ihren Sinn nicht verstehen. Bei Schimpansen hat man über lange Jahre versucht, ihnen Sprachlaute beizubringen; aber über einige wenige, relativ undeutlich artikulierte Wörter kam der Affe trotz aller Dressuranstrengungen seiner „Bezugspersonen" nicht hinaus. Der Bau des menschlichen Kehlkopfes hat unter den Primaten nicht seinesgleichen; auch die übrigen Artikulationsorgane erlauben eine Variationsbreite von Lautäußerungen, für die man im Tierreich keine Entsprechung findet. Der Mensch verfügt über hochsensible Sinne für die Perzeption von Sprachdaten; im Bereich des optischen und des akustischen Kanals ist er mit einer unvergleichlichen Differenzierungs- und Verarbeitungsfähigkeit ausgestattet. Vor allem aber verschafft ihm der Bau des Gehirns mit seiner ungeheuren Speicherkapazität und fast unbeschränkten Möglichkeiten der informationellen Vernetzung Instrumente zur Verarbeitung,

Strukturierung und Interpretation der komplexen sprachlichen Daten, mit denen er von Geburt an geradezu überschüttet wird.

Vertreter der nativistischen Theorie nehmen jedoch an, daß es darüber hinaus einen speziellen angeborenen Apparat für die Sprachentwicklung gibt. Das Konzept eines **language acquisition device** (LAD) spielt bei der Diskussion nativistischer Positionen eine zentrale Rolle. Von welcher Art kann ein solcher Spracherwerbsmechanismus sein, den das Kind – als angeborenes Verhaltensrepertoire oder angeborene geistige Struktur – mitbringt? Nach CHOMSKY, auf den sich – neben LENNEBERG – die meisten Nativisten berufen, enthält das LAD 3 Grundfähigkeiten:

I. **ein Hypothesenbildungsverfahren;**

II. **sprachliche Universalien** (substantielle und formale Universalien)

III. **ein Hypothesenbewertungsverfahren**

Einige Erläuterungen zum Begriff **Hypothesenbildungsverfahren**: Damit ist eine Fähigkeit gemeint, Hypothesen z.b. darüber zu bilden, welche Laute welchen anderen folgen können, welche nicht; welche Lautketten immer in Verbindung mit anderen auftreten, welche nicht; welche Lautketten nur vor, welche nur nach bestimmten anderen stehen und welche nicht usw.

Zu erläutern ist auch der Begriff der **Universalien**, zu denen a) die **substantiellen** und b) die **formalen Universalien** gehören. CHOMSKY versteht den Begriff der substantiellen Universalien so, daß jedes Kind im groben „weiß", wie und womit eine Sprache ausgestattet ist: daß sie z.B. immer aus Vokalen und Konsonanten besteht, daß sie Nomen und Verben enthält usw. Zu den formalen Universalien gehören nach CHOMSKY „Vorkenntnisse/Annahmen" darüber, daß sprachliche Aussagen aus Sätzen bestehen, daß diese Subjekt, Prädikat und Objekt haben usw. Außerdem nimmt CHOMSKY in seiner frühen Konzeption an, daß das Kind prädisponiert ist, eine Transformationsgrammatik zu konstruieren, um die sprachlichen Daten (der Äußerungen) syntaktisch interpretieren und ihren Sinn verstehen zu können.

Schließlich zum **Hypothesenbewertungsverfahren**: Das Kind müsse über Prozeduren verfügen, um die aufgestellten Hypothesen bewerten zu können, sie evtl. zu verwerfen bzw. durch andere mit größerer Erklärungskapazität ersetzen zu können. Nur so gelange das Kind zu einer angemessenen und vollständigen Beschreibung (= Grammatik) seiner Muttersprache. CHOMSKYs Argumente werden u.a. empirisch begründet: Der sprachliche Input aus der Erwachsenensprache sei voller „Fehler", lückenhaft und z.T. widersprüchlich. Außerdem sei das angebotene sprachliche Material in der fraglichen Zeit (zwischen dem 1. und 5. Lebensjahr) bei weitem nicht ausreichend, um den Aufbau dieses umfangreichen Regelsystems zu ermöglichen.

LENNEBERG argumentiert aus der Sicht des Biologen für einen nativistischen Ansatz. Er geht aus von einem engen Zusammenhang der artspezifischen Kognition (dem Aufbau eines spezifischen Erkenntnissystems) und der menschlichen Sprache. Die Sprachfähigkeit gehöre zur Ausstattung des Menschen wie die Finger seiner Hand. Das Sichtbar- und Wirksamwerden unseres Sprachverhaltens, die „sprachliche Manifestation",

212 Kapitel 9: Primärer Spracherwerb

ist – nach LENNEBERG – allerdings von spezifischen physiologisch gesteuerten Reifungsprozessen abhängig. Demnach entwickeln sich im Verlauf der biologischen Reifung des Babys die kognitiven Strukturen zu einem Zustand, den er **Sprachbereitschaft** nennt; Reifungsprozesse haben den Organismus in diesen Zustand versetzt.

LENNEBERG operiert hier mit der Analogie von Wachstum und Nahrung: Das Kind nimmt Nahrung zu sich, die es chemisch aufspaltet, um Organe und Gewebe aufzubauen. Die Information zum Verarbeiten der Nahrung, zum Stoffwechsel, ist jedoch in den Erbanlagen enthalten, nicht in der Nahrung. So nimmt das Kind die Töne der Erwachsenensprache auf, indem es sie in – für es assimilierbare – Teile aufspaltet und daraus die Sprachstrukturen aufbaut (s. LENNEBERG 1972, 457).

Zur weiteren Entwicklung dieses Zustands der Sprachbereitschaft bzw. „Zustands latenter Sprachstruktur" führt LENNEBERG (ebd.) aus: Die „latente" wird in eine „realisierte Sprachstruktur" umgeformt durch den Prozeß der Aktualisierung der Sprache. Die Tatsache, daß alle gesunden, in einer normalen Umwelt aufwachsenden Kinder zu einem gewissen Zeitpunkt in ihrer Entwicklung anfangen zu sprechen, die Beobachtung, daß die Sprachentwicklung in ähnlichen Phasen oder Sprüngen verläuft und die Kinder offenbar ähnliche Strategien verwenden – das alles sieht LENNEBERG als Beweis für seine Auffassung, daß ein gewisser Reifezustand vom Organismus erreicht sein muß, bevor das Sprachvermögen sich zu entfalten beginnt.

Allgemein akzeptiert ist die Auffassung, daß es eine **kritische Periode** gibt, in der der Spracherwerb stattfinden kann und auch muß; denn Sprachstörungen bei Kindern sind in der Regel leichter und schneller zu beheben als bei Erwachsenen. Zweitens ist festzustellen, daß bei geistig und sprachlich retardierten Kindern die Sprachentwicklung in der Pubertät auf dem erreichten Stand sozusagen „einfriert".

Nach LENNEBERGS Auffassung gibt es einen engen Zusammenhang von Sprache und Kognition, wobei die kognitive Entwicklung der sprachlichen z.T. erheblich vorauseilt. Die Entfaltung der kognitiven wie der sprachlichen Fähigkeiten ist wesentlich charakterisiert durch **Kategorisierungsprozesse** (etwa: Begriffsbildungsverfahren des Kindes).

Kategorisierungsprozesse beruhen – so LENNEBERG – auf dem Erkennen von Ähnlichkeiten bzw. Unterschieden. Sie stehen nicht für etwas Statisches, sondern charakterisieren die Fähigkeit, auf verschiedene Stimulussituationen unterschiedlich zu reagieren. Die Kategorisierung selbst beruht auf der Fähigkeit, innerhalb bestimmter Grenzen Ähnlichkeiten zu erkennen. Diese Fähigkeit eignet zwar allen höheren Lebewesen, jedoch ist das **Benennen** eine besondere Ausprägung des Erkennens von Ähnlichkeiten, die dem Menschen artspezifisch ist.

Nach LENNEBERG findet – in einer parallelen Entwicklung der sprachlichen und kognitiven Strukturen – eine fortschreitende Differenzierung der Kategorien statt. Der Prozeß verläuft in zwei Richtungen:

– **Differenzierung** umfassender Kategorien in spezifischere, differenziertere;
– **Integration** von engen, spezifischen Kategorien in allgemeinere, umfassendere.

Ein anderer wichtiger Aspekt von LENNEBERGS Forschungen soll noch kurz erwähnt werden: Er sieht einen engen Zusammenhang von kognitiver und **motorischer Entwicklung**: So wie bei der motorischen Entwicklung bestimmte Reifungsgrade erreicht sein müssen (vgl. das Laufenlernen), so gilt auch für die Sprachentwicklung, daß **Sprachbereitschaft** nicht vor einem bestimmten Zeitpunkt auftreten kann, daß sie aber auch nach einem bestimmten Zeitpunkt – weitgehend – verschwindet.

Zum Abschluß einige kritische Thesen zum nativistischen Ansatz. Vor allem im Hinblick auf die – oft unreflektiert wiederholten – Thesen aus der frühen Konzeption von N. CHOMSKY müssen einige Bedenken angebracht werden; ich zitiere die zusammenfassende Stellungnahme von G. SZAGUN (1993, 92f.):

> Chomskys (1965) Annahmen über die Erwachsenensprache, die das Kind hört, sind falsch. Die Sprache, die Erwachsene an kleine Kinder richten, unterscheidet sich von der Sprache der Erwachsenen untereinander und von der Sprache Erwachsener an ältere Kinder. Sie ist klarer artikuliert, syntaktisch einfacher und enthält viele Wiederholungen [...] Auch enthält sie nicht soviele Fehler, wie Chomsky das annimmt. Man kann sehr wohl argumentieren, daß diese Sprachstichproben geeignet sind, daraus die Regeln der Grammatik zu lernen.

> Chomskys Annahme, daß Kinder prädisponiert sind, eine Transformationsgrammatik zu konstruieren, muß man auf der Grundlage vorhandener Daten als widerlegt ansehen. Wenn das so wäre, müßten sie nach Tiefenstrukturen suchen, die an der Oberfläche nicht in Erscheinung treten. Aber Kinder scheinen nicht automatisch zu wissen, daß sie auf eine Tiefenstruktur schließen müssen.

214          Kapitel 9: Primärer Spracherwerb

### 9.3.2 Lerntheoretischer Ansatz

Eine alltägliche und sehr simple Vorstellung von Sprachlernen ist die der
**Imitation**: Kinder ahmen die Laute, Wörter, Sätze ihrer Bezugspersonen
nach; die Erwachsenen bestätigen, korrigieren oder reagieren in anderer
Weise auf die Sprachäußerungen und steuern so den Nachahmungspro-
zeß.

Betrachtet man Sprache als eine Form des erlernten Verhaltens, dann
gelten für die Aneignung die allgemeinen Bedingungen eines **Konditio-
nierungsprozesses**. Die Vertreter eines lerntheoretischen Ansatzes berufen sich vor allem auf B.F. SKINNER, der mit seiner Theorie des **Lernens
am Erfolg** (Erfolgslernen) eine Erweiterung und Modifizierung der klassischen Lerntheorie vorgenommen hat. SKINNER spricht auch von **instrumentaler Konditionierung** und meint damit, daß das Ausführen einer
Tätigkeit an das Vorhandensein bestimmter Reizbedingungen gebunden
ist. SKINNER untersucht damit Reiz-Reaktionsprozesse, die keine Bindung mehr an natürliche Reflexe aufweisen.

Das Lernen am Erfolg beruht nach SKINNER auf einer Konditionierung, die so strukturiert ist, daß der Erfolg nur unter bestimmten Bedingungen eintritt.

Entscheidend für das Erfolgslernen ist die Herstellung einer assoziativen Verbindung zwischen dem **zufällig erfolgreichen Akt** (z.B. der Artikulation eines Lauts bzw. einer Lautkette) und dem auf ihn folgenden
Erlebnis der Befriedigung (Belohnung) einerseits; der assoziativen Verbindung zwischen diesem Akt und der Reizsituation, in der der Akt erfolgte, andererseits.

Schematisch dargestellt sähe die Assoziationsbedingung für das „Lernen am Erfolg" so aus:

**Wenn** –   **S1** (Reizcharakteristik einer bestimmten Situation)
**dann** –   **R1** (instrumentaler Akt)
**dann** –   **S2** (Reizcharakteristik des Verhaltenserfolges)

Versucht man dieses Modell auf eine typische Sprachlernsituation zu
übertragen, dann könnte die Konditionierung etwa folgendermaßen aussehen:

**S1:**   Reizcharakteristik einer bestimmten Situation = Im Kinderzim-
mer, mit einer Bezugsperson zusammen, beim Anblick eines Balls
auf dem (unerreichbaren) Regalbrett
**R1 :**   Instrumentaler Akt = Artikulieren der Lautkette *BALLA*
**S2:**   Reizcharakteristik des Verhaltenserfolges = Ball wird herunterge-

holt und dem Kind gegeben, bzw. Bezugsperson spielt mit dem Kind zusammen Ball.

Dieses von SKINNER auf den Sprachlernprozeß (wie auf alles menschliche Verhalten) übertragene Lernmodell ist schon sehr bald kritisiert worden. Zwar scheint die Theorie des „Lernens am Erfolg" plausible Erklärungen für den Erwerb einzelner Sprachsymbole (vor allem im dinglich-konkreten Bereich) zu liefern; für die Erklärung des Grammatikerwerbs erweist es sich aber in jeder Hinsicht als unzureichend. Die reine Akkumulation von Reiz-Reaktions-Ketten kann niemals – und schon gar nicht in so kurzer Zeit – zur Ausbildung der komplexen Regelsysteme führen, über die die sprachliche Kompetenz des Kindes etwa am Ende des 6. Lebensjahres verfügt. Das Kind muß eine Reihe weiterer Fähigkeiten mitbringen, vor allem aber: Es muß eine ständig wirksame, kreative Eigentätigkeit des Kindes angenommen werden, die zur selbständigen Regelbildung, Regelbewertung und Regelkontrolle führt; oder, um es aus der Sicht von CHOMSKY zu formulieren: Die Lerntheorie (auch die Theorie des Erfolgslernens) kann nicht erklären, warum das Kind mit einer beschränkten Menge grammatisch-syntaktischer Regeln unendlich viele Sätze bilden und verstehen kann, auch solche, die es vorher noch nicht gehört hat.

### 9.3.3 Kognitivistischer Ansatz

**Kognitivistische Ansätze** gehen davon aus, daß der Spracherwerb in engstem Zusammenhang mit der Ausbildung kognitiver Fähigkeiten und der kognitiven Organisation der Erfahrung steht. In diesem Sinne ist auch LENNEBERG unter die Kognitivisten zu zählen, obwohl er Kognition zugleich als eine Funktion biologischer Reifung und Entfaltung angeborener Fähigkeiten betrachtet.

Ausgangspunkt der kognitivistischen Ansätze ist die Frage, inwieweit die Entwicklung sprachlicher und kognitiver Strukturen voneinander abhängt. Zugespitzt könnte man zwei Positionen formulieren:

1. Die Entwicklung bzw. der Erwerb von Sprache ist nur möglich, wenn zuvor bestimmte kognitive Strukturen ausgebildet sind. Kognition ist also in jedem Falle als Voraussetzung für den Erwerb sprachlicher Strukturen anzusehen (Sprachinstrumentalismus; Idealismus).

2. Die Entwicklung kognitiver Strukturen ist abhängig von der Sprache, anders gesagt: die kognitive Organisation der Erfahrung kann sich nicht entwickeln bzw. verbleibt auf einem primitiven Niveau, wenn die Sprache nicht differenziertere Strukturen anbietet bzw. vorbereitet. Entsprechend der SAPIR-WHORF-Hypothese ließe sich formulieren:

216          Kapitel 9: Primärer Spracherwerb

Man kann sich nur das vorstellen, nur das denken und planend behandeln, was sprachlich vorgeformt und strukturiert ist (Sprachdeterminismus).

PIAGET hat bereits zu Beginn der 20er Jahre eine ausgearbeitete Theorie des Erwerbs kognitiver Strukturen vorgelegt. Er hat durch sorgfältige Beobachtung seine Hypothesen zur kognitiven Entwicklung bestätigen können – z.B., daß die Aneignung von Gegenstands-Kategorien und schließlich von Begriffen unmittelbar hervorgeht aus der Bildung sensomotorischer Kategorien (einfache sensomotorische, „vorbegriffliche" Schemata). Aufbauend auf sensomotorischen „Vorstellungen" von Welt und ihren Strukturen kann sich nach PIAGET allmählich das sprachlich-begriffliche Denken entwickeln. Zentral für die Ausbildung kognitiver Einheiten ist nach PIAGET das Erreichen der **Objektpermanenz**. Ein Gegenstand, der aus dem Wahrnehmungsfeld eines noch nicht einjährigen Kindes verschwindet, existiert für dieses Kind nicht mehr; offensichtlich hat es keine Möglichkeit, kognitiv (etwa planend) mit ihm umzugehen. Im Verlauf des 2. Lebensjahres entwickelt das Kind jedoch stabilere und abstraktere Vorstellungen von Objektpermanenz:

> Die volle Objektpermanenz ist erreicht, wenn das ca. 18-24 Monate alte Kind eine Reihe unsichtbarer Ortswechsel eines Gegenstandes nachvollziehen kann (..) Die Erkenntnis des Objekts ist nicht mehr an das eigene Handeln und Wahrnehmen gebunden. Das Objekt existiert losgelöst von den eigenen, unmittelbaren sensomotorischen Aktivitäten. (...) Die Objektpermanenz impliziert also eine Trennung von Selbst und Objekt – oder von Selbst und äußerer Welt. (SZAGUN 1993, 102f.)

Auch symbolische Vorstellungen (Schemata) und der kognitive Umgang mit ihnen sind eng an sensomotorische Erfahrungen gebunden. Hier fällt der Nachahmung eine Schlüsselrolle zu: **Nachahmung** ist – nach PIAGET – zunächst eine aufgeschobene oder verzögerte sensomotorische Nachahmung. Die (zeitlich versetzte) Nachahmung ist nur möglich mit Hilfe eines **inneren Bildes**, von PIAGET auch **Vorstellungsbild** genannt. (Darunter versteht er Muskelbewegungen, die in stark abgeschwächter Form ausgeführt werden.) Die verinnerlichten Bewegungen lösen sich vom ursprünglichen Kontext der Situation und können unabhängig davon existieren – als **Erinnerungsbild**.

Diese Überlegungen im Zusammenhang mit zahlreichen Beobachtungen veranlassen PIAGET zu der These, daß die Vorstellung eines Gegenstandes die verkürzt ausgeführte Nachahmung dieses Gegenstandes, besser: des Umgangs mit diesem Gegenstand, ist (Augenbewegungen oder

Greifbewegungen); eine solche Form der Nachahmung nennt PIAGET **Schema**. Das Vorstellungsbild steht stellvertretend für das Schema und repräsentiert den Gegenstand. Es ist somit die erste Form von **Symbol**. Das Kind hat nun ein Mittel, sich den Gegenstand innerlich – oder geistig – präsent zu machen. Der Nachahmung fällt also die entscheidende Rolle beim Übergang von der sensomotorischen zur abstrakten, schließlich sprachlichen Begriffsbildung zu.

Die auditive Nachahmung ist besonders im Hinblick auf Sprache relevant, z.B. bei der Nachahmung phonologischer Muster (Laute, Wörter, Sätze). Das Vorstellungsbild wird nach und nach verbunden mit einer äußeren Form, z.b. den **individuellen Symbolen** (individuelle Symbole, z.B. Spielsymbole, können sein: Muschel oder weicher Lappen als Spielsymbole für „Katze") und den **konventionellen Symbolen**, z.B. Wörtern. Oft werden Wörter zunächst als individuelle, als Spielsymbole gebraucht, erst allmählich als (ausschließlich) konventionelle Symbole.

Den Erwerb der verschiedenen Symbole hat man sich also nach PIAGET (1980, 59-94) folgendermaßen vorzustellen:
1. Ausgangspunkt ist die unmittelbare sensomotorische Erfahrung und der Umgang mit Gegenständen der sinnlichen Wahrnehmung;
2. das Kind reagiert darauf mit einer sensomotorischen Nachahmung in Verbindung mit der Ausbildung eines sensomotorischen „Vorstellungsbildes"; dieses wird nach und nach im Gedächtnis verankert (Erinnerungsbild);
3. das Vorstellungsbild wird im weiteren verbunden mit der Wahrnehmung einer äußeren Form (optisch: Bildsymbole; akustisch: Lautkette).

Die Beobachtungen und Erklärungen PIAGETS haben eine Reihe fruchtbarer Anstöße gegeben, um abstrakte Spekulationen über angeborene und sich aus sich selbst heraus entwickelnde kognitive Strukturen zu überwinden. Wichtig erscheint vor allem die Beobachtung, daß alle Sinne des Kindes an der Ausbildung kognitiver Strukturen beteiligt sind, daß z.B. die sensomotorischen Formen der Wahrnehmung und Erfahrung, der Nachahmung und der Vorstellung eine wichtige Basis für darauf aufbauende höhere kognitive Strukturen darstellen.

Insofern ist der Streit zwischen den beiden Positionen (sprachdeterministisch vs. kognitionsdeterministisch) im Grunde müßig. Der Aufbau höherer kognitiver Strukturen wird, das konnte PIAGET überzeugend nachweisen, sehr stark unterstützt, bereichert und entfaltet durch den Erwerb sprachlicher (konventioneller) Symbole, er ist jedoch nicht ausschließlich auf diese angewiesen.

218 Kapitel 9: Primärer Spracherwerb

### 9.3.4 Interaktionistischer Ansatz

**Interaktionistische Ansätze** sind grob gesagt durch die Grundthese charakterisiert, daß die entscheidenden Anstöße zum Spracherwerb und zur Sprachentwicklung von der wechselseitig aufeinander bezogenen Tätigkeit ausgehen, die zwischen primärer Bezugsperson und Kind stattfindet. Interaktion heißt hier, daß beide Seiten an einer emotional motivierten und intentional gesteuerten Kommunikation beteiligt sind. Ein kommunikatives Handeln des Kindes ist demnach Voraussetzung und Motor jeder sprachlichen Entwicklung.

Nun ist offensichtlich, daß das vorsprachliche Kind in einer ganz anderen Weise mit Bezugspersonen interagiert als das Kind nach Abschluß des Spracherwerbs. Man spricht zunächst von emotionaler Kommunikation, bei der allerdings relativ schwierig nachzuweisen ist, inwieweit das Kind seine kommunikativen Akte intentional steuert. Eine interaktionsorientierte Spracherwerbsforschung interessiert sich vor allem für die Regelmäßigkeiten der kommunikativen Absichten von Kindern. BRUNER sieht gemeinsames Handeln von Mutter und Kind als Vorbedingung des Sprachgebrauchs – auch im Sinne von Grammatik.

Die Rolle der vorsprachlichen Interaktionsmuster zwischen Mutter und Kind, aus denen BRUNER Strukturen des Grammatikerwerbs herleitet, ist nicht in allen Punkten klar, in einigen Aspekten umstritten; nach SZAGUN bleiben vor allem noch folgende Fragen offen:

1. In der sozialen Interaktion zwischen Mutter und Kind lassen sich gewisse Muster der Abwechslung (beim Blickkontakt, beim Vokalisieren) beobachten.
2. Ob solche Muster eine Vorbedingung der Sprache darstellen, ist unklar.
3. Der Inhalt der Kommunikation kleiner Babys ist ein emotionaler. Die emotionale Entwicklung kann uns Auskunft darüber geben, was Babys mitteilen.
4. Die Mutter (oder Betreuerperson) kann die gefühlsmäßige Entwicklung und Kommunikation beeinflussen.
5. Einfühlsames Reagieren einer Betreuerperson hilft dem Baby:
   a) sein Spannungsniveau zu regulieren,
   b) schneller differenziertere Kommunikationsmittel als das Schreien zu entwickeln.
6. Die Qualität der vorsprachlichen gefühlsmäßigen Kommunikation kann die nachfolgende Sprachentwicklung möglicherweise günstig oder ungünstig beeinflussen. (SZAGUN 1993, 240)

Daß die (sprachliche und nichtsprachliche) Interaktion zwischen Bezugsperson und Baby eine unabdingbare Voraussetzung für den Spracherwerb ist, wird heute kaum jemand bezweifeln. Umstritten ist, inwieweit die allgemeinen Interaktionsmuster auch Modellcharakter haben bzw. inwieweit aus ihnen kognitive Strukturen zum Erwerb der Grammatik hergeleitet werden.

Die Sprechhandlungstheorie ist eine relativ junge Disziplin; nicht alle ihre Ansätze sind bisher in der Spracherwerbsforschung als Erklärungsmodelle verwendet und weiterentwickelt worden. Vieles spricht jedoch dafür, daß ein interaktionistischer Erklärungsansatz eine Reihe noch offener Fragen der Spracherwerbsforschung klären kann. Diese These findet sich bereits Anfang der 70er Jahre in der kleinen Studie von HANS RAMGE, der die entsprechende These folgendermaßen formuliert:

> Die sich entwickelnde Sprachkompetenz fördert und bedingt teilweise die sich entwickelnde Sprechhandlungskompetenz, wird vor allem aber durch diese bedingt: Sprechen vollzieht sich immer in konkreten Interaktionssituationen, das Kind lernt seine Muttersprache, indem und weil es handeln lernt. Die Bedingungen der sozialen Situation gehen damit notwendig in die Entwicklung der Sprechhandlungskompetenz ein, vermittelt durch Lehr- und Lernstrategien. (RAMGE 1975, 14)

## 9.4 Die wichtigsten Phasen des Spracherwerbs im Überblick

### 9.4.1 Vorstufen des Spracherwerbs

Wie oben schon gesagt wurde, beginnt der Spracherwerb des Kindes nicht erst mit dem Hervorbringen der ersten verständlichen Wörter. Seit den 70er Jahren haben Untersuchungen nachweisen können, daß der Säugling bereits wenige Tage nach der Geburt ein emotionales und bald auch kognitives Verhalten gegenüber Sprachdaten zeigt, das von Reaktionen auf andere akustische Wahrnehmungen qualitativ abweicht. In diesem Sinne haben sprachliche Ereignisse, die in einem Erlebniszusammenhang mit der Zuwendung von Bezugspersonen stehen, für das Neugeborene eine „Bedeutung", sowohl für seine elementaren Bedürfnisse als auch für die bald einsetzende Steuerung seines reaktiven Verhaltens. Säuglinge „erkennen", wie Versuche zeigen konnten, die Stimme ihrer wichtigsten Bezugsperson bereits wenige Tage nach der Geburt; manches spricht dafür, daß es entsprechende akustisch-sensorische Prägungen bereits im fötalen Zustand gibt.

220 Kapitel 9: Primärer Spracherwerb

Etwa ab Ende des 2. bzw. im 3. Lebensmonat sind bei Säuglingen artikulatorische Aktivitäten beobachtbar, die sich vom spontanen, instinktgesteuerten Schreien deutlich unterscheiden lassen. Es handelt sich um einzelne vokalische Laute, etwa *öh öh* oder *äh äh*, zu denen sich bald erste gutturale Laute wie *gng* oder *rhö rhö* gesellen.

[Es muß schon hier angemerkt werden, daß die frühen kindlichen Lautäußerungen, bis zu den phonetisch „unsauber" gesprochenen Wörtern im 2. Lebensjahr, oft nur schwer mit den Mitteln unserer Orthographie wiedergegeben werden können. In jedem Fall muß der/die LeserIn das eigene Erinnerungs- bzw. Vorstellungsvermögen zu Hilfe nehmen.]

Diese erste Etappe der artikulatorischen Erprobung wird auch als **Gurrphase** bezeichnet, und sie entwickelt sich ungefähr bis zum 6./7. Lebensmonat weiter. Mit etwa einem halben Jahr läßt sich bei vielen Babys auch schon eine Art respondierendes Verhalten beobachten: Sie „antworten" auf die verbalen Äußerungen der Bezugspersonen im Wechsel mit den für diese Phase typischen Lautkundgaben, etwa *öh*, *röh* o.ä. Solche Formen des Äußerungswechsels werden von manchen Forschern als interaktive Verhaltensformen interpretiert, die bereits Muster des späteren dialogischen Verhaltens prägen (vgl. oben: interaktionistischer Ansatz).

Zwischen dem 6./7. und dem 10./12. Lebensmonat ergibt sich ein qualitativer Sprung in den artikulatorischen Fähigkeiten. Durch Imitation einerseits, ständige positive Rückkoppelung andererseits verstärkt, beginnt das Baby nun mit der Äußerung von einfachen silbigen Lautgebilden, die etwa den Klang von *wa-wa*, *ga-ga* o.ä. haben können. In dieser sogen. **Lallphase** erprobt es immer gezielter die Möglichkeiten seiner Artikulationsorgane und produziert nach und nach eine Vielzahl unterschiedlicher Laute und Lautkombinationen, auch solche, die in der zu erwerbenden Muttersprache nicht vorkommen (also nicht aus dem sprachlichen „Input" der Umgebung entnommen sein können). Wenn Babys entspannt und zufrieden sind (vor allem morgens), können sie ganze Ketten dieser silbigen Lall-Laute produzieren; offensichtlich hören sie sich selbst dabei zu und reproduzieren so die positiv besetzten verbalen Erlebnisse.

Schon bis zu diesem Zeitpunkt läßt sich feststellen, daß das **Sprachverstehen** dem eigenen Sprechvermögen beträchtlich vorauseilt. Schon wenige Wochen nach der Geburt können Babys die unterschiedlichen emotionalen „Gehalte" in der Stimmlage, Lautstärke usw. ihrer Bezugspersonen recht gut unterscheiden; sie zeigen jeweils spezifische Reaktionen darauf. Etwa zwischen dem 8. und 10. Monat gibt es auch Anzeichen für ein kognitives „Verstehen" einzelner sprachlicher Signale. So richten die Kinder z.B. beim Nennen von Körperteilen (oder bei der Frage: „Wo ist denn die Hand/der Fuß/die Nase/der Mund...") den Blick gezielt darauf, und manchmal zeigen sie schon mit der Hand in die Richtung. Auch beim Benennen von Bezugspersonen („Wo ist Papa?") oder beim Erwähnen von Spielzeug („Wo ist der Teddy?") demonstriert das Hinsehen oder Zeigen, daß die sprachlichen Signale eindeutig identifiziert werden.

### 9.4.2 Einwortäußerungen und erste Wortkombinationen

Ungefähr zwischen dem 11. und 13. Monat beginnen Kinder damit, bestimmte Silben oder Silbenkombinationen bewußt als sprachliche Signale zu gebrauchen. Auffällig ist, daß die Kinder in vielen Fällen (und in vielen Sprachen der Welt) mit dem Wort *Mama/Mamm/Momm* beginnen. Das ist sicherlich kein Zufall; denn die Aussprache der beiden bilabialen Nasallaute, in Verbindung mit dem Mittel- oder „Urvokal" *a*, weckt Assoziationen an Hautkontakt, ähnelt den Lippenbewegungen beim Saugreflex und ist als Artikulationsübung meist schon lange vor dem ersten bewußten Sprechen verwendet worden; noch wichtiger ist, daß *Mama* als Form der Kontaktaufnahme von der Bezugsperson positiv bestätigt wird.

Die **Einwortphase** oder **Phase der Einwortäußerungen** unterscheidet sich in qualitativer und quantitativer Hinsicht von den früheren Formen vokalischer Laute. Mit Einwortäußerungen werden bestimmte Lautketten in bestimmten Interaktionszusammenhängen intentional eingesetzt; das Kind verwendet gezielt sprachliche Signale für eine kognitiv gesteuerte Kommunikation. Die Einwortäußerungen sind als Ganzheiten sprachlicher Handlungen zu verstehen; sie haben zwar nicht den Status von „Sätzen", werden aber im Verlauf dieser Phase in Intonation und Akzentuierung so modifiziert, daß sie als (Vor-)Formen bestimmter Sprechhandlungen intendiert und auch so verstanden werden. So kommt es zwischen dem 12. und 18. Monat zu Einwort-Äußerungen, die etwa für folgende „Sprechakte" stehen können:

- „Repräsentative" Akte: Überraschte, erstaunte, freudige <u>Feststellung</u>, wenn eine Wahrnehmung als ein bestimmtes Objekt, als ein bestimmtes Ereignis identifiziert worden ist.
- „Direktive" Akte: <u>Bitten</u> oder <u>Aufforderungen</u> werden in bestimmten Interaktionszusammenhängen durch laute bzw. energische Äußerung des Signalwortes zum Ausdruck gebracht („Papa!" – i.S.v. 'Papa, komm bitte her').
- „Erotetische" Akte (nach WUNDERLICH 1976, 77ff.): Die fallend-stei-

# 222 Kapitel 9: Primärer Spracherwerb

gende Intonation bei der Äußerung des Signalworts ist eindeutig als Entscheidungsfrage, d.h. als Heischen um verbale Bestätigung, zu interpretieren.

- „Vokative" Akte (nach WUNDERLICH, ebd.): Dies können in erster Linie exklamatorische Äußerungen sein, die Schmerz, Freude, Überraschung ausdrücken; sie können aber auch als direkte Adressierung gemeint sein („Mama!" – i.S.v. 'hör bitte zu!'). Daß vokative Akte oft im Zusammenhang mit direktiven Akten (Wünsche, Bitten oder Aufforderungen) stehen, ist auch in der Erwachsenensprache eine häufige Erscheinung.

## Die Zweiwortphase

Zwischen dem 16. und 20. Monat werden die Möglichkeiten sprachlicher Interaktion differenzierter. Die Kinder fangen an, einzelne Wörter zu kombinieren, zunächst als unverbundene Kette (Wiederholen, Nebeneinandersetzen), dann aber zunehmend als „syntaktisch" geordnetes Gebilde. Häufig kommt es dabei zu Kombinationen, die eine Art von **„Angelpunkt-Struktur"** (**Pivot-Grammatik**) erkennen lassen. Dieses Erklärungsmodell soll kurz erläutert werden.

Die Kinder unterscheiden in dieser Phase zwischen zwei Kategorien von Wörtern: solchen mit hoher Frequenz, die als „syntaktische" Operatoren benutzt werden, und solchen, die einen ausgeprägten (dinglich-konkreten) Vorstellungsgehalt haben. Die erste Kategorie umfaßt nur relativ wenige Wörter, und zu ihnen gehören vor allem Elemente, die in der Erwachsenensprache als Präpositionen, Adverbien und Hilfsverben verwendet werden, in der Sprache der Kinder aber andere Funktionen haben. Zu ihnen gehören im Dt. z.B. *da, auf, rein, ab, auch, mehr, no(ch)mal, kein, will, habe(n)*. Diese werden als **Angelpunktwörter** (**Pivots**) bezeichnet, da sie anscheinend die Dreh- und Fixpunkte der Zweiwortkonstruktionen darstellen. Die Klasse der Pivots läßt sich noch unterteilen in drei Gruppen; a) Wörter, die nur in Anfangsposition stehen; b) Wörter, die nur in Endstellung stehen; c) Wörter, die beide Positionen einnehmen können. Den Pivots gegenüber steht eine **offene Klasse** aller anderen Wörter, die mit den Pivots kombiniert werden; „offen" deshalb, weil diese Klasse von Anfang an mehr Elemente enthält und ständig um neue erweitert wird, während die Zahl der Pivots sich kaum verändert. Ein Mädchen (Simone; sie nennt sich selbst *Mone*) machte im Alter von 19-22 Monaten u.a. folgende Zweiwortäußerungen (nach MILLER, 1976, 175ff.); zunächst einige Kombinationen mit „Pivots" in Erststellung; darunter:

## Einwortäußerungen und Wortkombinationen 223

– mit *mehr*
    *mehr buch, mehr bilder, mehr wauwau, mehr habe;*
– mit *nomal*
    *nomal kucke, nomal bärche, nomal balla, nomal suche;*
– mit *auch*
    *auch brille, auch bett, auch kuche, auch male, auch tasse;*
– mit *ander*
    *ander kisse, ander affe, ander buch, ander auch, ander schuh, ander drin.*

Kombinationen mit „Pivots" in Zweitstellung; darunter:
– mit *rein*
    *baba rein, asche rein, karre rein, da rein;*
– mit *habe* (= haben)
    *saft habe, lala habe, kisse habe, balla habe, stuhl habe;*
– mit *aus*
    *stiefel aus, jake aus, licht aus;*
– mit *mache* (= machen)
    *a-a mache, feuer mache, bilder mache, esse mache, sauber mache.*

Kombinationen von zwei Wörtern der offenen Klasse:
    *kleines balla, mal balla, huste maxe, aufsteh maxe*

Schon diese wenigen Beispiele (aus dem umfangreichen Corpus von MILLER) zeigen die Vielfalt der Kombinationsmöglichkeiten, die die Ausdrucksmöglichkeiten der Kinder (gegenüber den Einwortäußerungen) beträchtlich erweitern und sie aktiver und differenzierter an der Kommunikation teilnehmen lassen. Im ersten Entwurf der Pivot-Grammatik (BROWN/FRASER 1963; BRAINE 1963; MILLER/ERVIN 1964) war man davon ausgegangen, daß die Klassen der Pivots durch ihre Position eindeutig zu definieren sind. Das wird jedoch vor allem für Sprachen gelten, bei denen die Wortfolge eine große Bedeutung für die Syntax hat (z.B. Englisch); in der Sprachentwicklung deutscher Kinder finden sich viele Angelpunkt-Wörter, die sowohl in erster als auch in zweiter Position stehen können (*auch, rein, noch, no[ch]mal*). Einige können sogar selbst zusammen mit Pivots auftreten (*ander auch; auch rein; da ab*) – entgegen der Regel der frühen Theorie, daß Pivots nicht miteinander kombinierbar seien. Außerdem scheint es, daß manche Elemente nicht ohne weiteres der Klasse der Pivots oder der offenen Klasse zuzuordnen sind; so scheinen die Hilfsverben (wie *mache/-n*), *haben, will*) eher zur offenen Klasse zu gehören – wie übrigens alle Vollverben.

MILLER selbst unterzieht die (frühe) Konzeption der Pivot-Grammatik einer radikalen Kritik. Ich führe hier nur die wichtigsten Argumente auf:

224 Kapitel 9: Primärer Spracherwerb

(1) Ob ein Wort als syntaktischer Operator der Klasse der „Pivots" zuzuordnen ist, läßt sich keinesfalls an der hohen Auftretenshäufigkeit erkennen. So begegnen viele Wörter mit hoher Frequenz (*Mama, Puppe,
Balla*), die als „Inhaltswörter" (open-class-words), andere mit nur geringer Frequenz (*raus, auf*), die als Operatoren („Pivots") eingestuft
werden müssen.

(2) Nur bei einigen der syntaktischen Operatoren läßt sich eine hohe Po-
sitionsfestigkeit beobachten (*mehr* steht fast ausschließlich in Erststellung; *weg* und *habe* fast nur in Zweitstellung); viele andere begegnen
in beiden Positionen.

(3) Die These, daß „Pivots" nicht in Einwortäußerungen vorkommen
können, wird nicht nur durch das Material von Miller in jeder Hinsicht
widerlegt.

(4) Die eindeutige Zuordnung der Wörter selbst zu den Klassen der „Pi-
vots" und den „open-class-words" ist in vielen Fällen problematisch.
Das wird besonders deutlich an Hilfsverben wie *habe(n)* oder (Verb-)
Präfixen wie *raus* oder *rein*.

(5) Die Pivot-Grammatik erklärt nicht (sondern verdunkelt eher), welche
verschiedenen Äußerungstypen mit u.U. komplexer Tiefenstruktur
hinter der Oberfläche der Zweiwortkonstruktionen stehen, Äußerungstypen, die durch die am Gespräch beteiligten Bezugspersonen i.allg.
problemlos entschlüsselt werden.

(6) Die Pivot-Theorie hat nicht erkannt, daß die auf ein Wort reduzierten
syntaktischen Operatoren für ganze Satzprädikate stehen, die z.T. sehr
komplex sein können. So kann z.B. *auch habe* in einem bestimmten
Kontext die Gesamtbedeutung vermitteln: 'Simone möchte das [ein
Gegenstand im Wahrnehmungsfeld] auch haben!'

Das größte Problem, die Funktionen und Inhalte von Zweiwortäußerungen zu erklären, bleibt die Vieldeutigkeit von „Pivot-Konstruktionen"
mit gleicher Oberflächenstruktur – wenn man Akzente, Äußerungsmelo-
die und andere Merkmale der mündlichen Realisierung außer acht läßt.
So kann eine Äußerung wie *Mama Strumpf* (vgl. SZAGUN 1993, 109f.)
u.a. folgendes bedeuten: 'Das / da ist Mamas Strumpf', 'Mama zieht gerade ihren Strumpf an', 'Mama, zieh mir bitte den Strumpf an!', 'Ist das
hier Mamas Strumpf?'. „Vieldeutig" sind die Äußerungen allerdings nur
für den interpretierenden Erwachsenen, besonders dann, wenn er nicht an
der Situation teilnimmt. Man kann davon ausgehen, daß sie für das Kind

Drei- und Mehrwortphase: Ausbau des grammatischen.Systems    225

in der Regel (intentional) eindeutig sind. Für das Verständnis ist zunächst der situative Kontext zu berücksichtigen. Dazu gehören nicht nur die Gegenstände im Wahrnehmungsfeld, ihre Eigenschaften und Relationen, sondern auch alle parasprachlichen und nonverbalen Begleitsignale, mit denen das Kind seine Äußerung hervorbringt. Der entscheidende Punkt ist, daß man das Gesagte nur adäquat interpretieren kann, wenn man die (Sprech-) Handlungsintention des Kindes erkennt.

Oft ist die Interpretation der kindlichen Äußerung auch eine gemeinsame Leistung von Erwachsenem und Kind. Z.B. kann eine Äußerung *ander Teddy* vom Erwachsenen zunächst als (exklamatorische) Feststellung aufgefaßt werden, und er wird versuchen, dieses Verständnis durch erweiterte Wiederholung zu bestätigen: „Ja, das ist der andere Teddy!"; er könnte jedoch vom Kind Widerspruch erfahren, indem dieses z.B. den Kopf schüttelt, gestikuliert und energisch äußert: „ander Teddy!". Der Erwachsene wird nun wahrscheinlich sein Verständnis korrigieren und eine neue Interpretation anbieten, etwa: „Ach so, du willst den anderen Teddy".

Die Empirie zeigt, daß Bezugspersonen in den meisten Situationen die Handlungsintentionen der Zweiwort-Äußerungen richtig interpretieren, obwohl diese syntaktisch defizitär und morphologisch fehlerhaft sind (vgl. z.B. MILLER 1976, 246ff.).

### 9.4.3  Drei- und Mehrwortphase: Ausbau des grammatischen Systems

Der Erwerb des komplexen grammatischen Regelsystems einer Sprache ist für das Kind ein langwieriger Prozeß, der hohe Anforderungen an die Entwicklung kognitiver Strukturen stellt. Schon mit Ein- und Zweiwortäußerungen gelingt es dem Kind vielfach, seine Intentionen trotz der geringen Mittel sprachlich (und parasprachlich) zu enkodieren. Dafür benötigt es nicht nur Wörter und syntaktische Verknüpfungsregeln, sondern ein Wissen von der Welt – von den Gegenständen, Begriffen, Eigenschaften, Relationen, Prozessen -, das ständig zu erweitern und im Sinne der kulturell vorgegebenen Kategorien zu differenzieren ist.

Wie gelingt es dem Kind nun, die grammatisch relevanten Eigenschaften aus dem angebotenen Sprachmaterial herauszudestillieren, in Regeln zu fassen, Form und Funktion dieser Regeln zu speichern und ständig zu überprüfen bzw. zu korrigieren, bis seine innere Grammatik allmählich mit der seiner Umwelt übereinstimmt? Daß dazu Konditionierungsprozesse und Imitation allein nicht ausreichen, wurde oben schon gesagt. Ein erfolgversprechender Ansatz, der zugleich als Modifikation nativistischer Theorien zu verstehen ist, wurde von D.I. SLOBIN in den 70er Jahren entwickelt. Das Kind muß, so SLOBIN, über eine Reihe infor-

226 Kapitel 9: Primärer Spracherwerb

mationsverarbeitender Strategien verfügen, mit denen es grammatische Formen und Funktionen aus dem Sprachmaterial erschließt. SLOBIN nennt sie **Operationsprinzipien**, und er glaubt, daß sie universell, also für den Erwerb aller Sprachen gültig seien. (Hinsichtlich einiger Prinzipien hat er diese These später modifiziert.). Aus der Liste der Prinzipien führen wir hier exemplarisch einige (nach G. SZAGUN 1993) auf:

Operationsprinzip A: Achte auf das Wortende.

Unter „Wort" sind hier Inhaltswörter, wie Substantive und Verben, zu verstehen. Kinder richten ihre Aufmerksamkeit offenbar auf das Ende dieser Wörter. Diese Strategie führt dazu, daß Markierungen am Wortende [...] schnell gelernt werden. Die Strategie kann erklären, warum in stark flektierten Sprachen [...] Flexionsendungen am Wortende schnell erworben werden. (SZAGUN 1993, 53f.)

Operationsprinzip B: Die phonologische Form von Wörtern kann systematisch verändert werden.

[...] Slobin weist darauf hin, daß Kinder mit Wortformen experimentieren, bevor sie die Bedeutung einzelner formaler Veränderungen erkennen. So werden Flexionsformen manchmal als alternative Aussprache von Nomen gebraucht. Verkleinerungsformen [...] werden früh erlernt [...]. (ebd.)

Operationsprinzip C: Beachte die Ordnung von Wörtern und Morphemen.
[...] Die normale Ordnung von Funktionswörtern und Funktionsmorphemen in der Erwachsenensprache wird in der Kindersprache beibehalten. Slobin berichtet, daß gebundene Morpheme nur in ihrer korrekten Folge beobachtet werden. Beispiel: Kinder sagen *aus-ge-macht* und niemals *ge-aus-macht*. [...] Auch Auxiliare stehen immer in korrekter Reihenfolge, z.B. englisch *has been reading*, nicht etwa *been has reading*. (ebd.)

Operationsprinzip D: Vermeide die Unterbrechung oder Reorganisation sprachlicher Einheiten.
[...] Strukturen, die eine Umstellung von Elementen erfordern, treten zunächst nicht in umgestellter Form auf. Ein Beispiel für dieses Prinzip ist, daß Fragen zunächst ohne Inversion auftreten. (ebd., 55)

Operationsprinzip E: Zugrundeliegende Bedeutungsrelationen sollten deutlich wahrnehmbar markiert sein.
[...] Ein Kind wird solche Bedeutungen früher markieren, deren morphologische Realisierungen perzeptuell deutlich markiert sind. [...] Das Operationsprinzip E impliziert auch, daß Markierungen, die perzeptuell weniger auffällig oder schwer unterscheidbar sind, von Kindern später beherrscht werden. Beispiele dafür sind das Auslassen der Silbe *ge-* des deutschen Partizips Perfekt. Das *ge-* ist immer unbetont, ob es als Präfix *(gelesen)* oder als Mittelsilbe *(angezogen)* auftritt. Es ist also perzeptuell nicht auffällig. Ein weiteres Beispiel ist die deutsche Kasusmarkierung am

Artikel. Die Artikel stehen in unbetonter Position vor dem Nomen. Daher sind Markierungen am Artikel weit weniger deutlich hörbar, sie sind also perzeptuell unauffällig. Dies könnte erklären, warum der Erwerb der deutschen Artikel so lange dauert. (ebd., 55f.)

Operationsprinzip F: Vermeide Ausnahmen.
[...] Bei Regeln formalsprachlicher Markierungen, die viele Ausnahmen haben, lassen sich folgende Stadien beobachten: 1. keine Markierung, 2. angemessene Markierung in begrenzten Fällen, 3. Übergeneralisierung von Markierungen (oft begleitet von redundanter Markierung), 4. das vollständige System der Erwachsenensprache. Ein Beispiel hierfür ist der Erwerb der Vergangenheitsformen sowohl im Englischen als auch im Deutschen. (ebd.)

Operationsprinzip G: Der Gebrauch grammatischer Markierungen sollte semantisch sinnvoll sein.
[...] Semantisch konsistente grammatische Regeln werden früh und ohne signifikante Fehler erworben. Die amerikanischen Kinder der Harvard-Studie übergeneralisierten niemals die englische Verlaufsform. Sie sagten nicht: *wanting, liking, needing*. Brown (1973) nennt als Grund dafür die Tatsache , daß die Kinder zwischen Verben, die in der Verlaufsform stehen können, und solchen, die es nicht können, unterscheiden. Diese Unterscheidung können sie deswegen treffen, weil sie semantischen Charakter hat: Die einen sind Zustandsverben, die anderen Prozeß- oder dynamische Verben, und Kinder kennen den Unterschied zwischen Zustand und Dynamik. (ebd., 57)

Zum Abschluß dieses Kapitels sollen die wichtigsten Entwicklungslinien beim Erwerb der grammatischen Regeln, insbesondere des Flexionssystems einer Sprache, kurz skizziert werden. Dabei beziehen wir uns nur auf den Erwerb des Deutschen, einer flektierenden Sprache mit einem recht komplexen und auch uneinheitlichen morphologischen System.

## Zum Erwerb der Verbflexion

Schon in der Zweiwortphase treten als erste Formen des Verbs Infinitive auf, und sie werden für diverse Funktionen verwendet. Am häufigsten dienen Verbformen wie *machen, kucken* zur Äußerung eines Wunsches, einer Bitte oder einer Aufforderung. Fast gleichzeitig oder wenig später begegnet auch schon die 3. Pers. Ind. Präs. Aktiv (*schläft, macht*), und die Gründe für ihre frühe Verwendung liegen wohl vor allem in ihrer perzeptuellen Auffälligkeit, ihrer hohen Frequenz (in der Erwachsenensprache) und der semantischen Eindeutigkeit ihrer Verwendung.

228 Kapitel 9: Primärer Spracherwerb

Am Ende der Zweiwort- bzw. zu Beginn der Dreiwortphase erscheint als nächste Verbform das Part. Perfekt, oft noch in phonetisch defekten Formen (*puttemacht, dekauft, aufemacht*). Während das Part. Perf. der schwachen Verben sehr schnell erworben wird, dauert es bei vielen Kindern noch Jahre, bis auch die Partizipien (und die übrigen Stammformen) der starken Verben (*geflogen, überwunden*) und der Mischklassen (*gebracht, übersetzt*) sicher beherrscht werden. Die übrigen Personalformen der Verben (1. Pers. Sing. und 1. bzw. 3. Pers. Plur.) werden im Verlauf des dritten Lebensjahres relativ zügig erworben; fast gleichzeitig oder wenig später folgen die 2. Pers. Sing. (*gibst*) und Plur. (*gebt*).

Der Erwerb der unterschiedlichen Tempusformen (bes. des Prät. der starken Verben) läßt kaum eine strenge Reihenfolge erkennen; hier werden die Formen der schwachen Flexion häufig übergeneralisiert. Zu den Formen der verschiedenen Modi ist zu bemerken, daß der Imper. Sing. (*gib, mach*) schon sehr früh beherrscht wird und den Infinitiv ersetzt, der in der Zweiwortphase in dieser Funktion gebraucht wurde; der Imper. Plur. (*gebt*) folgt wesentlich später. Die meisten Schwierigkeiten macht der Erwerb der Formen für den Konj. I und Konj. II, und das liegt vor allem in den Funktionen des Konj. begründet, komplizierte Wirklichkeits- und Möglichkeitsverhältnisse auszudrücken, z.B. die Meinung oder die Aussage eines anderen als solche zu kennzeichnen. Die Formen des – in der gesprochenen Sprache seltenen – Konj. I machen bis zum Ende der Grundschulzeit große Schwierigkeiten.

**Zum Erwerb der Nominalflexion**

Zur Nominalflexion rechnen wir hier sowohl die Deklination der Substantive als auch die der Artikel, Pronomen und Adjektive. Im Deklinationssystem des Deutschen sind die Formen für 4 Singular- und 4 Pluralkasus zu erwerben, diese jeweils in drei gramm. Genera, bei den Adjektiven außerdem die starke und die schwache Flexion.

Bereits in den Zweiwortäußerungen deutscher Kinder tauchen vereinzelt Pluralformen auf, insbes. die *-e-* bzw. *-en*-Bildungen, die oft übergeneralisiert werden; daneben finden sich einzelne Genitivendungen bei häufigen Wortverbindungen, wie etwa *Papas Auto*.

Die Artikel werden – als unbetonte, d.h. perzeptuell unauffällige Elemente des Satzes – zunächst meist ausgelassen; in der Dreiwortphase erscheinen (phonetisch) reduzierte Einheitsformen wie *de* für die Formen des bestimmten und *n(e)* für die Formen des unbestimmten Artikels; die als type und als token häufigste Artikelform, *die*, wird in der Folgezeit

Drei- und Mehrwortphase: Ausbau des grammatischen.Systems    229

häufig übergeneralisiert. Der Erwerb der Pluralformen in den fünf, mit Umlautformen acht regelmäßigen Deklinationstypen des Deutschen (s. DUDEN-Grammatik 1984, §§ 384ff.) stellt für die Kinder ein aufwendiges Lernprogramm dar, das bei seltener gebrauchten Substantiven häufig bis weit in die Schulzeit hineinreicht.

Nicht minder kompliziert gestaltet sich der Aufbau des morphologischen Systems im Bereich der Pronomina und Adjektive; der Wechsel zwischen starker und schwacher Flexion bei den Adjektiven – je nachdem, ob ein bestimmter oder unbestimmter Artikel bzw. ein vergleichbares Pronomen vorausgeht – macht bis ins Erwachsenenalter hinein Schwierigkeiten.

> Zusammenfassend läßt sich zum Erwerb der Kasusmarkierungen sagen: Alle Daten bestätigen, daß sich der Erwerb des deutschen Kasussystems über eine sehr lange Zeit hinzieht. Erste Flexionen werden um 2;0 [d.i. 2 Jahre; 0 Monate; J.V.] beobachtet. Wann und wie schnell Kasusmarkierungen häufig werden, wissen wir nicht. In Clahsens (1984) Daten gebrauchten die Kinder mit 3;6 erst bis zu 15 % Kasusmarkierungen in obligatorischen Kontexten, und diese waren noch nicht einmal alle korrekt. Fehlende und falsche Flexionen sind wohl bis 5;0 üblich. (SZAGUN 1993, 38)

Auffällig ist jedoch, daß die Aneignung der grammatischen Genera der Substantive im primären Spracherwerb fast keine Probleme bereitet, während dieser Bereich erwachsenen Lernern (im Zweitspracherwerb) die größten Schwierigkeiten macht. Außer bei Bezeichnungen für Menschen (und einigen Tieren), wo das gramm. dem biologischen Geschlecht entspricht, gibt es keine Regeln; das Genus jedes Substantivs muß einzeln gelernt werden. Nur bei den Derivationen lassen sich relativ zuverlässige Voraussagen über das Genus machen. So sind die Ableitungen auf *-ung, -heit, -keit,-schaft* usw. immer Feminina, die Ableitungen auf *-er, -ling* usw. immer Maskulina, die auf *-chen, -lein, -sel* usw. immer Neutra.

Noch eine Anmerkung zum **Erwerb der Wortstellungsregeln** im deutschen Satz. Während in der Zweiwortphase die Verbendstellung dominiert, auch wenn es sich meist um den Infinitiv, um Vorformen des Part. Perf. oder Rumpfformen (*rein, auf*) handelt, so konsolidiert sich in der Drei- und Mehrwortphase die regelhafte Wortstellung des deutschen Satzes sehr schnell. Die variable Position des Satzadverbs macht den Kindern ebensowenig Schwierigkeiten wie die Anwendung der Inversionsregel, d.h. das finite Verb rückt (im Aussagesatz) vor das Subjektnomen, wann immer das „Vorfeld des Satzes", z.B. durch Adverbien, besetzt ist. Auch die Tilgung des Subjektnomens beim Aufforderungssatz und die Inversion beim Entscheidungsfragesatz werden – sicher aufgrund der hohen Vorkommensfrequenz dieser Satzmuster – sehr schnell beherrscht.

230 Kapitel 9: Primärer Spracherwerb

Schwierigkeiten bereiten noch längere Zeit Sätze mit mehrteiligen Prädikaten; das gilt vor allem dann, wenn eine Negationspartikel im Satzprädikat enthalten ist. In der Dreiwortphase wird das *nein* allmählich durch das *nicht* (bzw. in Verbindung mit Artikel: *kein*) ersetzt; nach einer Übergangsphase mit variabler Stellung wird die Negation an der richtigen Stelle, d.h. nach dem Finitum bzw. dem auf das Finitum folgenden Objekt oder Adverb, eingesetzt.

## 9.5   Schluß: Forschungsperspektiven

Die Spracherwerbsforschung ist heute ein ausgedehnter Forschungszweig, an dem Psychologie, Pädagogik, Neurologie und Linguistik gleichermaßen beteiligt sind; deshalb sind die meisten Forschungsansätze auch mehr oder weniger interdisziplinär angelegt. In diesem Kapitel konnten aus der Sicht der linguistischen Spracherwerbsforschung nur einige Einblicke in die vielfältigen Untersuchungsaspekte und Methoden gegeben werden. Insbesondere konnte nicht auf die Probleme eingegangen werden, die sich bei der **Erhebung von Sprachdaten** aus frühkindlicher Kommunikation ergeben (vgl. CRYSTAL 1993, 228ff.). Wie gelangt man zu authentischen Sprachdaten von Kleinkindern? Geeigneter als sporadische Erhebungen sind Längsschnitt- und Querschnittuntersuchungen zur Kindersprache; sie bringen je eigene Ergebnisse, sind jedoch beide für ein realistisches Bild der Sprachentwicklung unentbehrlich.

Von besonderer methodischer Bedeutung ist die Rolle des Kommunikationspartners, der die Kinder bei ihren sprachlichen Aktivitäten begleitet, beobachtet und (tontechnisch) protokolliert. Sein Einfluß auf das Sprachverhalten der Kinder ist beträchtlich, und das impliziert methodische Probleme, die mit anderen Verfahren der teilnehmenden Beobachtung nicht zu vergleichen sind. Insbesondere hätte die Rolle der engsten Bezugsperson des Kindes, i.a. die Mutter als „teilnehmende Beobachterin", eine nähere Betrachtung verdient. Denn noch immer ist man sich in der Forschung nicht ganz klar darüber, welche Bedeutung eine besondere, den sprachlichen und kognitiven Möglichkeiten des Kindes angepaßte „kindgemäße" Sprache („Mutterisch"; „Elterisch"; vgl. CRYSTAL 1993, 235) für die Art und das Tempo der kindlichen Sprachentwicklung hat.

Schließlich wurde ein großes Gebiet der Spracherwerbsforschung hier nur am Rande behandelt: der Erwerb der Wortbedeutungen. Während die frühe Spracherwerbsforschung (bis in die 50er Jahre) sich auf den Ausbau des Lexikons und die Entwicklung der entsprechenden semantischen

Strukturen konzentriert hat (wie viele Wörter beherrscht ein Kind in welchem Alter, welche gebraucht es in der „korrekten" Bedeutung??), ist dieses Gebiet heute eher zu einem marginalen Bereich der Spracherwerbsforschung geworden. Der Umfang des von den Kindern verwendeten Wortschatzes läßt sich nicht ohne weiteres durch eine „naive" Zählung verschiedener Wörter bestimmen. Sind z.b. die Ausdrücke *trinken/getrunken* oder *bringen/gebringt* als ein oder zwei Wörter zu zählen? Werden polyseme und homonyme Verwendungen berücksichtigt oder nicht (z.B. *Schloß* = 'fürstl. Gebäude' und *Schloß* = 'Mechanismus zur Verriegelung')? Werden von den Kindern selbst entwickelte Wortsymbole (z.b. *Kilge* für 'Schmusetuch') mitgezählt, werden individuelle Bedeutungen bekannter Wörter eigens aufgeführt?

Trotz dieser Zählprobleme deuten neuere Forschungsergebnisse darauf hin, daß die Entwicklung des Wortschatzes wesentlich schneller und differenzierter verläuft, als man früher angenommen hat. Wird der Umfang des Wortschatzes mit 2;0 auf durchschnittlich etwa 300 Elemente geschätzt, so steigt die Zahl der aktiv verwendeten Elemente bis 6;0 auf ca. 2.500 bis 3.000, die der passiv beherrschten auf etwa 15.000.

Nicht nur in diesem Bereich liegen noch Forschungsdefizite vor, die durch Verbesserung der Methoden und Verfeinerung der Erhebungsverfahren ausgeglichen werden könnten. Das interessanteste Gebiet bleibt aber für die linguistische Spracherwerbsforschung nach wie vor, wie es dem Kind gelingt, das komplexe grammatische System in so kurzer Zeit zu erwerben – und zwar weitgehend unabhängig von Intelligenz, Sozialstatus und anderen Faktoren der sozialen Umgebung.

## Literaturhinweise

BRAINE, M.D.S. 1963: The ontogeny of English phrase structure. The first phase. In: LANGUAGE 39, S. 1-13

BRAINE, M.D.S. 1971: The acquisition of language in infant and child. In: REED, C. (ed.): The learning of language. New York

BROWN, R./FRASER, C. 1963: The acquisition of syntax. In: COFER, B./MUSGRAVE, B. (eds.): Verbal behavior and learning. Problems and Process. New York

BRUNER, JEROME S. 1977: Wie das Kind lernt, sich sprachlich zu verständigen. In: ZfPäd 23, S. 829-845

BRUNER, JEROME S. 1979: Von der Kommunikation zur Sprache. Überlegungen aus psychologischer Sicht. In: Kindliche Kommunikation, S. 9-60

CHOMSKY, NOAM 1969: Aspekte der Syntax-Theorie. Frankfurt/M.

CHOMSKY, NOAM 1970: Sprache und Geist. Frankfurt/M.

# 232 Kapitel 9: Primärer Spracherwerb

CLAHSEN, H. 1982: Spracherwerb in der Kindheit. Eine Untersuchung zur Entwicklung der Syntax bei Kleinkindern. Tübingen

CLAHSEN, H. 1984: Der Erwerb von Kasusmarkierungen in der deutschen Kindersprache. In: Linguistische Berichte 89, 1-31

CRYSTAL, DAVID 1993: Die Cambridge Enzyklopädie der Sprache. Frankfurt/ New York; Teil VII: Kindlicher Spracherwerb, S. 227-256

DUDEN Band 4. Grammatik der deutschen Gegenwartssprache. 4. Aufl. Mannheim/Wien/Zürich 1984

Kindliche Kommunikation (Hg. KARIN MARTENS) 1979. Theoretische Perspektiven, empirische Analysen, methodologische Grundlagen. Frankfurt/M.

LENNEBERG, ERIC H. 1972: Biologische Grundlagen der Sprache. Frankfurt/M.

MILLER, MAX 1976: Zur Logik der frühkindlichen Sprachentwicklung. Empirische Untersuchungen und Theoriediskussion. Stuttgart

MILLER, W.R./ERVIN, S.M. (1964): The development of grammar in child language. In: BELLUGI, U./BROWN, R. (eds.): The acquisition of language. Monographs of the Society for Research in Child Development 29, 1, S. 9-33

MILLS, A.E. 1986: The acquisition of gender: A study of English and German. New York

PIAGET, JEAN 1972: Sprechen und Denken des Kindes. Düsseldorf

PIAGET, JEAN/INHELDER, BÄRBEL 1980: Die Psychologie des Kindes. Stuttgart

RAMGE, HANS 1975: Spracherwerb. Grundzüge der Sprachentwicklung des Kindes. 2. Aufl. Tübingen

REIMANN, BERND 1993: Im Dialog von Anfang an. Die Entwicklung der Kommunikations- und Sprachfähigkeit in den ersten drei Lebensjahren. Neuwied/Berlin

SKINNER, B.F. 1957: Verbal behavior. Englewood Cliffs

SLOBIN, DAN I. 1974: Einführung in die Psycholinguistik. Frankfurt/M.

SLOBIN, DAN I. 1977: Sieben Fragen zur Sprachentwicklung. In: WENZEL, U./ HARTIG, M. (Hg.): Sprache – Persönlichkeit – Sozialstruktur. Hamburg

SZAGUN, GISELA 1993: Sprachentwicklung beim Kind. Eine Einführung. 5. Aufl. Weinheim

SZAGUN, GISELA 1983: Bedeutungsentwicklung beim Kind. Wie Kinder Wörter entdecken. München

WUNDERLICH, DIETER 1976: Studien zur Sprechakttheorie. Frankfurt/M.

WYGOTSKY, L. 1964: Denken und Sprechen. Berlin

ZIMMER, DIETER E. 1986: So kommt der Mensch zur Sprache. Über Spracherwerb, Sprachentstehung, Sprache & Denken. Zürich

# 10 Erwerb der schriftsprachlichen Kompetenz (Schreibenlernen)

10.1 Was heißt Schriftbeherrschung, was heißt Schreibenlernen?
10.2 Die frühe Stufe: Schriftbilder als logographische Repräsentanten
10.3 Alphabetische Strategien:
     Entwicklung der Laut-Buchstaben-Beziehungen
10.4 Ein Fallbeispiel:
     Tippversuche einer knapp Sechsjährigen auf der Schreibmaschine
10.5 Orthographische Strategien
10.5.1 Orthographischer Speicher für spezielle Laut-Buchstabenbeziehungen
10.5.2 Morphemanalytische Strategien
10.5.3 Lexemanalytische Strategien
10.5.4 Grammatische und pragmatische Strategien beim Erwerb der
       deutschen Orthographie: Groß- und Kleinschreibung; Interpunktion
10.6 Von der elementaren Schreibtechnik
     zur schriftlichen Textbildungskompetenz

## 10.1 Was heißt Schriftbeherrschung, was heißt Schreibenlernen?

Die Formulierung der Kapitelüberschrift verweist bereits auf die beiden wesentlichen Aspekte, unter denen der Themenkomplex „Erstschreiben" behandelt werden soll. Einmal wird hier ein Fachbegriff der generativen Grammatik, „Kompetenz", verwendet; damit soll das Regelsystem bezeichnet werden, das nach Abschluß des (schriftsprachlichen) Erwerbsprozesses als verinnerlichter, voll „automatisierter" Erzeugungsmechanismus das schriftsprachliche Handeln steuert, also das schriftliche „Generieren" von Wörtern, Sätzen und Texten. Zum zweiten wurde „Kompetenz" durch „schriftsprachliche" spezifiziert; das verweist darauf, daß der Erwerb dieser „zweiten Kompetenz" nicht einfach als Ergänzung oder Fortsetzung des primären Spracherwerbs betrachtet werden kann. Es handelt sich vielmehr um einen Prozeß, der eigene Voraussetzungen hat, eigene Lernstrategien erfordert, schließlich einen eigenen Apparat von Regeln zu entwickeln hat, die nur z.T. Analogien zu den Strategien und Regeln des primären Spracherwerbs aufweisen.

Lesen- und Schreibenlernen bedeutet weit mehr als das Kennenlernen und Verwenden der Buchstaben eines Alphabets – wie man lange Zeit geglaubt hat. Zur Ausbildung einer schriftsprachlichen Kompetenz gehören

234     Kapitel 10: Erwerb der schriftsprachlichen Kompetenz

physiologische, psychologische, soziale und kulturelle Techniken und Fähigkeiten. Vom Kind wird beim Schuleintritt erwartet, daß es sich innerhalb weniger Jahre eine Vielzahl höchst komplexer Fähigkeiten aneignet; im Hinblick auf das Schreibenlernen sollen nur die wichtigsten genannt werden:

A. Die Aneignung feinmotorischer Bewegungsabläufe durch Konzentration und Kontrolle der Hand- und Fingermuskulatur und eine spezielle Hand-Augen-Koordination;

B. das Erlernen des Grapheminventars der deutschen Orthographie – in mind. zwei Schriftarten: einer Druck- und einer Schreibschrift;

C. das Erlernen der komplizierten und zunächst nicht durchschaubaren Beziehungen zwischen Lauten/Lautkombinationen und Buchstaben/ Buchstabenkombinationen; dies setzt voraus

D. die Fähigkeiten zum (bewußten) Segmentieren, Isolieren und Klassifizieren einzelner Laute aus dem Schallstrom der Rede, also eine lautanalytische Strategie, mit der die Laut-Buchstaben-Beziehungen [L-B-B] erst einsichtig werden können;

E. eine über die Einsicht in L-B-B hinausgehende Fähigkeit zum Erfassen der Wortbilder, zum Speichern, Abrufen und rechtschriftlichen Reproduzieren; dies wiederum ist nur möglich durch die Beherrschung der wichtigsten, über die L-B-B hinausgehenden bzw. von diesen abweichenden Regeln der Orthographie;

F. das Verinnerlichen und Anwenden der Normen für eine schriftsprachlich konzipierte Syntax; das betrifft die Wortfolge und Explizität des Ausdrucks, syntaktische „Vollständigkeit" und Beherrschung der Interpunktion;

G. die Fähigkeit zur schriftsprachlichen Textkonstitution, d.h. die Ausbildung einer schriftsprachlichen Textbildungskompetenz; dazu zählt
   – die sach- und zeitlogische Abfolge der einzelnen Aussagen durch Verknüpfungsmittel wie Adverbien, Konjunktionen usw.,
   – eine „Textgenerierung von oben nach unten", d.h. es muß ein Textplan entworfen werden, der die Abfolge der einzelnen Aussagen bzw. Mitteilungen so ordnet, daß von einem bestimmten Ausgangspunkt ein bestimmtes Mitteilungsziel erreicht wird,
   – die Ausbildung und Weiterentwicklung bestimmter kognitiver Fähigkeiten, wozu gehört: gedankliche Verarbeitung und sprachliche Umsetzung von Erlebtem, Gehörtem und Vorgestelltem und die Überführung in einen Textplan;

H. die Weiterentwicklung der Fähigkeiten zur sozialen Kommunikation und Interaktion; das betrifft u.a.
– das Sich-Einstellen auf den Erfahrungshorizont und die Interessenlage des/der Adressaten;
– Aneignung und Verfügung über die sprachlichen Mittel zur Durchsetzung einer bestimmten Handlungs- oder Mitteilungsintention;
– das Sich-Einstellen auf die situativen Bedingungen, die bestimmte Sprach- und Handlungsmuster, bestimmte Stilmittel und Textsorten erfordern.

Im folgenden soll es darum gehen, den Prozeß der „Alphabetisierung" eines Kindes in groben Zügen nachzuzeichnen; nicht alle Prinzipien und Regeln, die das Kind dabei anwendet, sind bisher hinreichend erforscht; manches ist nur rekonstruiert bzw. spekulativ erschlossen. Die wichtigsten Erkenntnisse der neueren Forschung beziehen sich jedoch auf die Selbsttätigkeit des Kindes, ohne die der Erwerbsprozeß nicht hinreichend zu erklären wäre. Denen soll in den nächsten Abschnitten das Hauptinteresse gelten.

## 10.2 Die frühe Stufe:
### Schriftbilder als logographische Repräsentanten

Bei einem frühen Umgang der Kinder mit schriftsprachlichen Medien, mit Bilderbüchern, Plakaten, Namensschildern, machen Eltern oft eine überraschende Entdeckung: Ihre vier-, manchmal schon dreijährigen Kinder erkennen Schriftbilder wieder und artikulieren dazu das entsprechende Wort, z.B. *Mama* oder *Vogel* (im Bilderbuch), Eigennamen wie *Peter* oder *Müller* (auf einem Spielzeug, einem Tür- bzw. Firmenschild). Manche pädagogisch ambitionierten Eltern erkennen darin die Chance, ihren Kindern schon sehr früh einen Einstieg in das Lesen zu ermöglichen. Sie schreiben Kärtchen mit Wörtern, erst zwei oder drei, dann fünf, zehn oder mehr, auf denen in Versalien *OMA, MAMA, PETER, PUPPE* u.a. steht. Nach kurzer Lernphase führen sie dann (z.B.) verblüfften Besuchern vor, daß ihr Kind mit vier Jahren schon „lesen" kann. Dieser ganzheitliche Assoziationsprozeß kann noch unterstützt werden, wenn in der „Lernphase" auf den Kärtchen – neben dem Wort oder auf der Rückseite – Bilder oder Fotos von den genannten „Gegenständen" angebracht sind.

Was hier Erstaunen hervorruft, hat mit dem Lesen von Texten, wie es bei Erwachsenen geschieht, wenig zu tun. Dennoch kann es eine wichtige,

vielleicht sogar notwendige Vor- und Übergangsstufe im langen Prozeß des Schriftspracherwerbs sein. Für diese Vorformen des Lesens bietet sich folgende Erklärung an:
Die wiedererkannten Schriftbilder werden als **logographische Repräsentanten**, d.h. als abstrakte graphische Zeichen für einen Begriff, verstanden. Sie werden von den Kindern – oft nur für eine begrenzte Zeit – ganzheitlich als Wortbilder gespeichert und mit kognitiven Einheiten (Begriffen, Vorstellungskomplexen) verknüpft. Für dieses „Lesen" spielt die Zahl und die Struktur der einzelnen Elemente noch kaum eine Rolle; das Wiedererkennen funktioniert ohne Kenntnis der Buchstaben oder der L-B-B.

Für das kindliche Sprachverständnis bilden sowohl die Lautbilder (gesprochene Wörter) als auch die Konzepte (Begriffe) integrierte Einheiten; eine assoziative Verbindung zwischen (ganzheitlichem) Konzept und graphischem Gebilde einerseits, zwischen (ganzheitlichem) Lautbild und graphischem Gebilde andererseits liegt der kindlichen Sprache-Welt-Erfahrung näher als eine Zuordnung einzelner graphischer Komponenten (Buchstaben) zu einzelnen Segmenten eines Lautbildes. In graphischer Darstellung würde die Konditionierung etwa folgende Struktur haben:

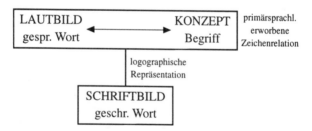

Die ganzheitlichen Konzeptionen (**Ganzheitsmethoden**) des Erstlesens und Erstschreibens haben diese Fähigkeiten des Kindes gezielt genutzt. Diese auch „analytisch" genannten Methoden (zur Methodenintegration s. nächste Seite) zeigten gerade im Anfangsunterricht verblüffende Erfolge. Andererseits hat ein „naiv" betriebener ganzheitlicher Erstleseunterricht oft Probleme hinterlassen, die z.T. erst später, z.B. beim Auftreten spezifischer Rechtschreibschwächen, sichtbar wurden.

## 10.3 Alphabetische Strategien: Entwicklung der Laut-Buchstaben-Beziehungen

Die meisten Kinder bringen bei Schuleintritt Fähigkeiten zum logographischen Lesen und Schreiben (= Abmalen) mit; zumindest ihren Vornamen können sie – in Druckbuchstaben – malen. Diesen, oft auch eine Reihe weiterer Wortbilder, können sie identifizieren und „lesen", d.h. sie artikulieren auf Befragen das entsprechende Lautbild. Spätestens in den ersten Schulwochen treten aber – bei einem **methodenintegrierten Unterricht\*** – ganz neue Lernverfahren hinzu, die in der Literatur meist als **alphabetische Strategien** bezeichnet werden. Diese beziehen sich allerdings nicht nur auf das Erlernen des Alphabets, sondern auf mehrere teils simultan, teils nacheinander ablaufende Prozesse.

Zunächst muß das Buchstabeninventar der deutschen Sprache Schritt für Schritt erworben werden; die Lehrpläne sehen dafür gut ein Jahr vor. Hier sind unterrichtsmethodisch bereits Entscheidungen zu treffen, mit welcher Schriftart zu beginnen ist. Heute wird von den meisten Praktikern und Wissenschaftlern der Beginn mit einer Druckschrift empfohlen. Die Form der Buchstaben, ihre relevanten Merkmale, ihre Lage müssen erkannt und gespeichert werden. Die Kinder haben sich für diesen Lernprozeß gewissermaßen ein „neues Sehen" anzueignen: Bisher haben sie gelernt, Gegenstände in verschiedenen Situationen und Umgebungen als dieselben wiederzuerkennen, unabhängig davon, in welcher Größe, in welcher Lage und Ansicht dieser Gegenstand erschien. Beim Lesen und Schreiben müssen sie ihre Aufmerksamkeit dafür schärfen, daß die Anordnung, die Lage, manchmal auch die Größe für die Identifizierung der Buchstaben von entscheidender Bedeutung sind: <C> und <c>, <P> und <p>, <O> und <o> unterscheiden sich (in der Druckschrift) nur durch die relative Größe, <d> und <b>, <p> und <q> nur durch Raumlage und Richtung.

Zu den alphabetischen Strategien gehört untrennbar ein zweites: Die Graphen wären bedeutungslose Gebilde, wenn sie nicht – als Buchstaben – zu bestimmten Lauten in Beziehung gesetzt würden. Diese Laute müssen aber als isolierbare Elemente überhaupt erst erkannt werden. Um

---

\* Im methodenintegrierten Unterricht werden zwei gegensätzliche Verfahren verbunden: (1) **Ganzheitliche Verfahren**, die mit integrierten Wortbildern oder ganzen Sätzen beginnen, dann auf analytischem Wege diese „Ganzheiten" in Wörter, Silben und Buchstaben zerlegen, und (2) **synthetische Verfahren**, die mit einzelnen Buchstaben und Lauten beginnen und diese zu Silben, Wörtern und Sätzen „synthetisieren".

238     Kapitel 10: Erwerb der schriftsprachlichen Kompetenz

Laute zu identifizieren und mit entsprechenden Buchstaben zu verbinden, benötigt das Kind also eine zweite, eine **lautanalytische Strategie**, die zum bewußten Isolieren und Klassifizieren der Sprachlaute führt. Die phonetische Analyse ist ein wichtiges Verfahren, um aus dem Schallstrom der Rede (Sätzen; Wörtern) einzelne Elemente herauszuheben, z.B. um sich bewußt zu machen, daß Selbstlaute mit bestimmten vokalischen Zeichen, Mitlaute mit entspr. konsonantischen Zeichen in Verbindung zu bringen sind.

Dies ist keine Selbstverständlichkeit, denn das Sprachbewußtsein der Sechsjährigen ist für diese Phänomene (in den meisten Fällen) noch kaum entwickelt. Zusammen mit dem „neuen Sehen" muß also auch ein „neues Hören" entwickelt und trainiert werden, und dieses muß in den meisten Fällen unterstützt werden durch ein neues, bewußtes und deutliches Artikulieren.

Im Erstleseunterricht werden verschiedene Methoden verwendet, um Kinder für den Wert der Einzellaute und Lautverbindungen zu sensibilisieren. Unter dem Sammelbegriff **Lautierungsverfahren** sind zu diesem Zweck – übrigens schon seit Jahrhunderten – verschiedene Techniken entwickelt worden.

Ein weiteres, nicht zu unterschätzendes Problem erschwert den Alphabetisierungsprozeß. Die deutsche Orthographie orientiert sich in den L-B-B an der gesprochenen Standardsprache, z.T. sogar an der hochdeutschen Lautung der Bühnensprache. Kinder, deren primäre Sprachvarietät ein Dialekt oder eine dialektnahe Umgangssprache ist, müssen also bei Schuleintritt zusätzlich Standarddeutsch als gesprochene Sprache erlernen, um eine lautanalytische Strategie beim Erwerb der Orthographie sinnvoll anwenden zu können.

Darüber hinaus gibt es bei vielen Kindern Mängel oder Retardierungen in der Sprachentwicklung, besonders in der Artikulation, z.B. Stottern, Stammeln, Lispeln, Poltern, Nuscheln usw. Es leuchtet ein, daß Lehreranweisungen wie „Schreibe, wie Du richtig sprichst!" oder „Achte genau auf die Sprechlaute, wenn Du schreibst!" bei diesen Kindern oft keine Hilfe sein können.

## 10.4 Ein Fallbeispiel: Tippversuche einer knapp Sechsjährigen auf der Schreibmaschine

Die visuelle Identifikation von Buchstaben im Kontext von Wörtern und Sätzen auf der einen Seite, die lautanalytische Strategie auf der anderen Seite bilden die wichtigsten Voraussetzungen beim Erwerb einer Buchstabenschrift. Viele Kinder kennen diese kombinierte Strategie bereits aus der Vorschulzeit, zumindest in bezug auf eine kleine Gruppe auffälliger Laute und Buchstaben. Oft eignen sie sich mit wenig Hilfe und ohne jede orthographische Unterweisung eine **phonetische Schreibung** an, die auf überraschende Weise selbstentwickelte Prinzipien und Regeln offenbart.

Hier ein Beispiel eines Mädchens (Miriam) im Alter von 5,9 Jahren, die im Büro ihres Vaters geraume Zeit auf einer Schreibmaschine „herumspielt" und sich vom Vater – vorweg oder auch zwischendurch – erklären läßt, wie die Buchstaben auf den Tasten „heißen":

```
1   julia          peter       simonewekt           jul
2   und     selke        ute          und        uta
3   laufen      zm        wonmobil        si      la
4   a
5   si      lau     fen
6   sifarn     week        schünzozdafezt        petea
7   wekt    schüz    martz    gut    surt   schneozdeaeia
8   si    we kn    ale        libe opa   lideoma
9   schün

10  o   waz   se   ej      da   kaka     und    pipi
11  und   kaka   lot      dekkapffü    füazjnfuaz   ooo
```

Hier zunächst der Versuch einer „Transliterierung" des Getippten ins Standarddeutsche:

```
1   Julia         Peter - Simone winkt      Jul(ia)
2   und Silke.    Ute          und          Uta
3   laufen    zum      Wohnmobil.   Sie   la-
4   a-
5   sie         laufen.
6   Sie   fahren   weg.  "Schönes Osterfest!"  Peter
7   winkt: "Tschüß, machts gut! Sucht schöne Ostereier!"
8   Sie winken alle.   Liebe Opa,      liebe Oma,
```

240     Kapitel 10: Erwerb der schriftsprachlichen Kompetenz

```
9     schön

10    Oh    was    seh    ich    da?    Kaka    und    Pipi!
11    Und Kaka (lot?) - Dickkopf-Fü Fürzchen-Furz oooh!
```

Nachdem der Vater sich das Geschriebene hat „vorlesen" lassen, fertigt das Kind eine zweite, „korrigierte", Fassung an:

```
1     julia    und    ute    lau    fen    zom    won
2     wonmobil    wenfrit    leuft    aur    nu
3     zm    wonmobil    tomas    und    uta
4     lau    fen    aur    zom    wonmobil    peta    w
5     wektschüz    schü    nzozda    fezt    surt    schü
6     surtschüneozda    eiha    ooowaz    seej
7     da    kaka    udn    undpipi
```

Auch hier eine „Transliteration" (mit Interpunktion, d.h. syntaktischer Interpretation):

```
1     Julia    und    Ute    laufen zum    Wohn-
2     Wohnmobil.    Winfried    läuft    auch    noch
3     zum    Wohnmobil.    Thomas    und    Uta
4     laufen    auch    zum    Wohnmobil.    Peter w-
5     winkt:    „Schönes Osterfest!    Sucht    schö-
6     Sucht    schöne    Ostereier!    Ooh, was    seh ich
7     da?    Kaka    und    und    Pipi!
```

Die auf den ersten Blick chaotischen Tip-Versuche eines 5 3/4 Jahre alten Kindes erweisen sich bei genauerer Betrachtung als interessantes Dokument, das sowohl verschiedene (sich hier überlappende) Phasen des Schreiberwerbs als auch eine Reihe von Prinzipien und inneren Regeln erkennen läßt.

Als erstes ist festzustellen, daß es ein ausgeprägtes Bewußtsein für Wortgrenzen gibt; fast alle Wörter werden durch große Zwischenräume getrennt. Eine Ausnahme bilden schnell gesprochene (quasi fusionierte) Formeln, die für das Kind (auch begründbar durch Sprechgeschwindigkeit, Intonation und Akzentuierung) wie geschlossene Wortkomplexe erscheinen (*schünzozdafezt*; *seej*). In Einzelfällen werden auch Silben getrennt (*lau fen*), was auf eine bewußte artikulatorische Segmentierung von Lauteinheiten hindeuten könnte.

Vor allem dokumentiert das Geschriebene, daß die lautanalytische Strategie bereits hochentwickelt ist: Der größte Teil des „Textes" zeigt

## Ein Fallbeispiel: Tippversuche einer knapp Sechsjährigen 241

eine ausgeprägt phonetische Schreibung, d.h. für eine als „Laut" entdeckte phonetische Einheit steht auch je 1 Buchstabe, und das mit einer erstaunlichen Konsequenz. Gerade die Regelhaftigkeit der – von der deutschen Orthographie völlig abweichenden – Laut-Buchstaben-Entsprechungen zeigt, daß es sich hier nicht um willkürliches Ausprobieren oder gar um Zufall handelt.

Einige der Konventionen, die Miriam in ihrem inneren orthographischen Regelwerk selbst entwickelt hat, können aus dem Textstück relativ sicher erschlossen werden. Zu erwähnen ist noch, daß die von Miriam erlernte Varietät eine norddeutsche Umgangssprache ist, die phonetisch sehr nah an der gesprochenen Standardsprache liegt. Hier die Auswertung der auffälligsten „inneren Regeln", die das Textstück offenbart:

1. Lange geschlossene i-Laute [iː] werden durchgehend als <i> geschrieben, vgl. *simone, wonmobil, si, libe.*

2. Für kurze offene i-Laute [ɪ] des Stdt. verwendet Miriam die Schreibung <e>; für diesen in ihrer Varietät in den meisten Positionen [ə] gesprochenen Laut findet sie keine Entsprechung; sie wählt – vielleicht in Analogie zum Schwa-Laut [ə] von Endungen wie in *gut̯e* – dafür den Buchstaben <e>: *selke, wekt, ej, wenfrit.*

3. Für den anlautenden, stimmhaften s-Laut (phonet. [z]) schreibt Miriam – in Übereinstimmung mit der deutschen Orthographie – durchgehend <s>: *simone, selke, si, surt, se.*

4. Der (silben-)auslautende, stimmlose s-Laut [s] wird konsequent durch den Buchstaben <z> wiedergegeben: *schünz-, martz, schüz, oz-, -fezt, waz.*

5. Für Nasale, z.B. in *wekt* (= winkt), findet Miriam keinen Buchstaben im Alphabet; sie verzichtet auf eine Repräsentation, vielleicht auch, weil sie die Nasalierung als phonetisches Merkmal des vorausgehenden Vokals empfindet.

6. Bei den a-, o- und u-Lauten kennt Miriam keine Markierung für die Länge, d.h. kurze und lange Vokale werden durch dieselben Buchstaben wiedergegeben.

7. Die Umlaute (hier ö- und ü-Laute) werden nicht unterschieden, d.h. beide werden durch <ü> wiedergegeben, auch unabhängig von ihrer Länge. In der Formel <schünzozdafezt> hat der lange Umlaut, für den die stdt. Schreibung <ö> verwendet, in der regionalen Varietät ihrer Umgebung eher die Klangqualität eines kurzen offenen ü-Lauts.

8. Zu einer interessanten Entscheidung führt die „Entdeckung" bzw. Isolierung des ich-Lauts [ç] einerseits, des ach-Lauts [χ] andererseits, für

242 Kapitel 10: Erwerb der schriftsprachlichen Kompetenz

die die stdt. Orthographie durchweg das <ch> vorsieht. Für den ach-Laut wählt Miriam konsequent das <r>, das sie bereits für die Schreibung eines ähnlichen Reibelauts (vgl. *wenfrit* = Winfried) kennengelernt hat. Sie übernimmt diesen Buchstaben für die Schreibung des in ihrer Varietät sehr ähnlichen ach-Lauts in *surt, martz, aur* (= auch). Der ich-Laut wird durchgehend durch den Buchstaben <j> wiedergegeben. Auch hier zeigt ihre intuitive phonetische Analyse, daß die in der stdt. Schreibung durch <j> und <ch> repräsentierten Laute artikulatorisch nahe beieinander liegen; beide sind palatale Reibelaute, unterschieden durch das Merkmal stimmhaft [j] und stimmlos [ç], allerdings bei etwas anderer Zungenstellung; so schreibt sie *ej* (= ich) und *füazjen* (= Fürzchen).

9. Vokalische Reste, d.h. nahezu stummes [ə] in den Endungen von Verben und Adjektiven (stdt. Schreibung <-en> bzw. <-es>), werden von Miriam wahrscheinlich gar nicht als Laute wahrgenommen; sie schreibt *farn, schünz.*.
   Der Schwa-Laut [ɐ] in den Endungen von Substantiven wird dagegen nicht ignoriert; die entsprechenden Endungen (orthogr. Norm <-er>) schreibt sie z.T. phonetisch (nach der Lautung ihrer Varietät), z.T. aber schon nach orthographischen Konventionen: Schreibungen wie *peta/petea* und *ozda-* (= Oster-) stehen dem rechtschriftlichen *peter* gegenüber. Hier konkurrieren offensichtlich lautanalytische und **orthographische Strategie** (genaueres s. u.), und es ist interessant zu beobachten, daß sich das lautanalytische Prinzip in der „korrigierten Fassung" z.T. gegen das Wort-Schriftbild aus dem orthographischen Speicher durchsetzt. *peta* ist offensichtlich lautanalytisch motiviert, *petea* indessen könnte einen interessanten Kompromiß aus orthographischer und phonetischer Strategie darstellen.
   Der Schwa-Laut am Wortende [ə] wird konsequent durch <e> wiedergegeben (vgl. *ute, ale, libe, schüne*); hier ist schwer zu entscheiden, ob eine **orthographische Analogie-Regel** – auf der Basis der bis dahin gespeicherten Wortbilder – oder die phonetische Analyse die Schreibung begründen.

10. Eine logographische Strategie, d.h. das Zurückgreifen auf fest gespeicherte Wort-Schriftbilder, zeigt sich am klarsten bei den Eigennamen: *julia, ute/uta, peter, simone*; bei *selke, wenfrit* und *tomas* hingegen wird offensichtlich aufgrund phonetischer Analyse konstruiert. Als festes Wortbild kann auch *und* abgerufen werden.

11. Ausgeprägt **orthographische Regeln** lassen sich bereits bei der gra-

Orthographische Strategien 243

phischen Umsetzung der Diphtonge erkennen: sie schreibt <ei>, <au>, und <eu>, – (nicht <ai/ae>, <ao> oder <oi/oe>, wie es eine phonetische Analyse nahelegen würde). <eu> wird hier „falsch" verwendet (*leuft*), da sie das morphematische Prinzip und die entsprechenden orthographischen Regeln noch nicht kennt.

Schließlich muß konstatiert werden, daß der größte Teil der L-B-B sich bereits an den Konventionen der dt. Orthographie orientiert; in den meisten Positionen werden orthographisch korrekt verwendet: <p>, <t>, <k>, <b>, <d>, <g>, <l>, <m>, <n>, <w>, <f>; <sch> wird auf Anweisung für [ʃ] geschrieben, und die Schreibung der Langvokale und der Diphtonge entspricht (in den meisten Fällen) stdt. orthographischen Konventionen.

An diesen Schreibversuchen wären weitere Regeln und Prozeduren zu entdecken, die hier nicht erörtert werden sollen. Abschließend bleibt vielleicht noch zu erwähnen, daß die **Raum-Lage-Labilität**, die für das frühe handschriftliche Reproduzieren der Buchstaben typisch ist, hier nur in Spuren zu beobachten ist: Spiegelverkehrtheit bei *lide* /*libe*, Positionswechsel bei *udn* / *und*.

Schreibmaschine und Computer sind Hilfsmittel, die heute auch in der Grundschule immer mehr genutzt werden; sie können Unsicherheiten in der Raum-Lage-Position von Buchstaben und der Richtung und Linearität ihrer Anordnung zwar nicht beseitigen, aber dem Kind das schnelle Einprägen eines lage- und richtungsstabilen, formklaren Schriftbildes erleichtern.

## 10.5 Orthographische Strategien

### 10.5.1 Orthographischer Speicher
für spezielle Laut-Buchstaben-Beziehungen

In diesem Schreibdokument haben wir das Nebeneinander von logographischen und alphabetischen, vor allem lautanalytischen, Strategien kennengelernt. Daneben waren auch schon Ansätze zu einzelnen **orthographischen Strategien** zu beobachten, etwa bei *laufen*, evtl. bei *und*. Wenn man orthographische Strategien als Sammelbegriff für alle inneren Regeln/Prozeduren versteht, die über das phonetische Schreiben (also nach einer direkten, naiven L-B-B) hinausgehen, dann sind darunter zunächst solche Regeln zu verstehen, welche die Laute der deutschen

244   Kapitel 10: Erwerb der schriftsprachlichen Kompetenz

(Standard-)Sprache betreffen, die keine Entsprechungen im lateinischen Alphabet haben. So wird das behauchte „s" [ʃ] in den meisten Positionen durch <sch> wiedergegeben (Ausnahme: in Verbindung mit <p> und <t> im Silbenanlaut). Für den Laut [f] werden zwei, unter Einbeziehung der Entlehnungen sogar drei Schreibungen verwendet: <f>, <v>, <ph>. Für die beiden Reibelaute [ç] und [χ] wird durchgehend die Kombination <ch> verwendet.

[Zu den verschiedenen orthographischen Regelungen im Bereich der L-B-B s. Kap. 8 „Orthographie".]

Diese Liste ließe sich noch um eine Reihe von Regeln und Unterregeln erweitern. Hier sollte nur darauf hingewiesen werden, wie groß und in sich strukturiert dieser Speicher für spezielle, orthographisch definierte L-B-B sein muß, den das Kind in sehr kurzer Zeit aufbauen und beherrschen muß.

## 10.5.2 Morphemanalytische Strategien

Für den Erwerb des orthographischen Regelwerks ist eine Gruppe weiterer, sehr wichtiger Strategien von Bedeutung, bei denen das Kind allerdings auf seine natürliche sprachliche Intuition zurückgreifen kann. Es handelt sich um einen Komplex von **morphologischen Strategien**, mit deren Hilfe eine Reihe orthographischer Regeln und Sonderregeln zu erwerben ist. Diese setzen eine morphologische Analyse der (integrierten) Wortbilder voraus, also eine Zerlegung z.B. in /Oster - ei - er/, /schön - es/, /lauf - en/. Für die Flexionsmorpheme am Ende dieser Wörter wird eine eigene (in vielen Fällen nur historisch zu erklärende) Schreibung verlangt, die von der Lautung sehr stark abweicht. Der orthographische Lernprozeß kann hier etwa folgendermaßen erklärt werden:

Zunächst müssen diese Morpheme erkannt und isoliert werden, was eigentlich nur durch eine kombinierte lautanalytische und morphematisch-semantische Prozedur (Zerlegung in Laut- und Sinneinheiten unterhalb der Wortgrenzen) möglich ist. Für die Morpheme mit nicht-phonetischer Schreibung muß dann ein eigener Gedächtnisspeicher eingerichtet werden, aus dem diese, wann immer sie in den akustischen oder nur vorgestellten Wortbildern erkannt und isoliert werden, als quasi feste Einheiten abgerufen werden können. In diesen oder einen ähnlichen Speicher müßten nach und nach auch alle Präfixe und wortbildenden Suffixe aufgenommen werden, deren Schreibung in vielen Fällen vom Lautbild abweicht: <ab-> – [ap], <vor-> – [foːɐ], <ver-> – [feːɐ], <zer->– [tseːɐ];

Orthographische Strategien 245

<-ung> – [-ʊŋ], in norddt. Umgangssprachen [-ʊŋk], <-ig> – [-ɪç].
[Zu den verschiedenen orthographischen Regelungen im Bereich der L-B-B s. Kap. 8 „Orthographie".]

## 10.5.3 Lexemanalytische Strategien

Mit **lexemanalytischen Strategien** sind jene Prozeduren gemeint, mit deren Hilfe Wörter aus dem Schallstrom der Rede als selbständige sprachliche Einheiten isoliert (und klassifiziert) werden. Aus der Perspektive schriftbeherrschender Erwachsener mag diese Fähigkeit als allzu selbstverständlich erscheinen; für das 6jährige Kind ist es eine ganz neue Dimension des Sprachbewußtseins, alle lexematischen Elemente von Äußerungen als „Wörter" zu isolieren und wiedererkennen zu können. Das Bewußtsein für die Größe „Wort" ist in diesem Alter schon relativ ausgeprägt bei Appellativa und Eigennamen, etwas geringer bei Verben und Adjektiven (vgl. VALTIN 1987, 223ff.). Bei allen Partikeln, Pronomen und Artikeln, auch bei Hilfsverben, ist dieses Bewußtsein kaum vorhanden; das gilt besonders für Fälle, bei denen diese Elemente unbetont sind und artikulatorisch fast mit vorausgehenden Wörtern verschmelzen. Für das Vorschulkind haben sie keine erkennbare „Bedeutung" (vgl. auch Miriams „Wortverständnis" in *seej*).

Die Kategorie „Wort", wie sie orthographisch definiert ist, wird offensichtlich erst über das Schriftbild bewußt gemacht. Das ist natürlich ein Zirkel, denn auch in den graphischen Ketten müssen erst Einheiten als Wörter erkannt werden, und das geschieht ganz offensichtlich durch die Hilfsregel: „Immer da, wo ein Zwischenraum ist, fängt ein Wort an bzw. hört es auf".

Der lexematische Speicher, in dem Wort-Schriftbilder als integrierte Einheiten gespeichert und aus dem sie abgerufen werden, und die Verknüpfung zwischen diesem Speicher und dem – primärsprachlich erworbenen – Lexikon sind sicher die wichtigsten Komponenten bei der Entwicklung der Lesekompetenz; nicht ganz so hoch dürfte ihr Stellenwert für den Erwerb der rechtschriftlichen Kompetenz sein. Obwohl sich die Didaktik des Erstschreibens lange Zeit auf den (fehlerfreien) Aufbau des lexematischen Speichers konzentriert hat („Nun überleg doch mal, wie man dieses Wort schreibt!"), müssen aus heutiger Sicht Zweifel angemeldet werden, ob der sukzessive Aufbau eines lexematischen Schreibspeichers die einzige und wichtigste Strategie beim Schreibenlernen sein kann. Zwischen 1000 und 2000 „Wörter" sollen die Grundschulkinder

246     Kapitel 10: Erwerb der schriftsprachlichen Kompetenz

(nach den Richtlinien der Länder) bis zum Abschluß der Grundschule rechtschriftlich sicher beherrschen, den sog. **Grundwortschatz**. Aber die reine Akkumulation von Wort-Schriftbildern müßte sehr bald an ihre Grenzen stoßen, aus lerntheoretischen und aus Gründen der Gedächtniskapazität. Fast jedes Kind entwickelt – heute durch eine Vielzahl von Anregungen und Methoden unterstützt – eigene Lernstrategien und Prozeduren, um die Wortzeichen durch phonetisch-graphemische und durch morphematische Analyse für sich zu strukturieren und immer wieder zu (re-)konstruieren. Die Prozeduren der (Re-)Konstruktion dürften zwar nach und nach zu festen, unbewußt vollzogenen Routinen werden; sie können jedoch bei orthographischen „Problemfällen" immer wieder gezielt aufgerufen und auch bewußt gemacht werden.

Die Notwendigkeit und der Stellenwert eines lexematischen Schreibspeichers sind indessen unbestritten. Sie werden besonders sichtbar, wenn das Kind Schriftbilder von hochfrequenten Funktionswörtern abzuspeichern hat, vor allem solchen, die von einer phonetischen Schreibung abweichen. Dazu gehören: der gesamte Bestand an Pronomina (bei dem als orthographische Kuriosität das <h> als Längenzeichen für [iː] auftritt: *ihr, ihm/ihn, ihnen*); alle Artikel, Präpositionen, Konjunktionen, häufige Adverbien, Zahlausdrücke u.a.m. Die Menge dieser Wort-Schriftbilder zeigt bereits, wie stark ein lexematischer Speicher allein durch diese Elemente belastet wird: Selbst die in der Alltagssprache von Grundschulkindern verwendeten Elemente dürften, alle Flexionsformen mitgerechnet, mehrere hundert Einheiten umfassen. Daß die Mehrheit der Grundschulkinder dennoch diese Aufgabe meist schnell und souverän bewältigt, zeigt die erstaunliche Konstanz und geringe Fehlerquote bei der Schreibung dieser Elemente (mit Ausnahmen, wie z.B. <das> – <daß>).

### 10.5.4 Grammatische und pragmatische Strategien beim Erwerb der deutschen Orthographie: Groß- und Kleinschreibung; Interpunktion

Der Schriftspracherwerb fordert darüber hinaus die Aneignung von Schreibnormen, die sich auf einen ganz anderen Komplex von Regeln beziehen; für diesen werden teils grammatische (insbes. syntaktische), teils aber auch stilistische und pragmatische Normen zur Begründung (und Rechtfertigung) herangezogen. Nur zwei Bereiche sollen hier unter dem Aspekt „Erwerb der schriftsprachlichen Kompetenz" kurz betrachtet werden: Regeln für die **Groß- und Kleinschreibung** und **Interpunktionsregeln**.

Die Groß- und Kleinschreibung ist eines der schwierigsten und fehlerträchtigsten Gebiete der deutschen Orthographie. Die entspr. Normen beziehen sich explizit oder implizit auf grammatische Theoreme, deren Aneignung – ob rein intuitiv oder als bewußtes Regellernen – eine unerläßliche Voraussetzung für das Verständnis und die Beherrschung der Regeln ist.

Das Hauptproblem der Regeln für die Großschreibung liegt in dem Begriffsverständnis der „Wortart" (?) **Substantiv** und der Kategorie der **Substantivierungen**. Dem Grundschüler versuchen Lehrer verschiedene Hilfsregeln an die Hand zu geben, z.B.: „Alle Dingwörter / Namenwörter / Wörter für Menschen, Tiere und Dinge werden groß geschrieben!" oder: „Alles was einen Artikel (Begleiter) bei sich hat oder mit einem Artikel versehen werden kann, wird groß geschrieben!" Ohne weiteres grammatisches Wissen kann aber besonders die zweite Anweisung irreführend sein; denn es gibt praktisch kein Wort irgendeiner Wortart, das nicht substantiert, d.h. mit einem Artikel versehen werden könnte (vgl. *das Schöne; das Du; das Wenn und Aber; das Vorher und Nachher ...*).

Bei den Wörtern der Kategorien Substantiv und Substantivierung, deren Anfangsbuchstabe groß zu schreiben ist, geht es aber im Grunde weniger um die Vertreter einer Wortart als vielmehr darum, bestimmte syntaktische Kriterien zu erkennen, die Anhaltspunkte für die Groß- (oder auch Klein-)Schreibung dieser Wörter liefern. Nur Funktion und Position im Satz entscheiden darüber, wann ein Wort groß zu schreiben ist, wann es also als Substantiv bzw. als Substantivierung zu gelten hat, z.B.

*Durch die Kraft seiner Hände ...; er entscheidet das kraft seines Amtes; es ist die Schuld dieser Leute; daran sind diese Leute schuld.*

Die Regeln werden außerordentlich kompliziert durch eine Vielzahl von Ausnahmen, inbes. dort, wo nominale Bestandteile von Adverbialphrasen klein geschrieben werden sollen: *im voraus; im allgemeinen; es ist das beste; auf das schönste (überrascht)* usw. Die Begründungen, die hier vom Rechtschreib-Duden angeführt werden, sind vom Schreibanfänger sicher kaum nachzuvollziehen.

[Zu den Regelbegründungen vgl. wieder Kap. 8 „Orthographie". Der Vorschlag der Internationalen Kommission für Rechtschreibfragen sieht hier erhebliche Vereinfachungen vor, nach Regeln, die besser begründet sind und weniger Ausnahmen enthalten.]

Über rein grammatisches Wissen hinaus geht die Norm, Wörter am Satzanfang grundsätzlich groß zu schreiben. Dies scheint zunächst eine einfache, fast mechanisch zu befolgende Regel zu sein: Am Textanfang, nach einem Punkt, Frage- und Ausrufezeichen (oder Doppelpunkt, wenn ein

248 Kapitel 10: Erwerb der schriftsprachlichen Kompetenz

ganzer Satz folgt) schreibt man das nächste Wort stets groß. Hier handelt
es sich weniger um eine grammatisch als vielmehr um eine stilistisch und
pragmatisch zu begründende Entscheidung: Wo genau beginnt ein (neuer) Satz, wo (genau) ist er zuende?

Um Satzgrenzen erkennen oder festlegen zu können, muß also zunächst ein – wie immer geartetes – Wissen darüber erworben werden, an
welcher Textstelle sinnvoll oder notwendig ein Punkt (bzw. Fragezeichen, Ausrufezeichen oder Doppelpunkt) zu setzen ist; demgegenüber ist
die Markierung des neuen Satzes durch Großschreibung zweitrangig. Wo
die Grenzen von (schriftsprachlichen) Sätzen liegen (können oder müssen), ist nur durch stilistische und pragmatische Normen zu begründen –
und die sind von anderer Art und schwieriger zu kodifizieren als syntaktische oder morphologische Regeln.

Im Hinblick auf die Satzgrenzen gibt es also eine wechselseitige Abhängigkeit der Regeln für die Großschreibung einerseits, die Interpunktion andererseits. Aber weniger die sogen. Satzschlußzeichen machen dem
Erstschreiber Schwierigkeiten; das Tückische an der deutschen Interpunktion sind die zahlreichen Regeln für die Kommasetzung. Auch hier
kommen pragmatische Gesichtspunkte ins Spiel; in den meisten Fällen
werden die Regeln für die Kommasetzung jedoch durch syntaktische Kriterien begründet. Diese beruhen allesamt auf der traditionellen Satzlehre.
Um die Normen zu verstehen, ist ein umfangreiches grammatisches Wissen über Parataxe und Hypotaxe erforderlich. Für die „Klammerung"
durch Kommasetzung müssen u.a. alle Arten von Nebensätzen bekannt
sein (z.B. konjunktionale und nichtkonjunktionale), dann die den Nebensätzen gleichgestellten Partizipgruppen und (erweiterte) Infinitivgruppen. Daneben sind Einschübe wie Appositionen und Parenthesen zu
berücksichtigen; auch bei Interjektionen und Anredeformeln wird die
„paarige" Kommasetzung relevant.

Bei Reihungen, d.h. der Trennung der einzelnen Glieder durch Komma, gibt es eigene Sonderregeln und komplizierte Begründungen, wann
es sich um gleichgeordnete, d.h. durch Komma zu trennende, wann um
untergeordnete Glieder (kein Komma) handelt (s. Kap. 8 „Orthographie").

Eine größere Zahl von Subregeln, Zusatzregeln und Ausnahmen er-
schweren die Aneignung dieses Normensystems. Wohl nur wenige Ver-
wender der deutschen Schriftsprache dürften für sich in Anspruch nehmen können, die Regeln der deutschen Interpunktion vollständig zu beherrschen.

## 10.6 Von der elementaren Schreibtechnik zur schriftlichen Textbildungskompetenz

In den bisher beschriebenen und an dem Fallbeispiel „Miriams Schreibversuche" erläuterten inneren Regeln des Schreiberwerbs ging es in erster Linie um auditive, visuelle und kognitive Strategien, die die Voraussetzungen für den Aufbau spezieller Speicher und die Anwendung von rechtschriftlichen Prozeduren schaffen. Die Anwendung dieser Strategien ist nie als isolierte Operation zu denken, sondern sie können als eine Art Apparatur betrachtet werden, die das Kind wie eine „zweite generative Grammatik" zur Produktion „wohlgeformter", d.h. rechtschriftlicher Schreibprodukte entwickelt.

Nun bedeutet manuelle Produktion von Schriftbildern für das Kind nur in besonderen Schreibsituationen das Finden der Buchstaben und das Niederdrücken der Tasten (Schreibmaschine; Computer) oder das Auffinden und Zusammensetzen der Lettern (Druckerei oder Setzkasten).

Der Normalfall in unserer Schriftkultur ist – immer noch, aber immer weniger – das manuelle Schreiben mit einer verbundenen Schrift, das Ziehen von feinen Linien mit Stiften auf einer harten Fläche. Die Didaktik des Erstschreibens hat sich seit jeher intensiv darum bemüht, bei den Kindern die Feinmotorik so zu schulen, daß die Voraussetzungen für „eine gut lesbare und formklare, bewegungsökonomische und flüssige Verkehrsschrift" (Richtlinien Sprache NRW 1985, 36) geschaffen wurden. Zur Erreichung dieser Ziele bedarf es gerade bei ungelenken, in ihrer Feinmotorik „unterentwickelten" Kindern eines ausgiebigen Trainings, das in manchen didaktischen Konzeptionen fast den Charakter einer Dressur hat. Es ist offensichtlich, daß das Schreiben mit der **Verbundenen Ausgangsschrift** (z.B. der Lateinischen Ausgangsschrift), in einer Lineatur, in den kurzen Zeilen eines Heftes, vom Schulanfänger erhebliche Anstrengungen erfordert. Wochenlange Vorübungen – ganze Seiten voller Wellen, Arkaden, Dachziegeln usw. – sollen die Arm-Hand-Fingermuskulatur lockern und trainieren, bis endlich die ersten Buchstaben und Buchstabenkombinationen gemalt werden dürfen.

Dieses Konzept wird heute mehr und mehr ersetzt durch ein „Schreiben von Anfang an", das die hohe Anfangsmotivation der Kinder berücksichtigt, sich auch schriftlich mitzuteilen und damit sehr schnell etwas von dem zu lernen, „was die Erwachsenen können". Dieses Konzept kann nur realisiert werden, wenn man die Kinder mit einer Schriftart

## 250 Kapitel 10: Erwerb der schriftsprachlichen Kompetenz

beginnen läßt, die sie kennen und mit der sie schon ihre ersten Schreibversuche unternommen haben. Dies ist im allg. eine Druckschrift. Zahlreiche Versuche haben demonstrieren können, daß die Kinder hier sehr schnell Erfolgserlebnisse haben und wie stark sie selbst an der Weiterentwicklung ihres Schreibens interessiert sind. Das Schreiben mit der Druckschrift hat gerade für die synthetischen Prozeduren – das Identifizieren der Buchstaben, ihre Zuordnung zu einzelnen Lauten und das Zusammensetzen zu Wort-Schriftbildern – unschätzbare Vorteile.

Im folgenden versuchen wir an einigen Textbeispielen von sechs- bis achtjährigen Kindern nachzuzeichnen, wie sich die (schriftliche) Textbildungskompetenz im Grundschulalter entwickelt. Als erstes der Text einer Sechsjährigen, verfaßt etwa drei Monate nach Schuleintritt:

Zur besseren Lesbarkeit zunächst eine „Transkription" des Geschriebenen, bei Beibehaltung der Großantiqua, aber mit Markierung der Wortgrenzen durch Leerzeichen:

~~IN DER SRHULE IST EIN METCHEN~~
ÜBERFALEN IST EIN METCHEN
ES KONTE SICH NOR RETEN ABA
GOSADANK(T) HAT DAS METCHN GSCHRIN
UNT IST WEKGHRANT ARBER ES HAT SICH
ABER AUC(R)R WEGETAN
FON MONA [*Nachname getilgt*] FON SAMSTAK UNT NOWEM
BER

Diese Geschichte, zu Hause auf einem Kalenderblatt für die Eltern geschrieben, imitiert offensichtlich einen Zeitungstext, etwa vom Typ „Kurzmeldung". Die Bericht- bzw. Erzählzeit ist durchgehend das Perfekt – bis auf den 2. Satz, bei dem die komplexe Verbalphrase Umstellungen erfordert hätte („Es hat sich noch retten können"). Daß Mona als Textmuster so etwas wie ein „Ereignisbericht" vorschwebte, dafür spricht auch, daß sie den „Bericht" datiert (auf dem Kalenderblatt korrigiert: „28") und ihren Namen darunter setzt. Diese „Meldung" enthält alle wichtigen Elemente des Geschehens – ganz gleich, ob man dieses nun als Angst-Phantasiegeschichte, als Ausmalen von Erinnerungspartikeln oder einfach als Imitation von alltäglichen Unfallmeldungen bewerten will.

Der Versuch einer Überschrift oder Schlagzeile ist offensichtlich mißlungen; nach der Eigenkorrektur bleibt ein Rumpfsatz, der gleichzeitig Texteingangssatz ist. Der zweite Satz ES KONTE SICH NOR RETEN enthält das Zweitwichtigste, den (guten) Ausgang der Geschichte. Dann folgt die Erklärung/Erläuterung, warum der „Überfall" glimpflich verlaufen ist: GOSADANK HAT DAS METCHEN GESCHRIN UNT IST WEKGHRANT. Schließlich wird das Ergebnis des Geschehens, die Folgen, noch einmal präzisiert: ARBER ES HAT SICH ABER AUCR WEGETAN.

Die wichtigsten Aspekte des Ereignisses sind entsprechend dem Textmuster „Kurzbericht" konsequent aufbereitet und wiedergegeben – ein guter Beleg für eine in diesem Alter bereits entwickelte Textbildungskompetenz, die über das „naive" Erzählen von Alltagsgeschehen hinausgeht.

Zur „Orthographie" nur eine kurze Anmerkung: Von einzelnen L-B-B abgesehen finden wir eine strikt phonetische Schreibung. Interessant ist, für welche Schreibungen sich Mona bei problematischen bzw. noch unbekannten L-B-Entsprechungen entscheidet: Es gibt keinerlei Markierung für die Kürze oder Länge von Vokalen; der Schwa-Laut wird, wie langes e [eː] oder kurzes ä [ɛ] in WEK, durch <e> wiedergegeben. Die orthographische Konvention für den ich-Laut <ch> wird bereits routiniert verwendet, der ach-Laut dagegen macht Schwierigkeiten. Mona entscheidet sich – wie übrigens Miriam – dafür, hier konsequent das <r> einzusetzen.

Der zweite Beispieltext stammt ebenfalls von Mona und wurde knapp einen Monat nach der Kalenderblatt-Geschichte verfaßt. Er war als Weihnachtsgeschenk an die Eltern gedacht.

Kapitel 10: Erwerb der schriftsprachlichen Kompetenz

Text 2 (Abbildung um zwei Drittel verkleinert)

Auch hier – zu Zwecken der Lesbarkeit und der Analyse – eine „Transkription" des Geschriebenen; „|" steht wieder für die Zeilengrenze:

ES WA EINMAL EINE FRU UND EIN MAN EINES TAGES |
MUSTEN SI NAR(?) BETLEHEM DI FRAU WA MARIA UND |
DER MAN CHOSEF MARIA WATETE AUF IR BEBI DA KAM ES
DAS BEBI SIL |
EKTN ES IN EINE FUTERKRIPE EIN BISCHEN WEITE WEK
WAREN HIRTE |
N DA KAM PLOSLIK EIN ENEL SU IN UND SAKTE FÜRCHTET
EUCH NICHT ICH ERK |
UNDE EUCH GUTE FUD(?) EUCH IST HEUTE ISE EUCH DER
HEILANT GEBOREN GET HIN UND |
IR WERDT IN (N) WIDELN GEWIKELT SEEN DA GINEN SI UND
ES WA ALES SO |
WI DER ENEL ES GESAKT HATE SO WAREN SI GLÜKLICH

Die „Nacherzählung" der Weihnachtsgeschichte belegt zunächst die genaue Textkenntnis; die Geschichte der Geburt Jesu hat die Schreiberin wahrscheinlich schon mehrmals gehört (weniger wahrscheinlich ist, daß sie sie auch gelesen hat). Die Textgestaltung verwendet eingangs Formeln des Märchens: ES WA EINMAL; EINES TAGES. Ansonsten ist der erste Teil bis etwa WAREN HIRTEN erzählerisch frei gestaltet. Ab da werden sehr genau die Formulierungen des Lukas-Evangeliums übernommen. Die formelhaften Passagen üben offensichtlich eine große Faszination auf die Schreiberin aus, sie versucht sie wörtlich wiederzugeben – obwohl diese anscheinend wegen ihrer veralteten Ausdrucksweise zum Teil nicht verstanden wurden (ICH ERKUNDE EUCH GUTE FUD ?). Auch die nächsten Sätze zeigen das Bemühen um genaue Reproduktion der „magischen" Formulierungen. Schließlich wird die – offenbar als unvollständig empfundene – Geschichte durch eine märchenartige Schlußsequenz abgeschlossen: SO WAREN SI GLÜKLICH.

Sowohl von der sachlichen Konsistenz als auch von der Zeitstruktur her finden wir eine geschlossene Darstellung. Durchgehend wird das erzählende Präteritum verwendet, auch in den von Mona selbst formulierten Passagen. Wenn man die Anstrengung zur Produktion jedes Buchstabens und die geringe Schreibgeschwindigkeit der 6/7jährigen in Rechnung stellt, dann ist es schon erstaunlich, wie sie den Überblick behält: vom Buchstaben zum Wort-Schriftbild, von den Wörtern zum Satz und schließlich zum Textganzen. Das setzt erstens einen gut durchstrukturierten Textplan voraus, nach dem die Geschichte einzuleiten, zu entwickeln und abzuschließen ist. Es erfordert zweitens, daß die Schreiberin jederzeit ein Bewußtsein von dem schon Fertiggestellten hat, das heißt, daß sie immer wieder durchliest, was sie bereits geschrieben hat, und bedenkt, was noch zu schreiben ist.

In diesem Textstück verbinden sich Elemente einer natürlichen erzählerischen Kompetenz mit einer fast eidetischen Fähigkeit, gehörte Formulierungen als sprachliche Klang- und Strukturmuster abzurufen und in die eigene Schreibsprache umzusetzen. Wenn dieser Text – wie anzunehmen ist – in einem Durchgang geschrieben wurde, dann handelt es sich um eine beachtliche Leistung, sowohl in bezug auf die motorische Disziplin als auch die geistige Konzentration.

Der Fortschritt gegenüber dem Text, den Mona 4 Wochen zuvor geschrieben hat, liegt nicht nur in der Länge des Schriftstücks, sondern vor allem im Reichtum an Wort-Schriftbildern und der klareren syntaktischen und textlichen Durchstrukturierung.

Die Entfaltung der erzählerischen Fähigkeiten wird hier begünstigt durch eine Schreibfreude, die offensichtlich nicht durch inhaltliche Zensur oder Kritik an der Form behindert wird.

Hinsichtlich der orthographischen Kompetenz gibt es nur geringe „Fortschritte" gegenüber dem einen Monat zurückliegenden Schriftstück. Auch hier herrscht noch weitgehend die phonetische Schreibung vor; an orthographischen Konventionen sind bekannt: <ei>, <eu>, <ch> für den ich-Laut; <und> und <der> werden konsequent nach rechtschriftlichen Normen geschrieben, d.h. können als Wort-Schriftbilder abgerufen werden. Interessant ist die Abweichung von der phonetischen Schreibung bei LEKTE, SAKTE und GESAKT. Während CHOSEF einen Hinweis auf die gesprochene Umgangssprache (Gelsenkirchen; relativ standardnah) enthält, vielleicht auch eigener Ersatz für das noch unbekannte <J> ist, dokumentieren LEKTE und SAKTE eine streng standarddeutsche Lautung, die der Schreiberin – gerade bei den „biblischen" Formulierungen – als Klangmuster im Gedächtnis geblieben ist.

Das dritte Textbeispiel ist aus G. SENNLAUB 1994, 69, entnommen:

LIEBER SENNI
DEIN BRIEF IST SCHÖN
ICH KANN DOCH VIEL
SCHREIBEN! ICH FREUE
MICH SCHON AUF DEN
NIKOLAUS UND AUF
WEIHNACHTN.
ICH WÖNSCHE
MIR EIN NEUES FARAT
UND EINEN SCHLITEN.
VIELE GRÜSSE VON
AEIRIS

Der Brief ist ein Beispiel aus der umfangreichen Schüler-Lehrer-Korrespondenz, über die SENNLAUB in seinem Buch berichtet. Zu Beginn des zweiten Schuljahrs (vermutl. Anfang. Dezember) schreibt eine Schülerin ihrem Lehrer einen Brief, um einfach etwas über ihre Gefühle/Erwartungen mitzuteilen. Inhalt und Anlaß zeigen die hohe Schreibmotivation, verweisen auch auf das besondere Vertrauensverhältnis zwischen Lehrer und Schülern – wie sonst kämen Kinder dazu, sehr private Empfindungen schriftlich einem (normalerweise fremden) Erwachsenen anzuvertrauen. Diese Schülerbriefe erfüllen eine Reihe persönlicher Bedürfnisse, und sie dienen konkreten Zielen, haben also für den Schreiber einen nachvollziehbaren Sinn. Sie sind Kommunikation aus wirklichen Motiven heraus, an einen realen Adressaten, in der realistischen Erwartung eines Feed-Backs. Die Schriftlichkeit wird hier als ein Medium erfahren, das neue Kommunikationsmöglichkeiten eröffnet, zu Zwecken, die sonst vielleicht nicht erreichbar sind, über Inhalte, die anders (etwa mündlich) so und zu diesem Zeitpunkt nicht mitteilbar sind.

Die Erhaltung der Schreibmotivation ist das wichtigste Argument für neue Konzeptionen eines schülerzentrierten und erfahrungsorientierten Schriftspracherwerbs. Die Einsicht in die Zwecke und Ziele des Schreibens bildet die Basis für die Entdeckung und Aneignung der vielfältigen Funktionen schriftlicher Kommunikation.

Die Alltagserzählung an räumlich entfernte Adressaten und mit zeitlichem Verzug, z.B. der Wunschzettel zu Weihnachten oder die persönliche Lehrer-Schüler-Korrespondenz, sind sicher geeignete Ansatzpunkte für eine spontane Produktion von Schreibprodukten. Sehr bald wird die funktionelle Vielfalt des Schreibens aber eine Differenzierung der sprachlichen und stilistischen Mittel, auch der Textsorten und Übertragungsmedien, erforderlich machen. In der folgenden Liste wird – ohne Anspruch auf Vollständigkeit – eine Reihe von Schreibanlässen und Schreibsituationen aufgeführt, die heute in vielen Schulen schon – als Alternative zum traditionellen „Aufsatzunterricht" – von Lehrern und Schülern gemeinsam erprobt werden:

– Erzählungen in vielen Spielarten: Erlebtes, Gehörtes, Phantasiegeschichten, Bildergeschichten, Abenteuer, Krimis;
– Anzeigen aller Art: „Gesucht", „Gefunden", „Biete zum Tausch", „Wer hilft mir?" „Verloren", „Wer hat Interesse an ...", „Wer macht mit bei Spielen, Sport, Freizeitaktivitäten?";
– Merkzettel für verschiedene Zwecke: Einkaufen, „Was mitzubringen ist", „Was brauche ich für ..." usw.;
– Glückwünsche, Einladungen, Dankschreiben, Beschwerden; Bewerbungen (?);
– Backrezepte, Gebrauchs- und Bauanleitungen, Formulare ausfüllen;
– Tips, Ratschläge, Empfehlungen zu Filmen oder Fernsehsendungen;
– Beobachtungsprotokolle, Melden von Vorkommnissen, Verfassen von Spielregeln;
– Herstellen einer Klassenzeitung, darin: Berichte, allg. Nachrichten aus Schule, Stadtviertel usw., Interviews, Witze, kleine Theaterstücke, Sketche, kleine Sportreportagen, „Bunte Seiten";

256 Kapitel 10: Erwerb der schriftsprachlichen Kompetenz

- Zeitung als eigene Geschichtensammlung; als Schul-Wandzeitung; als „Korrespondenzzeitung";
- Schreiben und Malen für eine klasseneigene Fibel; für ein klasseneigenes Geschichtenbuch.

Sprache, Stil, Textaufbau, Medium, Publikationsmöglichkeiten eines Schriftstücks sind in erster Linie durch drei Faktoren bestimmt: den Adressaten, den Mitteilungszweck und den Mitteilungsgegenstand. Vor allem das Sich-Einstellen auf den (möglichen) Adressaten macht Grundschulkindern große Schwierigkeiten. Denn bei der Planung und Gestaltung des Textes muß sich das Kind in die Situation und Rolle des Lesers versetzen, muß sich auf seine Interessenlage, seinen Wissensstand (zum Thema), seine Auffassungen und Gewohnheiten einstellen können. Unterschiedliche Rezeptionsbedingungen ergeben sich (nach CRYSTAL 1993, 254) z.B. aus den folgenden Gruppen/Kategorien von Adressaten:

- Kinder können für sich selbst schreiben, etwa in Tagebüchern, Notizen oder ersten Entwürfen.
- Sie können für Gleichaltrige schreiben, etwa in Berichten für die Klasse oder in Briefen an Freundin oder Freund.
- Sie können an einen Erwachsenen schreiben, zu dem sie Vertrauen haben, wobei die Mitteilung in sehr persönlichem Stil gehalten ist.
- Sie können an Lehrer schreiben, wenn sie diese als Dialogpartner sehen und Hilfe von ihnen erwarten.
- Sie können für Prüfer schreiben, sei es bei Klassenarbeiten oder formellen Prüfungen.
- Sie können sich an ein unbekanntes Publikum richten, etwa wenn sie einen Text für einen öffentlichen Anlaß verfassen oder eine Bewerbung schreiben.

Zum Abschluß noch einige Bemerkungen zum Prozeß des Schreibens als integrierter kommunikativer Handlung. Bezieht man alle kognitiven Instanzen in die Betrachtung ein, die an der Produktion schriftsprachlicher Texte beteiligt sind, so erscheint diese als ein quasi-kybernetischer Prozeß, als ein Durchlaufen verschiedener Regelkreise. Aufgrund der Rückkoppelungsprozesse findet eine ständige Kontrolle des gerade Geschriebenen und zugleich eine ständige Vorab-Kontrolle des gerade zu Schreibenden statt. Die Überprüfung des Geschriebenen bezieht sich einmal auf so „triviale" Dinge wie Leserlichkeit der Schrift und Einhaltung der orthographischen Norm; sie bezieht sich zweitens auf die textuelle Konsistenz, auf die sachlogische und zeitlogische Abfolge der einzelnen Mitteilungsinhalte. Die Überprüfung des Geschriebenen bezieht außerdem die möglichen Adressatenreaktionen mit ein, kalkuliert unter diesem

Aspekt die Verständlichkeit und Akzeptabilität des Geschriebenen. Die Weiterführung der schriftsprachlichen Äußerungen wird vom kompetenten Schreiber schließlich im Hinblick auf den Textplan überdacht: Gibt das gerade Geschriebene noch die eigenen Mitteilungsbedürfnisse wieder; dient es noch den (ursprünglichen) Mitteilungszielen? Oder sind Korrektur und Neuentwurf des Textplans notwendig?

Die Textüberarbeitung, die heute spätestens ab dem 2. Schuljahr mit verschiedenen Methoden trainiert wird, ist jedoch nicht nur ein nachträglicher, isolierter Akt der Textkorrektur; sie findet bereits während der Textproduktion, beim Durchlaufen der verschiedenen Regelkreise statt. Die permanente, simultane „Textüberarbeitung" ist sicher in vielen Fällen ein stark routinisierter, unterhalb der Bewußtseinschwelle ablaufender Vorgang. Vom kompetenten Schreiber werden vermutlich oft feste Äußerungsfolgen, vielleicht sogar ganze Textblöcke abgerufen; für den Erstschreiber bedeutet der Erwerb von Schreibroutinen und stilistischen Standards jedoch einen langwierigen (und oft dornenreichen) Weg.

Andererseits kann der Schreibprozeß nur in bestimmten Fällen als eine mechanische Umsetzung von fertigen Textplänen, als Reproduktion von Stilmustern und ausformulierten Äußerungseinheiten betrachtet werden. Das Spiel mit sprachlichen und stilistischen Alternativen, dem sich jeder Schreibende (in natürlichen Kommunikationssituationen!) aussetzt, führt oft zu Textkonzepten, die sich vom (undeutlichen) ersten Textplan ziemlich weit entfernen. Edward Albee formulierte einmal: „Ich schreibe, damit ich weiß, was ich denke."

Das Geschriebene selbst hat mannigfache Rückwirkungen auf die Gedankenführung und die Mitteilungsstrategie. Was über die allmähliche Verfertigung der Gedanken beim Reden zu sagen ist, gilt noch mehr für die Verfertigung der Gedanken beim Schreiben: Der schriftsprachliche Produktionsprozeß entwickelt, stimuliert und kreiert beim kompetenten Schreiber häufig Gedanken, Vorstellungen und Konzepte, die ohne den Schreibprozeß nicht oder nicht so entstanden wären:

> Das Schreiben ist keine rein mechanische Fixierung gesprochener Sprache, sondern ein Eindringen in die graphischen Möglichkeiten einer Sprache, ein Schöpfungsakt, eine Entdeckungsreise. (CRYSTAL 1993, 212)

[Es wird empfohlen, dieses Kapitel im Zusammenhang mit den Kapiteln 3 „Phonologie" und 8 „Orthographie"zu bearbeiten. Die dort angegebenen Literaturhinweise sind auch für dieses Kapitel zu berücksichtigen. ]

258        Kapitel 10: Erwerb der schriftsprachlichen Kompetenz

## Literaturhinweise

ANDRESEN, HELGA 1985: Schriftspracherwerb und die Entstehung von Sprachbewußtsein. Opladen

BALHORN, HEIKO 1993: Diagnose und förderung in der rechtschreibung. In: DD, H. 132, S. 307-317

BALHORN, HEIKO 1993: Rechtschreiblernen als regelbildung. Wie machen sich schreiber ihr ortografisches wissen bewußt? In: DD, H. 132, S. 581-595

BERGK, MARION 1987: Durch Geschichtenschreiben die Schriftsprache erforschen. In: EBERLE/REIß, S. 165-192

BRÜGELMANN, HANS 1986: ABC und Schriftsprache: Rätsel für Kinder, Lehrer und Forscher. Konstanz

BRÜGELMANN, HANS 1987: Umgangsformen mit Schriftsprach-Beobachtungsaufgaben zum Schulanfang. In: EBERLE/REIß, S. 133-153

CRYSTAL, DAVID 1993: Die Cambridge Enzyklopädie der Sprache. Frankfurt 1993; Teil V – Das Medium der Sprache: Schreiben und Lesen, S. 174-217

DEHN, MECHTHILD 1994. Zeit für die Schrift. Lesenlernen und Schreibenkönnen. 4. Aufl. Bochum

DEHN, MECHTHILD 1987: Wie Kinder Schriftsprache erlernen. Ergebnisse aus einer Längsschnittuntersuchung. In: NAEGELE, I./VALTIN, R.: Rechtschreibung in den Klassen 1-6. Arbeitskreis Grundschule e.V., Frankfurt/M

EBERLE, GERHARD/REIß, GÜNTER (Hg.) 1987: Probleme beim Schriftspracherwerb. Möglichkeiten ihrer Vermeidung und Überwindung. Heidelberg

EICHLER, WOLFGANG 1992: Schreibenlernen. Schreiben – Rechtschreiben – Texte verfassen. Bochum

EICHLER, WOLFGANG/KÜTTEL, HARTMUT 1993: Eigenaktivität, Nachdenken und Experiment – zur inneren Regelbildung im Erwerb der Zeichensetzung. In: DD, H. 129, S. 35-44

FEILKE, HELMUTH 1993: Schreibentwicklungsforschung. Ein kurzer Überblick unter besonderer Berücksichtigung der Entwicklung prozeßorientierter Schreibfähigkeiten. In: DD, H. 129, S. 17-34

MANN, CHRISTINE 1993. Selbstbestimmtes Rechtschreiblernen. Rechtschreibunterricht als Strategievermittlung. 2. Aufl. Weinheim/Basel

RÖBER-SIEKMEYER, CHRISTA 1993: Die Schriftsprache entdecken. Weinheim/Basel

SCHEERER-NEUMANN, GERHEID 1987: Kognitive Prozesse beim Rechtschreiben: Eine Entwicklungsstudie. In: EBERLE/REIß, S 193-219

SENNLAUB, GERHARD 1994: Spaß beim Schreiben – oder Aufsatzerziehung? 6. Aufl. Stuttgart usw.

VALTIN, RENATE 1987: Schwierigkeiten beim Erlernen des Schreibens und der Rechtschreibung. In: EBERLE/REIß, S. 220-250

WUDTKE, Hubert 1986: Kind und Schrift. Schritte in der Elementarpädagogik. In: Grundschule, H. 9, S. 14-17

# Anhang

# Abkürzungsverzeichnis

| | | | |
|---|---|---|---|
| Adj. | Adjektiv | Inf. | Infinitiv |
| ahd. | althochdeutsch | IPA | International Phonetic |
| | (e, er, es ...) | | Association |
| Ahd. | Althochdeutsch | ital. | italienisch (e, er, es ...) |
| Akk. | Akkusativ | Kompar. | Komparation |
| Akt. | Aktiv | Konj. | Konjunktion |
| Arab. | Arabisch | Konjug. | Konjugation |
| chr. | christlich (e, er, es ...) | Lat. | Lateinisch |
| Dat. | Dativ | lat. | lateinisch (e, er, es ...) |
| Dekl. | Deklination | lautl. | lautlich (e, er, es ...) |
| dt. | deutsch (e, er, es ...) | L-B-B | Laut-Buchstaben- |
| engl. | englisch (e, er, es ..) | | Beziehung(en) |
| eur. | europäisch (e, er, es ...) | Md. | Mitteldeutsch |
| franz. | französisch (e, er, es ...) | md. | mitteldeutsch (e, er, es ...) |
| frühmhd. | frühmittelhochdeutsch | Mhd. | Mittelhochdeutsch |
| frühnhd. | frühneuhochdeutsch | mhd. | mittelhochdeutsch |
| | (e, er, es ...) | | (e, er, es ...) |
| Frühnhd. | Frühneuhochdeutsch | mlat. | mittellateinisch |
| frz. | französisch (e, er, es ...) | nd. | niederdeutsch (e, er, es ...) |
| Gen. | Genitiv | Nd. | Niederdeutsch |
| Germ. | Germanisch | nhd. | neuhochdeutsch |
| germ. | germanisch (e, er, es ...) | | (e, er, es ...) |
| geschr. | geschrieben | Nhd. | Neuhochdeutsch |
| gespr. | gesprochen | Nom. | Nominativ |
| Got. | Gotisch | nordgerm. | nordgermanisch |
| got. | gotisch (e, er, es ...) | Od. | Oberdeutsch |
| gramm. | grammatisch (e, er, es ...) | od. | oberdeutsch (e, er, es ...) |
| griech. | griechisch (e, er, es ...) | Omd. | Ostmitteldeutsch |
| Hd. | Hochdeutsch | omd. | ostmitteldeutsch |
| hd. | hochdeutsch (e, er, es ...) | | (e, er, es ...) |
| Idg. | Indogermanisch | österr. | österreichisch (e, er, es ...) |
| idg. | indogermanisch | Part. | Partizip |
| | (e, er, es ...) | Pass. | Passiv |
| Ieur. | Indoeuropäisch | Perf. | Perfekt |
| ieur. | indoeuropäisch | Pers. | (gramm.) Person |
| | (e, er, es ...) | phonem. | phonem(at)isch |
| Imper. | Imperativ | phonet. | phonetisch |
| Ind. | Indikativ | phonol. | phonologisch |

| | |
|---|---|
| Pl./Plur. | Plural |
| Poss. | Possessiv-(Pronomen) |
| Präp. | Präposition |
| Präs. | Präsens |
| Prät. | Präteritum |
| Pron. | Pronomen |
| schriftl. | schriftlich |
| schweizerdt. | schweizerdeutsch |
| Sg./Sing. | Singular |
| Span. | Spanisch |
| span. | spanisch (e, er, es ...) |
| spätahd. | Spätalthochdeutsch |
| Stdt. | Standarddeutsch |
| stdt. | standarddeutsch (e, er, es ...) |
| sth. | stimmhaft (e, er, es ...) |
| stl. | stimmlos (e, er, es ...) |
| Subst. | Substantiv |
| TG | generative Transformationsgrammatik |
| Urgerm. | Urgermanisch |
| urgerm. | urgermanisch (e, er, es ...) |
| v.u.Z. | vor unserer Zeit/ vor Christi Geburt |
| vorchr. | vorchristlich (e, er, es ...) |
| wgerm. | westgermanisch |

# Register

Ableitungen, 89, 110
Adelung, Johann Christoph, 48
ad-hoc-Bildungen, 102
Adjektiv, 130
Adjektivkompositum, 108
Adverb, 130
Adverbialsätze, 144
adverbielle Bestimmungen, 131, 143
Affigierung, 94
Affix, 94
Affrikate, 37, 70, 186
  alveolare, 70
  labiodentale, 70
agglutinierende Sprachen, 90
Akkusativobjekt, 135
Aktant, 138
Akzent, freier indoeuropäischer, 33
Akzentwandel, 33
Alamode-Zeit, 47
allgemeine Schulpflicht, 46
Allographe, 188
Allomorphe, grammatische, 93
Allomorphie, 92
Allophone, 79, 187
alphabetische Strategien, 237
alphabetisches Grundprinzip, 177
Alphabetschriften, 175
Althochdeutsch, 36
alveolar, 65, 67
Alveolen, 65
Amplitude, 59
Analogiebildung, 105
Angelpunktstruktur, 222
Angelpunktwörter, 222
Ansatzrohr, 64
Antonyme, 165
Apex, 66
apikal, 66
Apokope, 33
Apokopierung, 44
Apposition, 145
  (Orthogr.), 203
Arbitrarität, 18
Archiphonem, 84

Artikel, 130
Artikulation, 64
Artikulationsart, 67
Artikulationsmodus, 67
Artikulationsorgane, 64, 65
  bewegliche, 65
  unbewegliche, 65
Artikulationsort, 67
Artikulationsstelle, 67
Aspirierung, 63
Assimilation, 33
Attribute, 131, 144
Attributsätze, 146
audiovisuelle Medien, 51
Aufforderungssatz, 119
Ausbuchstabierungsregeln, 189
Auslautverhärtung, 84, (Orthogr.) 192
Ausrufesatz, 119
Aussagesatz, 119
Aussprachenorm, 183
  standardisierte, 183

Basismorpheme, 96, 98
Basiswort (Wortbildung), 108
Bedeutung, 151, 152
Bedeutungen, funktionale, 88
  grammatische, 88
  lexikalische, 88
Bedeutungsbeschreibungsverfahren,
  synchrones, 157
Bedeutungsentlehnung, 162
Bedeutungserweiterung, 161
bedeutungsgleich, 153
Bedeutungsinhalt, 153
Bedeutungsmerkmale, 156
Bedeutungsübertragung, 162
Bedeutungsumfang, 153
bedeutungsunterscheidende
  Funktion, 20
Bedeutungsverbesserung, 161
Bedeutungsverengung, 161
Bedeutungsverschlechterung, 161
Befehlssatz, 119
Benennen (Spracherwerb), 213

Bestimmungswort, 108
Bilateralität, 18
binäre Struktur (Wortbildung), 107
Buchstabeninventar, 184

Circonstanten, 138
clause, 25
code switching, 52
competence, 17

Dativobjekt, 135
Deadjektivum, 110
Dehnungs-<h>, 190
deiktische Ausdrücke, 156
Demotivierung, 102
Denominativum, 110
Denotat, 164
Denotation, 164
dental, 65
Dentes, 65
Dependens, 138
Dependenzgrammatik, 137
Derivata, 89
Derivation, 110
Derivationsaffix, 110
Derivationsmorpheme, 97
Desubstantivierung (Orthogr.), 199
Desubstantivum, 110
Determinativkompositum, 108
Deverbativum, 110
Diachronie, 27
diachronische Sprachwissenschaft, 27
diakritische Zeichen, 57, (Orthogr.) 193
Dialekte im 20. Jh., 52
Differenzierung (Spracherwerb), 213
Diglossie, 52
Digraphe, 185
Diphtonge, 73, 185
Diphtongierung, 44
distinktive Funktion, 157
distinktive Merkmale, 82
Distribution, 125
Distributionsbeschränkungen, 83
dorsal, 66
Dorsum, 66
Drei- und Mehrwortphase, 225

Einwortäußerungen, Phase der, 221

Einwortphase, 221
Engelaute, 68
Entscheidungsfrage, 120
Erbwörter, 33
Erfolgslernen, 214
Ergänzungsfrage, 120
Ergänzungssätze, 148
Erhebung von Sprachdaten, 230
Erinnerungsbild, 216
Ersatzprobe, 123
Erste lateinische Welle, 38
Erwerb der Nominalflexion, 228
    der Verbflexion, 227
    der Wortstellungsregeln, 229
Expansion des Wortschatzes, 52

fakultative Varianten, 80
Finalsätze, 147
finite Formen (des Verbs), 132
flektierende Sprachen, 89
Flexion, 103
Flexionsmorpheme, 97
Fragesatz, 119
Fremdwörter, Schreibung der, 180
freie Angaben, 138
freie Varianten, 80
Frequenz, 59
Frikativ, glottaler, 69
    uvularer, 69
    velarer, 69
Frikative, 68
    alveolare, 68
    labio-dentale, 68
    palatale, 68
    palato-alveolare, 68
Frühneuhochdeutsch, 42
Fuge, 97, 109
Fugenelement, 89

ganzheitliche Verfahren, 237
Ganzheitsmethoden, 236
Gaumensegel, 66
Gelegenheitsbildungen, 102
Gemeine Deutsch, 43, 45
Gemeingermanisch, 31
generative Grammatik, 16
    Transformationsgrammatik, 16
Genitivobjekt, 135

# Register

Getrennt- u. Zusammenschreibung, 194
Glaubenskämpfe, 45
glottal, 66
Glottis, 63
Glottisschlag, 63
Gottsched, Johann Christoph, 48
Grammatik, deskriptive, 12
    innere, 13
    kodifizierte, 13
    normative, 12
    präskriptive, 12
Grammatikalität, 117
graphematisches System, 173
Grapheme, 188
Groß- und Kleinschreibung, 197, 246
Großschreibung, vermehrte, 200
Grundwort, 108
Grundwortschatz, 246
Gurrphase, 220

Hanse, Zeit der, 41
Hansedeutsch, 41
Herminonen, 34
Heteronyme, 167
heutiges Deutsch, 48
Historische Semantik, 160
homograph, 163
Homographe, 163
Homonyme, 163
Homonymie 160, 163
homophon, 163
Homophone, 163
Humanismus, „Bewegung" des, 44
Hyperonyme, 158
Hyponyme, 158
Hypotaxe, 145
Hypothesenbewertungsverfahren, 211
Hypothesenbildungsverfahren, 211

idiomatische Ausdrücke, 170
Idiomatisierung, 102
Imitation, 214
indirekte Rede, 148
Indoeuropäisch, 31
Indogermanisch, 31
Infigierung, 95
infinite Formen (des Verbs), 132
Infinitiv+Infinitiv-Verbindungen

(Orthogr.), 196
Infinitivgruppen (Orthogr.), 204
Ingväonen, 35
Inkompatibilität, 165
inneres Bild, 216
Integration (Spracherwerb), 213
interaktionistischer Ansatz, 218
Interfix, 89, 97, 109
Interjektion, 130
intermittierender Verschluß, 70
International Phonetic Association, 57
Internationaler Arbeitskeis für
    Orthographie, 181
Internationalisierung, 52
Interpunktionsregeln, 246
IPA, 57
Istväonen, 35

kasusbestimmte Satzglieder, 136
Kasusrektion, 139
Kategorisierungsprozesse
    (Spracherwerb), 212
Kausalsätze, 147
Kern (d. Satzes), 137
Kernmorphem, 88
Kernmorpheme, 96, 98
    nicht wortfähige, 96
Kernsätze, 118
Klangprobe, 122
Knacklaut, 23, 63
Koartikulation, 74
kognitivistischer Ansatz, 215
Kohyponyme, 158
kombinatorische Varianten, 80
Komma,
    Einzelkomma, 202
    paariges, 202
Kommasetzung, 201
Kommutation, 123
Komparation, 103
komparierbar, 129
Kompetenz, 16, 17, 117
    metasprachliche, 30
    semantische, 154
Komplementarität, 165
Komponentenanalyse, 156
Komposita, 89
Komposition, 106

Kompositum, 106
  linksverzweigend, 107
  rechtsverzweigend, 107
Konditionalsätze, 147
Konditionierung, instrumentale, 214
Konditionierungsprozeß, 214
Konjunktion, 130
Konjunktionalsätze, 148
Konnexion, 137
Konnotation, 164
Konsekutivsätze, 147
Konsonanten, 64, 65
  aspirierte (behauchte), 63
  Verschriftung der standarddt., 186
Konstituenten (Wortbildung), 107
Kontamination, 113
kontextabhängige Spezialregelung
  (Orthogr.), 189
Kontrarität, 165
Konventionalität, 19
Konversion, 95, 111
Konversion (morphologisch), 95
Konversion (Wortbildung), 107
Konzessivsätze, 147
Koordination (Orthogr.), 202
Kopulativkompositum, 109
Korona, 66
koronal, 66
koronal-alveolarer Laut, 67
Kreativität, sprachliche, 100
kritische Periode (Spracherwerb), 212
Kürzung (Wortbildung), 112
Kurzvokale, 184

labial, 65
Labies, 65
Lallphase, 220
langage, faculté de langage, 15, 16
Langobardisch, 36
language acquisition device (LAD), 211
langue, 15
Langvokale, 184
Laterallaute, 69
Laut, 20, 58
Laut-Buchstaben-Beziehungen, 182
lautanalytische Strategie, 238
Lautbildung,
  exspiratorische 62

inspiratorische, 62
Lauterkennung, 59
Lautierungsverfahren, 238
Lautinventar (Orthogr.), 184
lautsprachliche Regularität,
  (Orthogr.) 190
Lautverschiebung,
  althochdeutsche, 36
  erste, 32
  germanische, 32
  zweite, 36
Lehnbedeutungen, 40
Leitform (für morphol. Schreibung), 192
Lernen am Erfolg, 214
Lex, 22
Lexem, 22, 101
lexemanalytische Strategien, 245
Lexeme 101, 128
Lexeme (Semantik), 154
Lexik, 101
Lexikalisierung, 102
Lexikologie, 22
Lexikon, 101
Linearität, 19
Lingua, 66
logographische
  Repräsentanten, 235f
  Schriftsysteme, 174
Luther, 45

Massengesellschaft, 51
Materialität, 19
Mehrgraphe, 187
Metasprache, 10
methodenintegrierter Unterricht, 237
Minimalpaar, 21, 77
Minimalpause, 23
Mittelhochdeutsch, 39
Mittelniederdeutsch, 43
Mobilität, vertikale und horizontale, 51
Modalsätze, 147
Monophtonge, 73
Monophtongierung, 44
Morph, 21
Morphem, 21
  wortfähiges, 22
Morpheme, 87
  funktionale, 98

# Register 267

gebundene, 94
grammatische, 88
nicht wortfähige, 96
unikale, 97
wortfähige, 96
Morpheme (Distributionsverfahren), 126
Morphemtypen, 94
nicht wortfähige, 96
Morphologie, 87, 128
morphologische
Schreibungen, 192
Strategien, 244
morphologisches Prinzip, 191
motorische Entwicklung, 213

Nachahmung, 216
Nasal,
alveolarer, 69
bilabialer, 69
velarer, 69
Nasallaute, 69
Nasalvokale, 72
native speaker, 13
nativistischer Ansatz, 210
Nebensatzäquivalente, 148
Nebensätze, uneingeleitete, 148
Neuregelungsvorschlag (Orthogr.), 181
Nexus, 138
Niederdeutsch, Lübecker, 43
Nomen, 130
Nominalkompositum, 108
Nominalphrase, 126
Nordgermanen, 34
Normierung (Orthogr.), 177
Nukleus (Satz), 137
Nukleus (Silbe), 82
Numeral, 130

Oberflächenstrukturen, 118
Objekt, 131
direktes, 135
indirektes, 135
Objektpermanenz, 216
Objektsätze, 146
Objektsprache, 10
offene Klasse, 222
Öffnungslaute, 64
okkasionelle Bildungen, 102

operationale Verfahren, 122
Operationsprinzipien, 226
Oralvokale, 72
Orthographie, 178
Revision der, 180
orthographische
Analogie-Regel, 242
Normierungsinstanz, 180
Normierungsprozesse, 178
Regeln, 242
Sonderregeln, 188
Strategie, 242
Strategien, 243
Orthographische Konferenz,
I. O.K., 179
II. O.K., 179
Ostgermanen, 34
Ostkolonisation, 42
Ostmitteldeutsch, 42, 43
Ostniederdeutsch, 42

palatal, 65
Palatum, 65
paradigmatische Beziehungen, 26, 127
Paradigmen, semantische, 27
Paradigmenklasse, 26
Parataxe, 145
Parenthesen (Orthogr.), 203
parole, 15
Partikelmorpheme, 96
Partikeln (Wortart), 129
Partizipbildung, 103
Partizipgruppen (Orthogr.), 204
performance, 17
Performanz, 17
Permutation, 122
pharyngal, 66
Pharynx, 66
Phon, 20
Phonation, 63
Phone, 76
komplementär verteilte, 80
Phonem 20
stellungsbedingte Varianten, 187
Phoneme, 61, 77
Phonetik, 58
akustische, 59
artikulatorische, 58

auditive, 59
phonetische
  Alphabet, 57
  Betrachtungsweise, 58
  Notierungskonvention, 187
  Schreibung, 238
  Transkription, 56
  Umschrift, 56
Phonologie, 61
phonologische
  Betrachtungsweise, 58
  Opposition, 77
  Regel, 84
  Repräsentation, abstrakte, 84
phonologisches
  Prinzip, 187
  System (Orthogr.), 173
Phonotaktik, 82
phonotaktische Regeln, 82
Phrasenstrukturgrammatik, 125
Phraseologem, 24
Phraseologismus, 24
Pivot-Grammatik, 222
Pivots, 222
Plosiv, 68
  alveolarer, 68
  bilabialer, 68
  glottaler, 68
  nasaler, 69
  stimmhafter, 68
  stimmloser, 68
  velarer, 68
Polysemie, 160, 162, 163
Portemanteau-Morpheme, 93
Possessivkompositum, 109
Postfix, 94
Prädikat, 131, 132
Prädikativum, 133
Prädikatsklammer, 132
Präfigierung, 94, 111
Präfix (Wortbildung), 110, 111
Prager Schule, 84
Pragmatik, 170
Präposition, 130
Präpositionalobjekt, 136
Prinzip
  der Bedeutungsunterscheidung, 193
  grammatisches, 198

Prinzipien der Orthographie, 176
Proben, linguistische, 122
Pronomen, 130
Pronominalmorpheme, 96
Pronominalsätze, 148
Prototypen, 159
Prototypensemantik, 159

Quantitätsverschiebungen, 44

Raum-Lage-Labilität, 243
Rechtschreibduden, 179
Rechtschreibung, 178
Reduktionsprobe, 124
referenzidentisch, 153
Regens, 138
Reibelaute, 68
Repräsentativität, 19

Sachfeld, 168
Satz, 25, 116
Satzarten, 119
Sätze, einfache, 119
  komplexe, 119
Satzfunktionen, 155
Satzgefüge, 145
Satzglied, 24
Satzglieder, 122
Satzmittezeichen, 201
Satzreihe, 145
Satzschlusszeichen, 201
Satzsemantik, 156
Schema (Spracherwerb), 217
Schnalzlaute, 62
Schottel(ius), J.G., 46
Schreibsprachen, 42
Schriftsystem, 173
Schrifttypen, 174
Schriftzeicheninventar, 187
Schwalaut, 71, 185
Segmentalschriften, 175
segmentieren, 126
Segmentierung, 23, 76, 89
Semantik, 128, 151
semantische Felder, 167
semasiologisch, 152
Sememe, 156
Silbe, 82

# Register 269

Silbenkern, 82
Silbenkoda, 82
Silbenkopf, 82
Silbenrand, 82
Silbenschriften, 174
Simplex, 101
Simplizia, 88, 104
Spätmittelhochdeutsch, 41
Spiranten, 68
Sprachbereitschaft, 212, 213
Sprachentwicklung, 207
Spracherwerb, 207, 208
    frühkindheitlicher, 13
    primärer, 13
Spracherwerbsprozeß, 208, 209
Sprachgemeinschaft, 13
Sprachlernen, 207, 208
Sprachmischungen, 52
Sprachverstehen, 220
Sprenglaute, 68
Stammorpheme, 96, 98
    nicht wortfähige, 96
Standardisierung (Orthogr.), 177
Standardlautung, deutsche, 183
Standardsprache, gesprochene, 52
stellungsbedingte Varianten, 80
Stemma, 137
Stimmbänder, 63
Stimmbildung, 63
Stimmlippen, 63
Stimmritze, 63
Strukturbaum, 126
Subjekt, 131, 134
Subjektsätze, 146
Subordination (Orthogr.), 203
Substantiv, 130
Substantiv (Schreibung), 247
Substantivgroßschreibung, 197
Substantivierung
    (Schreibung), 247
    (Wortbildung), 112
Substantivstatus (Orthogr.), 198
Substitution, 77
Substitution (morphologisch), 95
Substitutionsproben (Orthogr.), 199
Suffigierung, 94, 110
Suffix (Wortbildung), 110
Suppletivismus, 95

Symbol (Spracherwerb), 217
Symbole, individuelle, 217
    konventionelle, 217
Synchronie, 27
synchronische Sprachwissenschaft, 27
Synkope, 33
Synkopierung, 44
Synonymie, 164
Syntagma, 24
syntagmatisch, 26
syntagmatische Beziehungen, 26
Syntagmen, 124
Syntax, 115, 128
    komplexe, 145
synthetische Verfahren, 237

tautologisch, 22
Temporalsätze, 147
Text, 25
Tiefenstrukturen, 118
Trachea, 62
Transformation
    syntaktischer Wortverbindungen, 105
Transformationen, 118
Transkription, enge phonetische, 75
Transposition, 112
Trigraphe, 185

Übergangsphase (Orthogr.), 182
Überprüfungsprozedur
    für Getrenntschreibung, 195
Umgangssprachen, 50
Umlaut, 36
Umlautschreibungen, 192
Umlautung, 95
Umstellprobe, 123
Univerbierungsprozesse (Orthogr.), 194
Universalien, formale, 211
    sprachliche, 211
    substantielle, 211
Urbanisierung, 51
Urgermanisch, 31
usuelle Bildungen, 102
uvular, 66
Uvulum, 66

Valenz (der Verben), 137, 139
Valenztheorie, 139

velar, 66
Velum, 66
Verb, 130
Verbalkompositum, 108
Verbalphrase, 126
Verben, absolute, 141
    avalente (nullwertige), 140
    bivalente (zweiwertige), 140
    intransitive (nicht zielende), 141
    mehrwertige, 139
    monovalente (einwertige), 140
    reflexive (rückbezügliche), 141
    reziproke, 142
    transitive (zielende), 135, 141
    trivalente (dreiwertige), 140
Verbundene Ausgangsschrift, 249
Verkehrssprache, überregionale, 43
Verschiebeprobe, 122
Verschlußlaut, glottaler, 63
Verschlußlaute, 67
    stimmhafte, 32
    stimmlose, 32
Verschriftungsregeln, Vokale, 184
Vibrant, apikaler, 70
    uvularer, 70
Vibrationslaute, 70
Vokale, 64
    Grundregeln der Verschriftung, 184
    Qualität der, 73
    Quantität der, 73
Vokaleinsatz, gepreßter, 63
Vokallänge (Orthogr.), 190
Vokalquantität (Orthogr.), 189
Vokaltrakt, 64
Vokaltrapez, 72
Vokalviereck, 72
Volksetymologie, 30
Vorstellungsbild, 216
Vorverständnis, 23

Weglaßprobe, 124
Wernicke-Areal, 59
Westfränkisch, 36
Wort, 22, 23
    morphologisch, 23
    orthographisch, 22
    phonetisch, 23
    syntaktisch, 23

Wortakzent, 23
Wortarten, 155
    deklinierbare, 129
    flektierbare, 129
    konjugierbare, 129
    nicht flektierbare, 129
Wortbildung, 104
    Haupttypen der, 105
Wortbildungsmorphem, 110
Wortbildungstypen, produktive, 105
Wortbildungstypen, unproduktive 105
Wortdefinition, 23
Wörter, komplexe, 101, 104
Wortfähigkeit (v. Morphemen), 96
Wortfeld, 168
Wortform, 22
Wortformen, Bildung von, 103
Wortschatz, 101
    Ausbau des, 99
Wortschöpfung, 103
Wortschriften, 174
Wortsemantik, 156
Wortstellung, 121
Wunschsatz, 119

Zeichenmodell, bilaterales, 18
    trilaterales, 20
Zirkumfigierung, 95
Zirkumfix, 95
zufällig erfolgreicher Akt, 214
Zusammensetzung, 106
Zusammensetzungen, 89
Zweite lateinische Welle, 38
Zweiwortphase, 222
Zwielaute, 73

# UTB
## FÜR WISSEN SCHAFT

Auswahl Fachbereich
Wissenschaftliche Arbeitshilfen

217 Gerhards,
Seminar-, Diplom- und Doktorarbeit
(P. Haupt). 8. Aufl. 1995.
DM 16,80, öS 123,—, sfr 16,00

272 Standop, Die Form der
wissenschaftlichen Arbeit
(Quelle & Meyer). 14. Aufl. 1994.
DM 19,80, öS 145,—, sfr 19,00

724 Rückriem/Stary/Franck,
Die Technik wissenschaftlichen
Arbeitens
(F. Schöningh). 9. Aufl. 1995.
DM 29,80, öS 218,—, sfr 27,50

884 Buß/Fink/Schöps, Kompendium
für das wissenschaftliche Arbeiten
(Quelle & Meyer). 4. Aufl. 1994.
DM 32,80, öS 239,—, sfr 30,50

1512 Eco, Wie man eine wissen-
schaftliche Abschlußarbeit schreibt
(Hüthig/C.F.Müller). 6. Aufl. 1993.
DM 29,80, öS 218,—, sfr 27,50

1582 Meyer-Krentler, Arbeits-
techniken Literaturwissenschaft
(W. Fink). 6. Aufl. 1996.
DM 18,80, öS 137,—, sfr 18,00

1633 Krämer, Wie schreibe ich eine
Seminar-, Examens- und
Diplomarbeit
(G. Fischer). 4. Aufl. 1995.
DM 19,80, öS 145,00, sfr 19,00

1704 Wenturis/Van hove/Dreier,
Methodologie der
Sozialwissenschaften
(Francke). 1992.
DM 39,80, öS 291,—, sfr 37,00

1738 Brauchlin/Heene, Problem-
lösungs- u. Entscheidungsmethodik
(P. Haupt). 4. Aufl. 1995.
DM 32,80, öS 239,—, sfr 30,50

1797 Boenke,
WORD in drei Tagen
(W. Fink). 1994.
DM 19,80, öS 145,—, sfr 19,00

1834 Grund,
Wie benutze ich eine Bibliothek
(W. Fink). 2. Aufl. 1996.
DM 26,80, öS 196,—, sfr 25,00

1917 Engel/Woitzik,
Die Diplomarbeit
(Schäffer-Poeschel). 1997.
DM 24,80, öS 181,—, sfr 23,00

Preisänderungen vorbehalten.

Das UTB-Gesamtverzeichnis erhalten Sie bei Ihrem Buchhändler oder
direkt von UTB, Postfach 80 11 24,
70511 Stuttgart.